本书受中国历史研究院学术出版经费资助

中国历史研究院
Chinese Academy of History
学 术 出 版 资 助

中华传统礼制的理论

汤勤福　刘丰　曹建墩　葛金芳　刘舫　张涛　著

社会科学文献出版社
SOCIAL SCIENCES ACADEMIC PRESS (CHINA)

中国历史研究院学术出版资助项目
出版说明

为了贯彻落实习近平总书记致中国社会科学院中国历史研究院成立贺信精神，切实履行好统筹指导全国史学研究的职责，中国历史研究院设立"学术出版资助项目"，面向全国史学界，每年遴选资助出版坚持历史唯物主义立场、观点、方法，系统研究中国历史和文化，深刻把握人类发展历史规律的高质量史学类学术成果。入选成果经过了同行专家严格评审，能够展现当前我国史学相关领域最新研究进展，体现我国史学研究的学术水平。

中国历史研究院愿与全国史学工作者共同努力，把"中国历史研究院学术出版资助项目"打造成为中国史学学术成果出版的高端平台；在传承、弘扬中国优秀史学传统的基础上，加快构建具有中国特色的历史学学科体系、学术体系、话语体系，推动新时代中国史学繁荣发展，为实现"两个一百年"奋斗目标、实现中华民族伟大复兴的中国梦贡献史学智慧。

中国历史研究院

2020 年 3 月

前　言

　　没有学术理论作基础的学术研究味同嚼蜡，没有学术研究作铺垫的学术理论则是空中楼阁。学术理论与学术研究相辅相成，缺一不可。这是众所周知的道理，也是学术研究的基本规律。

　　然而具体到中华传统礼制的研究上，长期以来呈现出"学术研究"兴盛，"学术理论"苍白——研究专著数以百计，相关论文难以统计，而有关礼制研究的理论著述极其缺乏。这不能不说是种极为奇特的学术现象。

　　事情缘起于 2012 年，当时国家社科基金重大项目招标题目中列有"中华传统礼制变迁及其现代价值"一目，由于我的《宋史礼志辨证》一书已经出版，学校有关领导希望我申报。其实我兴趣并不在此，而是另有所属，然反复推辞无果，只得应允尝试一下。在对自己电脑中存放的相关资料进行整理后，填写表格时却惊诧地发现，有关中华传统礼制（包括经学）的著述、论文汗牛充栋，而研究中华传统礼制理论或称礼学理论的专著则付之阙如，①甚至连像样的礼学理论的论文都寥寥无几。这种对礼学理论"集体无意识"的冷漠实在匪夷所思，也深深地触动了我的神经：在

---

　　①　常金仓《穷变通久——文化史学的理论与实践》一书从文化史角度研讨了礼制某些问题，但并非纯礼学理论专著。即使如此，相关理论研讨也仅见此书而已。常金仓：《穷变通久——文化史学的理论与实践》，辽宁人民出版社 1998 年版。

经学、礼制研究已经取得相当成就之时，理应从理论高度加以总结，以利相关研究继续深入进行，然泱泱中华竟然没有学者专门关注这个非常重要的理论问题！比如，礼、礼俗、礼仪、礼义、礼制等概念如何界定？中华传统礼制的演化究竟分为几个历史阶段，各阶段有什么特点？中华传统礼制发展动力何在？礼制的变迁与社会发展的关系如何？中华传统礼制在中华历史发展过程中的作用何在？礼学发展与礼学思想之间的关系如何？中华传统礼制能否适应现代社会，如何为现代社会服务？新时期的礼制如何创建？等等。

　　理论上的空白自然需要通过努力来加以填补，但当时限于申报课题的名称而难以展开，因此我在论证课题时着重对中华传统礼制发展的阶段进行区分，提出中华礼制发展四时期论，并做了一些论证，粗浅地勾勒出中华传统礼制变迁的基本过程，同时对中华传统礼制的价值及部分理论做了一些思考。在京西宾馆答辩时，专家组对关于中华礼制发展阶段的论述予以肯定和鼓励，指出发掘中华传统礼制的现代价值是课题的生命线，希望我能在价值与理论方面下点功夫。项目申请侥幸获得成功，其实对我的压力反而更加大了，因为我毕竟没有全面研究过历代礼制，更没有涉及过其现代价值和礼学理论。由此，我对课题结构进行调整，加重了相关理论研究的内容，并在肇庆学院召开的课题组首次会议上，把自己的一些构想与课题组成员做了深入交流，在吸取大家意见的基础上，又对整体结构加以调整与补充，初步形成了研究框架。这一框架大大加重了现代价值部分和某些礼学理论的分量。经过商量，确定主要由我执笔撰写。

　　实际上，框架的构思仅是粗线条勾勒而已，其后的研究中遇到的困难远远比想象的要大得多。由于前无借鉴，中华传统礼制的理论框架如何确定？理论的概括必须基于扎实的礼制研究之上，依稀在脑海中形成的某些"理论"能否经得起考验？对这些问题，我确实心中没底。当然事已至此，也只能抓紧阅读基础典籍及许多专家学者的研究成果，不断思考，陆续推进。其实在阅读大量典籍与成果后，我又研究了一些具体问题，发现原来框架仍然有许多疏漏，需要做补充与修改，而相关理论问题还需要更深入思考，因此在最初的提纲上进一步增加了部分研究内容。经过五年多的努力，2018 年形成结项成果五个部分，前四部分是对中华传统礼制变迁问题的系统研究，第五部分是研究中华传统礼制的现代价值，其中包含一些礼学理论的内容。最终成果的前四部分便是由中华书局出版的四卷本《中华礼制变迁史》。① 然而现代价值与礼学理论部分确实相对薄弱，仅是这本书的雏形。之后，我又花了很多时间对这部分内容做了全面修订与大幅充实，最终形成目前这部不算成熟的书稿。

　　稍有学术史知识者都会知道，历史学科（或某一研究侧面）的发展除学者本身之外，还取决于两个重要因素：一是新材料的发现，一是新理论的产生。就中华传统礼制研究而言，尽管已经发现了一些新材料，如包山、望山、东陵天星观、秦家咀等地的楚简，西北汉简，上博、清华整理出来的简牍，以及海昏侯墓简等，② 都含有少量礼制内容，但毕竟数量有限，传统礼制研究难以出现像发现敦煌文献那样获得整体突破与重大进展的可能。面对这种情况，传统礼制研究只能加强内功——在理论探索上下苦功了。这便是我们力图从礼学理论上进行探索的重要动力。

　　众所周知，中国传统文化中的礼是范围极广的一种文化现象，涵盖了中国古代的政治、历史、思想、学术等诸多领域。有学者曾指出："所谓'礼'，是以礼治为核心，由礼仪、礼制、礼器、礼乐、礼教、礼学等诸方面的内容融汇而成的一个文化丛体。"③ 尽管学界对此有不同见解，但大家都承认礼包含的内容是很广的，不仅仅是指具体的礼仪制度或具体仪节。实际上，中国古代思想家早

---

① 汤勤福总主编：《中华礼制变迁史》，中华书局 2022 年版。

② 田天对海昏侯墓出土的礼制简进行了简要介绍。见氏著《西汉海昏侯刘贺墓出土"礼仪简"述略》，《文物》2020 年第 6 期。

③ 杨志刚：《中国礼仪制度研究》，华东师范大学出版社 2001 年版，第 21 页。

就对礼的内涵进行过区分。例如，春秋时期就有人认识到礼和仪的区别，《左传》昭公五年载："（鲁昭）公如晋，自郊劳至于赠贿，无失礼。晋侯谓女叔齐曰：'鲁侯不亦善于礼乎？'对曰：'鲁侯焉知礼！'公曰：'何为？自郊劳至于赠贿，礼无违者，何故不知？'对曰：'是仪也，不可谓礼。礼，所以守其国，行其政令，无失其民者也。'"① 显然女叔齐区分出礼义与礼仪，将守国、行令与保民作为比具体仪节更为重要的礼义。《礼记》也明确说"礼之所尊，尊其义也"，这说明当时已经认识到礼有仪和义两个不同的层次，其中礼义更为重要。从礼仪的具象中探讨其背后蕴含着的礼义，当然是礼学理论研究的重要内容。因为就某一具体的礼仪形式（仪节）来说，它在发展过程中会出现很大变化，想揭示其变化的动因和变迁规律，就首先要真正了解该礼仪所包含的"礼义"（也有学者称为"礼意"）的变化，否则就如《礼记》所说的那样："礼之所尊，尊其义也。失其义，陈其数，祝、史之事也。故其数可陈也，其义难知也。"② 即不了解具体礼仪中包含的礼义，仅仅按葫芦画瓢，那是祝史按部就班做的事情——如同小和尚念经那样不解其意。因而我们所做的工作便是要从具体的礼仪中发掘蕴含着的传统礼制之"义"，进一步探寻其变化的规律，从而加深对中华传统礼制的理解，探索创建中华礼制研究的新途径。

在我们看来，礼是人与人（或集团、国家）各种交往的规范与准则，礼制便是由权力机构颁布的有关各种交往的规范与准则。历来研究者按照王朝兴亡线索来研讨中华传统礼制的变迁，分为先秦至明清六大块。我们认为，中华传统礼制变迁诚然与王朝兴亡有一定关系，但礼制演化有着自己的规律，不能全然等同于王朝兴亡。基于此，我们提出了中华传统礼制变迁的四大时期，每个时期还可分若干阶段。四大时期分别为：前礼制时期（海岱大汶口—

---

① 杨伯峻：《春秋左传注（修订本）》，昭公五年，中华书局 2009 年版，第 1401—1402 页。

② 孙希旦：《礼记集解》卷二六《郊特牲》，中华书局 1989 年版，第 706 页。

龙山文化之前）→王国礼制时期（海岱大汶口—龙山文化为代表）
→王权礼制时期（夏商周到战国）→集权礼制时期（秦统一之
后）。

　　前礼制时期是随着人类交往的出现而产生的，最初它只是自发
的、约定俗成的习惯或习俗，无须由"权威机构"认定和颁布。
从"礼"的角度来说，这些习惯或习俗是一种"礼俗"，它不是
"制度"。王国礼制出现在有较大族群活动的时期。他们各自为政，
类如邦国，各族群有自己特定的比较严格和统一的礼仪规范。族群
之间的礼制可能并不统一，有所异同，但随着相互之间的交往而互
相影响并逐渐完善。王权礼制时期与前两个时期一样，都是基于相
对落后的农业经济之上的。夏商两朝是王权礼制初步形成与发展阶
段，西周是王权礼制鼎盛阶段，其成熟形态是由周王室中央制定的
礼制体系——周礼。周礼基于分封制、宗法制基础之上，强调亲亲
尊尊，各诸侯国在行用周礼的基础上，可根据自己国内情况做少量
调整。春秋时期王室衰弱，诸侯争霸，各诸侯国行用周礼也发生了
相应变化，僭越情况不断发生，王权礼制衰弱，并朝着集权方向发
展。战国时期是王权礼制衰变阶段，周礼难以为继，集权礼制因素
进一步发展壮大。集权礼制时期是从秦统一天下开始的。集权礼制
成熟的形态是五礼制度，它适合于较为发达的农业经济社会。集权
礼制以儒家思想作为思想指导，封建专制主义政体是其政治基础，
以大一统为其目的。集权礼制时期又可细分为：秦汉是集权礼制初
步形成时期，并向五礼制度演化；两晋南北朝是集权礼制完全形成
时期，它吸收了诸多少数民族礼制因素；唐宋是集权礼制高度发达
时期，规模大、有完整体系的礼典陆续修成，诸种礼仪形式纷繁复
杂，同时随着礼制下移，国家通过士人撰写的乡约、族规、家礼等
私修礼书来控制基层百姓；元明清到近代则是集权礼制逐渐走向衰
亡时期，随西方列强坚船利炮而来的西方思想文化，对中华传统礼
制产生了巨大的冲击，中华传统礼制进入一个演化、转折的关键
时期。

就研究内容来说，我们对前礼制时期、王国礼制时期和王权礼制时期做了研讨，并着重阐述集权礼制时期的各项礼仪变化体现出来的"礼义"。因为集权礼制时期更贴近我们生活的时代，而且许多礼仪形式至今仍存在于日常生活之中。真正弄清其变迁"原理"，无疑对我们创建新时期礼仪有着重要的参考价值。

其实，古代学者之所以执着地研究礼仪背后之"礼义"，是为实现所谓的"大同世界"提供思想资源。古人确实不了解从物质形式上说是礼仪，从精神内容上说是礼义，但他们孜孜不倦地解读或归纳的"礼义"，表现出对良善的人伦道德的追求、对善政仁政的向往和建立和谐社会的祈盼。由此而言，中华传统礼制具有讲求践履、追求美政良俗、与时俱进的特点，这也促使礼制不断变革与发展。当然，中华传统礼制产生重大变革是需要有特定的历史条件的，在中国封建社会中，帝王的意志支持、礼学理论的发展和国内外政治局势稳定，三者缺一不可。需要强调的是，集权礼制长期依附于专制政治体制，必然带有种种封建之质核；它适应于较为发达的小农经济社会，却与当今工业化社会扞格不入；它以儒家思想为基础，强调封建等级，因而与当代社会提倡的平等、自由、民主等现代要素难以契合。因此，它需要脱胎换骨，需要进行现代性的转换，才能真正在新时期发挥作用。时代变迁，当今中国已经进入工业化、信息化的轨道，过时的封建专制思想已被国人唾弃，故而无论是礼仪形式还是礼义内涵都必须产生彻底变革，死抱着所谓的"传统"不放，其实就是食古不化，难以真正发挥传统礼制给予当今社会的借鉴作用。

中华传统礼制发展过程中，曾受到过许多不同文化的冲击，它也在不断吸收与融合其他文化的过程中成长与壮大起来。在当今世界多元文化交融、碰撞中，我们没有必要悲观与纠结，而应将中华传统礼制做现代性转换，真正冲破封建专制制度的樊篱，打破贵贱等级的约束，在扬弃过程中吸纳其尊重人格平等、对个人道德升华的内在价值，发掘它对建设和谐社会秩序和安宁环境的功效，使其能为中华民族自立于世界民族之林做出新的贡献。

中华传统礼制之所以能够延续数千年而没有退出历史舞台，是因为它具有六大特性：历史传承性奠定其作为民族文化的地位；民族认同性与地域普遍性证明它植根和流传于中华大地之上的合理性，是反对民族分裂主义的历史依据和思想武器；体系开放性和异质包容性决定它能够在当今世界多元文化格局中继续生存并发展；道德实践性则是唤醒国人礼义之心的精神动力。因此中华传统礼制许多具体的礼仪或许早已过时，但其礼义至今仍有重要的参考意义与价值。我们要吸取清政府闭关锁国、排斥异己、将自己孤立于世界发展潮流之外而最终受辱的前车之鉴，也要警惕和反对割裂文化传统，抛弃中华文明，主张全盘西化的倾向。我们应当仔细剥离中华传统礼制的封建质核，取其精义，赋予现代性意义，从而使其凤凰涅槃，为当今社会服务，为构建新时期礼仪体系效力。

当然，就礼学理论而言，中华传统礼制可以发掘的内容极其丰富，仅凭一部著作是无法对其做出全面、完美的研究的。因而我们尝试抓住一些最为关键的问题加以研讨，力求通过翔实的史料辅予印证，从理论层面归纳出中华传统礼制演化的规律、特点、意义和价值，以便通过对中华传统礼制的爬疏、借鉴，从而清醒地认识到只有将中华传统礼制进行现代性的转换，才能使它焕发出新的生命力。当然，尽管我们做出了努力，取得了点滴成果，但不可能做到完美无缺，因为对礼学理论的研究可以构建不同理论框架，选择更多研讨的方面，更深入地讨论具体的理论问题。因此这本小书只是抛砖引玉，为学界日后进一步研讨作参考，也盼望得到学界的批评指正。期冀有更多的学者参与到礼学理论研究之中，尽快改变中华传统礼制研究中具体问题研究强、理论研究弱的窘状。

目　　录

第一章　中华传统礼制变迁论 ················ （1）

第一节　中华传统礼制变迁的阶段 ············ （1）

第二节　中华传统礼制变迁的内在动力 ·········· （65）

第三节　中华传统礼制变革的基本原则与践履特征 ······ （79）

第四节　中华传统礼制变迁的客观条件 ·········· （93）

第二章　中华传统礼制价值论 ················ （131）

第一节　三礼原典的价值 ················· （132）

第二节　国家礼典与社会稳定 ··············· （152）

第三节　民间礼俗与私修礼文 ··············· （173）

第四节　中华传统礼制的主要特性及历史价值 ······· （199）

第三章　中华传统礼制功能论 ················ （227）

第一节　多元世界与中华传统礼制的位置 ········· （227）

第二节　礼俗、礼制之功能异同 ·············· （232）

第三节　邻里关系与中华传统礼制 ············· （252）

第四节　社会经济发展与礼制建设 ············· （275）

第四章　重建礼义之邦的转化论　…………………………………（299）

　第一节　人神之际：神性与理性的角逐　………………（299）

　第二节　正视现实：礼义之邦遭遇礼仪缺失　…………（345）

　第三节　现代性转换：中华传统礼制的凤凰涅槃　………（361）

　第四节　注重实践：从"御民以礼"到"以礼聚民"　……（401）

参考文献　………………………………………………………（426）

后　记　…………………………………………………………（456）

第　一　章

中华传统礼制变迁论

第一节　中华传统礼制变迁的阶段

一　中华传统礼制分期之理论分析

目前学界尚无研讨中华传统礼制分期的专题论述。大致说来，学者是按照先秦、秦汉、魏晋南北朝、隋唐、宋元、明清的六大块中国古代史断代方式来撰写论著的。[①] 换句话说，现有研究成果习惯于将中华古代礼制史分为六个发展阶段或说分为六期。按照断代史分期方式撰写，诚然线索相对比较清楚，而且与王朝关系、某皇朝礼典撰述、某朝代的礼家思想乃至某一具体礼仪形式的变化联系比较紧密，这些内容确实都可在具体的断代中加以论述。然而仔细考虑这一分期的方式，其是以古代中国的王朝历史演化进程为标准的，与中华传统礼制本身发展的历史并不吻合，混淆了两类不同事

---

① 如杨志刚《中国礼仪制度研究》、陈戍国《中国礼制史》（六卷本，湖南教育出版社 2011 年版）、吴丽娱主编《礼与中国古代社会》（四卷本，中国社会科学出版社 2016 年版）。另外，一些断代礼制史研究也隐含着这一倾向。

物的性质，因此难以真正揭示中华传统礼制本身发展的特性。

在我们看来，中华传统礼制发展有自己的独特规律，它与王朝兴衰有一定联系，但不存在必然的关联，故而依断代史模式来撰写中华礼制史，是不可能真正揭示中华传统礼制本身特点和规律的。因此，重新划分中华传统礼制的变迁阶段，揭示中华传统礼制发展的特点及独特规律，是礼制研究中亟须解决的首要问题。

确立建构中华传统礼制史的分期标准，应该首先弄清中华传统礼制变迁受到哪些因素影响，或说其变迁受到哪些历史条件的限定。只有弄清影响中华传统礼制变迁的因素，才能对它进行正确的分期。

那么，中华传统礼制变迁究竟受到哪些因素影响呢？大致说来有以下几个方面。

首先，统治集团的意愿决定着礼制的变革。中华传统礼制作为规范国家与社会的重要制度，一直受到统治者的高度重视与关注，因为它能表示某一权力机构的正统性、统治者权力的合法性以及各种人等在所处社会的政治生活、经济生活、社会生活中的具体位置或等第。正由于此，一切具体礼仪的变更，都必须获得最高统治集团——在阶级社会中，代表人物是君主——的许可，然后列入礼典，或在相关律令格敕中进行颁布，如此，这些具体礼仪才正式进入"礼制"的范围。相反，民间私下行用的一切不在礼典之中的礼俗都不属于国家规定的礼制范畴，因而有可能受到统治者的干涉与禁止。当然，民间部分礼俗也有可能受到垂青而上升为国家礼制的组成部分。如寒食上坟在唐之前是民间礼俗，到唐玄宗时期编撰《大唐开元礼》，规定"冬至、寒食日各设一祭"，[①] 如此，这一民间礼俗列入了国家礼典，成为国家礼制的一项具体礼仪。

其实，中国进入阶级社会，尤其在封建集权专制体制之下，执政集团中的首脑人物——帝王或权臣——是最为关键的人物，许多礼仪更革都由他们直接下令进行修订或废立，反映出他们的

---

① 萧嵩等：《大唐开元礼》卷三《序例下·杂制》，民族出版社 2000 年版，第 33 页。

政治意图。① 可以说，在古代中国的政治体制之下，这些关键人物的意愿直接决定着礼制的变迁及行用。例如在封建集权专制体系下，"朕即天下"——皇帝权力凌驾于臣民百姓之上，因此帝王一个诏令乃至一句话，就可以设置、改动或废除某种礼仪；当然，某些权臣亦可借由帝王之口来达到更革礼仪的目的。这是中华传统礼制的一个明显特色，是影响其变迁的政治因素。

其次，礼学思想影响着中华传统礼制的变迁。礼制不可能脱离社会而独立存在，也不可能存在长久与现实社会严重抵触或脱节的礼制体系。随着社会变动，礼制就需要进行部分改变或整体更革。当然，就礼制与社会变革而言，社会变革必然会引起一些知识阶层尤其是礼学家的思考，他们会对礼制中不适应现实的部分进行批评或提出意见，这就促进了礼学思想的发展，同时也促使统治者对不适应现实的部分礼仪做出调整。例如在商朝灭亡之后，由于西周统治接受了商朝灭亡的教训，一些大臣提出了在尊"天"（帝、上帝）的前提下，同时要敬"德"的主张，这一思想的转变，直接导致西周建立的祭礼更加侧重于人，尤其是德行高尚者受到更多的祭祀。春秋时期王室衰微，诸侯争霸，尔虞我诈，战争频繁，被孟子称为"春秋无义战"。② 周王朝统治力严重衰退，周礼难行，僭越礼制成为常态。因而春秋末年，孔子强调提升人的道德水准，强调培养"君子"，提出了仁礼合一的理论。这一思想被其后学所继承与发展，至战国时期知识精英更加关注士礼，产生大量的相关论述，故而流传到西汉也以此为主。③ 战国时期，除儒家学派外，其

---

① 汤勤福：《宋真宗"封禅涤耻"说质疑——论真宗朝统治危机与天书降临、东封西祀之关系》，《河北大学学报》2019 年第 2 期。

② 焦循：《孟子正义》卷二八《尽心下》，中华书局 1987 年版，第 954 页。这一"义"字不全是仁义礼智信之"义"，可释为道义、礼义，道义从政治上着眼，礼义从制度上着眼。

③ 当今考古发掘出来的简牍，绝大多数是有关士礼的内容。这可证实战国时期儒家学者比较注重士礼。这与孔子强调培养君子人格是有关的。

他学派的思想家对礼也有很多论述，丰富了礼学思想，促进了礼制的发展。秦汉是统一的大帝国时期，从政治体制着眼，实行了中央集权，因此蕴含着大一统思想的《周礼》逐渐受到学者的重视，甚至获得帝王及权臣的青睐，在西汉末年崛起的古文经学中，《周礼》便是学者关注的焦点之一。尤其到东汉末年，经过郑玄等人对三礼的注疏及大力阐发，形成了对古代礼制的新的阐释，加之三国时期王肃对郑玄礼学的批评，① 活跃了礼学思想。在此基础上，西晋顺利地建立了以五礼为纲的新的礼制体系。这是礼学思想影响礼制变迁最典型的例证。② 礼学思想的演进，是礼制发展的内在动因，是礼制变迁的文化因素。

最后，礼制更革受到客观的历史条件制约。也就是说，一些重要礼仪的举行或重大礼典的制定，内部与周边的政治环境是非常重要的因素。礼典对于封建王朝来说，是其宣示皇权正统性的根据，是其统治国家的重要手段。比如，魏晋时期举行过多次"禅让"礼，但无论是魏文代汉还是晋武禅魏，都是当时政治环境的客观需要，用来证明魏文、晋武获得政权是秉承天意、符合礼制的，其政权的建立是合理、合法的，而多次劝进与辞让的仪式则用以展示"民心所向"与继位者的"谦逊"美德。

我们也能看到，在古代中国，新礼典的修撰往往是在旧礼典基础之上更革而来的，既有沿袭不改的具体礼仪，也有进行变革乃至重新创制的新礼仪。对于朝廷来说，每次礼典的重要修订或重新撰著，都是一项重大事件，国家所花费的力量应当说是巨大的。因此，这些礼典的重大修订或重新撰著，需要一个良好、稳定的社会环境作为基础，否则就难以成功。汉武帝统治着一个强大的统一王朝，他宣称"独尊儒术"，当时《周礼》已被发现，古文经学也开始萌芽，大臣孔安国明确提到了吉嘉宾军凶五礼体系，更为重要的

---

① 王肃总体上是肯定郑玄的，但有一部分阐释与郑玄相异，从而形成古文经学内部的不同派别。

② 汤勤福：《秦晋之间：五礼制度的诞生研究》，《学术月刊》2019 年第 1 期。

是武帝本人也有修撰一代礼典的愿望。然而汉武帝面临的局面非常复杂：国内要彻底解决诸侯国问题，要加强收取赋税来应付庞大的军事开支；周边要解决北方匈奴的威胁。在这样的历史条件下，武帝最终未能修撰成一部适应大一统国家的礼典。而晋武帝的情况则正与汉武帝相反，他消灭孙吴，统一了全国，为巩固政权实行分封制，以同姓王来支撑国家政权，当时周边并无强大少数民族政权的威胁，因此他面临的是相对稳定的国内外政治环境，有利于重要制度的更制改作。当然，晋武帝本身对修撰礼典兴趣极浓，因此西晋最终按五礼体系撰成了一代礼典——《新礼》。可见，王朝内部与周边的诸种客观条件是影响礼制变迁的社会因素。

当然，还有其他一些影响礼制变迁的原因，但上述三个方面无疑是最为关键的因素。基于上述观点，我们认为应当抓住影响中华传统礼制变迁的最为关键的因素来判断礼制的发展阶段：首先应当判断前后两个阶段的礼制有无重大变革，其次要考虑某一时期有无标志性礼典出现，再次需分析某一时期礼学思想有无突破或重大发展，当然，最后还需要从多民族国家的演变来思考礼制变迁问题。上述便是判断中华传统礼制分期的几个重要标准。

根据这一标准，我们将中华传统礼制分为四大时期：海岱龙山、红山、良渚诸种文化类型之前为前礼制时期；海岱龙山、红山、良渚诸种文化类型为代表的王国礼制时期；夏王朝到秦统一之前属于王权礼制时期；秦统一之后到近代是集权礼制时期。由于资料匮乏，前礼制时期和王国礼制时期难以细分；王权礼制时期中，夏商两朝是王权礼制萌芽及成长阶段，西周制定了周礼，实为王权礼制完善阶段，春秋是衰变阶段，战国则是王权礼制向集权礼制转型阶段；从集权礼制时期来看，秦汉是集权礼制成长阶段，魏晋南北朝出现五礼制度，宣示了集权礼制的初步完成，唐宋是集权礼制鼎盛阶段，元明清则是集权礼制衰落阶段，近代可以视为集权礼制的转型阶段。需要补充的是，所谓四大时期，不是截然间隔的，而是前一阶段蕴含着后一阶段某些成长因素，后一阶段亦包含前一阶段某些因素。例如，集权礼制虽然出现在大一统时期的秦汉王朝，但集权礼制的许多因素早在战国时期便陆续呈现出来，并有一定的影响。同时，即使是西晋时期完全形成大一统的集权礼制，实际上仍然包容着秦汉之前的许多礼制因素，且它们继续发挥着重要影响。故而我们可以把中华传统礼制四个演化时期视为一个逐渐发展演变的整体来对待，这也是中华传统礼制的重要特点之一。

王震中先生曾提出"邦国—王国—帝国"说，将国家形态的演进概括为中心聚落形态、邦国形态、王国形态、帝国形态四个阶段，认为龙山时代以前即仰韶文化后期的分层社会为中心聚落阶段，龙山时代为"邦国"类型的国家社会。[①] 谢维扬等人也指出酋邦与国家的异同与承袭关系，强调酋邦是最为接近国家政治组织的形式，属于前国家时期。[②] 我们认为，从国家形态的演化来看，王、谢诸先生的观点无疑是值得重视与肯定的，而且对礼制史分期有很好的启示作用。但需要指出的是，国家形态的演进与礼制的变迁并非完全同步，两者变迁都有着自身的演化规律。就先秦而言，我们从礼制的变迁角度来加以归纳，王国形态出现之前都可以归类为前礼制时期，即"国家"礼制出现前的"礼"的形态。尽管其中孕育着后世"国家"礼制的某些因素，就其性质而言，在中心聚落形态中不可能实施统一、规范之礼，其显然与后世由"权威机构"（王国、王朝）颁布的统一的礼——"国家"层面的礼制——有着严格的区别。依据这一设想，我们把先秦时期礼制发生、发展的演进概括为：前礼制时期——王国礼制时期——王权礼制时期。这一礼制发展演进是一个动态过程，所谓"五帝殊时，不相沿乐；三王异世，

① 王震中：《邦国、王国与帝国：先秦国家形态的演进》，《河南大学学报》2003年第4期；王震中：《从中原地区国家形态的演进看其文明化进程》，《东岳论丛》2005年第3期。

② 谢维扬、赵争：《酋邦与国家接近的程度及对国家起源研究的影响》，《学术月刊》2018年第8期。

不相袭礼"。① 换句话说，上古礼制的发展是因袭与损益的过程，它经过前礼制时期的礼俗的各种演化，到相对统一的王国之礼的出现，最终发展成先秦时期最为完善的王权礼制——周礼。这一演变过程虽长，但导致中华传统礼制变迁后出现了一个崭新的面貌，它们共同构成中华传统礼制变迁前期的各个重要环节。

二　前礼制时期与王国礼制时期

这里先讨论前礼制时期。

从制度层面来说，礼制无疑属于一种政治制度。杨宽先生在讨论周礼的历史根源时："原始人常以具有象征意义的物品，连同一系列的象征动作，构成种种仪式，用来表达自己的感情和愿望。这些礼仪，不仅长期成为社会生活的传统习惯，而且常被用作维护社会秩序、巩固社会组织和加强部落之间联系的手段。进入阶级社会后，许多礼仪还被大家沿用着，其中部分礼仪往往被统治阶级所利用和改变，作为巩固统治阶级内部组织和统治人民的一种手段"，西周贵族"把父系家长制时期的各种传统习惯和礼仪，加以改变和补充，用来作为维护宗法制度和'四权'的手段"。②

杨先生的这段表述存在一些问题。在我们看来，礼与礼制是有区别的。礼是人类社会特有的社会现象，是人际交往的规范与准则，礼制则是由权力机构颁布的有关各种交往的规范与准则。从理论上说，应该自人类出现便有了人与人之间的交往，这种交往需要用大家都能够接受的方式来进行，也就是需要一种行为规范或说是行为准则。因此，只要有了人，就会有礼——世界各国都一样——尽管这些礼非常原始、非常简单，但毕竟已经出现了。如果我们把这种非常原始、非常简单的礼视为一种习俗或礼俗，那么也可以说礼始于俗或礼源于俗。值得强调的是，这种原始之礼并不带有强制

---

① 孙希旦：《礼记集解》卷三七《乐记》，第991页。
② 杨宽：《古史新探》，中华书局1965年版，第234页。

性，也无须"权威机构"加以认定或颁布，它只需要获得交往双方的认可，是自然而然地产生的。这在民族学、民俗学资料中均可得到印证。常金仓用文化人类学理论研讨礼的原初情况，认为"手势语言"在人们交往中具有重要作用，甚至"美洲各族印第安人彼此不懂对方的有声语言，但能够用手势语言相互交谈"。① 其实，他们相互交往，是存在双方认可之"礼"的，某种手势（即肢体语言）表示的某种"礼节"是客观存在的。显然，非制度之"礼"作为人际交往工具，应当在人类出现后便产生了，因此远远早于杨先生所说的产生阶级、出现权力机构前夕的"氏族制末期"。当然，这种最初之"礼"非常原始，非常简单，差异或许很大——它毕竟不是由强制的"行政手段"来规范的——故这种"礼"不是一种"制度"，相对于"礼制"，可称为礼俗。我们把这一时间段称为"前礼制时期"。

由于生产力极其低下，原始人群对许多现象无法做出合理解释，故而出现了向鬼神进行祭祀的礼俗（后世"祭礼"便是由此发展而来的）。《礼记》认为："夫礼之初，始诸饮食，其燔黍捭豚，污尊而抔饮，蒉桴而土鼓，犹若可以致其敬于鬼神。"② 尽管说礼起于饮食不甚准确，但"太古之时"人们已经开始用"燔黍捭豚，污尊而抔饮，蒉桴而土鼓"的方式来礼敬鬼神是可以相信的。大汶口文化墓葬中流行死者手握獐牙的葬俗，并且一直延续到龙山文化。大汶口早期墓葬中随葬的獐牙钩形器已发现近百件，"主要见于大墩子、刘林和大汶口遗址"。③ 大汶口遗址共发现獐牙 188 件，最多一座墓有 12 件。西夏侯遗址 11 座墓葬全随葬有獐牙，邹县野店有 14 座墓葬的死者手握獐牙，呈子遗址也有 9 座墓葬随葬獐牙。出土獐牙的墓葬包括大中小型墓葬，其目的可能是驱凶辟邪，因而有学者认

①　常金仓：《穷变通久——文化史学的理论与实践》，第 118 页。

②　孙希旦：《礼记集解》卷二一《礼运》，第 586 页。

③　中国社会科学院考古研究所编著：《中国考古学》（新石器时代卷），中国社会科学出版社 2010 年版，第 304 页。

为这应是原始巫术宗教的一种反映。① 在我们看来，这实际体现出当时人们对鬼神的崇敬，是一种运用于生活现实之中的礼俗。

其实，当时的人们还有其他礼俗。例如大汶口文化刘林期流行拔除一对上颌侧门齿的风俗，而且头部后枕骨都经过人工变形。学者大多认为拔去侧门齿，是对已达到成年而获得婚姻资格的人进行"成丁礼"的一项内容，这应当是一种早期流行的礼俗。②

应当说，"前礼制时期"是一个非常漫长的过程，大致从人类出现到海岱龙山、红山、良渚诸种文化类型出现之前。这种原始礼仪不需要"权威机构"认定或颁布，是一种人们交往过程中约定俗成的行为模式，表示相互之间的关系，以及双方对某种行为模式、某种思想观念的认可。这是前礼制时期区别于后世礼制的最为重要之处。

当然，这种非常原始、非常简单的礼俗，在行用的各区域、各人群之间甚至差异很大，但它确实不需要也不可能由"统一权威机构"来认可，不存在任何程式上的规定。也正是这些由某一人群或不同人群共同遵循之礼俗（也有人称为"习俗"或"习惯"），逐渐萌生出后世之礼。这就是所谓"礼成于俗"。我们把这一时间段称为"前礼制时期"。

需要我们进一步研讨的是，这种不存在"统一权威机构"来认定的礼俗是否具备了某种"规范"或约定俗成的思想？在我们看来，即使再原始的礼俗，也需要人们对它的"认定"，即相互之间认可某一礼俗所表达的含义——同时也是一种思想——它具体体现为人们对某一礼俗含义或观念的认可。换句话说，人们运用一种"观念"来规范、规定不同区域、不同人等的"交往方式"和"礼仪待遇"，这种观念其实便是一种"思想"。尽管这种思想是粗浅

---

① 胡顺利：《关于大汶口文化及其墓葬制度剖析中的几个问题》，《文物》1977年第7期。

② 韩康信、潘其风《我国拔牙风俗的源流及其意义》（《考古》1981年第1期）认为：拔牙常见于太平洋地区的近海或海岛居民中，故可称之为"海洋性民族的风俗"。

的、原始的对"礼"的认识，但它毕竟已经是一种基于对当时社会有一定观察基础之上的相对稳定的思想，从"思维"角度来说，它与后世的礼学思想没有不同。在海岱龙山、红山、良渚诸种文化类型出现之前，即新石器早、中期墓葬中发现了随葬生活或生产工具，尽管数量存在一些差别，但这些随葬物品都是墓主人生存时期的"私人"用品，而不是按照墓主人"身份等级"来随葬的，因此不存在按等级使用随葬品的观念或思想。那么可以认为，前礼制时期不存在等级差异的礼俗观念或说礼俗思想。

可以将前礼制时期与海岱龙山等文化为代表的王国礼制时期进行比较。海岱龙山文化对不同人等的墓葬采用不同规格的墓葬形制，埋入数量不等的随葬品，说明这时已经对不同人等所享用的待遇等级有明确规定。① 从实物上看，在海岱龙山文化出土物品中，出现了标志身份等级的奢侈品，如象牙和玉料等珍稀原料，② 这充分证明这一时期初步形成了等级观念。尽管文献阙如，我们无法了解当时人们对这些不同等级的礼仪在"理论"上的阐发，但从他们具体的做法来观察，可以看出他们确实已经认识到需要"礼仪差序"，这种礼仪差序进一步发展便是后世礼制的等级观念。显然，前礼制时期的礼俗中反映的平等观念与海岱龙山文化反映的礼仪差序的等级观念，在本质上并无二致，无疑都属于一种思想、观念。也就是说，无论是前礼制时期还是王国礼制时期，他们行用的礼都表现为一种思想或观念。

总的说来，前礼制时期那种原始之礼俗，确实是一种思想、观念的产物，虽然它不需要"权力机构"来认定，不同人群之间行用的礼俗也存在诸多差异，但却反映出中华礼制发展最初阶段的基本情形。

---

① 高江涛在概括属于龙山文化的陶寺遗址墓葬的特点时指出：随葬品已具有礼器性质，种类繁多并有一定组合规定，礼器在墓葬中有比较固定的位置，随葬器物有严格规定。氏著：《中原地区文明化进程的考古学研究》，社会科学文献出版社 2009 年版，第 321 页。

② 李新伟：《中国史前社会上层远距离交流网的形成》，《文物》2015 年第 4 期。

距今约 6000 年前的海岱龙山文化，进入了王国礼制时期。

王国礼制是指行用于一定区域、有一定具体规范的礼仪制度，它是由一定区域的权威机构来认定或说颁布的礼制。它是"制度"层面上的"礼"。在海岱龙山文化的墓葬中已经可以看出明显的贫富分化的趋势：墓葬规模、葬具（棺椁）形制，以及随葬器的质地、种类与数量等的差异都一目了然。那些器形精美的蛋壳陶生活器具、玉钺等高级礼器，都出现在高等级墓葬中。海岱龙山文化并非孤例，与它时期大致相同的东北地区红山文化、江浙的良渚文化中，也存在与海岱龙山文化相同的情况。当然，海岱龙山、红山、良渚诸种文化类型的随葬品及墓制也存在一些差异，各具特色，这与后世由统治区域相当辽阔的权威机构颁布的礼制亦有不同。我们可以看到龙山等各文化类型的同一等级墓葬中，随葬物品存在着多寡不同，看不出这些文化类型间有着"严格"的统一制度规定，反而可以看出它们是根据各自的情况而"具体"行用的。

就文献而言也能看出些许端倪。《左传》载："禹合诸侯于涂山，执玉帛者万国。"① 这说明在夏禹之前存在着众多的类似于部落联盟性质的"王国"，分居不同区域的王国自然会有自己王国内的礼仪；然而王国间互相交往，当然也就需要有规范的、相互认可的交往之礼。无论是王国内部还是王国之间的礼，都必然是经这些王国来加以约定、认同的，是相对稳定或说相对成熟的礼制。

其实，任何事物的形成、发展都有一个过程，礼制的形成与发展自然也是如此。在这些相对稳定与成熟的礼制出现之前，应当还有一个漫长的发展时期（即前礼制时期），这一时期必然存在更为原始的习俗或说礼俗，它无须"权威机构"来认定，只需交往双方认可。限于资料匮乏，我们无法清晰地还原这些原始礼俗是如何逐步转化为相对稳定和成熟的礼制的，难以清晰地还原它的发展过程。然而可以肯定的是，王国礼制是由一定区域权威机构认定或说颁布

---

① 杨伯峻：《春秋左传注（修订本）》，哀公七年，第 1833 页。

的礼制，它已经有了比较固定的具体形制，有一定规范。虽然它没有经过"统一的权威机构"颁布或确认，缺乏严格的规范，行用在相对狭小的区域之内，但它确实属于"制度"层面上的"礼"。

三　王权礼制的诞生与成熟

夏朝属于什么样性质的国家还有待讨论，但它是中国最早的一个规模较大的王朝则确然无疑。遗憾的是，这一延续数世纪的王朝并无成熟的文字，因此我们无法从文字记载来探讨夏朝的礼制。虽然没有文献可资印证，但从考古发现来看，夏朝确实有了相当规范、成熟的礼仪制度，因为已经发现了大量的物化的资料。这些物化的资料主要包括墓葬、祭祀遗存、礼仪性建筑以及种类繁多的礼器等。

众所周知，祭祀是古代中国礼制最为重要的内容之一，所谓"国之大事，在祀与戎"。[1] 古人祭祀的对象是天、地、祖先，祭祀的目的是与祭祀对象进行沟通，以求得他们的庇佑。从二里头都城遗址来看，它存在祭祀区，出土了青铜礼器、玉礼器、陶礼器，祭祀区与都城内其他大型礼制建筑，共同构成了夏王朝作为王权国家的重要标识物，成为青铜时代礼乐制度的重要内容。有研究者认为，二里头文化时期已出现了明显的礼器组合和数量关系，形成青铜礼器、玉礼器、陶礼器等成系列的礼器群。[2] 大致说来，二里头文化三期以后的墓葬中礼器组合"往往是青铜器与陶器、漆器相配伍"，"铜礼器与其他质料礼器搭配成组，主要是铜爵（或加铜斝）与陶盉、漆觚的组合，铜爵与陶爵、陶盉组合也常见"，[3] 因此有学者认为二里头文化时期确立了以重酒器组合为核心的礼器组合。[4]

---

[1]　杨伯峻:《春秋左传注（修订本）》，成公十三年，第941页。
[2]　高江涛:《中原地区文明化进程的考古学研究》，第336页。
[3]　中国社会科学院考古研究所编著:《中国考古学》（夏商卷），中国社会科学出版社2003年版，第107页。
[4]　李志鹏:《二里头文化墓葬研究》，中国社会科学院考古研究所编:《中国早期青铜文化——二里头文化专题研究》，科学出版社2008年版。

这些例证无疑表明二里头时期已经形成了比较规范的、等级分明的礼制,[①] 标志着华夏文明结束多元纷乱的王国礼制时期,从而进入多元一体的王权礼制时代。一个以中原文明为中心的王权礼制演进线路开始形成,并为后来的殷周礼制奠定了基本格局。

现已发现属于二里头文化的遗址 500 余处,大致以二里头遗址为中心,分布在以豫西为中心的黄河中游地区,范围是直径200 公里左右。换句话说,至少这一地区是夏王朝直接统领的区域,其间接控制区域还要再扩大一些。巩义花地嘴遗址中“新砦类遗存”属于夏文化范畴,目前发现环壕、祭祀坑、房址、灰坑及陶窑等,其中玉器有钺、铲、璋和琮等,表明它是一个相对独立的居住场所。它也拥有祭祀坑,说明居住这一区域的人们有祭祀权。由于它属于二里头文化类型,那么它一定与二里头遗址的祭祀存在着某种必然的联系,如此,其祭祀方式必定是二里头都城遗址的某种“翻版”,有着一定的规范与要求,不是以往王国时期那种独立的自成体系的祭祀礼仪形式。又如巩义稍柴遗址一期、煤山遗址一期,它们的时间大致与二里头遗址相当,也出土了大量组合式的陶器,然无青铜礼器,这说明这些地方的祭祀与二里头祭祀有着等级的差异。[②] 由此可以确认,王权礼制是以中央王朝礼制为标准,向周边管辖地区扩散的一种礼制形式,它有统一的礼制规范、确定的礼仪形式和礼制的等级差异。换句话说,这种礼制形态是以王朝中央的礼制为标准实行的,其礼制实施主要范围在都城及王所掌控的区域,各地行用的礼仪则有等级差异。

《史记》称:“禹为姒姓,其后分封,用国为姓,故有夏后氏、有扈氏、有男氏、斟寻氏、彤城氏、褒氏、费氏、杞氏、缯氏、辛

---

① 高江涛指出:二里头遗址Ⅰ级大墓有“较为严格的规制”,Ⅱ级墓“在不同等级的聚落间呈现出等列分明的层级格局”,“社会开始统一到一个等级制度、礼制系统”。氏著:《中原地区文明化进程的考古学研究》,第 338、343 页。

② 林秀贞:《试论稍柴下层遗存的文化性质》,《考古》1994 年第 12 期。

氏、冥氏、斟戈氏。"① 据此，有学者认为在夏立国前，存在 12 个比较大的姒姓氏族组织，共同组成夏部族。夏立国后，与这些诸侯国之间存在着血缘上的宗法关系，又存在着政治上的分封和经济上的纳贡关系。但就每个方国而言，都是以血缘为纽带聚族而居的，自成一个组织系统。② 墨子说："昔者虞夏商周三代之圣王，其始建国营都日，必择国之正坛，置以为宗庙；必择木之修茂者，立以为菆位。"③ 此或得之。建立国家、营建国都、祭祀祖先都是最为重要之事，显示着政权的合法性。而夏王朝统辖的各地，居住着的宗族当然也需要祭祀自己的祖先，如果考虑到统辖、臣服关系，夏王朝中央与各地诸侯国的祭祀有某些等级差异也就是必然之事了。

商代国家结构至今无定论，④ 但其实观点分歧并不影响对商朝

---

① 《史记》卷二《夏本纪》，中华书局 1959 年版，第 89 页。

② 张得水：《中原文明形成过程中的几个特点》，《华夏考古》2002 年第 4 期。

③ 孙诒让：《墨子间诂》卷八《明鬼下》，中华书局 2001 年版，第 235—236 页。菆位，即社。上古时期社往往修建在林木修茂处，如商代有桑林之社。

④ 王国维、顾颉刚、林沄等学者认为，商王朝只是众多方国中最强大者，其他方国对商王有一定附属关系，但仍是独立邦国，双方关系类似"方国联盟"或"城邦国家联盟"性质。胡厚宣、杨升南等学者则认为商王朝是一个统一的国家，诸侯国属分封性质，诸侯对王是臣属关系。近年来，王震中先生提出商代的国家结构和形态是一种"复合制"国家结构，它由内服与外服所组成：内服即王邦之地，有在朝的百官贵族；外服有诸侯和其他从属于商王的属邦。商王有"天下共主"的地位，他直接统治着本邦（王邦）地区，间接支配着臣服或服从于商的若干邦国。这是一种以王为天下共主、以王国（王邦）为中央、以主权不完全独立的诸侯国即普通的属邦为周边（外服）的复合型国家结构。也有学者提出商代方国与封国有区分，那些短期是商王室的臣属，但长期和商王室为敌、独立性较强的国家属于方国，其他即为封国；商代封国最多时达 285 个，方国也有 85 个。可参见以下主要论著：王国维《殷周制度论》，《观堂集林》卷一〇《史林二》，河北教育出版社 2003 年版；顾颉刚《讨论古史答刘、胡二先生》，收入《古史辨》第 1 册，上海古籍出版社 1982 年版；林沄《甲骨文中的商代方国联盟》，收入氏著《林沄学术文集》，中国大百科全书出版社 1998 年版；王冠英《殷周的外服及其演变》，《历史研究》1984 年第 5 期；胡厚宣《殷代封建制度考》，氏著《甲骨学商史论丛》（初集），齐鲁大学国学研究所 1944 年版，第 31—112 页；杨升南《卜辞中所见诸侯对商王室的臣属关系》，氏著《甲骨文商史丛考》，线装书局 2007 年版；李雪山《商代分封制度研究》，中国社会科学出版社 2004 年版。另外，李学勤主编的《中国古代文明与国家形成研究》也提出"商王所治理的王畿与诸侯国的关系，不是一种平等的联盟，而是一种上下级的臣属关系"（云南人民出版社 1997 年版，第 459 页）。

礼制的判断，因为在现存的甲骨文中，可以相对清楚地了解商代的礼制情况。周朝则有金文，也可以总结出其礼制的一些基本情况，同时还有一些传世文献可予资证。

《尚书·盘庚》中盘庚自称"予一人"，甲骨文中商王自称"余一人"，胡厚宣先生指出两者都是至高无上、唯我独尊的君主的称谓。① 《尚书·酒诰》云："越在外服，侯、甸、男、卫、邦伯；越在内服，百僚、庶尹、惟亚、惟服、宗工，越百姓里居。"② 《诗经·玄鸟》也有："邦畿千里，维民所止，肇域彼四海。四海来假，来假祁祁。"③ 对此无论做什么解释，都可以看出从王朝中央到各地存在一套规范的有等级差序的礼制体系。甲骨文记载各地向商王贡献的龟甲、巫、牛、女子、象牙、贝及人殉，这是明确的朝贡之礼。陈梦家指出王者既是政治领袖，又为群巫之长，④ 有学者指出"王占曰"即是王代表神说话。⑤ 显然，商王极力通过对卜筮的掌控和垄断，兼世俗政治与宗教权力于一身，达到集中王权的目的。从考古资料来看，已经发现商朝都城及其他城市的祭坛形制，各种建筑的布局、规模具有明显的等级差异，同时盛行人牲、人殉。这种王权与神权的紧密结合以及王权对神权的高度依赖，可以肯定商朝已经有了比较完善的礼制。

朱凤瀚先生对"非王卜辞"中的祭祀活动进行研究，指出这

---

① 胡厚宣：《释"余一人"》，《历史研究》1957 年第 1 期。胡氏后又有《重论"余一人"问题》（收入《古文字研究》第 6 辑，中华书局 1981 年版），该文指出武丁、武乙（即历组）时卜辞王自称"于一人"，祖庚、祖甲与帝乙（或帝辛）时卜辞自称"余一人"。

② 孙星衍：《尚书今古文注疏》卷一六《酒诰》，中华书局 1986 年版，第 379—380 页。

③ 王先谦：《诗三家义集疏》卷二八《商颂·玄鸟》，中华书局 1987 年版，第 1105—1106 页。

④ 陈梦家：《商代的巫术与神话》，《燕京学报》第 20 期，1936 年，第 535 页。

⑤ 张秉权：《卜辞中所见殷商政治统一的力量及其达到的范围》，《中央研究院历史语言研究所集刊》第 50 本第 1 分，1979 年 3 月，收入宋镇豪主编《甲骨文献集成》第 28 册，四川大学出版社 2001 年版，第 98 页。

些宗族组织有自己的宗庙、不同于王卜辞中的祭仪和独自的祭祀对象，主持祭祀者是被称为"子"的宗族长。朱先生说："每一个宗族，同时也是一个独立的经济与政治的实体"，"宗族长在宗族内主持对家族祖先神的祭祀，具有高于其他族人的至尊地位"。① 这一研究结论充分说明除商王拥有祭天、祭祖权外，其他宗族长也拥有祭天、祭祖权，② 这体现出王权礼制的鲜明特色——以中央王朝礼制为标准，其他宗族长或小王国同样拥有祭天和祭祖之权力。③ 这与封建专制体制下的集权礼制是完全不同的，因为集权礼制只承认皇帝有祭天、祭祖权，其他人都没有这种祭祀权。④

武王翦商，小邦周取代大邑商，面对的是数量众多的殷商遗民，以及周边异族劲敌。周初统治者接受了商亡教训，一方面强调"天命靡常"，另一方面强调"皇天无亲，惟德是辅"，⑤ "天多降德，滂滂在下"，⑥ 以论证自己取代殷商的合法性和合理性。同时又采取"以亲屏周"⑦ 的分封策略，用以拱卫周王室。受封者包括同姓、异姓贵族，先圣之后以及商王后裔等，他们的权力是世袭的。通过分封，周王为"天下共主"，分掌一国权力的诸侯之下也层层分封，形成贵贱不同的等级，具有"世族政治"的特色。清

---

① 朱凤瀚：《商周家族形态研究（增订本）》，天津古籍出版社 2004 年版，第 211 页。

② 花东非王卜辞祭祀自上甲之后的若干代商王。

③ 董莲池认为："商代王室之外的民间，人们曾尊'天'为至上神。"《非王卜辞中的"天"字研究——兼论商代民间尊"天"为至上神》，《中国文字研究》2007 年第 1 辑。

④ 西汉初置郡国，允许郡国设庙祭祀，不但时人对这一"违礼"现象进行批判，唐代颜师古亦批评其为"率意而行……大违典制"。颜师古：《太原寝庙议》，李昉等：《文苑英华》卷七六三，中华书局 1966 年版，第 4004 页。

⑤ 杨伯峻：《春秋左传注（修订本）》，僖公五年宫之奇引《周书》，第 388 页。周初分封数量可参考《左传》定公四年记载。

⑥ 《周公之琴舞》，李学勤主编：《清华大学藏战国竹简》（叁），中西书局 2012 年版，第 133 页。

⑦ 杨伯峻：《春秋左传注（修订本）》，僖公二十四年，第 464 页。

华简载："周成王、周公既迁殷民于洛邑，乃追念夏商之亡由，旁设出宗子，以作周厚屏，乃先建卫叔封于康丘，以侯殷之余民。卫人自康丘迁于淇卫。"① 明确记述了分封宗亲为诸侯的一些情况。

伴随分封，周王往往还赐予一些礼仪器物，如赐晋国"密须之鼓与其大路，文所以大蒐也；阙巩之甲，武所以克商也，唐叔受之，以处参虚，匡有戎狄。其后襄之二路，戚钺、秬鬯，彤弓、虎贲，文公受之，以有南阳之田，抚征东夏"。② 赐予这些礼仪用物，表示允许这些诸侯拥有相应的祭祀权和征伐权。如晋拥有"匡有戎狄""抚征东夏"的征伐权，同时它作为独立的世袭诸侯国，自然拥有祭祀天地的权力，其仪式当与西周中央相似无疑。但与商朝不同的是，西周同姓诸侯国，若无特许，只允许祭祀自己直系或开国之祖，而不能祭祀周王朝的王。③

《尚书大传》称周公摄政六年制礼作乐。周公制礼是否在摄政六年不得而知，但他依据周原有制度，参酌夏殷礼制，加以损益而制定出一套礼乐制度则无可疑。《左传》载鲁国太史克"先君周公制《周礼》曰"④ 云云，便是周公制作周礼之明证。周公所制周礼当然不是传世文献之《周礼》，也不可能非常完善，周礼是经过此后诸王陆续完善的。按照钱穆先生的说法，春秋时期"列国君大夫所以事上、使下、赋税、军旅、朝觐、聘享、盟会、丧祭、田狩、出征，一切以为政事、制度、仪文、法式者莫非'礼'"，⑤

---

① 《系年·第四章》，李学勤主编：《清华大学藏战国竹简》（贰），中西书局2011年版，第144页。

② 杨伯峻：《春秋左传注（修订本）》，昭公十五年，第1523页。

③ 周王朝诸侯、大夫有权立庙祭祀，既符合政治体制，也符合宗法体制。如鲁立文王庙是因为周公是文王之子，故可祭文王。这一情况的出现，是君统与宗统复杂的关系导致的。就周礼规定而言，宗子有祭祀权，非宗子无祭祀权。而花东非王卜辞反映的商朝情况与此不同。

④ 杨伯峻：《春秋左传注（修订本）》，文公十八年，第693页。杨先生称此《周礼》非《周官》，今已亡佚。

⑤ 钱穆：《国学概论》，台北：联经出版公司1998年版，第41页。

即内容包括政治制度、礼制规范及一般行为原则，这种完善之礼不可能在短时间内由一人独立完成。

下面略述周王朝重大礼制。周王对内外服之官员拥有册命权，①如周初克罍铭文记载了周成王分封克为燕侯之事，其中"王曰"当是册封之词无疑。改封也需要重新册命，宜侯夨簋②记载了周康王将虞侯夨改封为宜侯之事。有册命、改封，自然存在相关的册命、改封之礼仪。颂壶③记载的册命礼仪：清晨，王入昭宫太室即位，宰引受命者入，立中廷，尹氏向王上呈命册，王命史官读命辞，王赐物嘉勉，受册者拜谢、受册命、退出；然后再入中庭贡纳瑾璋。

《尚书·酒诰》反映了西周的朝聘制度："越在外服，侯、甸、男、卫、邦伯；越在内服，百僚、庶尹，惟亚、惟服、宗工，越百姓里君。"④《国语·周语上》祭公谋父所说畿服制则分为甸服、侯服、宾服、要服和荒服。⑤尽管学界对畿服制度有不同解释，但都承认存在着这种以尊卑、亲疏、内外、远近为标准的朝聘等级制度。从士山盘、驹父盨盖等铭文来看，东南的淮夷诸邦、西北的犬戎等有向周王朝贡纳的义务，《国语》也记载了戎、狄"适来班贡"，⑥证实周王朝有朝觐纳贡之制。诸侯或方国不来朝觐则为"不庭"，周王可对他们进行征伐。⑦周天子有定期巡狩之礼，以此检查考绩，威服诸侯，维护中央对诸侯国的控制。周朝还有颁朔、告朔礼，所谓"天子告朔于诸侯，诸侯受乎祢庙，礼也"，⑧来显

---

① 陈汉平：《西周册命制度研究》，学林出版社1986年版。

② 中国社会科学院考古研究所：《殷周金文集成》（以下简称《集成》）8·4320，中华书局1984—1994年版。

③ 《集成》15·9731。

④ 孙星衍：《尚书今古文注疏》卷一六《酒诰》，第379—380页。

⑤ 《周礼·夏官·职方氏》有九服之说。

⑥ 徐元诰：《国语集解·周语中》，中华书局2002年版，第58页。

⑦ 杨伯峻：《春秋左传注（修订本）》，成公十二年，第936页。

⑧ 钟文烝：《春秋穀梁经传补注》，文公十六年，中华书局1996年版，第412页。

示周政权合法性和权威性。① 至于盟会、燕飨、车舆、贡纳，乃至都城、祭坛的建设等方面都有礼制的规范。

总之，周王朝以亲亲贵贵原则建立起一套以周王为核心、以诸侯分理各地的成熟的王权礼制体系。这种王权礼制显示出周王对天下有绝对的统治权，诸侯则分别统治一国，大夫治理采邑。虽是层层分封，分层治理，但周天子掌控天下礼仪的制定权力，而诸侯、大夫则需要遵行这一礼制，从而体现出王权政治秩序以及诸种人等的级差秩序。当然，在依循西周王朝礼制规定的前提下，各诸侯国也有一些差异，例如周王可以祭祀包括所有诸侯国在内的全国的重要山川，诸侯国也可以祭祀自己域内的一些重要山川，而不能祭祀其他诸侯国境内的山川。泰山是中国古代重要的山脉，至少自西周起便成为祭祀对象，鲁国的封地将泰山包括在内，因此鲁国可以祭祀泰山，而其他诸侯国便不能祭祀泰山；霍国分封地在今山西境内的霍山周围，因此霍山成为霍国祭祀的山脉。②

四 王权礼制的衰变与转型

公元前 771 年，犬戎入镐京，幽王被杀，西周灭亡；次年，平王迁都雒邑，是为东周。东周又可分为春秋和战国两个时期。③ 西周覆灭使"王室而既卑矣，周之子孙日失其序"，④ 周天子也逐渐失去对诸侯国的控制能力，社会秩序由此逐渐崩坏。礼制体系与改朝换代没有必然联系，即使在社会发生大动荡之际，它的崩坏过程也极其漫长。这就是说，在新的礼制体系尚未产生之前，旧的礼制仍会延续着。就王权礼制而言，西周虽然覆亡，但分封制度下的诸

---

① 《史记》卷三《殷本纪》说："汤乃改正朔，易服色，上白，朝会以昼。"（第98 页）改正朔即意味着天命更易，宣示天命所在及政权的合法性。

② 关于泰山和霍山祭祀，请参见汤勤福《仪式背后的政治诉求：以中镇霍山镇岳化为例》，《南开学报》2023 年第 2 期。

③ 学界对战国始于何年有不同看法，此处不做研讨。

④ 杨伯峻：《春秋左传注（修订本）》，隐公十一年，第 81 页。

侯国仍然存在，从天子到士的各种层级依然如故，也就使得王权礼制还有存在的土壤，其主要礼仪都得以沿袭并继续行用。大致说来，春秋中期可视为王权礼制衰落、变迁与新礼制酝酿、发展的阶段。①

春秋初年，尽管周京畿之地大为缩小，人口锐减，但平王仍然比较牢固地掌握着朝政。周郑交恶，桓王十三年伐郑，却受伤败退而回，天子威信扫地。不过，桓王还能掌控大局，如十六年命令虢仲入晋拥立缗为国君，十八年派詹父率军征虢。周惠王晚年情况发生了变化。惠王欲废太子郑而立庶子带，引起诸侯不满。二十二年，齐桓公召集七国诸侯在首止会盟，太子郑出席；三年后惠王去世，太子郑继位为襄王。襄王元年，齐桓公召集葵丘之会，襄王派大臣参加。这两次盟会是周王朝礼制的重大转折点——诸侯在尊王的旗号下，竟然能够干涉王室废立，说明周王已失去掌控国家的能力，仅存"天下共主"的虚名。② 从此，诸侯国唯霸主马首是瞻，③ 乃至数十年后楚庄王问鼎轻重大小。不仅如此，甚至还出现"卫师、燕师伐周"④ 的"不王"事件。可见，从迁雒之后到葵丘之会，周朝社会已经出现了很大变化，周的王权礼制已经不能适应现实社会的需要了，因此王权礼制在新的历史条件下便会产生一些重大变化。

春秋初年，诸侯国朝觐还算正常，随着大国崛起，朝觐之事就十分罕见了。有学者考察了朝觐纳贡情况："鲁之朝王者二，如京师者一，而如齐至十有一，如晋至二十，天王来聘者七，而鲁大夫

---

①　晁福林认为春秋时期的礼制具有过渡时期的特征，对周礼传统的维护与反对均在这一变革时期的政治舞台上上演。氏著：《春秋时期礼的发展与社会观念的变迁》，《北京师范大学学报》1994 年第 5 期。

②　白寿彝总主编，徐喜辰主编：《中国通史》第三卷第三册，上海人民出版社1996 年版，第 362 页。

③　春秋时期，有记载的盟会共 480 多次，由周王室主持者寥寥无几。

④　杨伯峻：《春秋左传注（修订本）》，庄公十九年，第 231 页。

之聘周者仅四，其聘齐至十有六，聘晋至二十四。"① 号称"周礼尽在鲁"的鲁国诸侯在整个春秋时期仅朝周王 3 次，鲁大夫聘周仅 4 次，其他诸侯国便可想而知。西周时，诸侯及国内正卿由天子册命，然至春秋中期已无多少地可分，分封制面临难以为继的局面。甚至一些大国霸主借助周天子残存影响来宣示自己的合法性，如"天王使召武公、内史过赐晋侯命"。② 宗法制、分封制名存实亡。周王室经济也十分窘迫，不得不向诸侯求索财物，严重违背了天子无征求的周礼精神，使得周王室尊严扫地。诸侯、卿大夫违礼逾制现象日趋严重，所谓"天子微，诸侯僭；大夫强，诸侯胁。于此相贵以等，相觊以货，相略以利，而天下之礼乱矣"，③ 此为当时真实写照。司马迁不无感叹地说道："周衰，礼废乐坏，大小相逾，管仲之家，兼备三归。循法守正者见侮于世，奢溢僭差者谓之显荣。"④

　　尽管春秋中期出现僭越行为对周礼形成挑战，但长期形成的礼制传统和思想文化体系，又顽强地维系着周代社会，在一定程度上制约着人们的行为，因此周礼依然有着相当的影响力，这也是历史的事实。从大处着眼，春秋时期王权礼制性质并没有发生变化，周天子仍为"天下共主"，从周天子、诸侯、大夫到士，各级贵族层级还在，亲亲贵贵思想还有相当的市场。尽管春秋中期以降，王权礼制受到严重冲击，但周王仍有利用价值，大国霸主在"尊王"的口号之下违礼逾制，对周而言，无疑添上一丝无奈的悲怆色彩。当然，春秋时期弱肉强食，争斗不休，确实在相当程度上损害着西周时期反复强调的"德"，尤其是诸侯世代传位已久，与周王室的关系日趋淡漠，他们早已不再是一损俱损的利益共同体，因而辅弼周王、安定王家成了一句空话。

---

① 白寿彝总主编、徐喜辰主编：《中国通史》第三卷第三册，第 362 页。
② 杨伯峻：《春秋左传注（修订本）》，僖公十一年，第 369 页。
③ 孙希旦：《礼记集解》卷二五《郊特牲》，第 680 页。
④ 《史记》卷二三《礼书》，第 1159 页。

　　春秋后期，政治权力下移，周天子和诸侯渐次退到权力的边缘，[1] 战国时期卿大夫的崛起，使得原来变得复杂的政局更难安定，王权礼制面临着更加严重的危机，中华礼制转型的机遇出现了。

　　按照周礼，诸侯国、采邑主城池的规模有制度的限制，即"先王之制：大都，不过参国之一；中，五之一；小，九之一"。[2] 但随着诸侯、卿大夫势力的消长，"国为大城"比比皆是："郑有京、栎，卫有蒲、戚，宋有萧、蒙，鲁有弁、费，齐有渠丘，晋有曲沃，秦有徵、衙。"[3] 这些规模甚大的采邑，都曾直接引发过国家的内乱，如著名的田氏代齐、三家分晋等史实皆反映了卿大夫强大、诸侯衰弱而导致内乱的事实。如楚"国多宠而王弱"，[4] 早无问鼎中原的豪迈景象；在鲁国，陈、鲍两氏击败栾、高二族，并"分其室"；[5] 陈国"其君弱植"，[6] 政出多门；曾经称霸中原的晋国出现了"公室卑，政在侈家"[7] 的现实。君臣杀戮、父子相残、兄弟阋墙，以宗法制、分封制为基础构建起来的王权政治已逐渐崩解，王权礼制成为弃履实属必然，故史有"今之君子莫为礼"[8] 的记载，实际是"德"性原则沦丧的必然结果。正由于此，诸侯娶同姓、废嫡子、伐同姓，逾礼之举时或见之，卿大夫骄奢蛮横，对弃信背义之行视而不见，故后世有"自周衰，礼乐坏于战国而废绝于秦"[9] 之叹。顾炎武对春秋战国礼制变迁有过深刻的论述，指出当时礼制变迁激烈的现象。[10] 王夫之也称战国是"古今一

①　晁福林：《试论宗法制的几个问题》，《学习与探索》1999 年第 4 期。

②　杨伯峻：《春秋左传注（修订本）》，隐公元年，第 12 页。

③　徐元诰：《国语集解·楚语上》，第 497—498 页。

④　杨伯峻：《春秋左传注（修订本）》，襄公二十一年，第 1164 页。

⑤　杨伯峻：《春秋左传注（修订本）》，昭公十年，第 1460 页。

⑥　杨伯峻：《春秋左传注（修订本）》，襄公三十年，第 1298 页。

⑦　杨伯峻：《春秋左传注（修订本）》，襄公三十一年，第 1309 页。

⑧　孙希旦：《礼记集解》卷四八《哀公问》，第 1259 页。

⑨　《新唐书》卷一三《礼乐志一》，中华书局 1975 年版，第 333 页。

⑩　顾炎武著，黄汝成集释：《日知录集释》卷一三《周末风俗》，上海古籍出版社 1985 年版，第 1005—1007 页。

大变革之会",① 即战国出现了重大的社会转型。与春秋时期相比，战国时期无论在经济形态、土地制度、社会结构、社会组织，还是在各项政治制度、经济制度或文化政策等方面均发生了深刻的变革，这自然给王权礼制以及礼观念带来深刻的影响。

早在春秋中期，周朝以礼治国的观念已受到严峻挑战，"今周德既衰"② 体现出时人对周朝礼制产生的怀疑、失望与迷茫。在这一历史条件下，出现了立法治国的主张。立法治国主张并不是反对西周以来的礼治社会，而是从另一个侧面来维护和重塑周王朝，力图使其回归正常轨道。郑国子产铸刑鼎十分典型。晋国大夫叔向明确反对子产以法治国的策略，子产回书称："侨不才，不能及子孙，吾以救世也。既不承命，敢忘大惠。"③ 显然，子产认为铸刑鼎是"救世"，而非毁灭周制的举措。可见，子产已经意识到原来的礼治体系不足以维护世道，需要刑律来使以礼治国恢复到正常轨道。因此他强调刑礼并用，宽猛相济。晋国赵鞅、荀寅铸刑鼎，孔子批评道："晋其亡乎！失其度矣……贵贱不愆，所谓度也。文公是以作执秩之官，为被庐之法，以为盟主。今弃是度也，而为刑鼎，民在鼎矣，何以尊贵？贵何业之守？贵贱无序，何以为国？"④ 叔向、孔子把礼治与法治对立起来的看法是存在问题的，然而他们确实十分敏感地发现，立法治国对于原来的以礼治国、贵贱有等来说是个极大的威胁，因为会导致一切行为依据刑法来加以判断、衡量，而不再考虑是否遵从礼制，如此礼教就成为空论，无人信从，这对以礼治国来说是致命的伤害。

战国兼并之战十分激烈，为实现富国强兵，就需要有国君集权的国家体制，故而诸国纷纷变法。也就是说，战国变法实际是春秋以法治国的逻辑结果。魏国李悝变法后，楚之吴起、秦之商鞅、韩

---

① 王夫之：《读通鉴论·叙论四》，中华书局 1975 年版，第 1112 页。
② 杨伯峻：《春秋左传注（修订本）》，僖公二十四年，第 464 页。
③ 杨伯峻：《春秋左传注（修订本）》，昭公六年，第 1414 页。
④ 杨伯峻：《春秋左传注（修订本）》，昭公二十九年，第 1674 页。

之申不害、齐之邹忌、燕之乐毅先后进行变法，赵武灵王也在军事上进行胡服骑射的改革。这些变法前后持续长达百余年，初步完成了由宗法血缘政治到专制集权政治的转变。从国家组织形态来看，以往建立在宗法血缘关系上、以分封制实施权力分配、以周天子为核心的"家国同构"的国家形态已经退出历史舞台，代之而起的是战国诸强各自为政，以国君为核心的国家形态，与西周王权国家相比，其性质显然已经发生了质的变化。

战国时期各国变法，促进了中国社会的转型。与春秋时期相比，在政治、经济、文化乃至疆域等方面，战国时期有着重大变化，其中土地私有制和君主集权政治的形成，是整个社会转型标志性的事件。有关春秋战国时期土地私有制问题的研究极多，无须赘言。但应当强调的是，春秋战国时期，诸侯国之间频繁的战争需要更多的财物来支撑，因此扩大种植面积、增加赋税收入是诸国的必然选择。于是，废井田、开阡陌，扩大耕地，提高粮食产量，改变赋税方式，成了各国富国强兵的重要措施。田制改革破坏了宗法制下的身份等级制，因此集权体制下的等级制度应运而生，取代了王权体制下的等级制度。随着赋税征收变化，需要设置一套新的管理民众的制度，于是各国先后开始实行编户齐民的管理体制，将户籍作为征兵、征税、徭役摊派的根据。编户齐民的推行，使民户在理论上成为"自由人"，他们可以通过军功或其他手段来改变自己的身份等级，新的社会等级与新的社会关系应运而生了。社会的这些重大变化，不惟天子，国君及其子孙也会在争斗中失去原有地位，甚至被消灭，原有的礼制体系再也无法维持下去，这就需要一种新的礼制体系来适应这一变动，于是集权礼制登上了历史舞台。

从君主集权着眼，郡县制的诞生是一项重要内容，它是适应当时社会发展趋势的一项重大改革。设立郡县，各国统治者根据己意来委派主政官员，实行俸禄制和上计制度，集权于己手。据《史记·商君列传》记载，商鞅在秦变法时，在县下设乡、邑、聚三级，其他各国也在县之下设类似的基层组织。郡县制的设立，体现出各国统治者力图取消世袭贵族的特权、集权己手的愿望。从魏国李悝提出"食有劳而禄有功，使有能而赏必行，罚必当"，① 吴起规定"使封君之子孙三世而收爵禄，绝灭百吏之禄秩；损不急之枝官"，② 韩国申不害提出"见功而与赏，因能而受官"③ 的主张，燕国确定"公子无功不当封"④ 的规范，商鞅强调"有军功者，各以率受上爵……宗室非有军功论，不得为属籍"⑤ 等政策来看，这完全否定了周朝宗法制度下的贵族世袭特权，是重新确立尊卑爵秩等级、集权中央的重大举措。

需要注意的是，不惟法家对春秋战国时期礼制变迁有深入思考，儒家同样也进行了思考。如孟子，他坚持孔子宣扬的追求先王盛世理想，反对法后王。但他倡导民贵君轻的民本思想，反对君主专制独裁，甚至提出"诛独夫"的主张，实际上是对当时强权政治的一种纠偏。他秉承了孔子培养君子的主张，强调礼对重新塑造世道人心的重要作用，认为"礼，门也。惟君子能由是路，出入是门也"。⑥ 他批判违礼逆道之行，以为"无父无君，是禽兽也"，⑦ 指出人与禽兽区别之处就在于人有道德。这种思想被后世儒家学者所继承。⑧ 就其礼制思想而言，孟子身处诸国混战的战国中后期，集权礼制已经萌生并逐渐成长，其培养君子人格的观点就是培养适应当时政治的具有较高道德的人才，以便遵礼行道，这无疑是适应历史发展趋势的。从周礼演化角度来说，儒、法两家是殊途同归。

---

① 向宗鲁：《说苑校证》卷七《政理》，中华书局 1987 年版，第 165—166 页。
② 王先慎：《韩非子集解》卷四《和氏》，中华书局 2013 年版，第 103 页。
③ 王先慎：《韩非子集解》卷一一《外储说左上》，第 307 页。
④ 缪文远：《战国策新校注》卷三〇《燕策二》，巴蜀书社 1987 年版，第 1086 页。
⑤ 《史记》卷六八《商君列传》，第 2230 页。
⑥ 焦循：《孟子正义》卷二一《万章下》，第 723 页。
⑦ 焦循：《孟子正义》卷一三《滕文公下》，第 456 页。
⑧ 《曲礼》称："人而无礼，虽能言，不亦禽兽之心乎！"孙希旦：《礼记集解》卷一《曲礼上》，第 10 页。

不过，尽管西周以来的政治体制、社会结构，乃至思想观念，在战国时期受到全面冲击，但就礼制而言，仍看得出它与王权礼制的某些联系。首先，这一时期的礼制保留了周代王权礼制的核心原则——尊卑贵贱等级制度。其次，王权礼制的某些具体礼仪被保存下来。比如各国所进行郊祀、祭宗庙，以及朝聘、会盟、燕飨等礼，虽形式上有所变化，但这些具体礼仪却被保留下来。

战国时期的礼制虽然保留着王权礼制的某些因素，但总体上有了较大的突破。首先在思想上突破了以礼治国的观念。早在子产铸刑鼎时便强调以刑礼双用、宽猛相济的治国策略来救世。然而自魏国李悝变法起，侧重于法，对以礼治国则不甚措意。据《晋书·刑法志》记载李悝著《法经》，"以为王者之政，莫急于盗贼，故其律始于《盗》《贼》。盗贼须劾捕，故著《网》《捕》二篇。其轻狡、越城、博戏、借假不廉、淫侈、逾制以为《杂律》一篇，又以《具律》具其加减。是故所著六篇而已，然皆罪名之制也。商君受之以相秦"。① 显然李悝《法经》偏重于国家治安环境的法理依据，没有强调礼的重要性，基本抛弃了子产刑礼双用的治国策略。这一思想影响深远。如商鞅进一步提出："辩慧，乱之赞也。礼乐，淫佚之征也。慈仁，过之母也。任举，奸之鼠也。"② 把礼乐视为淫佚之标志。《韩非子》强调："故有道之主，远仁义，去智能，服之以法。"③ 如果说子产对西周以来的礼制侧重于"补"，愿意"救世"，那么李悝、商鞅等人的重点则在"破"，就像《汉书》说的那样："秦孝公用商君，坏井田，开阡陌，急耕战之赏，虽非古道，犹以务本之故，倾邻国而雄诸侯。然王制遂灭，僭差亡度。"④ 这里指出了商鞅变法虽不合"古道"，却具有"倾邻国而雄诸侯"之现实价值。实际上，战国时期"僭越"王制，正是在

---

① 《晋书》卷三〇《刑法志》，中华书局 1974 年版，第 922 页。
② 蒋礼鸿：《商君书锥指》卷二《说民》，中华书局 1986 年版，第 35 页。
③ 王先慎：《韩非子集解》卷一七《说疑》，第 437 页。
④ 《汉书》卷二四上《食货志上》，中华书局 1964 年版，第 1126 页。

创建新的制度，当然包括礼制。如商鞅说："法者，所以爱民也；礼者，所以便事也。是以圣人苟可以强国，不法其故；苟可以利民，不循其礼。"① 这与赵武灵王之语如出一辙："观时而制法，因事而制礼，法度制令各顺其宜，衣服器械各便其用。故礼世不必一道，便国不必法古。"② 尽管战国时期变法对王权礼制来说是一种反动，然却是顺应历史发展潮流之举。没有这样的观念改变，新礼制体系是创建不起来的。

以国君集权专制为核心的新礼制体系开始萌芽，传承已久的西周礼制就会有翻天覆地的变化。战国时期，诸国先后称王，并纷纷祭祀上天以示天命所在。除秦、楚两国外，齐滑王"南割楚之淮北，西侵三晋，欲以并周室，为天子"，③ 齐国祭祀八神首先便是"天主"；④ 魏惠王"身广公宫，制丹衣，建旌九斿，从七星之旗"，史称"此天子之位也。而魏王处之"；⑤ 甚至一些小国也祭祀上天（上帝），如中山王方壶"可法可尚，以飨上帝"。⑥ 有学者指出，战国时期郊祀在中原诸国蓬勃发展，⑦ 此语可信。不仅如此，战国时期诸国互相承认对方的地位来挑战王权，如战国中期出现的五国相王事件，齐、韩、魏、燕、中山五国相互承认对方具有"王"的地位，已是无视周王的独尊。

需要指出的是，秦礼发展非常独特，与其他诸国比较，秦国王权礼制色彩甚为淡薄。商鞅变法前，儒家思想在秦国已有一定传播，⑧ 这与楚国走的是一条路子，即引进儒家思想，吸收关东诸国

---

① 蒋礼鸿：《商君书锥指》卷一《更法》，第 3 页。
② 缪文远：《战国策新校注》卷一八《赵策二》，第 667 页。
③ 《史记》卷四六《田敬仲完世家》，第 1900 页。
④ 《史记》卷二八《封禅书》，第 1367 页。
⑤ 缪文远：《战国策新校注》卷一二《齐策五》，第 434 页。
⑥ 《集成》15·9735。
⑦ 张鹤泉：《周代祭祀研究》，台北：文津出版社 1993 年版，第 233—239 页。
⑧ 《商君书》中禁《诗》《书》，斥儒学，是儒家学术已经传入秦国的明证，而且其已有相当影响，否则商鞅就没有必要大斥儒学、禁《诗》《书》了。

的文化。但与楚国不同的是，商鞅变法禁《诗》《书》，完全驱逐儒家文化，实行专制的法家思想，走上了实用的功利主义道路。商鞅著《农战》，强调了农战的重要意义与改革的必要性。他认为，农战是"王者得治民之至要，故不待赏赐而民亲上，不待爵禄而民从事，不待刑罚而民致死"，但"农战之民千人，而有《诗》、《书》辩慧者一人焉，千人者皆怠于农战矣"，如此，国家就可能面临危险境地。因此商鞅把"《诗》、《书》、礼、乐、善、修、仁、廉、辩、慧"① 十者，斥为是国家危亡之关键。他还把礼乐、诗书、良善孝悌、诚信贞廉、仁义、非兵羞战，说成是毒害国家的"六虱"，强调国家想强盛，必须先铲除仁义、礼乐、孝悌，杜绝"六虱"。显然，商鞅主张的是一种专制的功利主义的法家思想。商鞅思想完全符合秦国发展的需要，也符合战国时期历史走向统一的发展趋势，但矫枉过正，确实也存在一定问题。例如，商鞅排斥《诗》《书》及儒家仁义孝悌，强调"民不贵学则愚，愚则无外交。无外交，则国勉农而不偷"，② 明显带有反智主义倾向，以此来教化百姓，只能造就一批战斗力强但毫无思想的愚民！尽管孝公死后商鞅被杀，但"秦法未败"，③ 集权专制获得进一步发展，可见其影响极其深远！俞伟超先生指出，秦人"在改变旧的上层建筑的道路上，就不是像东方诸国那样用庶人使用士礼、卿大夫僭越王礼的方式来破坏往昔的鼎制，而是走着直接改变鼎制传统形式的道路"。④ 借用俞先生的话，便是秦国礼制破坏了西周以来的王权礼制，向着君主集权、专制主义方向激进地发展着。秦统一之后的中央集权措施和显示大一统的礼制的制定，实际便是沿着这一路线发展的必然结果。

---

① 蒋礼鸿：《商君书锥指》卷一《农战》，第 23 页。
② 蒋礼鸿：《商君书锥指》卷一《垦令》，第 7 页。
③ 王先慎：《韩非子集解》卷一七《定法》，第 434 页。
④ 俞伟超：《先秦两汉考古学论集》，文物出版社 1985 年版，第 107 页。

五　集权礼制的诞生与初步发展

就中华礼制发展的礼制形态而言，秦汉之后的国家礼制为集权礼制。秦汉到隋朝是集权礼制形成阶段，中国封建帝制的国家礼制——"五礼"制度——在此时期形成。"五礼"是中国古代成熟的封建国家礼制的核心内容。

首先要区分五礼观念和五礼制度。所谓五礼，即吉、凶、宾、军、嘉五礼，从观念角度来看，当出现在秦统一之前。《尚书·舜典》始有"修五礼"之说，西汉孔安国认为是"公、侯、伯、子、男朝聘之礼"，① 显然非指此五礼。《周礼·春官》有大宗伯"掌五礼"，明确提到吉、凶、宾、军、嘉五礼，是为最早记载的五礼观念。然《周礼》成书时间学界有众多不同观点，我们认为：《周礼》虽在汉武帝时被发现，但此书绝大部分内容应该成于战国，同时其中确有部分内容为汉朝人所修订。② 尽管现在无法判断《周礼》中有关"五礼"内容修成于何时，但至少可以肯定汉代已经出现了吉凶宾军嘉"五礼"观念。③

但观念形成与制度出现是两回事，如《史记》卷一《五帝本纪》、卷二八《封禅书》称舜曾"修五礼"，其实舜时并无吉凶宾军嘉"五礼"制度。《汉书》称："《书》云'天秩有礼'，'天讨有罪'。故圣人因天秩而制五礼，因天讨而作五刑。"④ 班固认为舜曾修过五礼。⑤ 其实，不但《汉书·郊祀志》没有按五礼修撰，《后汉书》中的《礼志》和《祭祀志》也没有提到吉凶宾军嘉之

---

① 司马彪：《续汉书·祭祀志上》，中华书局 1965 年版，第 3168 页。郑玄亦谓公侯伯子男朝聘之礼，见《礼记正义·曲礼上》。东晋范宁以为是"吉、凶、宾、军、嘉"五礼，然范宁已是西晋之后，五礼制度已经确立，故不足为据。

② 彭林先生认为《周礼》最终成书于汉代。

③ 汤勤福：《秦晋之间：五礼制度的诞生研究》，《学术月刊》2019 年第 1 期。

④ 《汉书》卷二三《刑罚志三》，第 1079 页。

⑤ 《汉书》卷二五上《郊祀志上》称舜修五礼五乐（第 1191 页）。《汉书》提及五礼仅此两处。

"五礼"，而且，《后汉书》除引《尚书》"修五礼"一语外，再也没有提及"五礼"一词，显然在东汉时仍未形成这一礼制体系。需要注意的是，西汉孔安国认为"五礼"便是"吉、凶、宾、军、嘉"，然这种思想并未获得时人认可，影响并不太大。西汉末年，王莽、刘歆推崇《周礼》，欲建立一套礼仪制度，然新莽政权迅速垮台而使之不成。东汉初年，《周礼》仍受时人重视，但直到东汉末年，"吉、凶、宾、军、嘉"五礼的体系并未获得完全定论。例如东汉明章之际的郑众认为五礼为吉、凶、宾、军、嘉，[①] 汉末郑玄对三礼的注释，一方面强调"礼有五经，谓吉、凶、宾、军、嘉也。莫重于祭，谓以吉礼为首也"，[②] 另一方面又认为"五礼"是公侯伯子男朝聘之礼，[③] 实际是指五等贵族应当遵行的仪则。显然，直到东汉末年，五礼体系仍在酝酿之中。不过，由于郑玄所注三礼名气甚大，到西晋武帝时，荀颉撰《新礼》，便以吉、凶、宾、军、嘉来区分，最终形成了五礼体系。[④] 自此，后世封建王朝编撰礼典，基本都以五礼分类。[⑤] 应该承认，五礼制度是适应中国封建专制政权的集权礼制，也是中华传统礼制在古代中国发展的最高阶段。我们之所以称五礼制度是一种集权礼制，是因为它与建立在宗法制、分封制下的王权礼制完全不同，它是依附于封建专制主义政体、以小农经济为基础、以儒家思想为理论指导、凸显君主集权、强调贵贱等级的一种礼制体系。

　　下面大致阐述自秦到隋朝时期集权礼制发展的轨迹。

――――――――――

　　① 郑玄注"以五礼防万民之伪而教之中"时引"郑司农云：'五礼谓吉凶宾军嘉。'"郑玄注，贾公彦疏：《周礼注疏》卷一〇《大司徒》，上海古籍出版社 2010 年版，第 372 页。

　　② 孙希旦：《礼记集解》卷四七《祭统》，第 1236 页。

　　③ 《礼记正义》卷一《曲礼》载孔疏"郑康成以为公、侯、伯、子、男之礼"（郑玄注，孔颖达疏：《礼记正义》，北京大学出版社 1999 年版，第 3 页）。

　　④ 荀颉撰《新礼》今已不存，但《晋书》有《礼志》3 卷，即以五礼区分。

　　⑤ 元朝礼制虽有五礼之名，皆以国俗行之。今元代相关典籍亡佚缺损，似难看出完整的五礼体系。

秦王嬴政自公元前 246 年继位，在位共 37 年。公元前 221 年，他消灭了齐国，统一了天下，建立起一个地域广袤、中央集权的封建专制大帝国。秦朝礼制传承自春秋战国时期的秦国无可置疑。但统一之后的秦朝礼制，有着更为明显的专制集权的色彩。秦始皇尽管没有抛弃儒家，但对法家更有兴趣，可以说他是主要利用儒、法两家建立起适应大一统专制政权的礼仪制度。

秦朝虽然二世而亡，但仍然在礼制建设上有重大创造，对此，史党社、马志亮已有很好的研究。[①] 需要强调的是，《通典》载："秦平天下，收其仪礼，归之咸阳，但采其尊君抑臣，以为时用。"[②] 此说确然。秦统一之后，搜集六国礼仪，选择有关"尊君抑臣"加强皇权的内容来创制新礼，体现出实用主义、功利主义的特色，集权专制色彩极其明显。如秦以皇帝为号，皇帝之"命为'制'，令为'诏'，天子自称曰'朕'"，而臣下给皇帝之书称"上书""上奏"，强调了君尊臣卑之意。[③] 这种体现君主专制集权特色的礼制，被后世王朝原封不动地继承下来。始皇泰山封禅，强调"四守之内，莫不郡县，四属八蛮，咸来贡职"，[④] 将中央集权神圣化，用以证明自己政权的合法性，也开启了后世皇帝的封禅之途。秦有祭天之礼，所谓"雍有四畤"就是四季于四方祭祀天帝。[⑤] 其他祭祀颇为繁杂，许多内容也被后世所继承。秦始皇又以十月为岁首，十月初一为朝贺日，并以秦为水德，故衣服、旄旌、节旗以黑色为贵，[⑥] 所谓"王者易姓受命，必慎始初，改正

---

① 史党社：《秦祭祀研究》，西北大学出版社 2021 年版；马志亮：《秦礼仪研究》，西北大学出版社 2021 年版。

② 杜佑：《通典》卷四一《礼序》，中华书局 1988 年版，第 1120 页。

③ 《史记》卷六《秦始皇本纪》裴骃《集解》引蔡邕曰："陛，阶也，所由升堂也。天子必有近臣立于陛侧，以戒不虞。谓之'陛下'者，群臣与天子言，不敢指斥，故呼在陛下者与之言，因卑达尊之意也。上书亦如之。"（第 237 页）

④ 杜佑：《通典》卷五四《吉礼·封禅》，第 1508 页。

⑤ 至汉高祖时增加到五方，与五行对应。

⑥ 《史记》卷六《秦始皇本纪》，第 236 页。

朔，易服色，推本天元，顺承厥意"，① 这种颁正朔、宣天命以及大朝会形式均为后世王朝所继承，影响极其深远。秦实行郡县制，其长贰均由皇帝委任，加强了对地方的控制，这一制度也沿袭到清代。在丧葬之礼方面，史载："始皇初即位，穿治郦山，及并天下，天下徒送诣七十余万人，穿三泉，下铜而致椁，宫观百官奇器珍怪徙臧满之。令匠作机弩矢，有所穿近者辄射之。以水银为百川江河大海，机相灌输，上具天文，下具地理。以人鱼膏为烛，度不灭者久之。"②其墓规模巨大，③ 远超臣下墓葬，体现出皇帝之威权。帝陵之制也为后世继承。可见，秦虽短祚，但其所制定的礼仪就是为皇帝至高无上的权威和地位服务的，是为了加强专制主义中央集权体制服务的，这一礼制在中国封建社会中延续了2000 余年。

楚汉相争，刘邦最终取得胜利，建成了大一统的汉王朝。西汉初年，虽说儒家开始复兴，但流传于世的残篇断简主要是以《仪礼》为代表的士礼，先秦时行用的天子至大夫之礼几乎不见踪影。尽管自高祖开始的汉初诸帝都崇尚黄老之学，但是他们不能忽视以儒家思想为基础建立起来的礼制对提高帝王之尊贵有着无可替代的功效。即使藐视儒家的高祖，在叔孙通建立一套礼仪之后，也感叹道："吾乃今日知为皇帝之贵也。"④ 实际上，史书明确记载，"至于高祖，光有四海，叔孙通颇有所增益减损，大抵皆袭秦故"，⑤显然汉初继承了秦朝的礼制遗产。

应该承认，两汉在礼制建设上仍有很高的建树，对封建专制主义政权的集权礼制建设是有突出贡献的。比如随着汉朝儒家全面复

---

① 《史记》卷二六《历书》，第 1256 页。
② 《史记》卷六《秦始皇本纪》，第 265 页。
③ 袁仲一：《秦始皇陵考古纪要》，《考古与文物》1988 年第 5、6 期。
④ 《史记》卷九九《叔孙通传》，第 2723 页。
⑤ 《史记》卷二三《礼书》，第 1159 页。

兴，儒家学者"推《士礼》而致于天子之说"，[①] 协助帝王构建起自上而下的集权礼制，这在中国礼制史上有着至关重要的地位。许多重大礼仪向着专制集权方向发展，如叔孙通为高祖制定的大朝会礼，武帝继秦始皇之后再次举行封禅大典，都影响巨大。元帝以"庶子不祭祖"为由，废除诸侯祭祀宗庙的权力，将祭祀权收归己有，完成了专制帝王集权己手的重要一步。平帝元始五年颁布的南郊礼仪，即著名的"元始仪"，也深刻地影响着后世。其实，与礼制建设相比，两汉更为重要的贡献在于礼学思想的发展。大致说来，两汉礼学思想的发展有三个明显转折：一是汉武帝时已经废除挟书令，独尊儒学，古文经始出，传统礼学由重视道德转向道德、政治并重；二是新莽时期刘歆利用古文经为王莽代汉服务，立古文经为官学，开始全面创制基于"国家层面"的新礼制体系；三是郑玄合今古文经为一体，奠定了礼制重政治的新局面。这三个转折大致为新礼制体系的诞生打下了扎实的基础。到三国时期，王肃批判郑玄，使经学再次形成新派系，促进了礼学的深入发展。

　　五礼制度没在强大的汉王朝时期诞生而在西晋诞生，实际上是必然的。大致说来，五礼制度的产生至少需要三个前提条件：学术发展的基础、国内外政治局势稳定和帝王的意志，三者缺一不可。西汉到三国礼学的长足发展为五礼制度诞生奠定了理论基础；晋武帝结束了割据局面，重新创建了一个大一统王朝，为五礼制度的诞生营造出良好的社会环境；而晋武帝本人有创制新礼制体系的意愿，因而适应大一统封建王朝的五礼制度便破土而出了。[②]

　　五礼制度自西晋诞生之日起，便成为后世撰述礼典的样板，尽管后世礼典在具体礼仪归类中有部分不同，吉嘉宾军凶五礼顺序也有差异，但不可否认的是，绝大多数礼典都以五礼为名，"吉、嘉、宾、军、凶"这五礼的名称也没有改变，其主要体系是一致

---

① 《汉书》卷三〇《艺文志》，第 1710 页。

② 汤勤福：《秦晋之间：五礼制度的诞生研究》，《学术月刊》2019 年第 1 期。

的，甚至许多礼目名称、礼仪形式也传承下来。更重要的是五礼的核心思想是尊君贬臣，体现帝王独尊、集权的意志，这是完全与封建专制政体吻合的。这也是五礼制度能够延续近 2000 年的关键所在，是我们之所以将秦统一之后中国传统礼制定为"集权礼制"的原因。实际上，自西晋建立五礼制度之后，后世礼典的撰述大致形成了套路，没有实质性的变化。如吉礼中最为重要的郊祀制度为历代帝王所继承，即便坚持民族传统的元朝统治者，也最终认同了郊祀祭天的礼仪。同样，吉礼中的宗庙祭祀，虽历代庙数有别，祭祀对象有所不同，具体仪式也略有差异，但统治者都认定宗庙必须祭祀，认为它是宣示正统王朝世系传承的重要的礼制仪式。对嘉礼中的婚礼，军礼中的阅武、受降、救日伐鼓，凶礼中的服制及具体丧葬仪式，历代都有不同程度的保留。这说明这种集权礼制是最适合封建专制主义政体的礼制。

当然也应当看到，秦汉至隋朝时期，是中原地区的汉族与周边少数民族激烈冲突的时期，同时也是民族大融合时期。从整体上说，少数民族在中原地区建立了政权，在与汉族交往中，他们许多有民族特色的礼仪、礼俗逐渐融入中华礼制体系中，成为中华传统礼制发展的重要动力，也可以说是进一步完善了中华传统礼制，奠定了后世王朝兼容并包的礼制发展方向。有学者指出，孝文帝的改革主要是针对北魏政权内多民族共存和多种制度错综复杂、不能划一的实际情况而进行的，他的礼制改革摒弃一些鲜卑族内容，"基本上是以一个轴心展开的。这个轴心就是周典化体制，其核心是'稽参古式，宪章旧典'、'齐美于殷周'"，[①]"周典化体制"实际是汉式礼制体系。陈寅恪先生也指出，隋虽承北周而来，但其礼仪却主要依据萧梁与北齐。[②] 实际上，北周武帝通过借鉴北齐礼仪，

---

① 李书吉：《北朝礼制法系研究》，人民出版社 2002 年版，第 2 页。
② 陈寅恪：《隋唐制度渊源略论稿》，生活·读书·新知三联书店 2000 年版，第 13 页。陈先生举例，隋放弃北周前期复古、迂怪的舆服制度，直接吸收了北齐的汉化成果（第 52—59 页）。

也直接或间接地吸收了东晋南朝礼制发展的新成果。隋朝建立后，文帝"《开皇礼》以北朝特别是以北齐为主而稍采梁、陈是完全可以肯定的"，① 然不能否认《开皇礼》仍保留北周部分礼仪，并未完全抛弃北周武帝礼制。高明士先生指出，周、隋（文帝）时代宗庙制度一脉相承；金子修一先生则证明，就郊祀等国家大典而言，北周武帝礼制对隋唐礼制的影响是非常明显的。② 显然，北周武帝所创立的新礼制已经汇入了中原汉族礼制发展序列之中了。③ 因此，可以把隋朝礼制视为南北朝礼制余续。

总之，就秦汉至隋朝时期而言，可以看出创建五礼体系的历史过程。这一阶段有非常典型的意义，也有着非常重要的参考价值。先秦时期行用天子礼、诸侯礼、大夫礼和士礼，由于传世文献资料非常有限，我们无法确切了解这一礼制体系的创建过程及遇到的问题；而秦汉至隋朝创建适应封建大一统专制集权的新礼制体系的过程，则可以从保存至今的文献资料中大致勾勒出来。在这一演化过程中，我们也清楚地看出，魏晋南北朝时期许多少数民族在中原地区建立政权后，也逐渐采纳汉式礼制，其原有的一些礼制内容或弃用消亡，或融入汉式礼制之中。

六　集权礼制的辉煌时代

大唐盛世开启了集权礼制的历史新纪元，即集权礼制的成熟阶段，五礼制度的创制达到鼎盛。唐宋鸿篇巨制的礼典和以宋代理学

---

① 吴丽娱主编：《礼与中国古代社会》（隋唐五代宋元卷），第 10 页。

② 参见高明士《皇帝制度下的庙制系统——以秦汉至隋唐作为考察中心》（《台湾大学文史哲学报》第 40 期，1993 年，第 55—96 页）；〔日〕金子修一《关于魏晋到隋唐的郊祀、宗庙制度》，刘俊文主编：《日本中青年学者论中国史》（六朝隋唐卷），上海古籍出版社 1995 年版，第 337—386 页。

③ 北周郊祀、宗庙制度中仍然残存某些与传统礼制不合的内容，但有其特殊原因，如北周右宗庙左社稷，此非武帝所创，其宗庙建于明帝武成年间，《周书》卷四五《卢光传》云："武成二年，诏光监营宗庙，既成，增邑四百户。"武帝因其旧而不改（中华书局 1971 年版，第 808 页）。

家为代表的礼学思想，是这一阶段的双璧。

唐高祖基本沿袭隋朝礼制。贞观三年，太宗下诏修礼，至十一年完成了《贞观礼》（亦称《大唐新礼》或《大唐仪礼》），开创了唐代礼制革新的历程。遗憾的是，隋代《开皇礼》《仁寿礼》《江都集礼》及唐代《贞观礼》现均已不存，无法细致地研讨两者的区别。然从《旧唐书》记载的房玄龄等人对褅祭、神州、封禅以及"皇太子入学及太常行山陵、天子大射、合朔、陈五兵于太社、农隙讲武、纳皇后行六礼、四孟月读时令、天子上陵、朝庙、养老于辟雍之礼，皆周、隋所阙，凡增多二十九条。余并准依古礼，旁求异代，择其善者而从之"① 来看，非常明显可以看出《贞观礼》已对一些重大礼仪进行补充、改制。② 有补充就会使礼典更加严密，有改制便是在前代礼典基础上突出了皇权和大一统因素，③ 奠定了唐宋两代礼制修撰的基调。

这一阶段国家礼典重要者，如唐代《贞观礼》《显庆礼》《大唐开元礼》，宋代则有《开宝礼》《太常因革礼》《政和五礼新仪》《中兴礼书》，礼典之多，规模之大，礼目之全，礼仪之丰富，都远远超过前代。对唐宋国家礼典，目前学术界研究成果较为丰硕。④ 就现存礼典来看，《大唐开元礼》和《政和五礼新仪》是其

---

① 《旧唐书》卷二一《礼仪志一》，中华书局 1975 年版，第 817 页。

② 吴丽娱先生认为："《贞观礼》既是古典的结束，又是新典的开始。"［吴丽娱主编：《礼与中国古代社会》（隋唐五代宋元卷），第 27 页］从《旧唐书》所提及的补充"周隋所阙"的二十九条来看，像封禅、上陵、四孟月读时令都体现出加强皇权的倾向，而且唐礼是沿着这一路线发展的。笔者把隋唐两朝之间作为分界线的原因也在于此。

③ 吴丽娱主编《礼与中国古代社会》（隋唐五代宋元卷）第一章第一节有所论述。

④ 高明士：《中国中古礼律总论：法文化的定型》，台北：元照出版公司 2014 年版，第 181—216、231—269 页；吴丽娱：《关于〈贞观礼〉的一些问题——以所增"二十九条"为中心》，《中国史研究》2008 年第 2 期，第 37—55 页；史睿：《〈显庆礼〉所见唐代礼典与法典的关系》，收入高田时雄编：《唐代宗教文化与制度》，京都：京都大学人文科学研究所 2007 年版，第 115—132 页；张文昌：《制礼以教天下——唐宋礼书与国家社会》，台北：台湾大学出版中心 2012 年版。还有不少博士、硕士学位论文对此有讨论。

中代表。两书篇帙巨大、构建精密、礼仪烦琐，可谓中国古代礼制史上之最，自然也代表着中国古代礼典撰述的最高水准。从唐宋礼典内容来分析，可以清楚地看出，主要内容是围绕着帝王及其亲属的礼仪展开的，吉、嘉、军、宾、凶五礼主体是关于帝王及其亲属的内容，仅少量涉及臣下的部分，即使提及臣民，大多是他们向帝王致礼的内容，如群臣诣阙上表之类，在百官相见仪制或丧葬、服制中附带提及一些臣民的礼仪内容。这里可以充分看出唐宋礼典确实是为封建专制集权政体服务的，体现出尊君贬臣色彩。

宋代理学家的礼学思想，已经摆脱汉唐的疏释式的解经倾向，认为礼制是"天理之节文，人事之仪则"，① 将天理与礼紧密地结合在一起。程朱一派提出"礼即理也"的命题，从本体论的高度来阐发礼制的精神实质，其理论水准达到了前所未有的新高度。此阶段也是整个中国封建社会中礼学思想水平最高的时期。自宋以后，礼学思想缺乏创新精神，很少有较为明显的发展，而是基本沿袭宋儒理论，亦步亦趋。需要补充的是，由于唐宋帝王崇信佛道，中华传统礼仪在个别仪节出现佛道内容，佛道仪式也逐渐渗透进中华传统礼制之中，这是与秦汉至隋朝礼制有明显区别的重要方面。

当然，唐宋政权在建立国家层面的礼制体系的同时，也开始将礼制向基层百姓逐渐扩散，这也是中国古代礼制史上的一个重大转折，与隋之前完全不同。唐代礼典已经出现有关普通百姓婚礼内容的规定，而宋代则出现更多有关普通百姓的礼仪规定，如不但对庶民婚礼做出相关指导，在凶礼方面同样也有一些具体规范。需要指出的是，唐宋两代士大夫对礼制向百姓的普及十分积极，唐代的《凶吉书仪》、宋代司马光《书仪》和朱熹《家礼》是这方面的代表。唐宋时期礼制下移还体现在各级官员进行的礼仪教化工作，大致可从以下诸方面来进行观察。首先，地方官基本都能做到遵行祀

---

① 黎靖德编：《朱子语类》卷六，中华书局 1986 年版，第 101 页。

典、定期举行祭礼，向民众进行示范。也有不少地方官在推行祀典之外，积极禁绝民间杂祠淫祀陋习，甚至不惜用严刑来对那些邪神妖祠进行打击。对那些在地方上影响较大且对政权没有直接危害的神祠，地方政府会申报朝廷予以封赐，进行规范，使其完善与合法化。其次，地方官以旌奖孝悌志行、纠绳不孝悖礼来对民众进行教化。唐宋皆有旌表孝子贤孙、节妇义士的机制，地方官积极劝奖孝悌忠义贞节，同时通过奏请朝廷对孝子贤孙、贞女烈妇等进行旌表或物质奖励，企望乡间百姓仿效，真正改变地方礼制氛围，从而达到以礼导民的功效。最后，从民众最为基本的礼仪入手进行教化。例如从婚丧嫁娶等最为常见的礼仪入手规范，不许违礼逾制，达到对民教化的目的。实际上，宋代国家礼典中对庶民礼文仪制已有明确规定，对庶人婚丧等礼文仪制的修订和规范日趋具体和详细，地方官员依据礼典导民化俗、教民以礼。一些士大夫也致力于教化百姓，如北宋蓝田吕氏家族编的《乡约》，便对百姓日常礼仪、礼俗进行规范，影响极大。朱熹一生致力于理学，强调"礼即理"，将礼制天理化。他对礼学有过深入的研究，曾著《仪礼经传通解》，也撰有《家礼》一书，向普通民众普及礼仪。他一生关注当时民间婚丧嫁娶祭祀礼仪，批判陋习俗行，强调要依礼施行礼仪。唐宋时期，随着地方州县儒风盛行，地方官员致力于推行礼仪，过去那种只在庙堂之内的礼仪逐渐为民间百姓所熟知，遵礼讲礼的良善礼俗在基层社会之中形成共识，当然，国家通过礼制教化民众，对民间的掌控能力也极大提高了。

需要补充的是，宋代并非大一统封建国家，北宋与契丹建立的辽、党项建立的西夏对峙，南宋则与女真族的大金对峙。然而，正由于宋与辽、夏、金的对峙与交往，促进了汉式礼制向少数民族政权的传播，这些少数民族政权程度不同地采纳了汉式五礼制度，① 这既使中华传统礼制吸收了新的血液，也维护了少数民族政权的稳定。

---

① 汤勤福：《宋金〈礼志〉比较研究》，《史学集刊》2018 年第 4 期。

总之，唐宋时期的礼制在中国礼制史上有着举足轻重的地位，中华传统礼制也发展到鼎盛时期。这一阶段中，汉族与少数民族的礼制相互影响，共同发展；国家礼典撰述层出不穷，理学的高度发展完成了礼学思想的哲学化，也使礼学理论的学术层次有所提高，礼学理论得以完善；礼制的下移促进了礼仪的传播。这一切共同组成唐宋时期礼制的盛世乐章。

七 集权礼制的衰落阶段

元明清时代是集权礼制走向衰弱的阶段。

蒙元崛起于漠北，取代宋朝而成为中华之主。蒙元统治政策和文化传统与汉族国家有着极大差异，它采取民族分治的政策，强调"为治之道宜各从本俗"，[①] 采取"治汉人必以汉法，治北人必以北法"[②] 的策略，将国内民族分为四等，实行不同的管理。这种胡汉分治的措施实是落后的"夷夏之别"观念的翻版，因此遭到时人的批评："元朝自混一以来，大抵皆内北国而外中国，内北人而外南人。以至深闭固拒，曲为防护，自以为得亲疏之道。"[③] 这一批评是公允而客观的。

保留民族文化并非错误，但蒙元在文化政策上显得非常保守。成吉思汗说："有一天我的子嗣们放弃了自在的游牧生活，而住进用污泥造成的房屋，那就是蒙古人的末日了！"[④] 因此蒙元统一天下后并不热衷于与汉文化的交流，视中华礼制如同敝屣。且不说尚未统一天下的成吉思汗、太宗窝阔台及定宗、宪宗诸人，即使与汉文化有较多接触并统一全国的世祖忽必烈，也轻视儒家文化。自世祖起到元亡近百年中开科取士16次，取进士仅1100余人。对阴阳术数人士，元朝则极为措意。世祖下令自京城到各地

① 《元史》卷一六四《杨恒传》，中华书局1976年版，第3853页。
② 胡祗遹：《胡祗遹集》卷二一《政事》，吉林文史出版社2008年版，第448页。
③ 叶子奇：《草木子》，中华书局1959年版，第55页。
④ 札奇斯钦：《蒙古文化与社会》，台北：台湾商务印书馆1987年版，第18页。

都设置阴阳学，① 要求每年举荐"术数精通者……于司天台内许令近侍"。② 对被时人称为缔造大元王朝的第一汉臣刘秉忠，世祖仅评价道："其阴阳术数之精，占事知来，若合符契，惟朕知之，他人不得与闻也。"③ 显然世祖不赞赏刘氏的儒学，④ 而是看重其阴阳术数。而蒙元对藏传佛教极力推崇，噶玛派玛拔希赴和林觐见蒙哥汗，以神异之术名动一时。⑤ 世祖尊萨迦派八思巴为"国师"，八思巴去世后，仁宗下令祭祀，并由八思巴推荐的高僧胆巴继任国师。⑥ 相比之下，儒学所处的境地十分尴尬。尽管儒士赵复、姚枢等人也大力推崇理学，传播儒家文化及中华礼学，但效果并不佳，元朝所行用的许多礼仪仍保持着相当多的本民族因素。此举荦荦大者如下。

中原王朝建立政权的首务是确立年号和国号，以彰显自己的合法性与神圣性。然蒙元自成吉思汗起，"初无所谓子丑寅卯之十二辰，但以鼠牛虎兔之类分纪岁时，浸寻流传于中国"，⑦ 即以某些动物来纪年，并没有汉式帝制政权设置年号的想法。忽必烈登位前夕，刘秉忠强烈要求"因新君即位，颁历改元"，⑧ 元朝始有年号。至于国号，成吉思汗建大蒙古国（Yeke Mongghol Ulus），音译为"也可蒙古兀鲁思"，汉文献中称"大朝"。⑨ 忽必烈即位后，汉族

---

① "世祖至元二十八年夏六月，始置诸路阴阳学……延祐初，令阴阳人依儒学、医学之例，每路设教授以训诲之。"《元史》卷八一《选举志一》，第2034页。

② 《元史》卷八一《选举志一》，第2034页。

③ 苏天爵：《元朝名臣事略》卷七《太保刘文正公》，中华书局1996年版，第113页。

④ 刘氏兼具儒释道，精通天文、术数。

⑤ 蔡巴贡噶多吉著，东嘎洛桑赤列校注，陈庆英、周润年译：《红史》，西藏人民出版社2002年版，第74—75页。

⑥ 《元史》卷二〇二《释老传》，第4519页。

⑦ 赵翼：《陔馀丛考》卷三四《十二相属》，河北人民出版社1990年版，第598页。

⑧ 《元史》卷一五七《刘秉忠传》，第3691页。

⑨ 萧启庆：《说"大朝"：元朝建号前蒙古的汉文国号》，氏著：《内北国而外中国：蒙元史研究》，中华书局2007年版，第66页。

大臣认为："圣朝统接三五，以堂堂数万里之区宇，垂六十年，大号未建，何以威仰万方，昭示后世。"[①] 因此世祖同意"建国号曰大元"，[②] 但是，在蒙古文献中，仍然沿用"大蒙古国"，坚持其民族立场。

郊祀是中原王朝宣示政权合法性的重大礼仪，南郊祭天配祖，亲祀以显示尊天敬祖之意，政治意味极其浓烈。但蒙古族原有长生天崇拜，也就是所谓的"祭天"礼，元朝"长生天"礼与汉式礼制中的郊祀祭天之礼不同。有学者指出，《元史·祭祀志》称"元兴朔漠，代有拜天之礼。衣裳尚质，祭品尚纯，帝后亲之，宗戚助祭"，是混淆了蒙古人的"拜天之礼"和"祭天之礼"，[③] 其言良是。其实，宪宗即位次年八月，"始以冕服拜天于日月山"，[④] 这是蒙元的首次祭天礼，无论在时间、地点还是仪节的安排上，都是纯蒙古式的拜天仪式，而且已经准备好的汉制礼乐仪仗，也未被允许参与其中。[⑤] 世祖一生共举行三次祭天礼：中统二年四月为即位，至元十二年十二月为受尊号，至元十三年五月是平宋。[⑥] 其中两次按蒙古"国礼"举行，仅是受尊号时在汉臣强烈要求下依唐代天地合祭形式举行，但具体礼仪又有减杀，体现出世祖对中华传统礼仪并不太愿意接受的心态。汉臣王恽曾委婉地批评过世祖，认为祭天是"对越上帝，与三五同功，并接数千岁之统于上，新万方耳目于下，使王道明而坠典兴，天地察

---

① 王恽：《秋涧先生大全集》卷八六《建国号事状》，《元人文集珍本丛刊》第2册，台北：新文丰出版公司1985年版，第416页。

② 《元史》卷七《世祖纪四》，第138页。

③ 阿尔丁夫：《从史籍看十三世纪蒙古"拜天之礼"和所拜之"天"》，《广播电视大学学报》2013年第2期。元人王祎《王忠文公集》卷一二《日月山祀天颂并序》载："然国俗本有拜天之礼，衣冠尚质，牲品尚纯，帝后之宗戚助祭，非此族也，不得与焉。报本反始之意，可谓出于至诚者矣。"（中华书局1985年版，第318页）

④ 《元史》卷七二《祭祀志一》，第1781页。

⑤ 马晓林：《元代国家祭祀研究》，博士学位论文，南开大学，2012年，第68页。

⑥ 《元史》卷七二《祭祀志一》，第1781页。

而上下顺"① 的盛世之举，然世祖未予理睬。世祖之后，尽管大臣屡有亲祀南郊的建议，然直到至顺元年文宗才勉强亲行之，故史称"自世祖混一六合，至文宗凡七世，而南郊亲祀之礼始克举焉"，②言下不无遗憾之意。此距元朝立国已 70 年，离元亡仅 38 年。

元朝帝王的祖宗之祭也保留着民族特色，史称"其祖宗祭享之礼，割牲、奠马湩，以蒙古巫祝致辞，盖国俗也"。③ 蒙古"元君立，另设一帐房，极金碧之盛，名为斡耳朵。及崩即架阁起。新君立，复自作斡耳朵"。④ 斡耳朵即宫帐，类似汉地皇帝的皇宫。不同的是，国君死，斡耳朵成为其后妃之宫帐，作为祭祀之陵寝，另外每年定时在大都的烧饭院中对已故皇帝进行祭祀，⑤ 所行祭典仍为蒙古族传统仪式，"用马一，羊三，马湩，酒醴……掘地为坎以燎肉，仍以酒醴、马湩杂烧之。巫觋以国语呼累朝御名而祭焉"。⑥

元朝也有宗庙，然未遵行汉式礼制，其庙制受到政治影响，极其混乱。中原王朝大多按照《礼记·王制》的说法："天子七庙，三昭三穆，与大祖之庙而七。"⑦ 蒙古族原来逐水草而居，居无定所，自然没有必要建筑永久性祭奠场所。忽必烈定都后并未建造宗庙，已逝诸帝神位供奉在中书省瑞像殿，祭祀在中书省，"礼毕，神主复藏瑞像殿"。⑧ 鉴于此，汉族大臣奏请依汉制建立太庙，获得世祖同意。至元元年，太庙建成。按照汉式庙制规定，供奉于宗

---

① 王恽：《秋涧先生大全集》卷九二《郊祀圜丘配享祖宗奏状》，《元人文集珍本丛刊》第 2 册，第 477 页。

② 《元史》卷七二《祭祀志一》，第 1792 页。《永乐大典》卷五四五六引《经世大典》载亲祀始末。

③ 《元史》卷七四《祭祀志三》，第 1831 页。

④ 叶子奇：《草木子》卷之三下《杂制篇》，第 63 页。

⑤ 高荣盛：《元代"火室"与怯薛/女孩儿/火者》，收入氏著《元史浅识》，凤凰出版社 2010 年版。

⑥ 《元史》卷七七《祭祀志六》，第 1924 页。

⑦ 孙希旦：《礼记集解》卷一三《王制》，第 343 页。

⑧ 《元史》卷七四《祭祀志三》，第 1831 页。

庙者应该当过皇帝，然世祖定七室之制，自西向东分列诸神主，①既无左昭右穆之制，又将成吉思汗及四子、世祖的两兄一并迁入。显然太庙有名无实，不过是模仿汉制供奉神主的蒙古皇室祭拜祖先的场所。当然，从祭祖角度而言，显然摆脱了"斡耳朵"形式，具有蒙汉混融的特点。这种同堂异室、西向为上的格局，到武宗时遭到废除，改行太祖居中、左昭右穆的庙制。然从庙室数来看，最多时为十二室，元末才定下十一室之制。这都不同于汉式庙制。

　　上述年号、国号、郊祀天地、宗庙之祭和庙制等重大礼仪，元朝行用者均具有民族特色，自然可看出元朝对中原礼制兴趣不大。故有汉臣感叹道："祖宗建国以来，七八十年，每遇大礼，皆临时取具，博士不过循故事应答而已。"②尽管元朝不重视汉式礼制，但不是说他们没有修撰过礼典，见于书目者有赵瑮《国朝集礼》③、《太常集礼》、《元集礼》、《元续集礼》④ 等少量品种，只是均未保存下来，甚至有些连具体卷数也不太清楚。

　　尽管蒙元统治者顽强地保持着民族礼仪，但行用主要限于少数民族上层贵族，对普通汉族官员及民众则并未强行要求他们行用蒙古族礼仪，这可以从《元典章》礼制部分看出来。例如，元朝初年对汉人礼俗不予干涉，后来开始禁止违礼和一些恶俗。像婚礼方面"嫁娶禁约邀拦"⑤"指腹割衫为亲革去""禁夜筵宴例""革去

---

　　①　以西为上的东汉同堂异室制，曾受到朱熹批评，认为不符合古礼。刘晓认为："蒙古族尚右，神主坐北朝南，西为右，故以西为上。"吴丽娱主编：《礼与中国古代社会》（隋唐五代宋元卷），第364页。
　　②　《元史》卷一八三《李好文传》，第4216页。
　　③　黄虞稷《千顷堂书目》卷二（上海古籍出版社2001年版）载李好文《太常集礼》五十卷、王守诚《续编太常集礼》三十一册、《太常至正集礼》二十册；卷九又补脱脱木《太常续集礼》十五册，然未提及《国朝集礼》一书。大约明代就未见此书了，故《清通典》卷二九及卷四五分别载有李好文等人之书，却无《国朝集礼》一书的记载。
　　④　参见杨士奇《文渊阁书目》卷三，《丛书集成初编》本，第1册，第705页。
　　⑤　陈高华等点校：《元典章》卷三〇《礼部三》，天津古籍出版社2011年版，第1052页。邀拦又称邀拦，即中途阻拦，乞取财物。

诸人拜门"① 等，最后大致依从朱熹《家礼》所提倡的议婚、纳采、纳币、亲迎、妇见舅姑、庙见、婿见妇之父母七个步骤，还具体规定了聘财②、筵会，并禁止拜门。在丧葬礼制方面，"禁丧葬纸房子"、"墓上不得盖房舍"、"禁约焚尸"、"禁送殡迎婚仪从"、③ 禁宴饮、禁停丧不葬、丧服从本俗，添祭各项祀钱，④ 还颁布五服图，⑤ 强调"三年之丧，古今通制"，⑥ 有丁忧终制及夺情起复的严格规定。行孝方面禁止陋习，如"禁割肝剜眼""禁行孝割股""禁卧冰行孝"，⑦ 指出这是"愚民不知侍养常道，因缘奸弊，以致毁伤肢体，或致性命"。⑧《元典章》中有关礼制的条文当然是为了强调贵贱等级制序的，但也需要指出它强调化民成俗是"王道之始，宜令所司表率敦劝，以复淳古"，⑨ 这种维持社会秩序，维护基本的汉式礼制的做法，仍符合唐宋以来的"礼下庶民"的发展趋势，对礼制的传播确实有一定作用。

　　元统治者钟情于本民族礼仪，这是他们的选择自由，无可厚非，然而故意与汉族礼仪严加区分则不值得肯定，因为这不利于民族文化的发展。

　　朱元璋起兵反元，为建立自己的王朝，高举华夷之别的旗号，以争得"正统权"与民心。从历史主义的角度来分析，对朱氏此举也无须多加苛求，当然这种"排夷"的意识并非正确的观念。

---

① 陈高华等点校：《元典章》卷三〇《礼部三》，第 1050、1051 页。
② 陈高华等点校：《元典章》卷一八《户部四》"婚姻"表格，第 611 页。
③ 陈高华等点校：《元典章》卷三〇《礼部三》，第 1061、1066、1062 页。
④ 陈高华等点校：《元典章》卷三〇《礼部三》，第 1067、1068 页。
⑤ "五服著令，见于通制、国朝典章、至元新格。"吴黼：《丹墀对策科大成》卷一五《刑书》"八议"，国立公文书馆内阁文库藏钞本。转引自《〈典章·礼部〉校定と譯注》（三），《東方學報》第八三册，京都，2008 年，第 239 页。《至元新格》于至元二十八年（1291）颁布。
⑥ 陈高华等点校：《元典章》卷一一《吏部五》，第 392 页。
⑦ 陈高华等点校：《元典章》卷三三《礼部六》，第 1149—1150 页。
⑧ 陈高华等点校：《元典章》卷三三《礼部六》，第 1150 页。
⑨ 陈高华等点校：《元典章》卷二《圣政一》，第 68 页。

朱元璋认为"华风沦没，彝道倾颓"，① 强调是"元氏废弃礼教，因循百年，而中国之礼变易几尽"。② 在他看来，元朝"胡礼"应当废弃，要重新恢复汉式礼制。这一看法代表着明初一大批汉族官僚、士大夫的观点。从整体上看，明朝礼制向着专制主义的集权方向迅速发展，其礼制特点突出表现为以下几个方面。

其一，恢复汉制，革除"胡俗"。朱元璋自称"虽起自布衣，实承古先帝王之统"，是"奉天逐胡"，来"复先王之旧"。③ 早在吴元年二月，朱元璋便设立律、礼、诰三局，规定"礼局以究礼仪"，④ 开始着手制礼活动。洪武二年，太祖诏修纂礼书，声称"军政当取法于唐，典礼当取法于宋"，⑤ 要求修礼大臣"参考古今制度"⑥ 去制定一代礼仪。次年九月书成，凡 50 卷，赐名《大明集礼》。⑦ 该书以"五礼"为纲，虽涉及礼仪颇丰，整饬划一，然成书仓促，缺漏及不足非常明显，故书成之后不断修补完善。在清除"胡礼"方面，洪武元年二月，"诏复衣冠如唐制"，⑧ 十一月规定命妇冠服"不许仍用胡俗服两截短衣"。⑨ 洪武五年五月，诏令集议冠服定制，"务复古典，以革旧习"。⑩ 丧葬方面，太祖声称

---

① 朱元璋：《御制大诰》卷首《御制大诰序》，《续修四库全书》本，第 862 册，第 243 页。

② 《明太祖实录》卷八〇，洪武六年三月甲辰，台北：中研院历史语言研究所 1963 年版，第 1449 页。

③ 《明太祖实录》卷三一，洪武元年四月戊申，第 549 页。

④ 过庭训：《本朝分省人物考》卷五二《宋濂》，《续修四库全书》本，第 532 册，第 419 页。程敏政：《明文衡》卷三九《赠徐大章序》，文渊阁《四库全书》本，第 1374 册，第 127 页。

⑤ 宋濂等编：《皇明宝训》卷三《论治道》，《皇明修文备史》，《北京图书馆古籍珍本丛刊》本，第 8 册，第 34 页。

⑥ 《明太祖实录》卷四四，洪武二年八月庚寅，第 875 页。

⑦ 《明太祖实录》卷五六，洪武三年九月乙卯，第 1113 页。

⑧ 《明太祖实录》卷三〇，洪武元年二月壬子，第 525 页。

⑨ 《明太祖实录》卷三六，洪武元年十一月甲子，第 693 页。

⑩ 孔贞运辑：《皇明诏令》卷一，《四库存目丛书》本，史部第 58 册，第 559—560 页。

"近世狃于胡俗，死者或以火焚之，而投其骨于水"，① 因此加以禁止，又定官民丧服之制。洪武修礼，以革除夷风胡俗为核心，几乎涉及唐宋五礼全部仪节，尽管部分复古式的礼制不合时用，但显现太祖"以定一代之典"② 的价值取向。

其二，加强皇权，实施教化。在明太祖看来，"礼乐征伐自天子出"是天经地义之事，皇帝才是制礼的终极权威，因此他力图扩大皇帝在制礼中的话语权。一般说来，封建帝王虽执掌制礼权，但缺乏足够的礼学知识，只能依靠礼学素养深厚的儒臣来制礼。而儒臣往往打着圣贤旗号来进行修礼活动，因此制礼话语权实际上下移到儒臣手中。为了掌握话语权，太祖对墨守"周礼"进行制礼的儒臣予以严厉批评。洪武七年，礼部尚书牛谅依周礼考定缟食之礼，太祖以"致斋三日而供三牲，所费太侈"为由加以否定，批评道："《周官》之法不行于后世多矣，惟自奉者乃欲法古，其可哉！"③ 显然，太祖以皇权否定了周制的神圣性、权威性。对其他如丧服、祭祀、庙制都大胆突破周制束缚，以己意进行改易。如洪武八年改建太庙，采用"正殿同堂异室"之制，数庙并为一庙，以"异室"来代替"异庙"，从而废弃自周朝延续近三千年之久的"都宫之制"；同时对太庙祭仪也做出调整，采用"四时之祭皆行合享之礼"。④ 太祖一系列的做法，实际是要建立皇权的权威，牢牢掌握制礼话语权。

朱元璋力图恢复传统的礼教制度，重视塑造礼教秩序。他认为，礼具有"美教化而定民志"⑤ 的重要功能，因此"必定礼

① 《明太祖实录》卷五三，洪武三年辛巳，第 1053 页。元朝曾下令禁止火葬，然收效不大，民间礼俗一时难以改易。

② 《明太祖实录》卷四四，洪武二年八月庚寅，第 875 页。

③ 《明太祖实录》卷八九，洪武七年五月甲午，第 1578 页。

④ 《明太祖实录》卷一〇〇，洪武八年七月辛酉，第 1699 页；卷一一〇，洪武九年十月己未，第 1821 页。

⑤ 《明太祖实录》卷七三，洪武五年三月辛亥，第 1336 页。

制"① 来"移风善俗,礼为之本;敷训导民,教为之先。故礼教明于朝廷而后风化达于四海"。② 早在洪武三年,太祖明令纠正世间"僭侈"现象:"闾里之民,服食居处与公卿无异,而奴仆贱隶往往肆侈于乡曲,贵贱无等,僭礼败度,此元之失政也。"③ 六年又"申禁教坊司及天下乐人,毋得以古先圣帝明王、忠臣义士为优戏,违者罪之"。④ 显然,太祖以礼教化百姓,不许"贵贱无等,僭礼败度",禁止非议先圣明王、忠臣义士,体现其加强对民众进行严厉的思想控制。

其三,贵贱有序,等级分明。朱元璋曾说:"古昔帝王之治天下,必定礼制以辨贵贱,明等威",⑤ 明确表示制礼便是维护贵贱等级秩序。《大明集礼》以皇帝之礼为主,又涉及王国之礼、群臣之礼及庶民之礼,明确规定不同等次之人的不同礼遇,不允许违礼逾制。尽管修礼之初并未分封诸王,但太祖在制礼中创制出一套王国之礼,显然已经打算实行分封制,以此藩屏中央,同时将皇权延伸到地方,进一步强化对地方的控制。太祖规定,王国宗子及庶子皆得立庙进行五祀与宗庙之祭,然均限以始封者为始祖,按等级减杀。中央太庙与王国宗庙构成一个等级分明、层次丰富的朱姓王朝的祖先祭祀系统。⑥ 王国参照中央朝贺之仪,正旦、冬至及千秋节,国中文武官向亲王、王妃致贺,行八拜礼。⑦ 另外,《大明集礼》规定社稷分为国家社稷、王国社稷、郡县社稷、诸里社稷四级,礼有降杀。⑧ 这些都是依据尊卑贵贱的等级规定的,既彰显朱明王朝的皇族血统,又区分出级差,构建起贵贱有序、等级森严的

---

① 《明太祖实录》卷五五,洪武三年八月庚申,第1076页。
② 《明太祖实录》卷二〇二,洪武二十三年五月己酉,第3025页。
③ 《明太祖实录》卷五五,洪武三年八月庚申,第1076页。
④ 《明太祖实录》卷七九,洪武六年二月壬午,第1440页。
⑤ 《明太祖实录》卷五五,洪武三年八月庚申,第1076页。
⑥ 明代郡国设庙类似于汉初。
⑦ 《明太祖实录》卷一三六,洪武十四年三月乙未,第2152—2153页。
⑧ 《明太祖实录》卷一一九,洪武十一年六月壬戌,第1937页。

礼制秩序，与前代相比，确实强化了专制集权政体下的礼制。①

　　永乐至嘉靖之前，对洪武礼制进行过一些修订。大致说来，祭礼、军礼、宾礼变动很少，嘉礼、凶礼变动较多。据《大明会典》载，先后制定了洪武丧仪、上尊谥仪、葬祭仪、忌辰朝仪、皇太孙冠礼、皇太子妃册立仪、进实录仪、有司鞭春仪、上尊号仪、经筵仪、午朝仪、上徽号仪、东宫出阁讲学仪、诸王读书仪、进玉牒仪、皇后丧礼等，也更定了皇妃丧仪、皇太后丧礼，以及亲王、亲王妃、公主、郡王、世子以下丧仪。这些创制之礼或更定之礼，总体上是继承洪武之制的。

　　嘉靖时期的国家礼仪有了大变革，充分体现出专制主义皇权政治对礼制变迁的影响。嘉靖以旁支入继皇位，不愿继嗣孝宗，挑起了"大礼仪之争"。在这一过程中，嘉靖为让生父入宗庙受祭，采取在京师另建"世庙"奉祀生父兴献王、恢复南北郊分祀制度等措施，逐步提高生父祭祀等级，到十七年九月正式上"献皇帝庙号睿宗。遂奉睿宗神主祔太庙，跻武宗上"，② 最终使生父称宗入庙。③ 在这场大礼仪之争中，他提拔附和己意的官员，不惜用罢免首辅杨廷和来杀鸡儆猴，以夺俸、廷杖来处罚反对自己的大臣。就集权专制而言，嘉靖比洪武有过之而无不及！

　　嘉靖之后，穆宗对嘉靖礼制有所厘正，简化礼仪。此后诸帝在礼制上虽有所更革增减，然大致沿袭了嘉靖礼制，专制主义集权态势也没有任何改变。其实朱元璋对礼法关系有过精彩之论："国之治道，非礼则无法，若专法而无礼，则又非法也。所以礼之为用，表也，法之为用，里也。"④ 明朝"明礼以导民，定律

　　① 吴恩荣、赵克生：《明代王国庙制的演进及礼制特点》，《江海学刊》2014 年第 5 期。

　　② 《明史》卷一七《世宗纪一》，中华书局 1974 年版，第 228 页。

　　③ 孔贞运辑：《皇明诏令》卷二一《明堂礼成诏》，《四库存目丛书》本，史部第 58 册，第 432 页。

　　④ 朱元璋：《明太祖集》卷四《礼部尚书诰》，黄山书社 1991 年版，第 64 页。

以绳顽"，① 其目的便是加强专制统治，维护朱明江山。明朝专制集权在中国封建社会中确实是比较突出的，对士大夫思想管控非常严厉。② 明朝推崇程朱理学，以此来"统一"思想。成祖命胡广等人编成《五经大全》、《四书大全》和《性理大全》，在学术领域实行专制统治，在这种政治文化格局下，士人读经只注重前人注疏，思想上则难以创新，因此经学日渐疏陋，学术价值甚为低下。③ 在这种态势之下，礼学思想自然难以获得发展。

明亡清继，思想文化、政治氛围没有改变，清朝仍然实行严厉的思想管控，尤其康雍乾三朝，知识精英在高压之下，只得转向饾饤之学，思想界沉闷抑郁，因此在礼学思想上甚少突破，从中也可得出集权礼制走向没落的思想原因。

清朝的礼制建设大致可分为三个阶段：顺治入关前行用满族固有的礼制而形成带有地方色彩的民族礼制；顺治入关后到乾隆朝修成《大清通礼》前是其礼制发展阶段，表现为吸收明代汉式礼制，力图建立有满汉特色的礼制体系，绍续中华传统礼制的"礼统"，从而汇入中华传统礼制的主流之中；《大清通礼》修订及完成后到道光前为第三阶段，表示清政权最终完成了满汉合璧的清代礼制，形成有自身特色的集权礼制体系。显然，清朝在对待汉式礼制上，与元朝明显不同。

天命十一年九月，努尔哈赤去世，其子皇太极继立，次年改元天聪。④ 天聪十年四月，"祭告天地，行受尊号礼，定有天下之号曰大清，改元崇德，群臣上尊号曰宽温仁圣皇帝，受朝贺"。⑤ "祭告天地，行受尊号礼"明显受到汉式礼制的影响。实际上，太祖

---

① 刘惟谦等：《大明律》卷首《御制大明律序》，《续修四库全书》本，第 862 册，第 365 页。

② 如用文字狱来镇压不同政见者。

③ 郭素红：《明初经学与〈大全〉的敕修》，《求索》2007 年第 10 期。

④ 天聪共 9 年，后改元崇德，八年八月皇太极去世，世祖即位，年号顺治。

⑤ 《清史稿》卷三《太宗纪二》，中华书局 1977 年版，第 55 页。

努尔哈赤和太宗皇太极统治时期，其礼制可以大清开国分为前后两个时期，前一时期行用以后金汗政权为中心的带有浓厚民族特色的等级性礼仪，与中原汉族政权的国家礼制差异极大。从现存《满文老档》所载天命、天聪两朝的礼仪来看，大致有称汗礼、元旦庆贺礼仪、祭葬和君臣、官民相见礼等，有祭纛拜天和大阅等军礼，也有服饰、仪仗之规范。尽管已经存在尊卑等级规定，但其仪制与汉式礼制有较大差异，只能视为受汉式礼制影响。例如，天聪前期是四大贝勒共同理政时期，所谓三大贝勒"礼与汗同"①便是指当时情况：元旦庆贺，三大贝勒与大汗并坐，到天聪六年大汗才"南面独坐"。汗国之礼带有浓厚的家族色彩，如大汗元旦要"以兄礼至大贝勒家拜之"，②汗之妻及诸福晋也要拜见大贝勒，"汗降座旁立"。③显然这与汉式皇权独尊的礼仪有很大区别。汗国的抱见礼也具有满族特色，分为遥拜、近拜叩首、抱见诸环节，行用于叩拜同族尊长、将领凯旋归国、大汗出迎外藩等场合，汉式礼仪并无此仪。

　　崇德改元，大清礼制有所改易。史载大臣之语曰"今非昔比，圣汗既受尊号，正大位，古帝王之制，不可不遵"，④也就是要求皇太极改汗国之礼为帝王之礼。崇德之后借鉴汉式礼制，改定或制定了大量礼仪，改定者有即位、祭天、祭太庙、祭堂子、庆贺、服饰、仪仗、军礼等，新创有祭太庙、封爵、册封、迎诏、京官回避仪、官员仪从、命妇车制及祭孔等礼，还创建王国礼、藩国礼及婚礼、丧礼等，奠定了大清帝国礼制的基础。例如，即位新制规定，即位当天群臣要"祭太祖庙，诵读祝文"，⑤次日，圣汗"率诸大

---

① 《满文老档》，天聪元年八月十八，中华书局1990年版，第865页。
② 《满文老档》，天聪六年正月初一，第1188页。
③ 《满文老档》，天聪六年正月初二，第1189页。
④ 《满文老档》，崇德元年五月初八，第1457—1458页。
⑤ 《满文老档》，崇德元年四月十一，第1427页。

臣祭太祖、太后宗庙"，① 类同汉礼传统。祭祀太庙、皇陵行一跪三叩礼，三上香，奉帛酒，行三跪九叩礼，② 祭天也设立天坛作为专门场地，与汉式礼仪相似或相同。崇德元年始祭孔子，"以颜子、曾子、子思、孟子配享"，③ 与汉族政权崇儒毫无二致，显然可见满族政权认可了儒家礼乐文化。

当然，崇德改制虽借鉴汉式礼仪，但仍带有比较明显的满族礼仪特点。如祭礼局限于天、太庙、堂子、孔子四者，没有汉式礼制中祭天地、宗庙、社稷、天神地祇直到岳镇海渎的祭祀体系；仪节也十分简陋，没有汉式礼制从斋戒、视牲到迎神、三献、饮福、受胙、送神的一整套奠献程序。至崇德制定的冠服体系中镶嵌东珠，以及金佛头、项圈之类，均是汉式礼仪所无，皇后、亲王、郡王、贝勒仪仗也保存某些民族风格。④ 总之，崇德改制是满族政权逐渐向汉式礼制过渡的重要时期，虽说顺治入关后借鉴明朝礼制进行了全面的礼制革新，但自天命以来，尤其是崇德改制后的某些民族色彩的礼仪形式仍然有所保留，奠定了有清一代满汉合璧的礼制形态。

清军入关之初，当时"兵务方殷，衣冠礼乐，未遑制定。近简用各官，姑依明式，速制本品冠服，以便莅事。其寻常出入，仍遵国家旧例"。⑤ 然而大清迅速由地方性政权成长为国家政权，在如此广袤的地域上有众多的汉族子民。为稳定政局，建立有效统治，清朝采取部分直接继承明朝礼制的方式，以便迅速获得汉族子民的认可与遵行。

清入关前后的礼制实是满汉礼仪相混。如跪拜礼，明以拜叩礼为主，帝后朝贺、郊祀、宗庙等重大典礼皆行三次四拜，共十二

---

① 《满文老档》，崇德元年四月十二，第 1427 页。
② 《满文老档》，崇德元年七月十四，第 1538—1539 页。
③ 《满文老档》，崇德元年八月初六，第 1561 页。
④ 参见《清史稿》卷一○五《舆服志四》相关内容。
⑤ 《世祖章皇帝实录》卷六，顺治元年七月己亥，中华书局 1985 年版，第 68 页。以下所引清代实录均据《清实录》，中华书局 1985 年版。

拜，其次行二次四拜，见皇帝则行五拜三叩头礼。清入关前行用跪叩礼，分一跪一叩、一跪三叩、三跪九叩不同等级。如清顺治元年九月奉安太祖帝后、太宗神主于太庙，先行四跪四叩头礼，三献礼后，再行四跪四叩头礼，① 此为满族礼，但有汉式初献、亚献、终献三献仪节。十月定鼎燕京，南郊祭天地也采用三献，行四跪四叩头礼。② 十一月冬至祀天，则基本是照搬嘉靖祀天礼仪，为三上香、三献，迎神、受胙、送神各行四拜礼，尽管未以太祖配享，从祀也缺五星、二十八宿，但明显看出清初礼制向汉式礼制变迁的轨迹。③

实际上，自顺治开始的礼制改革，清王朝基本制礼思路是：凡不涉及关键或敏感问题，尽可能遵用明制。如一般仪节采用明制，但在跪拜上仍以跪叩礼为主。大则祭天地、社稷、太庙、陵寝，其他如上尊号、徽号，以及颁诏、册封、朝贺、庆节、耕藉、进表等礼，其仪节过程大多采用明朝之礼，有配位者也类如明制，但行用满族跪叩礼。④ 如世祖登极，告祭南郊行三献之礼，迎神、送神行四跪四叩头礼，即位时行三跪九叩头礼。

对遵用明制，清朝也有一个过程。如在天地之祭的分合上，清入关初沿用嘉靖分祀之制，顺治十七年四月下诏合祀，世祖亲诣行礼。⑤ 但次年圣祖继位后，立即罢去合祀之制，重新恢复分祀制度。⑥ 无论是合祀还是分祀，实际都是汉式礼仪。清朝原无祈谷、雩祀、太岁、先医、启圣祠、先圣先师等祀，入关后依明朝之礼行

---

① 《世祖章皇帝实录》卷八，顺治元年九月壬子，第89页。

② 《世祖章皇帝实录》卷九，顺治元年十月乙卯，第91—92页。

③ 《世祖章皇帝实录》卷一一，顺治元年十一月丁未，第109—110页。申时行等：《（万历）大明会典》卷八二《郊祀二》，《续修四库全书》本，第790册，第453页。

④ 顺治朝曾在祭礼中行用过拜叩礼，此后诸帝也在少量礼仪中保留拜叩礼，但总体上看行用跪叩礼，甚至拜、跪、叩混用。如《（康熙）大清会典》卷四〇《皇太后宫三大节朝贺仪》中，命妇至皇太后宫，行六拜三跪三叩头礼。

⑤ 《世祖章皇帝实录》卷一三四，顺治十七年四月己酉，第1040页。

⑥ 《圣祖仁皇帝实录》卷一，顺治十八年正月乙丑，第44页。

用。当然，那些清朝特有之礼予以保留，如摄政王仪、堂子、定南武壮王祠、满洲跳神仪等特有祭典，均行满洲之礼。入关前没有的一些重大礼仪，一般移植明朝相关规定，如登基、郊祀之类；其他礼仪则参照明朝之礼进行重定，如婚礼，皇帝纳后行汉式礼仪，但皇室诸王或满族贵族仍行满洲的纳币、合卺、昏燕之礼，汉族大臣及庶民行用汉族的六礼。在凶礼方面，清军入关前夕，朝廷"定诸王以下官民人等祭葬礼"，① 顺治元年十二月，又"定宫中丧制，凡大丧，宫中守制二十七个月"，② 类似汉式丧礼。其他如进书、颁历、乡饮酒、进春则行用明朝二叩八拜之礼。《清史稿》称"其祀典之可稽者，初循明旧，稍稍褒益之"，③ 大致得之。清朝军礼在乾隆之前仍具有满族特色。明朝天子亲征，在圜丘祭告天地、宗庙、社稷，"祃祭旗纛，所过山川皆行祭告。师还，奏凯献俘于庙社，以露布诏天下，然后论功行赏"。④ 清朝天子亲征或命将出征一般不拜天，偶尔在堂子里祭之。如命将出征，口宣满、蒙、汉三体敕书，授印，行三跪九叩头礼。⑤ 凯旋，皇帝亲自出迎，先拜天，行三跪九叩礼，出征将士行三跪九叩，其统兵将帅行抱见礼，⑥ 具有满族特色。至于乐，清朝力推满洲之乐，并未接受明制之乐。在服饰方面，清朝仍保留浓厚的满族因素，尤其是颁布剃发令，强制汉族民众剃发，显示其礼制的专制色彩。清朝统治者在一些重大礼仪中强调"满族"礼仪色彩，采用满文与满语。如顺治四年太岁、城隍及孔子、关圣俱用汉式礼仪，顺治下旨："致祭着遣满官，并用满官赞礼，祝词用满文。"⑦ 清初有些满族原有的礼

---

① 《世祖章皇帝实录》卷三，顺治元年正月己酉，第 43 页。
② 《世祖章皇帝实录》卷一二，顺治元年十二月壬戌，第 114 页。
③ 《清史稿》卷八二《礼志一》，第 2484 页。
④ 申时行等：《（万历）大明会典》卷五三《亲征》，第 988 页。
⑤ 伊桑阿等：《（康熙）大清会典》卷四五《命将出征仪》，《近代中国史料丛刊三编》第 72 辑，台北：文海出版社 1992 年版，第 2197—2198 页。
⑥ 《世祖章皇帝实录》卷二一，顺治二年十月癸巳，第 184 页。
⑦ 《世祖章皇帝实录》卷三一，顺治四年三月丁卯，第 257 页。

仪，甚至不允许汉族官员参与其间。满汉礼仪在统治者心中的地位一目了然。

乾隆年间完成《大清通礼》，宣示完成了帝国礼乐制度的重新塑造，将带有明显民族特色的大金汗国礼制，演变成满汉合璧的大清帝国礼制。《大清通礼》中吉礼基本承袭明礼，另有《钦定满洲祭神祭天典礼》载满族祭礼，"与《大清通礼》相辅而行"，①即祭祀是满汉兼用。《大清通礼》中的丧礼，仪节基本采用汉式之礼，皇帝大丧从小殓、大殓、成服、哭临至终丧除服都与明朝丧礼相同，但百日不剃发，初祭、大祭、月奠、百日祭等行用入关前满族礼仪。②宗室与满洲贵族则允许采用满洲礼俗，不过，其中赐谥、启奠、祖奠、遣奠、小祥、终丧等采纳汉礼。③在冠服方面，自顺治入关后强行推行剃发，作为判断民众顺逆的标志，因此《大清通礼》没有冠礼。在服饰上，乾隆二十四年修成《皇朝礼器图式》，使清朝礼器、冠服等制度趋于定型。书中有冠服4卷，服饰主要是满洲式样，与汉式不同。从《清史稿·舆服志》的记载来看，帝后及太后、贵妃、皇子、亲王等的冠服均分冬制、夏制，冬冠以貂狐之皮为之，夏冠织玉草或藤竹丝为之，饰以东珠、珍珠、宝石、珊瑚、猫睛石等，又有朝珠、孔雀翎之制，皆是满族之制。④清朝祭天配祖礼仪也与明朝及明之前汉族政权不同，汉族政权祭天配祖一般以太祖，很少配两位先祖，然清朝则是列圣遍配。咸丰之前，一度配享自太祖至道光八位先祖，咸丰去世，才遗命"嗣后郊祀配位历亿万年，总以三祖五宗为定，自朕躬而下，不复举行"。⑤清朝太

---

①　允禄等：《钦定满洲祭神祭天典礼》卷首，文渊阁《四库全书》本，第657册，第624页。

②　来保等：《大清通礼》卷四五《丧礼》，文渊阁《四库全书》本，第655册，第441—462页。

③　来保等：《大清通礼》卷四九《丧礼》，第493—497页。

④　《清史稿》卷一〇三《舆服志二》，第2484页。

⑤　《文宗显皇帝实录》卷三，道光三十年二月己巳，第89—90页。

庙之制也带有满族色彩。汉式太庙，太祖居中，左昭右穆，并实行祧庙制度，即满七庙后除太祖太宗不祧外，其余诸帝以次祧出。明朝继唐宋之制。清则采取百世不祧之制，即所有已逝先帝都在太庙供奉，排列以"前殿自太祖高皇帝以下七世皆南向，自宣宗成皇帝以下三世，皆分东西向"，[①] 凡诸帝之后并祔。需要指出的是，汉族政权一般恪守嫡后祔庙之制，即元配皇后才能祔享太庙，一帝一后，[②]清朝则不拘于此，太宗、世祖、世宗、高宗、仁宗、文宗俱祔二后，圣祖、宣宗更多至四后。[③]这些变化，既显示清朝礼制带有满族色彩，又以超规格来彰显皇权的提升。

要之，元代拒绝汉式礼制，民族色彩极其浓厚，与中原王朝礼制体系格格不入。有明一代则弃元礼不用，在加强专制集权的前提下直追汉晋唐宋礼制，尤其是嘉靖时变革礼制，专制色彩愈趋浓烈。清入关前主要是大金汗国礼制，民族色彩较为浓厚。入关后逐渐吸纳汉式礼制，至乾隆时修成《大清通礼》，宣示完成了帝国礼乐制度的重新塑造，形成了满汉合璧的大清帝国礼制。当然，有清一代礼制从总体上说是继承了明朝的遗产，明代五礼中众多礼仪均被清朝吸纳入自己的五礼体系，仪节也基本仿照，然而清代又保存有少量民族特色的礼仪。需指出的是，在专制主义体制下，清朝完全继承了前代礼制集权专制的特质，它没有也不可能跳出集权礼制的巢窠。

八　晚清民国时期礼制的艰难转型

道咸以降，西方列强以坚船利炮打开中国大门，西风东渐，

① 《宣统政纪》卷二一，宣统元年九月乙卯，《清实录》第 60 册，第 387 页。

② 宋代一些皇帝较特殊，有一帝二后、一帝三后，但常是因元配皇后废黜，其他皇后配祔，其后元配平反再入祀，形成一帝多后情况。

③ 昆冈等：《（光绪）清会典》卷三〇五《祠祭清吏司一》，中华书局 1991 年版，第 298 页。

中华传统礼制遭遇到极其强烈的冲击，面临着严酷的危机。到 20
世纪初，随着中国殖民化趋势的加深，中西文化碰撞愈趋激烈，
到大清龙旗黯然降下，民国政府建立，中华传统礼制面临更为严
峻的挑战。应当看到，近代中国面对的西方文明，不是古代中国
各地的少数民族文明或西域文明，而是一种整体超越农业文明的
工业文明。近代中国文化面对的西方文化，不是万方来朝时期的
欧洲中世纪的野蛮愚昧的文化，而是经过人文主义熏陶和文艺复
兴洗礼、经历了宗教改革与近代工业化锤炼的先进文化。近代中
国面对的西方国家，是有着丰富殖民经验、实力雄厚的军事强国。
就此而言，随着中华帝制的衰弱，基于农业文明、依赖封建专制
帝制生存的中华传统礼制迎来前所未有的挑战。面对十分严峻而
残酷的现实，如何走出困境，是摆在国人面前的一道难题。需要
强调的是，中华传统礼制的近代命运，是与近代中国社会变化的
过程紧密联系在一起的，因此，延续 2000 年的集权礼制自然难以
为继。中华传统礼制如何凤凰涅槃，考验着国人的智慧。总体说
来，对传统礼制无非是改与不改两种意见，当然，主张改制者又
出于不同目的，提出不同的修改方案。

　　其实，自乾隆礼仪定型后，直到道光之前，清朝在礼制上虽有
少量调整，但是基本上没有什么大的变更。然道光之时面临的国际
形势大变，在国家生死危亡之际，清廷曾拟修订礼制来宣示自己
"改道易辙"，以争取民心。然而实际上那些朝廷大臣、经师宿儒
却仍主张沿袭旧礼、略加改易，史称："德宗季叶，设礼学馆，博
选耆儒，将有所缀述。大例主用《通礼》，仿江永《礼书》例，增
"曲礼"一目。又仿宋《太常因革礼例》，增"废礼""新礼"二
目，附《后简》。未及编订，而政变作矣。"[1] 显然，道光时这种换
汤不换药的礼制变革不符合当时历史发展的潮流，况且其礼制改革
也未付诸实践。当然，在列强的压力下，晚清在宾礼上已经有所变

---

[1]　《清史稿》卷八二《礼志一》，第 2484 页。

革，向西方礼仪靠拢。①

　　1907 年，面临内忧外患的清政府勉强同意"宪政改革"，下令设礼学馆修订礼制，企图通过赓续《大清通礼》，囊括一切礼仪制度为法则，来挽回败亡命运。1909 年正式开馆，礼学馆总理陈宝琛领衔上奏修订礼制凡例 19 条，拟定了体例、方式与范围，强调皇帝拥有修礼权与裁定权，以三纲五常为宗旨，依据《通礼》五礼体例，增删《通礼》内容，如将堂子祭祀编入祭礼、增加皇太后和皇帝万寿大礼、增加冠礼、厘定各省的神灵祭祀、修改乡饮酒礼、增加五服和丧服图、制定士庶通用的民礼等。这一奏章显然偏离"仿行宪政"的原旨，实际是在"礼制修订"的幌子下来维持集权礼制的继续行用。即使如此，仍受到保守派的攻讦，曹元忠批评道："今之宪法并非《周礼》所谓'宪法'，与礼更无涉矣。尚何礼书、宪法合订之有哉！"② 曹氏认为礼与法的修订不是一回事，因此无须重修礼制来适应法，他认为此举"非惟不知礼也，抑且不知宪法孰甚"。③ 袁枚之子袁祖志撰文比较了中西礼制之异同，专门写了《西土不逮中土说》一文，强调西方礼仪不如中国，④ 反对修订礼制。其实，即使到民国时期，一些遗老遗少仍然对修订旧礼持强烈的批评意见，坚持文化保守主义的立场。清政府的"宪政改革"修礼活动，是封建专制政权最后的挣扎，也是封建专制国家修礼活动的终结。

　　民国伊始，要求摒弃专制主义的集权礼制、重新修礼的呼声日益强烈。当然，在如何修改的问题上，各人表达的声音是不同的，

---

　　① 尤淑君《宾礼到礼宾：外使觐见与晚清涉外体制的变化》（社会科学文献出版社 2013 年版）一书对道咸之后的外交礼仪做了非常深入的研讨，可参。
　　② 曹元忠：《礼议》卷上《礼书不当与宪法合订议》，《民国时期经学丛书》第三辑第 29 册，台北：文听阁图书有限公司 2009 年版，第 3A—5A 页。
　　③ 曹元忠：《礼议》卷上《礼书不当与宪法合订议》，第 3B 页。
　　④ 袁祖志：《中西俗尚相反说》《西土不逮中土说》，王锡祺：《小方壶斋舆地丛钞》第 11 帙，光绪十七年（1891）上海著易堂铅印本。

乃至还有借尸还魂,大搞旧礼复辟者,袁氏帝制复辟便是典型例证。有学者对近现代知识分子进行分析,指出:"对中俗西化持有保留肯定态度的人居多数,李大钊、蔡元培、梁漱溟、胡适,甚至主张'中国本位文化'的陶希圣等人都是如此,只是在'量'上有多有少。"①

实际上,民初要求改变专制主义的集权礼制、重新修礼已有一定的思想基础。晚清时,西方传教士与晚清出使西方的中国使节都对西方礼节做过介绍,编译出版过《西礼须知》、《戒礼须知》和《泰西礼俗新编》,较为详细地介绍西洋礼俗。熊月之指出:"两本《须知》和《泰西礼俗新编》的出版,标志着西方礼俗知识较为全面地介绍进中国。"② 三本书的出版,为中华礼制吸收西方礼仪做了有力的思想铺垫。编译《泰西礼俗新编》的刘式训曾留学法国,任驻法、德、俄使馆的翻译兼参赞,民国初任北京政府外交部次长。他在该书"序言"中称:"西人犹是人耳,其立于人世也,父子兄弟夫妇朋友,若男若女,各有权利,各有义务,本乎情,准乎理,历千百年之沿革变迁,以成彼族今日之风气习惯焉,在我视之,诚以彼为有异,在彼视之,亦以我为有异,而其风气习惯之本乎情,准乎理,则彼我一致也。"③ 此说较为客观。曾任职驻德、澳、法等国使馆,后任出使法国大臣的孙宝琦为《泰西礼俗新编》写序,甚至认为西方礼仪可比隆三代,指出"吾华人士,徒震惊欧土之富强,末由辨其礼俗政教而妄加訾议,目为异类,盖犹是排外之陈见",盼望"知礼之君子,诚能上考古经,旁参俗尚,别辑专书,流行于世,上翊国家之政教,下资童蒙之服习"。④ 茅海建认为晚清思想革命的主体是包括众多官员在内的清朝最高精英层,

① 李少兵:《民国风俗西化的几个问题》,《史学月刊》1994 年第 4 期。

② 熊月之:《晚清中国关于西方礼俗的论辩》,《学术月刊》2008 年第 8 期。

③ 刘式训:《自序》,〔法〕司达福:《泰西礼俗新编》,刘式训译,中新书局1905 年版,第 1 页。

④ 孙宝琦:《序》,〔法〕司达福:《泰西礼俗新编》,第 1—2 页。

"他们代表着那个时代学术的主流，代表着知识的最高阶层，也是思想影响力最大的团体"①。此说当不谬。从借鉴西方礼制来构建近现代新礼制体系来看，这些晚清大臣及开明人士顺应时代潮流，开风气之先，为民国礼制改革奠定了思想基础。

清末民国，对旧礼改造的各种主张层出不穷。有从宗教角度立说的，"要改造社会，必得改造礼制。要改造礼制，必得先转移一般人的观念……据我个人的意见，在这时代，在这中国的地方，若是有人提倡研究基督教，可算是最合宜的了"，"改造现行礼制，是社会实质上的改造。实行基督教教义，是社会精神上的改造"②。作者欲推行基督教礼制的设想，当然不会获得国人的普遍认同。也有以进化论、西化论来立论，称："风俗之变，几无日不睹……一切礼仪，非自然所应需，未有不败者也。"③ 如戴季陶说："吾国自海通以来，国家既不能不成为国际间之一员，则国民亦不能不成为文明国民中之一人。固有之道德精神，自必须保持发扬，而一切人民公私生活之仪节，亦必须随世界文化之进展，而求其改良进步。"④ 戴季陶虽称"改良进步"，其实是基于进化论上的"西化"的委婉表达。

民国之初，不少人将对新政治的厚望转化为对重建礼制的期盼，如杜亚泉曾说："礼俗为生活程度上一种模范，舍祠祭迷信不足论外，其婚丧等及衣冠制度，皆当注意。前清季年，凡开通市场，婚礼已有改变，但或纯用欧化，亦颇失宜。丧葬仪节，犹病繁

---

① 茅海建：《重新审视晚清的思想革命》，《东方早报》2016年3月6日，第A03—A04版。

② 怀新：《礼制与基督教》，《生命》（北京）第2期，1920年，第1—4页。

③ 章太炎：《章太炎全集·译文集》，上海人民出版社2015年版，第33、41页。光绪二十四年（1898），《昌言报》刊登英国斯宾塞尔（今译斯宾塞）的文章，署名"湘乡曾广铨采译、余杭章炳麟笔述"。

④ 戴季陶：《学礼录》，载《戴传贤选集》，台北："中华民国"各界纪念国父百年诞辰筹备委员会1965年版，第295页。

琐，有待改良之处甚多。此亦民国新社会之责任也。"① 自然，革命派已经认识到要废除某些旧礼仪的重要性与急迫性，南京临时政府成立之当天，内务部发告示规定"国民服制，除满清官服应行禁止穿戴外，一切便服悉暂照旧"，② 走出了改革旧礼仪的第一步。3 月底，临时政府答复湖北祭文庙事："查民国通礼，现在尚未颁行。在未颁以前，文庙应暂时照旧致祭，惟除去拜跪之礼，改行三鞠躬，祭服则用便服。其余前清祭典所载，凡涉于迷信者应行废止。"③ 另一文件则允许祭孔子、关帝、先农坛、岳武穆、周濂溪、贺文忠公，强调"民国首建，祀典宜隆。然必功德在民，方足以享庙食。其有关于迷信及涉及满清一家之崇奉进，似于共和时代不宜存在……礼节俟由中央规定。其余各祠庙均应停止，以节靡费"。④ 临时政府曾拟于内务部下设礼教局，主持礼制改革。⑤ 遗憾的是，政权易手袁世凯，临时政府革旧布新工作未遑展开就夭折了。尽管如此，短短 3 个月间已经实施改革礼制工作，这是值得肯定的。

自袁世凯到张作霖，北京政府首脑走马灯式地更换，礼制"改革"成为他们复辟、集权的工具。袁氏操纵礼制编订会（后更名礼制馆），先后编成《祀天通礼》《祭祀冠服制》《祭祀冠服图》《祀孔典礼》《关岳合祀典礼》《忠烈祠祭礼》《相见礼》，成为其复辟集权的工具。袁氏祭孔、祭天、即位，一幕幕复辟大戏都行用

---

① 杜亚泉等：《辛亥前十年中国政治通览》，中华书局 2012 年版，第 86 页。

② 《内务部关于一律剪发暂不易服的告示》（1912 年 1 月 1 日），《湖北军政府文献资料汇编》，武汉大学出版社 1986 年版，第 721 页。

③ 《南京临时政府内务部教育部关于改革文庙祭典习俗致武昌黎副总统等电》，《湖北军政府文献资料汇编》，第 717 页。

④ 《鄂省临时议会关于鄂省祭祀祠庙的决议》，《湖北军政府文献资料汇编》，第 718 页。

⑤ 《南京临时政府内务承政厅及各局办事规则·礼教局章程》（1912 年），中国第二历史档案馆编：《中华民国史档案资料汇编》第 2 辑，江苏人民出版社 1981 年版，第 42 页。

旧式跪拜礼，① 旧礼复辟活动达到高潮。袁氏失败后，新任国务总理段祺瑞下令废止袁氏所制之礼。其后，段祺瑞先后操纵的修订礼制处与礼制编纂会、曹锟授意加快编制的《中华民国礼制》（草案）、张作霖设置的"礼制馆"，都无疾而终。甚至军阀孙传芳也制定过不伦不类的"投壶新仪"，着手组建"江苏省修订礼制会"，企图"由江浙而推行于全国，移风易俗"。② 制礼成为北洋军阀的掌中玩物。

1928 年 6 月 8 日北洋政府垮台，同月 21 日，南京政府成立"礼制服章审定委员会"，开始了制定新礼的历程，到 1937 年 11 月迁渝为止，在礼制改革上做过一定工作。例如，1929 年 4 月 16 日议决《文官制服礼服条例》，规定"制服用中山装"，③ 此后颁布过警察、检察官、律师、铁路、学生、陆军及航空系列的服饰制度，都有不同程度的实行。南京政府还讨论制定国徽、国花方案。1929 年 5 月进行孙中山移葬奉安大典。在婚丧礼方面，1930 年颁布中西并用的《婚丧仪仗暂行办法实施细则》④，1932 年特令重拟婚丧礼制条例，并于 1933 年 5 月初步完成草案。公祭礼方面，1935 年 7 月，上海特别市执行委员会拟订"公祭礼节暨追悼会仪式奉准备案"，1937 年 6 月颁布《公祭礼节》。在乐典改革上，1937 年 3 月内政部、教育部共同设立"乐典编订委员会"，然并未取得太多成果。以上是南京政府迁渝前改革礼制工作的主

---

① 1906 年，两广总督岑春煊明确下令废除臣僚行跪拜礼。民国临时政府也明令禁止。

② 参见王锐《1926 年南京制礼事件述论——兼论身处其中的章太炎》，上海市档案馆编：《上海档案史料研究》第 21 辑，上海三联书店 2016 年版，第 25—45 页。

③ 到 1936 年 2 月，蒋介石下令把中山装作为公务员统一制服。

④ 《南京市婚丧仪仗暂行办法施行细则》（1930 年），中国第二历史档案馆编：《中华民国史档案资料汇编》第 5 辑第 1 编《文化 1》，江苏古籍出版社 1994 年版，第 438—439 页。

要成果。① 尽管南京政府颁布过一些法令来推行礼制改革的成果，但由于当时积重难返，加以执行力度欠缺，政府官员自己也承认："时过境迁，遵行的实在不多。"② 甚至有些礼仪制定还存在着许多旧仪痕迹。孙中山移葬南京的"奉安大典"便是典型一例。奉安大典是传统与现代礼制结合的国家葬礼，如在缠黑纱、鞠躬等具体仪制上与普通追悼会一致，然而有学者指出，奉安大典采用陵墓、祭堂、奉安之名称，殡葬、护祭等核心环节及场面，都与传统的帝王丧葬基本相似，只是杠夫从帝制时代的 128 人减到 108 人，因此"从形式上来看，它反映了帝制时代丧葬文化传统在近代时期的延续"；从功能上来看，这场丧葬政治运作与中国传统帝王丧葬相似，都具有"表征、树立和推广至高的精神权威，服务于现实政治权力的建构和巩固"的作用。③ 显然，要驱逐旧的集权礼制的等级制，真正实现平等的新礼制，实是举步维艰。

抗战期间，国民党政府于 1943 年 8 月召开"礼制谈话会"，参加者为有关部门工作人员；11 月在重庆北碚温泉举行礼制讨论会，由戴季陶主持，约请各部与相关学者 30 余人，历时 10 天进行礼制研讨，此即著名的"北泉议礼"。④ 会议成果是制定出反映戴季陶思想的《中华民国礼制》（草案），这是中国近代以来国家层面上最大规模的一次制定礼制活动。抗战胜利后，国民政府行政院再次修订《中华民国礼制》（草案），至 1946 年冬大致拟定，名为《中华民国通礼》（草案）。此草案也受到戴季陶思想的影响。这两部礼典一脉相承，都依五礼分类，根据社会需要，斟酌古今中外，设

---

① 据孙致文《南京"国民政府"时期的"制礼"大事纪》，http：//mp.sohu.com/profile? xpt=cXVlbGlzaHV5dWFuQHNvaHUuY29t。

② 焦易堂：《对于礼制服章的意见：二十四年十月七日在中央国府联合纪念周讲演》，《中央周报》第 385 期，1935 年，第 7 页。

③ 李恭忠：《中山陵：一个现代政治符号的诞生》，社会科学文献出版社 2009 年版，第 374—375 页。

④ 张涛、汤勤福：《试论近代国家制礼机构及其现代价值》，《河北学刊》2015 年第 2 期。

定名目。① 从具体内容看，专制集权体系下的以皇帝为中心的礼制体系被打破，设置了一些符合时代变迁的新礼，具体仪式也大幅度做了简化。戴季陶是三民主义的忠实信徒，对中国传统文化的态度比较保守，在礼制改革方面属于温和的改良派，试图从民族固有文治传统中开拓出中华民国融入并自立于现代世界的制度与精神要素。② 实际上，戴氏既夸大了礼治的作用，又将传统的旧礼制内容塞入新仪体系之内。如规定父母之丧三年，夫妻之丧一年，服丧期内停止婚嫁，显系沿用古制；③ 婚仪包括议婚、纳币、请期、戒宾、亲迎、成婚、合卺、谒见、飨妇、礼宾、谒祖、见舅姑，④ 也几乎是旧婚仪的翻版。总之，这两个草案虽然正式发布，显然未能完成制礼的除旧纳新工作，没有正确地实现中华传统礼制的现代性转换。因此有学者认为，"北泉议礼"的失败标志着中国传统"五礼"体系的终结。⑤ 如果联系到《中华民国通礼》（草案），可以说《中华民国通礼》（草案）的出台才标志着传统的五礼制度的终结，因为它并没有开创出符合历史潮流的新礼制。有学者指出："就民国前期国家仪式的具体变化而言，民初始终围绕国家制度'民主共和'进行操演，虽然有时候只是表面遵循'民主共和'原则，实际上可能主张'威权'政治……国家仪式也只在民国初年出现短暂'辉煌'成效后，即走入困境，国家仪式有时或遭遇议论或部分回归传统。"⑥ "部分回归传统"正是民国礼制没有走出集

---

① 《本馆动态·民国通礼草案》，《礼乐半月刊》第 1 期，1947 年，第 8 页。

② 滕峰丽：《民国时期的三民主义：戴季陶思想研究（1909—1928）》，河南大学出版社 2012 年版，第 28—39、78—94 页；刘文丽：《激变时代的选择：戴季陶政治思想研究》，首都师范大学出版社 2015 年版，第 161—175 页。

③ 《军事委员会侍从室第二处主任陈布雷签呈机秘》（乙）第 59319 号（1943 年 8 月 31 日）；《周钟岳、陈布雷等呈礼乐制作报告及礼制服制草案办理情形》（1943 年 8 月 21 日—1944 年 4 月 1 日）；《礼制服制草案》，《国民政府档案》，台湾"国史馆"藏，档案号：001-051600-0002。

④ 婚礼、丧礼具体仪节载于《妇女共鸣》第 24 期，1930 年，第 24—28 页。

⑤ 杨志刚：《中国礼仪制度研究》，第 250 页。

⑥ 郭辉：《民国前期国家仪式研究》，社会科学文献出版社 2013 年版，第 268 页。

权礼制的真实写照。

　　总而言之，自秦统一到隋朝，是集权礼制初步形成阶段，以秦汉集权礼制为其萌发基础，西晋《新礼》出现为其重要标志，郑玄、王肃礼学思想为其理论依据，南北朝各族礼制融入汉式礼制十分典型。唐宋为集权礼制成熟阶段，以《大唐开元礼》《政和五礼新仪》为其成熟的重要标志，两宋礼学家哲理化礼学思想为其理论基础，唐代书仪和宋儒所著《乡约》《书仪》《家礼》成功地使礼制下移至民间。元明清（道光前）为集权礼制衰变阶段。元礼民族色彩极其浓厚，与中原王朝礼制体系格格不入。有明一代则弃元礼不用，在加强专制集权的前提下直追汉晋唐宋礼制，从《大明集礼》到嘉靖时变革礼制，专制色彩愈趋浓烈。清入关前行用民族色彩浓厚的大金汗国礼制，入关后逐渐吸纳汉式礼制，至乾隆时修成《大清通礼》，宣示完成了帝国礼乐制度的重新塑造，完成满汉合璧的大清帝国礼制，完全继承了前代礼制集权专制的特质。随着清政府统治危机的加剧，道光时曾拟修订礼制，无疾而终。道咸以降至民国时期为集权礼制的转型阶段。西方列强以坚船利炮打开中国大门，西风东渐，中华传统礼制遭遇到极其激烈的冲击与危机。从清末民初礼制争论到民国"北泉议礼"，可看出当时知识精英对传统礼制生死存亡的态度，充分展现出在社会激烈变革时期礼学思想的演化。就礼典礼仪编纂来看，清末礼学馆修订礼制，企图赓续《大清通礼》，民国初年南京临时政府的礼制改革、袁世凯帝制复辟时制定一系列礼仪及北洋政府《中华民国礼制》（草案）、民国政府《中华民国通礼》（草案），都显示出当时执政者对待集权礼制的态度，可见近代礼制艰难转型过程中的曲折与反复。尽管南京政府最终修订成的《中华民国通礼》（草案）带有一定近代工业文明的因素，但总体上看，它不但仍然以五礼为标的，同时也含有较多集权礼制的因素，改革并不彻底，没有完成中华传统礼制的真正转型。

第二节　中华传统礼制变迁的内在动力

上面分析了中华传统礼制变迁的四个阶段，这四个阶段前后相承，组成了中华传统礼制变迁的乐章。那么需要考虑的是，是什么力量推动了中华传统礼制的变迁？

礼是中国古代各种礼仪的统称，现存最早的礼类经典《仪礼》记载了以士礼为主，旁及诸侯、天子之礼的详细仪节。由于《仪礼》仅仅记载仪节礼器而不做阐发，稍晚出的《礼记》大量阐明礼义，逐渐取而代之；又因《仪礼》成书年代久远，所记录的礼节和礼器很多不为后人使用，导致其书渐渐不被重视。也正因此，后人说到礼，大都以《礼记》所言为圭臬，而《仪礼》似成为佐证《礼记》的附录，从而礼的意义混同了仪式的意义。本节通过对"礼义"、"礼意"和"礼仪"三个层面的考察，厘清礼义和礼仪之间的关系，以期对礼学研究有所裨益。

一　礼义与礼仪、礼意

如何理解"礼义"和"礼仪"的关系？孙希旦对《礼记·郊特牲》"礼之所尊，尊其义也；失其义，陈其数，祝、史之事也。故其数可陈也，其义难知也"做了这样的解释："愚谓礼之数，见于事物之末；礼之义，通乎性命之精。"①《礼记》这句话一方面揭示了礼的"义"和"数"（礼仪的等级及外在表现）互为表里的关系，另一方面也把"义"解释为"礼义"，而"数"只是表现"义"的外在形式，因此"数"也就可以理解为"礼仪"，"义"则是礼的真正价值所在，反映礼之精神，即所谓"通乎性命之精"。日本学者武内义雄指出："孔子不拘于形式而更重视精神，

---

① 孙希旦：《礼记集解》卷二六《郊特牲》，第 706—707 页。

即礼之义。"① 常金仓更明确地声称："礼有内容与形式之分……所谓'礼'与'义'就是它的内容，所谓'仪'与'数'就是它的形式。"② 学者都认为"义"就是"礼义"，即礼所包含的意义；"礼仪"之"数"必定包含了某种"礼义"，古人制礼是通过一套仪节来表达礼义的。这样的共识使礼学研究分成两个大的路向：一个是以"礼义"为核心的本体论研究，通过逻辑推演和礼仪例证来阐释礼义的内涵；另一个是"礼仪"的器物研究，通过材料辨析和文物考证来澄清还原礼仪中的细节，然后反过来修正和充实"礼义"的内涵。

陈戌国先生认为："礼之义，即礼意，乃是礼最重要的组成部分。义者，宜也。礼而非义，岂不无聊！所以本师沈先生特别提醒注意礼之义（即礼意），沈师写道：'礼之所尊尊其义'，无义，礼何云哉！"③ 显然，沈、陈两先生将礼"义"称为礼"意"，又强调"义"字原义为"宜"，这是需要斟酌的。

按照郑众说法，"古者书'仪'但为'义'，今时所谓'义'为'谊'"，④ 即"义"原字为"谊"字，其意为适宜，即合理、适宜之事为义。《易·乾》"利物足以和义"，疏曰："'利者义之和'者，言天能利益庶物，使物各得其宜而和同也。"⑤ 孔子所说"其使民也义"，⑥ 即使役民庶当适宜。《中庸》称"义者宜也，尊贤为大"，⑦ 明确将义、宜等同，即指适宜、合理。韩非子也

---

① 〔日〕武内义雄：《礼记の研究》，《武内义雄全集》第三卷，东京：角川书店1979 年版，第 247 页。
② 常金仓：《周代礼俗研究》，黑龙江人民出版社 2004 年版，第 3—4 页。
③ 陈戌国：《中国礼制史》（先秦卷）引沈文倬未刊稿《觐礼本义》，湖南教育出版社 2011 年版，第 18 页。
④ 郑玄注，贾公彦疏：《周礼注疏》卷二一《春官·小宗伯》，第 731 页。
⑤ 王弼注，孔颖达疏：《周易正义》卷一《乾》，北京大学出版社 1999 年版，第 13 页。
⑥ 刘宝楠：《论语正义》卷五《公冶长》，中华书局 1990 版，第 188 页。
⑦ 朱熹：《四书章句集注·中庸章句》，中华书局 1983 年版，第 28 页。

说："义者，君臣上下之事，父子贵贱之差也，知交朋友之接也，亲疏内外之分也。臣事君宜，下怀上宜，子事父宜，贱敬贵宜，知交友朋之相助也宜，亲者内而疏者外宜。义者，谓其宜也，宜而为之，故曰：'上义为之而有以为也。'"① 故桓宽云："义者，事之宜也。"② 《淮南子》云："义者比于人心而合于众适者也。"③ 这都是讲"义"之本义。而"意"之本义为意思，引申为愿望、意图、料想、猜测，根本没有"宜"（适宜）的含义。意有意思、事理、意旨（意指）、旨趣的含义，是后起义，不早于汉代。如意指"意旨"出于《史记·杜周传》；指"意思"出于唐韩愈《与冯宿论文书》；指"意义"出于《后汉书·律历志上》；指"意趣"出于《宋书·胡藩传》，均与适宜、合宜无关。显然，从词语的古义上说，礼"义"与礼"意"当有区别，不能混同。

但这不是问题的全部。礼义在先秦时已经出现精神或说内在实质等含义，如上引《礼记·郊特牲》"礼之所尊，尊其义也"便是如此。同时，先秦礼义也出现了社会秩序的基本准则和规范的意思。如孟子说："不信仁贤则国空虚，无礼义则上下乱，无政事则财用不足。"④ 显然礼义是指社会规范，是政权机构对政治、文化、伦理等方面的诉求。荀子引《诗》曰"长夜漫兮，永思骞兮，大古之不慢兮，礼义之不愆兮，何恤人之言兮"，⑤ 又"虽庶人之子孙也，积文学，正身行，能属于礼义，则归之卿相士大夫"。⑥ 荀子所说的"礼义"也是指人的辞让有度的礼节和敬长爱幼的规范。因此，"礼义"在先秦的文献中也有用来统括地指

①　王先慎：《韩非子集解》卷六《解老》，第 139—140 页。
②　王利器校注：《盐铁论校注》卷一〇《刑德》，中华书局 1992 年版，第 567 页。
③　何宁：《淮南子集释》卷一〇《缪称训》，中华书局 1998 年版，第 706 页。
④　焦循：《孟子正义》卷二八《尽心下》，第 972 页。
⑤　王先谦：《荀子集解》卷一六《正名》，中华书局 1988 年版，第 425 页。
⑥　王先谦：《荀子集解》卷五《王制》，第 148—149 页。

称制度、威仪和规范，并非专指适宜、合理的含义。也就是说，礼"意"至少在西汉之后出现了意思、事理、意旨、旨趣、精神的含义，其部分含义可与礼义相合。如王莽"因折节为恭俭，勤身博学，被服如儒生；事母及寡嫂，养孤兄子，行甚敕备；又外交英俊，内事诸父，曲有礼意"。① 显然，此礼意指王莽的行为符合礼义的旨趣（礼之精神）。又，《后汉书》载张纯之言："礼，为人后者则为之子，既事大宗，则降其私亲。今禘祫高庙，陈序昭穆，而春陵四世，君臣并列，以卑厕尊，不合礼意。"② 《通典》载："（晋尚书）又问：'服随君轻重，今司隶服斩，下吏服齐，为合礼意不？'卞摧答：'凡臣从君，皆降一等。今之牧守，皆古诸侯，以礼相况，轻重宜矣。'"③ 此两处"礼意"十分明显指"礼义"，即指礼之精神。可见，汉代以降才可以将礼义与礼意两者并称。遗憾的是，至今学界对礼意与礼义之间关系研讨颇少，且有不尽如人意之处，故此处特拈出礼意做一较为深入的研讨。

二　礼意的思想价值与实践意义

通过对礼的"义"、"仪"和"意"的讨论，我们可以看到，相对于"仪"来说，"义""意"更为重要，这是形式与内容的关系，因此有"礼之所尊，尊其义"之说，此"义"便是"礼义"。"义"是内容，通过"数"而表现出来，两者的差别在于前者不可见而后者可见，因而人们容易耽于可见之"数"，而忽视隐藏于"数"之内的"义"。《论语·八佾》载："子贡欲去告朔之饩羊。子曰：'赐也！尔爱其羊，我爱其礼。'"④ 子贡只是形式上免去每月告朔所用之羊，孔子则强调应该尊重告朔之礼，孔子和子贡所体

---

① 《资治通鉴》卷三一，永始元年五月，中华书局 1956 年版，第 1001 页。
② 《后汉书》卷三五《张纯传》，中华书局 1965 年版，第 1194 页。
③ 杜佑：《通典》卷八一《礼八十一》，第 2206 页。
④ 刘宝楠：《论语正义》卷四《八佾》，第 111 页。

现的差别正是源于对"义"与"数"的不同理解。子贡认为"数"的缺席并不影响"义"，所以告朔的礼仪中可以没有饩羊；而孔子则认为单纯的"数"不是"礼"，但是没有"数"的告朔仪式就不能表达这一礼仪之精神实质。所以孔子声称"爱其礼"，即注重隐藏在饩羊背后的能够体现出这一礼仪的"礼义"。"数"与所指向的"义"之间以隐喻的方式联系在一起，① 即所谓"有礼文，有礼意。文者，可见也。意者，可知不可见。贱事贵、幼事长，文也。不贵而尊，不长而重，意也"。② "礼文"即指繁密仪节，"礼意"则是隐于其背后之礼义。

如前所述，礼义至汉代后与礼意相合，故在讨论礼制问题时，时人常以礼意（即礼义）来加以判断。前引张纯之说"礼，为人后者则为之子，既事大宗，则降其私亲。今禘祫高庙，陈序昭穆，而舂陵四世，君臣并列，以卑厕尊，不合礼意"，也就是说，"禘祫高庙，陈序昭穆"只是外在形式，而"舂陵四世，君臣并列，以卑厕尊"则涉及是否符合礼意的重大问题。可见，尽管形式具有一定的重要性，但与内容相比，则更需要重视内容的正确与否。就礼制而言，采取何种仪节，一定要符合礼意。对礼意看法如何，就可以直接决定采取什么样的仪节。这也就决定了礼意的重要性。

清人林昌彝有一种观察，他说：

---

① 弗朗索瓦·于连认为，在信仰和礼仪领域，中国的思想偏爱隐喻，而不是象征。他指出，"当我们以对立于象征而起作用的机制来理解时，才能更好地理解隐喻关系的性质：象征的关系是以代表性的关系为基础的（比如火焰象征爱情），隐喻则是以相关性为基础（'指桑骂槐'）……我认为希腊优先重视了模仿的关系（尤其是在感性和理性之间），不大关注事物之间的相关性；而在中国却相反，中国的思想没有探索代表性（通过一个层面而达到另一个层面，从'物理的'达到'精神'世界），而是把世界观建立在了相关性的基础之上"。〔法〕皮埃尔·夏蒂埃、梯叶里·马歇尔兹：《中欧思想的碰撞——从弗朗索瓦·于连的研究说开去》，中国人民大学出版社 2011 年版，第 34 页。

② 林伯桐：《礼意说》，《修本堂稿》，清道光二十四年刻本。

> 天下不可以意治也，故有其事，有其文，意着于事而敬
> 行，事管以文而仪立，敬与仪合而礼成……夫礼之用无有穷
> 也，修身者所以治人也，修意者所以修身也，天下未尝不可以
> 意治，意与事相周，事与文相足，敬与仪一者昌，意与治反者
> 亡，信斯言也，虽百世不变礼，可也。①

　　林昌彝认为"天下不可以意治"，原因是"意"必"著于事"
"管以文"才能准确表达和传递礼意。也就是说，"天下未尝不可
以意治"的原因，是"意"其实是与事、与文为一。在他看来，
礼可以说就是礼仪（礼之外在表现），也可以说就是礼意（礼之内
在精神），两者并不矛盾，后者比前者更为圆融。实际上这样的观
点是基于礼之意与礼之义相一致的前提之下，即"意与事相周，
事与文相足，敬与仪一"，那么，"意"往往可以通过"仪"来传
达和表示。虽说"意"和"仪"并不是一一对应的关系，然而任
何一种"仪"并不只表达一种"意"，"仪"在不同的物（事）、
时、人上发生，可以体现种种不同的"意"；反之亦然，"意"则
可以通过各种"仪"，甚至完全相矛盾的"仪"，在不同的物
（事）、时、人上表达同一个意思。由于体现仪式的"现象"可能
是一样的，但意是完全不一样的，也就是表征符号背后的"意"
是不一样的，因此，古人把礼保留下来的方式就是通过不断辨析仪
节和积累礼例，从而捕捉到它们与"意"相合或相离之关系。
　　这种对礼意思想价值的发掘极有意义，因为通过践履"礼"，
可以提升人之道德境界，使人真正成为道德之"人"，而非生物意
义之"人"。也正因为礼仪和礼意不能完全契合，两者存在不一致
的矛盾，才促使人们不停地探索，从而促进了礼制的发展与变迁。
例如，所行用的礼仪需要体现出行用者之"德"，然时代变迁了，
德与所行用之仪节不可能完全一致，那么既要从仪节上变化，又要

---

① 林昌彝：《小石渠阁文集》卷一《礼意》，清光绪间福州刻本。

从道德上进行践履，道德践履无止境，那么仪节变化也不可能停止；反之，仪节变迁，又促使人们对其所蕴含之道德进行反思。显然，尽管表面看来礼制具体的仪节在不断地变迁，其实仪节背后的礼意也在不断地升华与演变，推动着具体仪节的变迁。[①] 行用者或许不用体会或懂得如此行用的道理，即所谓"百姓日用而不知"，然而通过行用，行用者则展现出礼仪背后之礼意。在儒家学者看来，既行用合于礼意的仪节，又懂得仪节背后之礼意，那么这样的行用者已经具有道德的自觉；道德自觉者则可以对具体礼仪的变迁做出正确的选择，反之则不然。因此，道德的自觉是形成礼制变迁的重要动力。

晚清礼学家曹元弼对礼意有这样的论说：

> 凡经文仪节极繁密处，礼意尤精。[②]

曹氏强调礼意在繁复仪节中体现出来，指出两者密不可分的联系。他认为这种联系不是大经大法可以概括的，而是如曲径通幽般越是深入越是稠密的衍生过程，仪节之环环相扣，才能真正彰显出礼意所在，因此舍具体仪节也就无法透视礼意。凌廷堪也有类似看法：

> 是故礼也者，不独大经大法悉本夫天命民彝而出之，即一器数之微，一仪节之细，莫不各有精义弥纶于其间，所谓"物有本末，事有始终"是也。格物者，格此也。《礼器》一

---

① 汪德迈（Lion Vandermeersch）认为："儒家的礼学不大讨论仪礼制度本身，而重在对仪礼道德基础的讨论……无论中国传统思维方式带有如何深厚的道德意味，儒家主张的仪礼与道德的关系，归根到底和法权与道德的关系无本质区别。"汪德迈的说法有偏颇，实际上，儒家不但讨论道德基础，也讨论具体的仪节。〔法〕汪德迈：《礼治与法治——中国传统的仪礼制度与西洋传统的 JUS 法权制度之比较研究》，《儒学国际学术讨论会论文集》，齐鲁书社 1989 年版，第 210 页。

② 曹元弼：《礼经学·明例第一·经文例》，北京大学出版社 2012 年版，第 31 页。

篇皆格物之学也，若泛指天下之物，有终身不能尽识者矣。①

凌氏之言也体现出仪节细微之处"各有精义弥纶于其间"，此精义自然是指礼意。曹元弼又以具体礼仪来作例证：

> 如《乡饮》、《乡射》，旅酬在乐备后，而一人举觯为旅酬始，在乐作前。无算爵在彻俎后，而二人举觯为无算爵始，在彻俎前。射礼，将射特著未旅之文。祭礼，均神惠于室，乃作三献之爵。事事钩连，节节环抱，参伍错综，鼓舞尽神。故礼意，天下之至精也；礼文，天下之至变也。②

曹氏认为《乡饮》与《乡射》礼仪的"事事钩连，节节环抱，参伍错综，鼓舞尽神"即《系辞》所说的"参伍以变，错综其数"，"利用出入，民咸用之谓之神"。也就是说，繁密仪节的循环往复，相互钩连，是"通变"与"成文"的展开过程：在"参伍错综，鼓舞尽神"之一阴一阳的"礼文"变化中，才能体现出"天下之至精"的礼意。这与王夫之所说相合："'义'者，人心之宜，礼之所自建者也。存于中则为义，天之则也；施于行则为礼，动之文也"，③"'义'者，礼之质；'礼'者，义之实也"，"'义'者，礼之精意也"。④ 王夫之所说的"礼"是指具体的仪节，而"义"则指仪节背后"礼之精意"——礼意。这种体现"天之则"的礼意，表现为"动之文"的仪节，那么"事事钩连，节节环抱"的仪节自然体现出礼意。

上述这些论述礼意的观点，确实对我们有极大的启示意义，因

---

① 凌廷堪：《校礼堂文集·复礼中》，中华书局 2006 年版，第 30 页。

② 曹元弼：《礼经学·明例第一·经文例》，第 31 页。

③ 王夫之：《礼记章句》，《船山遗书》第 4 册，岳麓书社 1996 年版，第 570—571 页。

④ 王夫之：《礼记章句》，《船山遗书》第 4 册，第 539 页。

为具体仪节与仪节背后所体现之礼意（思想）应该是浑然一体的，从而体现出"天之则"——天道自然，用现在的话语来说便是体现出历史发展的规律。换句话说，由于时代变迁，礼意（礼义）随之产生变化，而具体行用之仪节不能完全正确地体现礼意时，就促使仪节不断改易更革，以契合礼意，遵循"天之则"。正是由于仪节这种内在之"意"的规定性，促使仪节不断地被调整，这是礼制之所以在历代不断变迁的内在动力。

三 礼数与礼义之矛盾：中华传统礼制变迁的内在动力

《礼记·郊特牲》云："礼之所尊，尊其义也；失其义，陈其数，祝、史之事也。故其数可陈也，其义难知也。"孙希旦解释道："愚谓礼之数，见于事物之末；礼之义，通乎性命之精。"① 这句话区分出礼数与礼义两个不同的范畴，礼数"见于事物之末"显然指礼的外在形式，即具体礼仪形式；礼义"通乎性命之精"则是礼之内在精神。② 在《郊特牲》作者看来，礼义重于礼仪，即"礼之所尊，尊其义也"。

"礼"作为人际交往之工具，是伴随着人类出现而产生的，因为有了人类，就有了人与人之间的交往，相互交往就需要一种双方认可的表达一定含义的行为规范，这就是原始之"礼"——礼俗。其实这种原始之礼（礼俗）极其简略，最初也难以统一。人们各自按照自己的理解来行用，当然会影响到交往，因而也就需要在交往中不断加以变革和统一，确认交往双方都认可的含义，如此才能进行沟通并体现出相互尊重之意。墨子曾说："古之民始生未有正长之时，盖其语曰'天下之人异义'。是以一人一义，十人十义，百人百义，其人数兹众，其所谓义者亦兹众。是以人是其义，而非人之义，故相交非也。内之父子兄弟作怨仇，皆有离散之心，不能

---

① 孙希旦：《礼记集解》卷二六《郊特牲》，第706—707页。
② 常金仓指出礼有内容与形式之分："所谓'礼'与'义'就是它的内容，所谓'仪'与'数'就是它的形式。"氏著：《周代礼俗研究》，第3—4页。

相和合。"① 墨子说的"人异义"是指人们对刑政有不同见解,是己非人,甚至导致父子兄弟之间"作怨仇"。刑政当然包括礼乐制度在内,如果对礼乐制度有不同理解,自然影响到人际交往。因此墨子认为:"民之无正长以一同天下之义,而天下乱也,是故选择天下贤良圣知辩慧之人,立以为天子,使从事乎一同天下之义。"② 墨子之意是:没有"正长"来统一刑政之义,天下就会出现动乱,因此就需要选择"天下贤良圣知辩慧之人"为天子,以便"一同天下之义",从而防止出现动乱。故墨子强调:"天子唯能壹同天下之义,是以天下治也。"③ 墨子论统一刑政(当然包括礼乐制度)的重要性,认为其"义"需要"天子"(可视为权力机构)来统一。就礼制来说,实际上是概括出了原始之礼(礼俗)向制度之礼(礼制)演进的过程。在这过程中,礼之"义"趋向于统一——也就是权力机构以制度形式对礼之"义"加以认定或说规范,这是"礼俗"走向"礼制"的关键一步。不过,墨子认为只有天子才能统一礼之"义"的说法并不妥当,因为在出现"天子"之前,人类有非常长的一段时间需要交往,在一定范围内不可能没有双方认可的礼之"义",虽然这种"义"是礼俗层面的,而非礼制层面的。

随着权力机构对礼之"义"加以规范,原来"十人十义"的礼俗之"义"便会在更大范围获得统一与认可,其表现形式(礼之数)自然会随之变化而获得统一。可见,最初之礼俗向制度之礼的变迁过程中,礼之"义"的变化是极其重要的因素,而权力机构之规范最终促使礼俗向礼制的转变。这也就是人们常说的"礼成于俗"或"礼出于俗"之意。从内容与形式角度来阐述,即礼之内容(义、礼义)决定了礼之形式(数、仪节)的变化,

---

① 孙诒让:《墨子间诂》卷三《尚同中》,第78页。
② 孙诒让:《墨子间诂》卷三《尚同中》,第78页。
③ 孙诒让:《墨子间诂》卷三《尚同上》,第76页。

由此我们就不难理解"礼之所尊，尊其义也；失其义，陈其数，祝、史之事也。故其数可陈也，其义难知也"这句话的确切含义了。随着社会变迁，人们对礼之"义"的认识当然会加深，就会对"义"做出与以往不同的解释，那么礼之"数"也必然随之而变。即礼之数从基本符合礼之义，到人们对礼之义认识的加深，又出现礼之数不符合礼之义，于是礼之数需要进行变革，以便再次符合礼之义，如此循环往复。这就是中华传统礼制变迁的内在动力。

实际上，礼之义的演化是古代中国的思想家对社会、历史的认识不断深化而导致的。例如，周朝在吸取商朝灭亡教训后，非常重视"德"，因此在制礼过程中强调德之作用，从而制定出周礼，成为王权礼制发展的重要代表。[①] 又如西周宗法制强调嫡庶之别，只有宗子才有对祖先的祭祀权，故严格规定"诸侯之尊，弟兄不得以属通"，[②] "诸侯夺宗，圣庶夺嫡"，[③] 直到东汉时仍强调"诸侯世世传子孙，故夺宗。大夫不传子孙，故不夺宗也"。[④] 然到三国两晋时情况发生变化，士族势力逐渐登上并占据了历史舞台，故《晋令》规定"诸官家庙以品秩为定"，[⑤] 即承认有一定品秩的官员可以立家庙祭祀，[⑥] 开启了别子为宗之先河。至唐宋礼制下移，虽仍有宗子、庶子之别，但允许离开家族所在地的庶子可以另建家庙进行祭祀。宋代宗族崛起，聚族而居成为一种态势，因而出现宗

---

① 我们认为夏商周时期是王权礼制时期，最完善的王权礼制是周礼。

② 钟文烝：《春秋穀梁经传补注》，隐公七年，第 51 页。

③ 《汉书》卷六七《梅福传》，第 2925 页。

④ 陈立：《白虎通疏证》卷八《宗族》，中华书局 1994 年版，第 397 页。

⑤ 张鹏一编著：《晋令辑存》，三秦出版社 1989 年版，第 132 页。

⑥ 杜佑《通典》卷五一《兄弟俱封各得立称庙议》载，"晋中山王睦上言乞依六蓼之祀皋，杞鄫之祀相立庙"，诸大臣进行了论辩，显然当时对庶子受封能否立祢庙祭祀有不同看法。刘宋庾蔚之认为，"经无诸侯为宗服文，则知诸侯夺宗各自祭，不复就宗祭也"，但是"诸侯别子封为国君，亦得各祭四代"（第 1428、1430 页）。可见晋宋之际对宗子祭祀权有了新的认识，出现了别子立祢庙祭祀的情况。

族祠堂，一族共祭自己的祖先，由族长主持。族长不是宗子。然而，离开宗祠所在地而到其他地方居住的族人，在其后发展中也被允许设立新祠堂祭祀祖先，这是唐代家庙制度在宋代宗族崛起后的发展。显然，社会的发展使礼之"义"产生了变化，而这些变化又促成了有关祭祖礼的演化。屈大均曾说："今天下宗子之制不可复，大率有族而无宗。宗废故宜重族，族乱故宜重祠。"① 实际便是指这种祭祀制度变迁的趋势。

战国时期，一批儒家学者对礼之义与礼之数进行了深入而又细致的探讨，奠定了中华传统礼制的思想基础。但不能否认的是，当时法家思想家对仁礼等儒家思想观念进行批判，强调法治与集权，也对秦统一之后集权礼制的出现起到推波助澜的作用。于是我们可以看到，秦始皇虽然对儒家并不看重，但创建专制主义的集权礼制则是以儒家思想为基础的，这是因为他看到了以儒家思想为基础的礼制对确立专制皇权和大一统国家的作用。汉初儒家开始复兴，随着大一统国家的强盛，建立符合国情需要的专制主义的礼制已经成为时代的需求，经过今文经学派与古文经学派的争辩，到东汉郑玄阐发了三礼之义，基本确立了儒家思想对经典著作的解说权，尽管此后王肃对郑玄礼学有一定的批判，但主要观点上两者是一致的，只是在一些具体问题上有分歧而已。以郑、王为代表的儒家思想完成对三礼的阐述，直接导致西晋五礼制度的诞生，② 从思想层面来说，完成了王权礼制向集权礼制的全面转化。后世王朝在制礼过程中，也常常伴有许多争论，或依郑玄，或依王肃，乃至自创新论，也促使仪节的变迁。以唐代为例，唐太宗时已制定了《贞观礼》，而高宗时制定《显庆礼》，"其规模虽然超过《贞观礼》，整个修撰过程却充满矛盾，以至前后阶段旨趣截然相反，最终某些观念与《贞观礼》形成对立，甚至在方向上发生了扭转"，③ 这里所说

---

① 屈大均：《广东新语》卷一七《宫语·祖祠》，中华书局 1985 年版，第 464 页。
② 汤勤福：《秦晋之间：五礼制度的诞生研究》，《学术月刊》2019 年第 1 期。
③ 吴丽娱：《〈显庆礼〉与武则天》，《唐史论丛》第 10 辑，三秦出版社 2008 年版。

"旨趣""某些观念"都指对礼之"义"的解释。因此,《显庆礼》出现的变化,是基于高宗及许敬宗、李义府等人对礼义的理解之上。然而"行用已后,学者纷议,以为不及贞观。上元三年三月,下诏令依贞观年礼为定。仪凤二年,又诏显庆新修礼多有事不师古,其五礼并依周礼行事。自是礼司益无凭准,每有大事,皆参会古今礼文,临时撰定。然贞观、显庆二《礼》,皆行用不废"。① 正由于此,玄宗时对《贞观礼》《显庆礼》重加酌定:

> 开元十年,诏国子司业韦縚为礼仪使,专掌五礼。十四年,通事舍人王喦上疏,请改撰《礼记》,削去旧文,而以今事编之。诏付集贤院学士详议。右丞相张说奏曰:"《礼记》汉朝所编,遂为历代不刊之典。今去圣久远,恐难改易。今之五礼仪注,贞观、显庆两度所修,前后颇有不同,其中或未折衷。望与学士等更讨论古今,删改行用。"制从之。初令学士右散骑常侍徐坚及左拾遗李锐、太常博士施敬本等检撰,历年不就。说卒后,萧嵩代为集贤院学士,始奏起居舍人王仲丘撰成一百五十卷,名曰《大唐开元礼》。二十年九月,颁所司行用焉。②

可见,贞观、显庆两《礼》"其中或未折衷",即对礼义理解上有所欠缺,导致玄宗朝大臣"讨论古今"之后才最终撰成《开元礼》,于是礼目多寡、礼仪形式就产生了一定的变化。

宋代礼典修撰亦是如此。太祖时混用唐五代礼仪,太宗朝编《开宝通礼》,真宗沿袭,其实仍基本承唐五代之制。③ 然毕竟时代变迁,对礼之义的看法有所调整,因此宋初数帝在采用某些与前代

---

① 《旧唐书》卷二一《礼仪志一》,第818页。
② 《旧唐书》卷二一《礼仪志一》,第818—819页。
③ 楼劲:《宋初礼制沿革及其与唐制的关系——兼论"宋承唐制"说之兴》,《中国史研究》2008年第2期。

不同的新礼仪或废黜某些礼仪时，则另外以编敕形式加以公布。后积累日多，英宗治平二年欧阳修提议编纂《太常因革礼》，对前数帝行用或废黜之礼仪加以清理。大观元年，徽宗又声称"治定制礼，百年而兴，于兹其时，可以义起"，于是命礼官讨论"宫室之度，器服之用，冠婚之义，祭享之节"。[①] 也就是说，徽宗认为制礼可以"以义起宜"，因此可以对前代礼仪进行一些更革。在这一思想指导下，徽宗朝制定出《政和五礼新仪》。徽宗的说法是根据"礼，时为大"这一礼制变革的基本原则，"以义起宜"即强调当时礼之义已经发生了变化，礼之数也应当相应变化。孔子认为夏商周三朝之礼都是对前代进行损益，即强调礼是可以根据时势变化而做损益更革的，这已成为后代变革礼制的圣训。《淮南子》也说过："义者，循理而行宜也。"[②] 徽宗遵循"时为大"的原则，"以义起宜"来制定一朝礼典，充分说明礼之义与礼之数的矛盾是礼制变迁的内在动力。

在古代中国，类似的例证不计其数，无须再举。总之，中华传统礼制的变迁主要由内在动力所致，即时代变迁，使人们对礼义的认识不断深化，这是推动礼仪变迁的根本动力。反之，礼仪变化促使人们对礼义进一步探讨，同样会促进礼仪再次演化。正是这种礼仪（礼之数）与礼义（礼之义）的内在张力，使中华传统礼制在数千年的变迁、发展过程中呈现出繁花似锦的无限魅力，吸引着无数学者上下求索，乐在其中。

实际上，人们在社会实践过程中加深了对礼之义的认识，促进了中国古代礼学思想的不断发展，而礼学思想发展的程度又不能脱离具体历史条件的约束。也就是说，历代的礼仪实践需要在不同的礼学思想的指导下展开，一切礼制的变迁都与社会实践下礼学思想的变革难以分开。需要补充的是，礼学思想不仅仅体现出礼学家对

---

① 郑居中：《政和五礼新仪》卷首《御笔指挥》，文渊阁《四库全书》本，第647册，第5页。

② 何宁：《淮南子集释》卷一一《齐俗训》，第788页。

礼制变迁的理论思辨，同时也表达了他们在政治、经济、军事、文化、伦理等方面的现实诉求。那种符合统治集团意愿的礼学观点，就可能转化为制定礼制的指导思想或具体政策。

概而言之，中华传统礼制的变迁主要是礼之数与礼之义内在矛盾运动的必然结果。

第三节　中华传统礼制变革的基本原则与践履特征

中华传统礼制在中国社会中延续传承了数千年，其间礼仪制度和礼仪形式不断变迁，其变迁原因学界有所探讨。丁广惠总结中国传统礼仪演变的原因时指出，礼仪的发展变化有其必然的原因：首先是礼仪自身发展变化的结果，其次礼仪会适应客观现实的变化而变化，此外，不同文化之间的交流也会导致礼仪的变化，其中，引发礼仪变化的文化交流又可分为国内各民族文化交流和中外文化大交流两个层次。[1] 梁满仓综合分析魏晋南北朝五礼制度形成的过程后，认为五礼制度之所以能在中古时期确立，有其深刻的历史和现实原因。一方面，五礼制度化是儒学自身发展的必然结果，两汉今古文之争最后以古文经学战胜今文经学而告终，直接促使古文《周礼》的五礼体系取代了今文的士礼体系，从而使内容丰富、结构严整的五礼体系得以产生，同时更能够适应西晋以降国家政治与社会现实的需要；另一方面，儒家思想中的若干重要观念是维护社会秩序的基石，五礼制度化的确是社会现实的迫切需要。[2] 廖小东从近代中国礼制崩溃的角度切入，认为中国传统政治文化发生变化，导致礼制崩解的主要原因在于社会环境的变化、中国传统合法

---

① 丁广惠：《中国传统礼俗考》，黑龙江教育出版社 2016 年版，第 89—115 页。

② 梁满仓：《魏晋南北朝五礼制度考论》，社会科学文献出版社 2009 年版，第 165—171 页。

化知识体系自身的缺陷以及西方政治文化的冲击。礼制确立了传统中国的政治认同，有利于维护农业社会所需要的安定、和平，但最终导致整个社会因缺乏竞争而日渐僵化，面对近代政治、经济、社会、文化环境与国际秩序的"三千年未有之大变局"，未能做出及时合宜的调适，在外来武力与文明的夹攻之下，几无自卫之力。①综合各家意见可知，学界对礼制变迁原因的分析，大体可归结为内因和外因两方面，外因即客观的历史条件的变动，内因则是礼制自身的特性。笔者认为，从内因与外因两个方面来讨论自然是能够站住脚的，但是似乎外因总结过细，内因则理论阐述尚有欠缺，因此有必要从礼学思想角度再加论证。

实际上，人们对礼义认识的深化，具体表现为礼学思想的不断发展，而礼学思想发展的程度又不能脱离具体历史条件。故而，历代的礼仪实践确实是在不同的礼学思想的指导下展开，也就是说，一切礼制的变迁都与礼学思想的变化难以分开。需要补充的是，礼学思想不仅体现出礼学家对礼制变迁的理论思辨，同时也表达了他们在政治、经济、文化、伦理等方面的现实诉求。那种符合统治集团意愿的礼学观点，就完全可以转化为制定礼制的指导思想或具体政策。中国古代礼学思想非常丰富，其中与时俱进、礼之践履这两点最为关键——它们与礼制变迁关系极为密切。换句话说，礼制变迁是随着时代变化而变迁，而且一切礼仪的演化是基于不断的践履，用现代话语体系来表述，即礼制变迁具有时代性与实践性。在此对这两个重要方面做一些分析。

一 "礼，时为大"：礼制变革的基本原则

在先秦，各家各派的思想家对礼制与时俱进、随时而变有不少论述，这并非一家一派之私言，而是一种共识。不同派别的学

---

① 廖小东：《政治仪式与权力秩序——古代中国"国家祭祀"的政治分析》，中国社会科学出版社 2014 年版，第 211—216 页。

者在阐述礼制变迁时虽有不同说法，但从未对礼与时俱进、随时变化提出异议。儒家经典《礼记·礼器》称"礼，时为大"，[①]强调与时俱进、随时而变的含义，这是礼制变革的基本原则，成为此后历代儒家学者的共识。这一说法符合孔子的损益观。清儒焦循称赞此语说："此一言也，以蔽千万世制礼之法可矣。"[②] 儒家自不待言，道、法、墨等派别的思想家也不否认礼制随时而变这一观点。其实，道、法、墨诸家虽批评儒家礼义，但都承认礼随时而变。如《庄子》说："礼义法度者，应时而变者也。"[③] 商鞅更为明确地提出"三代不同礼而王"，"及至文、武，各当时而立法，因事而制礼；礼法以时而定，制令各顺其宜"。[④] 墨家虽然指责儒家"繁饰礼乐以淫人，久丧伪哀以谩亲"，[⑤] 但并不否认礼乐随时而变的观点：

> 昔者尧舜有《第期》者，且以为礼，且以为乐。汤放桀于大水，环天下自立以为王，事成功立，无大后患，因先王之乐，又自作乐，命曰《护》，又修《九招》。武王胜殷杀纣，环天下自立以为王，事成功立，无大后患，因先王之乐，又自作乐，命曰《象》。周成王因先王之乐，又自作乐，命曰《驺虞》。[⑥]

---

① 孙希旦：《礼记集解》卷二三《礼器》，第 627 页。

② 焦循：《雕菰集》卷一六《礼记郑氏注》，《焦循全集》第 12 册，广陵书社 2016 年版，第 5963 页。

③ 王先谦：《庄子集解》卷四《天运》，中华书局 2012 年版，第 126 页。

④ 蒋礼鸿：《商君书锥指》卷一《更法》，第 4 页。

⑤ 孙诒让：《墨子间诂》卷九《非儒下》，第 291 页。

⑥ 吴毓江：《墨子校注》卷一《三辩》，中华书局 1993 年版，第 61 页。孙诒让《墨子间诂》据《太平御览》改"第期"作"茅茨"，以为是讲"古明堂之俭"，其理由不足。因后称汤作《护》、武王作《象》、成王作《驺虞》，显然与"茅茨"不合，故当保留"第期"，以阙疑为好。参见李昉等编《太平御览》卷五六五《雅乐下》，中华书局 1960 年版，第 2552 页。

墨子所说汤、武、成王"因先王之乐，又自作乐"，显然是承认礼随时而变的合理性。由上可知，先秦儒、道、法、墨诸家均有因时制礼之说。

礼与时俱进，是指时代发展了，礼仪也需要做出相应调整，故步自封、不求更革，只会给社会带来危害。礼随时而变，这是礼的重要特性，也是诸家礼学思想的核心观点之一。就儒家而言，后世经学家、礼学家相互驳难，所表现的礼学思想纷繁复杂，实际正是在"时为大"这一礼学核心观点的指导下产生的。

礼为何会与时俱进，随时变迁？儒家学者大多认为礼与情有关，因为"观三代损益，乃知缘人情而制礼，依人性而作仪"，[①]此为天下通则。早在先秦时期，孔子就强调："夫礼，先王以承天之道，以治人之情，故失之者死，得之者生。"[②] 将其提高到国之兴亡、人之生死的高度。孔子论礼虽强调德，但并没有脱离情。如《论语》记载宰我问子为父母三年之丧，孔子称"子生三年，然后免于父母之怀。夫三年之丧，天下之通丧也"，[③] 即丧礼中为父母服三年是基于父母对子女有养育之情。孔子此语成为后世儒家论情礼关系的准则。如《礼记》中专门有《三年问》，认为"三年之丧，人道之至文者也"，[④] 这是"称情而立文，因以饰群，别亲疏、贵贱之节，而弗可损益"[⑤] 之制。朱熹也认为此语"昔者先王制为丧礼，因人之情而节文之，其居处、衣服、饮食之间皆有定制"。[⑥]显然，"礼之行"需要有"人之情"为基础，因此要"因人之情而节文"，创制出符合人情、符合先王之法的礼仪规范。

对诗歌讽咏变化中产生的礼仪问题，也应当从礼与情之间的关

---

① 《史记》卷二三《礼书》，第 1157 页。
② 郑玄注，孔颖达疏：《礼记正义》卷二一《礼运》，第 662 页。
③ 刘宝楠：《论语正义》卷二〇《阳货》，第 703 页。
④ 郑玄注，孔颖达疏：《礼记正义》卷五八《三年问》，第 1559 页。
⑤ 郑玄注，孔颖达疏：《礼记正义》卷五八《三年问》，第 1556 页。
⑥ 《朱熹集》卷一〇〇《晓谕居丧持服遵礼律事》，四川教育出版社 1996 年版，第 5095—5096 页。

系来把握。《诗谱序》称："情动于中而形于言，言之不足，故嗟叹之，嗟叹之不足，故永歌之，永歌之不足，不知手之舞之，足之蹈之。"《正义》曰：圣王制礼"以人情之如是，故用诗于乐，使人歌咏其声，象其吟咏之辞也；舞动其容，象其舞蹈之形也"，①即"王者采民情制礼乐"。② 显然，歌咏赋诗都有礼之规范。《汉书》说得更明白："人性有男女之情，妒忌之别，为制婚姻之礼；有交接长幼之序，为制乡饮之礼；有哀死思远之情，为制丧祭之礼；有尊尊敬上之心，为制朝觐之礼。"③ 这些是指礼之产生与行用必须与人情相合，其演化自然离不开人情之变迁。④ 按照沈文倬的说法，便是"礼是现实生活的缘饰化"。⑤ 也就是说，如果现实生活发生改变（即社会变迁），那么缘饰生活的礼也不会保持永恒不变。从这个意义上说，现实生活（社会变迁）自然会导致人之情的变化，人之情变化当然也需要礼仪做出适当调整，故缘情制礼、与时俱进是礼制变迁的关键。

　　实际上，情与礼之关系，进一步说是人之情与礼之义的关系。《诗谱序》称"王道衰，礼义废，政教失，国异政，家殊俗，而变风、变雅作矣"，⑥ 又称"变风发乎情，止乎礼义。发乎情，民之性也；止乎礼义，先王之泽也"。⑦ "礼义废"并不是说不存在礼义，而是礼义发生变化，故"王道衰，礼义废"只表明随着时代变化而礼义产生变化，于是诗出现了变风、变雅。尽管"发乎情"

---

① 毛亨传，郑玄笺，孔颖达疏：《毛诗正义·诗谱序》，北京大学出版社 1999 年版，第 6 页。
② 毛亨传，郑玄笺，孔颖达疏：《毛诗正义·诗谱序》，第 10 页。
③ 《汉书》卷二二《礼乐志》，第 1027—1028 页。
④ 自先秦儒家奠定礼、情关系的基础后，后世儒家基本沿袭这一思路。
⑤ 沈文倬：《反与糈》，氏著：《菿闇文存——宗周礼乐文明与中国文化考论》，商务印书馆 2006 年版，第 772 页。李泽厚称孔子制礼基于情之需要，是一种外在于主体的强制性规定。参见李泽厚《美学三书》，安徽文艺出版社 1999 年版，第 231—232 页。
⑥ 毛亨传，郑玄笺，孔颖达疏：《毛诗正义·诗谱序》，第 14 页。
⑦ 毛亨传，郑玄笺，孔颖达疏：《毛诗正义·诗谱序》，第 15 页。

是"民之性",但无论是变风变雅,都应当"止乎礼义",即人之情应当符合礼之义的变迁,符合社会现实。故孔颖达说:"作诗止于礼义,则应言皆合礼。而变风所陈,多说奸淫之状者,男淫女奔,伤化败俗,诗人所陈者,皆乱状淫形,时政之疾病也,所言者,皆忠规切谏,救世之针药也。"① 也就是说,《诗》批判"男淫女奔,伤化败俗"之情,目的是针砭时政,匡护礼义。

为扭转世风,使人之情符合礼之义,就要根据社会现实的变迁来更革礼仪,疏导人情。换句话说,为了规范已经出现变化的人之情,那么就要对礼之义做出新的解释,制定出新的礼仪来规范人们。故《礼记·礼运》称:"故圣王修义之柄、礼之序,以治人情。故人情者,圣王之田也,修礼以耕之,陈义以种之,讲学以耨之,本仁以聚之,播乐以安之。故礼也者,义之实也。协诸义而协,则礼虽先王未之有,可以义起也。"② 元人陈澔解释道:"礼一定不易,义随时制宜。故协合于义而合当为者,则虽先王未有此礼,可酌之于义而创为之礼焉。"③ 显然,《礼运》明确声称只要符合义之规定,即使先王之制所无,亦可随时依义制礼,即引文所说的"可以义起"。从这里可以看出,情随时而变,礼也应当随时而变,因为人之情需要正常宣泄,自然应该将情控制在礼之规范之中,如此重新获得情理一致,而不致情理相违。由此可见,人之情与礼之义两者的矛盾与化解,促进了礼仪的变化,礼制的更革。说得更清楚一些,就是随着社会变化,人之情也会产生变化,需要新的宣泄方式——它以具体礼仪来实现,因而需要更革旧礼仪,创造新礼仪来将人之情纳入新规范之中,如此礼制随时变迁就成为必然。

需要强调的是,从礼之义与人之情的关系着眼,礼之义是礼的

---

① 毛亨传,郑玄笺,孔颖达疏:《毛诗正义·诗谱序》,第 16 页。
② 孙希旦:《礼记集解》卷二二《礼运》,第 618 页。
③ 陈澔注,万久富整理《礼记集说》卷四《礼运》,凤凰出版社 2010 年版,第 182 页。

核心内容，具体表现为某一政权的政治、经济、军事、文化、伦理等的诉求，因而政权机构需要随着现实情况变化而对人之情进行必要的规范，制定出适应自己统治的能让人之情得以宣泄的具体礼仪，以严防人之情违规逾矩，如此也就决定了礼仪是处于适时变动状态之中。《礼记》所载"知其义而敬守之，天子之所以治天下也"，①"治国不以礼，犹无耜而耕也；为礼不本于义，犹耕而弗种也"，② 就反映了这一点。

就儒家而言，大多承认人类历史是逐渐演进的。《礼记》中有《礼运》一篇，讨论了大同、小康之旨，是先秦儒家历史观念的集中体现。文中强调礼本于太一，本于天，礼义为人道之大端，圣人为知礼之不可以已，先王修礼以达义，故天下国家可得而正。《礼运》反映了战国时期儒家的主流历史观，③ 是奠定儒家礼学思想基础的重要原典之一。《礼运》对礼的起源、演变、价值、作用等做了深刻的阐述，强调"礼必本于天，动而之地，列而之事，变而从时"，④ 奠定了后世礼学思想的基础。牟宗三对此有解说，他指出《礼运》"不但是言礼本身之进化，而实是由礼之运以观历史之发展也。礼代表人之精神、理想以及人类之价值观念。如是，礼之运即是历史之精神表现观也。即以精神表现、价值实现，解析历史也"。虽然《礼运》仅在小康章提到"大人世及以为礼，城郭沟池以为固，礼义以为纪，以正君臣，以笃父子，以睦兄弟，以和夫妇，以设制度，以立田里，以贤勇知，以功为己"，提到禹、汤、文、武、成王、周公"未有不谨于礼者"，而在大同章不见"礼"

---

① 孙希旦：《礼记集解》卷二六《郊特牲》，第706—707页。

② 孙希旦：《礼记集解》卷二二《礼运》，第619页。

③ 学者对《礼运》的思想属性有不同观点。如冯友兰说此篇为"采用道家学说之政治社会哲学也"，氏著：《中国哲学史》第14章"秦汉之际儒家"，商务印书馆2011年版，第396—397页。而伍非百《墨子大义述》、金德建《先秦诸子杂考·〈礼运〉和墨家思想的关系》则主张有墨家兼爱、尚同的思想。参见杨世文《近百年儒学文献研究史》，福建人民出版社2015年版，第616—618页。

④ 孙希旦：《礼记集解》卷二二《礼运》，第616页。

字，但小康"只是人文历史开始具定形之发展"，而大同则是"礼运之历史发展中要逐步实现之理想"，"礼是整个历史发展中之常数"，礼推动着历史的发展，并在历史进程中呈现人类的精神价值，此为"礼之最高意义及作用"。① 牟宗三看到了儒家礼义观下的世界秩序，认识到"礼"的发展与社会演进有着关联，这无疑是正确的，但牟宗三认为代表"人之精神、理想以及人类之价值观念"的礼对推动历史发展有巨大作用，虽有可取之处，然确实夸大了礼对历史的推动作用。

就礼学思想研究水准而言，宋代理学为礼学的发展注入了新的活力，有学者称之为"理论化、意识形态化"的礼学或礼哲学，②实际上可简单称之为礼的哲理化。宋儒对礼的变迁因素有深刻认识。如张载同意"礼，时为大"，但他做了进一步发挥，借用《周易》"时中"一词来阐释礼与时俱进的特性："时措之宜便是礼，礼即时措时中见之事业者。非礼之礼，非义之义，但非时中者皆是也……时中之义甚大，须是精义入神以致用，〔始得〕观其会通以行〔其〕典礼，此则真义理也；行其典礼而不达会通，则有非时中者矣。"③ 也就是说，一旦社会发生了变化，礼制就应当加以变革，礼仪形式也应当改变，处置得当，即符合"时措之宜"，否则不能真正发挥礼的功用。

张载的时中之说是正确的，值得重视。因为"礼，时为大"虽强调了礼随时而变的特性，但并不是说礼只会呈现线性发展历程。事实上，礼在不断向前发展的同时，某些旧有的因素可能会复

---

　　① 牟宗三：《政道与治道》，《牟宗三先生全集》第 10 册，台北：联经出版公司 2003 年版，第 13—14 页。唐君毅亦指出："《礼运》篇之旨，即为依于一超礼义之志以言礼义，使此礼义为一超礼义之志之表现者。超礼义者，必表现为礼义，亦正是儒家之精神，而不同于道家之言超礼义，或谓不须更有礼义者也。"氏著：《中国哲学原论·原道篇：中国哲学中之"道"之建立及其发展》，《唐君毅全集》卷一五，台北：台湾学生书局 1986 年版，第 99 页。

　　② 惠吉兴：《宋代礼学研究》，河北大学出版社 2011 年版，第 3 页。

　　③ 张载：《经学理窟·礼乐》，《张载集》，中华书局 1978 年版，第 264 页。

苏，与新的因素相结合，融入未来的礼中去。① 这就涉及人的作用问题。礼缘情而制，在特定的历史条件下——尤其在中国古代封建专制主义政体之下，个人（帝王或执政者）意志（"人之情"）对"礼之义"的判定起着不可忽视的作用，因而那些"非时中"的"非礼之礼，非义之义"的礼仪形式在新的历史条件下出现也难以避免。翻检史书，可以看到大量这样的事例：礼官或朝臣在对某一礼仪提出合理变革建议时，帝王并不采纳，甚至做出错误的决定。即使进入近代，最后一个封建专制政权——清王朝——被推翻之后，南京临时政府明令禁止行用旧礼制体系，仍然出现袁世凯获取政权之后，恢复行用祭天、祭孔、称帝等复古礼仪的情形，礼制的变革出现了曲折。因此，张载的时中之说非常具有启示意义。

二　世殊礼异：礼仪变迁的践履特征

礼之践履与礼制变迁关系也极为密切。原因十分简单，因为在古代中国，礼从来都是行用于现实社会之中的，人们通过践履来体现国家所规定的礼制。但是随着社会变革与礼制变迁，人们所行用之礼必须随时更革而适应它们。《乐记》曰："五帝殊时，不相沿乐；三王异世，不相袭礼。"② 五帝三王，异世殊时，礼乐之制自然也随之而变，这符合孔子的损益论。在这一理论的指导下，中国历代王朝制礼作乐就有了充分的理论根据。

在中国古代，帝王以及儒臣都会号称继承"先王精神"来创制适用当世的"今典"；代表"先王精神"者是三《礼》，体现"当世今典"者是各朝具体礼制，"礼制的沿革变化，与经济发展及社会变革同步，是上古三礼精神原则的不断实践，也是

---

① 〔法〕弗雷德里克·鲁维洛瓦：《礼貌史》，王琪译，上海文艺出版社 2014 年版，第 311 页。

② 孙希旦：《礼记集解》卷三七《乐记》，第 991 页。

当时当代社会变迁和实际政治生活的产物"。① 甚至可以说，整个中国古代礼制史几乎都是围绕着汲取先王之"礼"与创制"今典"展开的，践履"今典"之礼，便是中华传统礼制变迁的特征。

在践履礼的过程中，有"得与民变革者"和"不可得与民变革者"之分。这一规定见于《礼记·大传》："立权、度、量，考文章，改正朔，易服色，殊徽号，异器械，别衣服，此其所得与民变革者也。其不可得变革者则有矣。亲亲也，尊尊也，长长也，男女有别，此其不可得与民变革者也。"② 亲亲、尊尊、君君、臣臣是不可变者，即所谓的礼制之大节目、大纲领，也就是儒家所推重的礼义，这一礼义说穿了便是坚持专制主义政体和贵贱等级制度；而度量衡、文章、正朔、器械、衣服等可以变革者，则是具体的礼制仪节。

中华传统礼制变迁的历程甚久，某些礼义出现变化自然也在情理之中。中华礼制的根基在于对人际（人伦）关系、等级制度的认识，这在丧服制度中体现得尤为突出。丧服中亲亲、尊尊的礼义，反映出先秦时期家族伦理关系中父权至高无上的地位，曲折地反映出政治伦理中的君臣关系，故而有不二尊、不二斩之说。随着社会的发展，后世父权虽然仍重，可是对母亲的感情在一定程度上得到伸张，于是我们看到：《仪礼》所记为母亲服丧的标准，是"父在"为母齐衰杖期，"父卒"为母齐衰三年，均达不到为父斩衰三年的程度；然而唐代更改了礼制，高宗时武则天上表要求无论父在与否，为母均服齐衰三年，玄宗《开元礼》则明确列入这一规定，丧祭等级有所提高。此后宋代官修《政和五礼新仪》、私修《书仪》和《家礼》，乃至《明集礼》均沿袭之，而《明会典》又更改为斩衰三年，即母服与父服同等，其

① 吴丽娱主编：《礼与中国古代社会·导论》，第 29 页。
② 孙希旦：《礼记集解》卷三四《大传》，第 906—907 页。

尊母程度又超过唐代。清代雍正三年大清律，甚至将承重孙"祖在"为祖母所服的齐衰杖期也改为斩衰三年。丧服制度中不断提高直系女性等级，反映出人们在礼制践履过程中对"亲亲"认知的加深与转变。

其实，社会发展决定着后世不可能完全照搬前代制度，这是由礼制随时而变决定的，符合"时为大"的礼制变革原则。中国古代之人对此也不是茫然无知。中国古代的汉族政权在修订礼典时并不严守前代礼制。汉宣帝曾明确宣称："汉家自有制度，本以霸王道杂之，奈何纯任德教，用周政乎！"[1] 宣帝此语表明，即便是号称"大汉继周"的王朝，也并未从主观上完整接纳周代的礼乐制度，而是自有其去取的原则。少数民族政权同样如此。蒙古族征服中原后，最初无意吸收中原传统的礼乐典章、文物制度，但因客观形势所迫和中原儒士的劝说，元朝建立后不得不部分地采用了"汉法"，宫廷仪制与祭祀大多具有二元性，往往是蒙汉礼制的混合。元廷祭祀如郊祀、宗庙、社稷、先农等，基本上按照中原传统礼制进行，但掺入了很多蒙古因素，[2] 其他方面则保留蒙古族礼仪甚多。同样，满族入关后，号称继中华之统绪的清廷大量推行并行用汉式礼制，但同时也保留着部分满族礼仪。即使乾隆朝有意向汉制靠拢并修成《大清通礼》，但在服饰、婚丧、跪拜等方面仍然与汉制有较大不同，甚至还另纂《钦定满洲祭神祭天典礼》，保留了纯粹的满族礼仪。

进一步来观察，即便是同一王朝，礼制也不可能始终如一，并非由始创王朝者确定而后世就沿袭不加变革。故清儒皮锡瑞指出："改制度，易服色，殊徽号，礼有明征，而非特后代之兴，必变易前代也。即一代之制度，亦历久而必变。周享国最久，必无历八百

---

① 《汉书》卷九《元帝纪》，第277页。
② 萧启庆：《蒙元统治与中国文化发展》，氏著：《元代的族群文化与科举》，台北：联经出版公司2008年版，第27—32页。

年而制度全无变易者。"① 罗森和罗泰也都指出，西周中后期的青铜礼器体系发生了巨大变化，比如酒器消失，因而提出所谓礼制革命（ritual revolution）或礼制改革（ritual reform）的议题。② 西汉初叔孙通已定朝会仪，东汉曹褒又重新制定汉仪，唐代先后撰作贞观礼、显庆礼和开元礼多种，宋明清诸朝也是屡修礼典，这一切正是基于礼之践履。礼之践履具有非常鲜明的时代性，这一特点使得"变迁"成为礼制史发展的一大主题。

礼之变迁和"时为大"并非指一味地弃旧趋新，而是有其深刻的内涵。清儒章学诚指出"制度则必从时"，③ 并说"不知礼时为大而动言好古，必非真知古制者也。是不守法之乱民也"，他批评泥古之徒"昧于知时，动矜博古，譬如考西陵之蚕桑，讲神农之树艺，以谓可御饥寒而不须衣食也"；不过，他也指出礼制虽然有所损益，但仍有其一以贯之的礼义，"损益虽曰随时，未有薄尧、舜而诋斥禹、汤、文、武、周公而可以为治者……要其一朝典制，可以垂奕世而致一时之治平者，未有不于古先圣王之道得其仿佛者也"。④ 礼制的变迁要在保持传统和符合时情这两端中取得平衡，在当时也就是在保持礼的伦理纲常、贵贱等级这一关键原则的前提下，而对礼制的细枝末节予以调整。汉儒董仲舒"道之大原出于天。天不变，道亦不变"说的就是这个道理，他又说："汉继大乱之后，若宜少损周之文致，用夏之忠者。"⑤ 这与孔子所言"殷因于夏礼，所损益可知也；周因于殷礼，所损益可知也。其或

① 皮锡瑞：《经学通论·三礼》，中华书局 1954 年版，第 46 页。

② 〔英〕杰西卡·罗森：《是政治家，还是野蛮人？——从青铜器看西周》，《祖先与永恒：杰西卡·罗森中国考古艺术文集》，邓菲等译，生活·读书·新知三联书店 2011 年版，第 38—43 页；〔美〕罗泰：《宗子维城：从考古材料的角度看公元前 1000 至前 250 年的中国社会》，吴长青等译，上海古籍出版社 2017 年版，第 31—75 页。

③ 章学诚著，仓修良编注：《文史通义新编新注》内篇二《古文公式》，浙江古籍出版社 2005 年版，第 145 页。

④ 章学诚著，仓修良编注：《文史通义新编新注》内篇五《史释》，第 272 页。

⑤ 《汉书》卷五六《董仲舒传》，第 2518—2519 页。

继周者，虽百世可知也"① 是一脉相承的。朱熹则进一步说："所因之礼，是天做底，万世不可易；所损益之礼，是人做底，故随时更变"，"所因，谓大体；所损益，谓文为制度，那大体是变不得底。虽如秦之绝灭先王礼法，然依旧有君臣，有父子，有夫妇，依旧废这个不得"。② 可见汉宋两大儒的看法是完全一致的，而他们的看法对时人与后世都产生着极大的影响。

在朱熹对礼制变迁的认识中，"时"的践履原则主要体现在对当世礼俗简易趋势的合理采用上。他回答学生问丧礼制度节目，答曰："某怕圣人出来，也只随今风俗立一个限制，须从宽简。而今考得礼子细，一一如古，固是好；如考不得，也只得随俗不碍理底行去。"又说："'礼时为大。'某尝谓，衣冠本以便身，古人亦未必一一有义。又是逐时增添，名物愈繁。若要可行，须是酌古之制，去其重复，使之简易，然后可。"③ 朱熹对于礼制的践履特征有着精深的把握，称后世逐渐简易也符合礼仪演化的历史事实。他认为礼仪要根据人情来制定，而人情又是不断变化的，因此即使是圣人，在具体的礼的践履中也会依循当世风俗来重新诠释与制定礼法；古礼相对于今礼，显得烦琐复杂，故而后世礼制变化的总体趋势是"简易"。④ 同时，朱熹认为礼制的变化要"酌古之制"，即不能完全抛开故有的传统；礼制发展要靠官方的改革与倡导，民间私人的力量实在有所不足。

朱熹的议论是有针对性的，即批评历代不重视民间礼俗，这也是他在《家礼》中一再强调"从俗""从众"的原因。纵观中国礼制史，前代知识精英十分关注国家礼制的更革，民间礼俗虽在中古以后日渐获得关注，但远远不如国家礼制那样受到重视。皮锡瑞

---

① 刘宝楠：《论语正义》卷二《为政》，第 71 页。
② 黎靖德编：《朱子语类》卷二四，第 595 页。
③ 黎靖德编：《朱子语类》卷八九，第 2275 页。
④ 冯兵：《"因人之情"与"经权相济"——朱子论礼的生活实践原则》，陈支平、叶明义主编：《朱熹陈淳研究》第 2 辑，厦门大学出版社 2015 年版。

批评传统中国制礼活动时说:"后世于王朝之礼考订颇详,民间通行之礼颁行反略,国异政,家殊俗,听其自为风气,多有鄙俚悖谬之处。"[1] 因此,他主张国家礼制不一定要与传统保持高度一致,可以变通合宜,而对民间礼俗则应邀请有关学者进行疏通,整齐划一。

其实,中国古代礼仪有逐渐简化的趋势,这是社会变革、生活变革的必然结果。例如,《仪礼·士昏礼》载先秦婚礼有"六礼",即六个主要仪式环节,而宋代《家礼》已经简化为"三礼"——纳采、纳币(纳征)、亲迎,省略了问名、纳吉、请期三个环节。朱熹对此解释道:"'礼,时为大。'使圣贤用礼,必不一切从古之礼。疑只是以古礼减杀,从今世俗之礼,令稍有防范节文,不至太简而已。观孔子欲从先进,又曰:'行夏之时,乘殷之辂。'便是有意于损周之文,从古之朴矣。今所集《礼书》,也只是略存古之制度,使后人自去减杀,求其可行者而已。"[2] 朱熹将《论语·先进》"子曰:'先进于礼乐,野人也;后进于礼乐,君子也。如用之,则吾从先进'"之类的论述解释为是对君子之礼繁密仪节的扬弃。民国时期礼制更是得到大幅更革与简化。如跪拜是古代表现礼仪的肢体动作,《礼记》《仪礼》《周礼》等儒家经典多有描述,这是符合传统社会生活习惯的,在秦汉时,跪的肢体动作性质没有太大的改变,唐宋以后坐具的变化引发跪拜不像早期社会那样频繁,[3] 但在婚庆丧葬等重要礼节上,跪拜仍非常普遍。1912 年 8 月 17 日公布了《中华民国礼制》,其中规定"男子礼为脱帽鞠躬","庆典、祀典、婚礼、丧礼、聘问,用脱帽三鞠躬礼","公宴、公礼及寻常庆吊、交际、宴会用脱帽一鞠躬礼",女子"不脱帽,寻常相见,用一鞠躬礼"。《中华民国礼制》以鞠躬礼代替跪拜礼,其实质是中国受到列强的欺凌,社会性质发生了重

---

① 皮锡瑞:《经学通论·三礼》,第 42 页。
② 黎靖德编:《朱子语类》卷八四,第 2185 页。
③ 翁同文:《中国坐椅习俗》,海豚出版社 2011 年版。

大变革后，时人对西方文化的接纳程度提高，要求废除封建专制的贵贱等级制度呼声日益高涨，其礼仪表现形式便出现了以简易代表烦琐、以西礼取代中礼的现象。就当时情况而言，在最重礼节的国葬礼之中也出现西式礼仪，如 1929 年为孙中山举行的奉安大典便是以鞠躬礼替代了跪拜礼。[1]民间也有变化，如山东茌平县西北乡群众因循前清葬俗，而李姓农民葬亲之礼多所改革，力主以鞠躬替代跪拜。[2] 当时在城市举办的追悼会中，丧葬礼仪也基本不再采用跪拜形式，而以鞠躬取代之。类似记载颇多，此不赘举。

第四节　中华传统礼制变迁的客观条件

从理论上说，中华传统之"礼"自诞生之日起就随着社会的演化而出现变化，这是内在礼义与外在礼仪之间张力所导致的。但是，仅仅从哲学层面来论述显然不够，还需要从具体的历史条件来分析它为何如此变迁、为什么在这一特定的历史时期出现变迁。如此，研讨礼制变迁的客观条件就显得十分必要。

历史上的任何一种制度都是由人创造的，而创造者又必须根据现实社会的诸种客观条件进行创制，否则是不可能创制出符合社会客观需要的制度的。礼制当然也是如此。不过，由于先秦时期文献资料颇为缺乏，即使大量采用考古学资料，也很难对原始之礼的演化规律取得共识。相对而言，秦统一之后保存至今的文献资料较为丰富，而且可以长时段地观察秦统一之后中华传统礼制的变迁，这能够给我们很多启示。这里以秦晋之间"五礼"制度的诞生为研究对象，来研讨中华礼制变迁的

---

[1]　总理奉安专刊编纂委员会编：《总理奉安实录》，南京出版社 2009 年版，第 69—78 页。

[2]　《乡村也行新礼制》，《通俗教育报》第 151 期，1913 年，第 1 页。

客观条件。

吉凶宾军嘉"五礼"是适应大一统封建王朝的礼制体系，它诞生于西晋，① 这是学界共识。② 然五礼制度研究存在诸多尚未解决的问题。例如，从古代中国的礼制史与政治史、学术史相互关系的角度思考，先秦自西周实行分封制，形成所谓天子之礼、诸侯之礼、大夫之礼、士之礼，为何到西晋最终形成以"五"为名的吉凶宾军嘉五礼制度？明确记载"五礼"为吉凶宾军嘉的是成书于战国时期的《周礼》，③ 而秦汉时期明确提到五礼体系为吉嘉宾军凶者是汉武帝时期的孔安国，为何直到西晋这一体系才尘埃落定？既然五礼体系适应封建统一帝制，为何从其萌芽到最终诞生需要经历几个世纪？秦与西汉都是皇权高度集中的封建王朝，历经百余年，为何产生不了适应自己大一统政治的五礼体系？五礼体系诞生的曲折历程说明了什么问题？显然，研究中国秦统一之后的礼制变迁，五礼制度诞生问题极其重要。可以说，如果能够弄清五礼制度的产生过程，那么就等于解剖了一只麻雀，对了解中华传统礼制的变迁极有帮助。

一　"五礼"出现或与五行有关

司马迁在《史记·封禅书》中引用了《尚书》"修五礼、五玉"一语，但未做解释，大致与司马迁同时代的孔安国认为"五

---

①　杨志刚最早提出"以'五礼'形式撰制礼仪，始于西晋"，梁满仓先生认同这一说法并做了详细考证。参见杨志刚《中国礼仪制度研究》，第 157 页；梁满仓《魏晋南北朝五礼制度考论》，第 13 页。

②　战学成《五礼制度与〈诗经〉时代社会生活》认为："从夏至周，礼经历了由简趋繁的过程，周代五礼的形成，标志着礼的日益体系化和走向完备化。"（中国社会科学出版社 2014 年版，第 12 页）战学成将周代之礼说成是五礼，且日益体系化、完备化，并与政治及社会生活密切联系，实是不多见之说。此可能是他未能深究三《礼》，对学界现有成果了解不多所致。

③　学界对《周礼》成书时间的看法不一，然《周礼》在战国时已成书，最终修定于汉初大致是可以肯定的。

礼"便是"吉、凶、宾、军、嘉之礼",① 这是至今所见最早明确解释成吉凶宾军嘉五礼者,即把它看成是一种礼制体系。东汉时有不同说法。马融（79—166）沿袭孔说,认为"五礼"是指吉凶宾军嘉之礼,马融弟子郑玄（127—200）则认为是公侯伯子男朝聘之礼,即把五礼说成是五等贵族应当遵行的仪则。但无论是孔安国、马融或郑玄,都没有引证什么可靠资料来证明自己的说法,仅是下了一个判断语而已。东汉之后到清朝乾嘉时,学者或孔或郑,大致沿袭这两种说法。道光咸丰之时,邵懿辰提出"五礼"是指父子、兄弟、夫妇、君臣、朋友节文仪则。当代学者刘起釪在比较戴震与邵懿辰的观点之后,说戴震认为五礼"非吉凶军宾嘉五礼,甚确。说为公侯伯子男之礼,甚误",他赞成邵懿辰提出的"父子、兄弟、夫妇、君臣、朋友五品之人所行之节文仪则"。② 其中,孔安国、马融之说难以成立,因为无论现存可靠的秦统一之前文献还是出土简牍资料,均无吉凶军宾嘉"五礼"之记载,即使是儒家先贤孔子、孟子或后来的荀子也没有"五礼"的提法,显然当时并不存在一个五礼体系,因此孔、马之说完全可以排除。郑玄与邵懿辰之说,也都没有可靠资料可以证实或证伪,故难以判断孰是孰非。

实际上,五礼体系的诞生经过了一个非常漫长的过程,其间与政治、学术纠缠缪辖,尤其与阴阳五行说关系极其密切,这是需要

---

①　孔安国传,孔颖达疏:《尚书正义》,上海古籍出版社 2007 年版,第 82 页。司马彪《续汉书·祭祀志上》载光武帝巡狩岱岳祭文,其中也引用"修五礼、五玉",梁刘昭注"修五礼"云:"孔安国《书》注曰:'公、侯、伯、子、男朝聘之礼。'范宁曰:'吉、凶、宾、军、嘉也。'"刘昭所引孔安国语恐怕有误（第 3168 页）。杨志刚《中国礼仪制度研究》认为"'五礼'之名最早见于《尚书》和《周礼》。《尚书·尧典》:'舜修五礼。'孔安国传:'修吉、凶、宾、军、嘉之礼。'"（第 156 页）杨先生称最早见于《尚书》没有问题,但说《周礼》则有问题,因为《周礼》成书的时间要晚得多。有学者认为:《周礼》包含先秦内容,但最终修定于汉初。参见彭林《〈周礼〉主体思想与成书年代研究（增订版）》第七章,中国人民大学出版社 2009 年版。

②　顾颉刚、刘起釪:《尚书校释译论》,中华书局 2005 年版,第 142 页。

进行详细梳理的。

庞朴先生认为：阴阳与五行本属两种不同的文化体系，经过了长期的发展，才最终走到一起。[①] 据陈德述研究，"五行"最初之名为"五材"，即五种物质材料。[②]《国语·郑语》中史伯（西周末期，生卒年不详）称："夫和实生物，同则不继。以他平他谓之和，故能丰长而物归之。若以同裨同，尽乃弃矣。故先王以土与金、木、水、火杂，以成百物。"这是最早明确的"五行"记载。《左传》襄公二十七有"天生五材，民并用之，废一不可"，[③] 杜预注："金、木、水、火、土也。"阴阳与五行结合在一起大致是战国中期，以稷下学宫学者所著的《管子》为代表。白奚认为：《管子》论述到阴阳五行思想，各篇侧重不同，反映的思想也不相一致。如《水地》和《地员》"只见五行而不见阴阳"，《水地》有"'五色'、'五味'、'五量'、'五藏（五脏）'、'五内'等五行条目"，《地员》有"'五色'、'五味'、'五音'、'五臭'等五行条目"，《幼官》《四时》《五行》《轻重己》等四篇则是比较成熟的阴阳五行家作品。[④] 学界基本上认同《管子》一书是稷下学宫学者的著作，成书大约在战国中期。实际上，自战国中期开始，阴阳五行思想影响极大，许多事物以"五"命之，如《管子》中除上述提及的"五色"等外，还有五官、五虑、五味、五欲、五谷、五粟、五祀、五钟、五乡、五州、五政、五德、五教、五刑、五兵、五务等，一些医书、天文著作中也有许多事物以"五"为名，如五脉、五俞、五逆、五星等。

由此，笔者推测：五礼之所以以"五"为名，可能与儒家学

---

① 庞朴《阴阳五行探源》一文指出："阴阳五行之作为中国文化的骨架，是从战国后期到西汉中期陆续形成的。在此之前，阴阳自阴阳，五行自五行，各有分畛。"《庞朴文集》第 1 卷，山东大学出版社 2005 年版，第 312 页。

② 陈德述：《略论阴阳五行学说的起源与形成》，《西华大学学报》2014 年第 2 期。

③ 襄公二十七年即公元前 546 年，属于春秋时期。

④ 白奚：《中国古代阴阳与五行说的合流——〈管子〉阴阳五行思想新探》，《中国社会科学》1997 年第 5 期。

者接受五行观念有关。① 尽管目前很难找出确切证据，但从战国中期之后阴阳五行说流行，并且当时许多事物以"五"来命名描述，再加上《尚书·尧典》"修五礼"之说，那么在描述"礼"时也以"五"为名，则十分可能。郭店楚简中，《五行》属于思孟学派著作，② 此"五行"指仁、义、礼、智、圣，而非阴阳五行之"五行"。《五行》中有"圣，知礼乐之所由生也，五□□□□也"，③整理者云："简文'五'与'也'之间约残缺三至四字，据下文'四行之所和也'一段，可拟补为'行之所和'或'行所和'，今暂定为缺四字。"④ 此将礼乐与道德的"五行"相关联，或与阴阳五行之"五行"有联系，也许便是后人将礼分为"吉凶宾军嘉"五礼的思想源头。这绝非儒家吸收五行思想的孤证，近年来整理出版的清华简中就有一篇《八气五味五祀五行之属》，此文分四组，"第三组是五祀、五神与五行的相配；第四组讲述木火金水土五行各自的特点"，⑤ 显然儒家已经吸收了五行思想，且涉及祭祀与五行的关系问题。实际上，李学勤先生对儒家思想与五行的关系做过解释："学者多以为思孟所言'五行'仁、义、礼、智、圣和传统说的'五行'金、木、水、火、土无关。我觉得子思倡言的'五行'，如章太炎指出的，实与金、木等'五行'相联系，而其'圣'之一行，尤为远本《洪范》的确证。"⑥

此并非臆说。已有学者找出甲骨文中"癸酉贞帝五"一条，

---

① 庞朴在《五行思想三题》中指出："五行思想的一个很大特色，是普遍性。从卜辞中的五方记录开始，到《吕氏春秋·十二纪》构造成一个庞大的五行体系为止，整个先秦时期，几乎很少有哪个思想家不谈五行；所差别的，只是分量的多寡和方面的不同而已。"《庞朴文集》第 1 卷，第 282 页。
② 荆门市博物馆编：《郭店楚墓竹简》，文物出版社 1998 年版，"前言"，第 1 页。
③ 荆门市博物馆编：《郭店楚墓竹简·五行》，第 150 页。
④ 荆门市博物馆编：《郭店楚墓竹简·五行》，第 153 页。
⑤ 李学勤主编：《清华大学藏战国竹简》（捌），中西书局 2018 年版，第 157 页。
⑥ 李学勤：《从简帛佚籍〈五行〉谈到〈大学〉》，《孔子研究》1998 年第 3 期。无关说自然不能认同，肯定有关，但目前尚无更多确切的根据，有待更多资料来证实。

指出殷商时期祭祀礼仪中已有五行萌芽："甲骨文中的'帝五'，指的是五方帝。可以看出五行观念虽然还处于萌芽阶段，但至少已露端倪。"① 《月令》成于战国时期黄河中下游地区诸侯国太史之手，② 其中也出现了与五行密切关联的"太皞""炎帝""黄帝""少皞""颛顼"五方帝，并且天子一年之中需遍祀五方帝于明堂。这些充分暗示着后世五礼制度与五行的密切关系。正如冯友兰先生所说："阴阳五行家以传统的术数为资料，以五行观念为基础，用以解释他们所日常接触到的一些自然现象和社会现象。他们由此虚构了一个架子。在他们的体系里面，这是一个空间的架子，也是一个时间的架子，总起来说，是一个世界图式。"③ 阴阳五行家可以此来构建"自然现象和社会现象"，那么，战国中期之后的儒家吸收阴阳五行思想来建构属于"社会现象"之礼制，也是完全可能的。

需要指出的是，战国中后期没有出现属于吉凶宾军嘉的"五礼"之名，郭店简便是明证之一。当时的"五礼"之说，应该还不是后世所说的吉凶宾军嘉五礼。杨志刚认为："'五礼'之说可能起于春秋、战国，至西汉武帝时已趋流行。"④ 杨说大约是依据《尚书·尧典》所说"修五礼、五玉"一句。如果确实如此，杨先生的结论显然令人难以接受。笔者以为上溯到春秋，似太远，还需要更多资料来印证。当然，说汉武帝时已趋流行吉凶宾军嘉五礼之说，于史有据。但将《尚书·尧典》中"五礼"理解为吉凶宾军嘉五礼，那么就完全错了。严可均所辑《嘉礼尊铭》中有"帝戏禹嘉礼乍壶噂，用荐神保是享，隹休于永世"，⑤ 这里明确出现了

---

① 沈建华：《从甲骨文圭字看殷代仪礼中的五行观念起源》，《文物》1993 年第 5 期。

② 汤勤福：《〈月令〉祛疑——兼论政令、农书分离趋势》，《学术月刊》2016 年第 10 期。

③ 冯友兰：《三松堂全集》第 7 卷，河南人民出版社 2000 年版，第 437 页。

④ 杨志刚：《中国礼仪制度研究》，第 156 页。

⑤ 严可均辑：《全上古三代秦汉三国六朝文》卷一三，中华书局 1958 年版，第 99 页。

"嘉礼"一词,尽管这一嘉礼并非后世五礼之嘉礼,但至少"嘉礼"一词已经出现。《仪礼》中也有嘉礼的记载:"仆为祝,祝曰:'孝孙某,孝子某,荐嘉礼于皇祖某甫,皇考某子。'"① 此嘉礼也非后世五礼之嘉礼,嘉可解释为"好""佳"之意。《仪礼》中有"宾礼"一词;② 《左传》襄公三年有"寡人之言,亲爱也;吾子之讨,军礼也",此军礼亦非后世五礼中的军礼。由此可见,战国中后期曾出现吉凶宾军嘉等礼名,③ 但都不是后世五礼中的吉凶宾军嘉之礼。但它们的出现,为后世创制五礼礼名提供了命名基础。

其实,当时称礼之数量并不限于"五",《大戴礼记》有九礼之说:"冠、昏、朝、聘、丧、祭、宾主、乡饮酒、军旅,此之谓九礼。"④ 《礼记·王制》中还有六礼之说,"司徒修六礼以节民性",⑤ "六礼:冠、昏、丧、祭、乡、相见"。⑥ 郑玄以为《王制》为西周之前所作,然早有学者指出此说有误。孙希旦《礼记集解》据《汉书》,文帝"使博士诸生刺《六经》中作《王制》,谋议巡狩封禅事",⑦ 认为《王制》当成于西汉,"郑氏见其与《周礼》不尽合,悉目为夏、殷之制,误矣"。⑧ 此议甚是。然孙希旦解释说:"礼之在国者其别多,故总之以五礼,而冠、昏、乡皆属于嘉

① 郑玄注,贾公彦疏:《仪礼注疏》卷二四《聘礼第八》,上海古籍出版社 2008 年版,第 743 页。先秦时出现某些与后世五礼相合的礼名,两者并不相同。《仪礼》有"飨礼""献礼""介礼""主人礼""宾酬主人礼""馈食之礼"等,也有"宾礼""嘉礼"之类,显然并非五礼体系。

② 郑玄注,贾公彦疏《仪礼注疏》卷九《乡饮酒第四》有"拜,如宾礼"(第215页)。

③ 文献不足征,有待今后更多出土资料来证实。

④ 方向东集释:《大戴礼记汇校集释》卷一三《本命》,中华书局 2008 年版,第1292 页。

⑤ 孙希旦:《礼记集解》卷一四《王制》,第 361 页。

⑥ 孙希旦:《礼记集解》卷一四《王制》,第 397 页。

⑦ 《汉书》卷二五上《郊祀志上》,第 1214 页。

⑧ 孙希旦:《礼记集解》卷一二《王制》,第 309 页。

礼；礼之在民者其别少，故分之为六礼，而冠、昏、乡各为一礼。"① 其实也是臆说。

又《礼记·祭统》载"礼有五经，莫重于祭"，郑玄认为此指"礼有五经，谓吉礼、凶礼、宾礼、军礼、嘉礼也。莫重于祭，谓以吉礼为首也"。② 历来注家秉此注释，甚少怀疑。然郑玄之说颇值得怀疑，亦应考虑同在《礼记》中的其他说法，如：

> 故朝觐之礼，所以明君臣之义也。聘问之礼，所以使诸侯相尊敬也。丧祭之礼，所以明臣子之恩也。乡饮酒之礼，所以明长幼之序也。昏姻之礼，所以明男女之别也。
>
> 孔子曰："郊社之义，所以仁鬼神也。尝禘之礼，所以仁昭穆也。馈奠之礼，所以仁死丧也。射乡之礼，所以仁乡党也。食飨之礼，所以仁宾客也。"

前一段出自《经解》，有朝觐、聘问、丧祭、乡饮酒、婚姻五种礼；下段出自《仲尼燕居》，是孔子回答言游问礼的解说，有郊社、尝禘、馈奠、射乡、食飨五种礼。显然，汉代礼家所辑《礼记》，其说亦非一律，原因当为诸篇成书时间不同，且混杂汉代学者之说，这说明"五礼"之说尚在酝酿中，郑玄定为吉凶宾军嘉尽管可以自成一说，但未必正确。

二 秦礼抉微

尽管成书于战国中后期、修定于汉初的《周礼》出现了"五礼"之说，但据传世文献，直至秦灭亡，并没有出现像后世那么完整的吉凶军宾嘉"五礼"体系。《史记》在归纳秦至汉初礼制时称："至秦有天下，悉内六国礼仪，采择其善，虽不合圣制，其尊

① 孙希旦：《礼记集解》卷一四《王制》，第397—398页。
② 孙希旦：《礼记集解》卷四七《祭统》，第1236页。

君抑臣，朝廷济济，依古以来。至于高祖，光有四海，叔孙通颇有所增益减损，大抵皆袭秦故。自天子称号下至佐僚及宫室官名，少所变改。"① 司马迁对秦至汉初礼的归纳，重要者有数点：一是秦统一之后"悉内六国礼仪"；二是"采择其善"；三是有不合圣制之处；四是目的为"尊君抑臣"，强调礼之等级；五是汉制虽对秦礼有所改易，但"大抵皆袭秦故"。因此大致可以判断的是，"悉内六国礼仪"是指诸国礼仪有所不同，故秦统一后兼容并包，并不存在一个比较完善的某种礼制体系；汉初礼乐制度沿袭秦代为多，② 汉初没有五礼制度，那么秦朝自然也不会有五礼制度。

尽管秦王朝没有制定出完善的五礼制度，但它继承了战国以来秦国变法的成果，已经初步确立了构建集权礼制的方向，同时也制定出部分适应专制集权政体的礼仪。始皇统一天下后，在礼制建设上采取了不少措施，他也听取过儒家有关礼制建设的建议。如上尊号时，丞相王绾、御史大夫冯劫、廷尉李斯等曾"与博士议"，最终采"皇帝"之号，其"命为'制'，令为'诏'，天子自称曰'朕'"。又，"追尊庄襄王为太上皇"，虽未明确说与博士议，但博士参与其间当无须怀疑。杜佑《通典》载："国子博士：班固云，按六国时，往往有博士，掌通古今。"原注："又曰：博士，秦官，汉因之。"③ 这种掌通古今、顾问应对之官，在秦时虽不专用儒家之人，然主要是儒家人士则是可以肯定的，故王国维指出"秦博士亦议典礼政事，与汉制同矣"。④ 更应当强调的是，议礼者主要是儒家的博士，如"二十八年，始皇东行郡县，上邹峄山。立石，与鲁诸儒生议，刻石颂秦德，议封禅望祭山川之事"。⑤ 显

---

① 《史记》卷二三《礼书》，第1159—1160页。

② 先秦礼与乐紧密结合，施礼行乐，融为一体。《汉书·礼乐志二》在谈到汉乐时也称"大氐皆因秦旧事焉"（第1044页），即强调汉乐与秦乐的沿袭关系。

③ 杜佑：《通典》卷二七《职官九》，第765页。

④ 王国维：《汉魏博士考》，《观堂集林》卷四，第85页。

⑤ 《史记》卷六《秦始皇本纪》，第242页。

然，至少秦统一之初，儒家在秦礼制建设中起过一定作用。美国学者柯马丁在分析秦始皇巡游各地刻石纪功时指出："石碑上所见到的文本系列、文本组现象，可以解释为礼仪化政治表征语境中的一种传统手段。正如青铜器、石磬铭文所表明的那样，与某一特定情境、地点、物质载体相结合的'原始'文本的观念，实际上并不适用于古代中国的礼仪背景。"① 柯马丁指出这些刻石是"礼仪化政治表征语境中的一种传统手段"，颇有见地，也说明这些刻石是始皇建立大一统王朝礼制所做的努力。事实上，从今存七篇始皇刻石纪功铭文来看，② 体现"统一"语境者比比皆是：

　　　"灭六暴强""壹家天下"（《峄山刻石》③ ）

　　　"初并天下""既平天下"（《泰山刻石》）

　　　"尊卑贵贱，不逾次行"；"六合之内，皇帝之土"；"人迹所至，无不臣者"（《琅邪台刻石》）

　　　"烹灭强暴""周定四极"（《之罘立石》）

　　　"禽灭六王，阐并天下"[《（之罘）东观立石》]

　　　"皇帝奋威，德并诸侯，初一泰平"（《碣石刻石》）

　　　"平一宇内""皇帝并宇"（《会稽刻石》）

　　可见，"大一统"之基调，是建立这些礼制性建筑的基石，体现了秦始皇建立大一统封建礼制与法制的渴望与行动。与巡游刻石紧密联系在一起的封禅制度，也体现了国家统一的意志，并对后世

---

　　① 〔美〕柯马丁：《秦始皇石刻：早期中国的文本与仪式》，刘倩译，上海古籍出版社 2015 年版，第 107 页。

　　② 《史记》载《泰山刻石》以下六篇，无《峄山刻石》。李兆洛《骈体文钞》卷一载七篇，本书征引篇名据此，文字参照《史记》。其中称《峄山刻石》"此文《史记》独不载。然其词固非后人所能伪也"（上海书店出版社 1988 年版，第 1 页）。

　　③ 宋人赵彦卫《云麓漫钞》卷三称："秦始皇二十八年，即帝位之三年也，东行上峄山，立石颂秦德。自泰山至会稽，凡六刻石，《史记》皆载其词，惟不著峄山刻。观其语，皆相类，三句辄一换韵。"（中华书局 1996 年版，第 42 页）

产生了深远影响。

实际上，秦统一后建立的礼仪制度，除上述巡游刻石、封禅、称皇帝、追尊太上皇等礼仪之外，始皇还有许多其他建立统一国家的礼制活动，最重要者当为国家郊天制度的确立。郊祀制度起源甚早，至少在周王朝时已有祭祀上帝的"郊"礼。据学者研究，按照周初规定，除周王有郊祭上帝权力外，鲁国也被允许进行郊祭，① 其他诸侯国则无郊祀权力。秦统一后在雍五畤举行郊天之礼，开启了统一国家的郊祀制度，加之汉武帝时创制后土祠（祭地），国家郊祀天地制度从此确立，这对后代郊祀天地有着深远的影响。

有学者指出，秦统一后国家祭祀有两个主要特征，一是以名（山）为祠、畤的神祠为主要祭祀对象，二是祭祀对象地理分布广泛。② 六国故地的名山大川被秦朝纳入国家祀典，是"为了表示宇内的混一"。③ 其中有些是沿袭原来秦国的国家祭祀，有些是将六国祭祀权收归己有，也有新创制者。④ 当然，这些祭祀中，有体现儒家思想的祭祀，也有采纳方士之言的祭祀。

秦二世大致循始皇建立礼制的思路，继位当年他便"东巡碣石，并海南，历泰山，至会稽，皆礼祠之，而刻勒始皇所立石书旁，以章始皇之功德"。⑤ 二世还下诏"增始皇寝庙牺牲及山川百祀之礼。令群臣议尊始皇庙"。⑥

---

① 郊祀上帝见于《尚书·金縢》、《左传》哀公十三年、《礼记》中的《礼器》《礼运》《明堂位》等文献，以及《诗·鲁颂·閟宫》等。文献中也有用"类"表示者，如《尧典》"肆类于上帝"，《泰誓》"受命文考，类于上帝"。

② 田天：《秦汉国家祭祀史稿》，生活·读书·新知三联书店 2015 年版，第 12 页。当脱一"山"字。

③ 杨英：《祈望和谐——周秦两汉王朝祭礼的演进及其规律》，商务印书馆 2009 年版，第 266 页。

④ 具体可参见田天、杨英、史党社、马志亮等书。

⑤ 《史记》卷二八《封禅书》，第 1370 页。

⑥ 《史记》卷六《秦始皇本纪》，第 266 页。

客观地说，秦始皇建立的大一统封建王朝礼制的主要内涵是儒家的，绝不是法家的，更不是其他如阴阳家或方士的。如果不承认这一点，那么我们就无法理解为何后世王朝大多激烈地批评所谓"暴秦"，但又大量吸纳或沿袭秦朝的礼仪措施。

当然，我们也不必夸大秦始皇对儒家的"好感"，其实始皇只是让儒士参与国家大一统礼制建设，他们的建议只是"备顾问"而已，真正的决定权仍牢牢掌握在始皇手中，这也充分体现出大一统王朝礼制构建中，皇帝集权的特质。《史记》中有段记载：

> 即帝位三年，东巡郡县，祠驺峄山，颂秦功业。于是征从齐鲁之儒生博士七十人，至乎泰山下。诸儒生或议曰："古者封禅为蒲车，恶伤山之土石草木；埽地而祭，席用菹秸，言其易遵也。"始皇闻此议各乖异，难施用，由此绌儒生。[①]

"即帝位三年"，当在秦始皇三十年前后。始皇没有听从儒生的建议，也没有黜退他们，显然只是征求他们的意见，备为参谋。又如始皇"至湘山祠。逢大风，几不得渡。上问博士曰：'湘君何神？'博士对曰：'闻之，尧女，舜之妻，而葬此。'于是始皇大怒，使刑徒三千人皆伐湘山树，赭其山"，[②] 三十三年"始皇置酒咸阳宫，博士七十人前为寿"。[③] 此均可见秦始皇以博士（当然包括儒家）以备顾问的态度。

秦始皇被后人批评最为激烈的是"焚书坑儒"，长期以来他也被认为是使先秦学术丧尽的罪魁祸首。《史记》载：焚书为秦始皇三十四年（前 213），坑儒在三十五年（前 212）。焚书令只是禁民间传习儒家学问，而官藏儒家经典并未被焚毁，博士仍可阅读，以备顾问。至始皇三十六年，有黔首刻石曰"始皇帝死而地分"，

---

① 《史记》卷二八《封禅书》，第 1366 页。
② 《史记》卷六《秦始皇本纪》，第 248 页。
③ 《史记》卷六《秦始皇本纪》，第 254 页。

"始皇闻之,遣御史逐问,莫服,尽取石旁居人诛之,因燔销其石。始皇不乐,使博士为《仙真人诗》,及行所游天下,传令乐人歌弦之"。① 可见备顾问的博士仍未退出秦朝的历史舞台。同时,也可从汉初一些儒家学者保存或传授儒家学术来分析,似乎秦焚书坑儒并不彻底,② 儒家文化仍在。③

始皇更相信阴阳、方术之士,故秦朝设立许多神祠进行祭祀,这体现了阴阳家、方士的影响或说作用。④ 如此,大一统的以儒家思想为基础的封建礼制建设便会迟滞。始皇之后,秦二世乃至西汉初中期的帝王,大多对此迷恋不堪。尽管汉始肇基,儒学稍有复兴,朝廷也先后立了不少经学博士,然而这些博士对皇帝的影响远不及那些方士。⑤ 因此,可得出以下结论:秦祚虽不长,然能够初步建立起统一国家的一些礼仪,许多礼制也为后世所承袭,我们不能因冠其"暴秦"或以秦仪今不存而否认其建立礼制的努力。而西汉前期,实沿袭秦朝创制的礼制。但秦与汉初皇帝过于迷信阴阳、信任方士,因此在大一统礼制建设中,他们只能成为匆匆过客,而将礼制建设的重任交由后代儒家学者来完成。

实际上,宋人王应麟曾论述秦制对后世的影响:"三代以亡,遭秦变古,后之有天下者一切用秦,虽有欲治之主,牵于时俗,安于苟简而已。"⑥ 王氏之语,一是强调三代礼制之宏大,有今不如

---

① 《史记》卷六《秦始皇本纪》,第 259 页。

② 从汉初到武帝时期,有关儒家的著述屡有出现,这是见于史书记载之事,由此反证秦焚书坑儒并未真正"消灭"儒家乃至其他诸子学问。

③ 《隋书》卷四九《牛弘传》有中国古籍"五厄"之说,首列秦始皇焚书。实际上,《史记》卷七《项羽本纪》载欲学万人敌而不喜读书的项羽,"引兵西屠咸阳,杀秦降王子婴,烧秦宫室,火三月不灭"(第 1298—1299 页),可见项羽毁灭典籍比秦始皇严重得多,然亦未完全消灭儒家文化。

④ 参见《史记》卷二八《封禅书》。

⑤ 可参见《史记》卷二八《封禅书》、卷一二《孝武本纪》等。

⑥ 王应麟:《玉海》卷六八《礼仪》,广陵书社 2007 年版,第 1279 页。

古之叹；二是指出秦礼为中国古代礼制的重要组成部分，后世帝王只是因循秦之礼制。尽管王氏十分敏锐地发现秦统一是中国古代礼制发展的重要分界线，但称"一切用秦"，显然夸大了秦礼的影响与作用。不过，王氏指出自秦统一"变古"改制之后，后世只是沿袭其开创之路发展的观点则是应该肯定的，因为王氏看出秦建立的大一统封建专制礼制对后代王朝的深刻影响。王应麟在具体叙述历代礼制变迁时并未罗列秦朝礼制情况，只引《汉书·叔孙通传》"愿颇采古礼与秦仪杂就之"一语，仅仅显示出"秦仪"与"古礼"（主要是儒家传承之礼）不甚吻合、汉礼又沿袭秦礼的事实。当然，我们可以从汉高祖祀北畤（黑帝），"悉召故秦祀官，复置太祝、太宰，如其故仪礼"① 中看出汉袭秦制的基本史实。实际上，秦朝统一后，始皇并未建立一整套完善的礼制，仅是开创了大一统王朝礼制，然而后世王朝沿袭始皇开创之制，最终确立完善了封建专制主义的礼制体系。

三　西汉为何建立不起五礼制度

前文已经指出，没有充分证据证明先秦时已经出现"吉凶宾军嘉"五礼，但相关礼名已经产生。秦朝虽实现了统一，初步建立了一些礼仪，但它因国祚短暂而未能最终建立起一套大一统礼仪制度。尽管如此，我们仍不能低估其影响。

问题在于：既然五礼体系是大一统封建王朝最为合适的礼制，如果说秦因国祚短暂而不能建立起这套体系，为何西汉二百余年仍未能建立呢？

在笔者看来，要创制一整套封建王朝的礼制体系，至少需要三个前提条件，一是帝王的意志，二是学术发展的基础，三是客观的政治局势。三者密切相关，缺一不可。以下先从秦朝情况入手分析。

---

① 《汉书》卷二五上《郊祀志上》，第 1210 页。

　　秦始皇统一中国，从其本身而言，确有建立一整套封建王朝礼制体系的愿望，他在礼制建设方面的一切活动都是基于尊君抑臣、围绕着"大一统"而展开的，因此，秦之礼制非常重视天子礼的建设。然而，就当时的学术发展基础和客观的政治局势来看，条件并不成熟。且不说北方匈奴的威胁并未消除，秦的统一也并没有完全消解六国反对势力，加之始皇采取严厉的以法家为核心的统治政策，试图以高压来平定诸国反对势力，实际上反而导致对立情绪日趋高涨。在这种局势之下，想要创制完整的大一统封建王朝的礼制体系确实比较困难。加之始皇本身对儒家只是备顾问而已，尤其晚年采取"焚书坑儒"手段，发泄私愤，禁锢私学，信任阴阳、方术之士，秦朝的儒学学术氛围已被完全破坏。秦二世昏庸暴虐，国内矛盾极其尖锐，加之其在位时间更短，虽能沿袭始皇时期的一些礼制，然创制新礼制体系谈何容易！再从学术发展基础方面来看，秦始皇虽"悉内六国礼仪，采择其善"，即虽不合圣制，但只要符合"尊君抑臣"的专制体制，他都会吸纳。然而各国各自为政，礼制并不统一，且符合封建专制大一统王朝的理论还没有出现，因此，短暂的秦王朝在这样的基础上想一蹴而就地创建完善的礼制体系是根本不可能的。

　　秦末项刘之争，尤其是项羽屠城焚宫，对先秦以后学术文化（当然包括儒家学术）的摧残极其严重。西汉之初，国家掌握的图典大为减少，然而并不能说儒学已经绝迹，《史记》载：

　　　　及高皇帝诛项籍，举兵围鲁，鲁中诸儒尚讲诵习礼乐，弦歌之音不绝，岂非圣人之遗化，好礼乐之国哉？……夫齐鲁之间于文学，自古以来，其天性也。故汉兴，然后诸儒始得修其经艺，讲习大射乡饮之礼。叔孙通作汉礼仪，因为太常，诸生弟子共定者，咸为选首，于是喟然叹兴于学。[①]

────────────

① 《史记》卷一二一《儒林传》，第 3117 页。

汉高祖时"鲁中诸儒尚讲诵习礼乐，弦歌之音不绝"，显然儒学至少在鲁地仍有较广的传授。汉初名儒叔孙通便是鲁人，"降汉，从儒生弟子百余"，[①] 也可证明鲁地儒学并未绝迹。《史记·儒林传》载有汉初齐鲁儒家之事：

> 申公者，鲁人也。高祖过鲁，申公以弟子从师入见高祖于鲁南宫。
>
> 伏生者，济南人也。故为秦博士。孝文帝时，欲求能治《尚书》者，天下无有，乃闻伏生能治，欲召之。是时伏生年九十余，老，不能行，于是乃诏太常使掌故朝错往受之。秦时焚书，伏生壁藏之。其后兵大起，流亡，汉定，伏生求其书，亡数十篇，独得二十九篇，即以教于齐鲁之间。学者由是颇能言《尚书》，诸山东大师无不涉《尚书》以教矣。[②]

鲁人申公之师浮丘伯为齐人，[③] 汉初两人入见高祖；伏生原为秦博士，通《尚书》，秦焚书时，"伏生壁藏之"，汉初"教于齐鲁之间"。这两例与上述叔孙通之例充分说明，虽经秦焚书坑儒，齐、鲁儒学未绝，甚至还可以说儒学流传仍有一定规模。[④] 因而无须赞同汉后诸儒夸大焚书坑儒灾难之说，[⑤] 因为汉初儒学既有一定规模之传授，若及时兴学，情况自然会有所好转。然汉初高祖不重礼仪，黄老之术泛滥，帝王宁信方士也不信儒学，实是丧失一个极

---

① 《史记》卷九九《刘敬叔孙通传》，第2721页。

② 《史记》卷一二一《儒林传》，第3120、3124—3125页。

③ 《史记》卷一二一《儒林传》索隐云："《汉书》云'申公少与楚元王俱事齐人浮丘伯，受《诗》'。"（第3121页）

④ 《史记·儒林传》能够撰写出西汉儒学传承情况，亦可证明儒学传承并未断绝。

⑤ 《史记》卷一二一《儒林传》就批评秦始皇焚书坑儒："及至秦之季世，焚《诗》《书》，坑术士，《六艺》从此缺焉。"（第3116页）

佳的恢复儒家学术的机遇。① 不过，高祖对天子之礼仍有一定兴趣，史称汉初"群臣饮酒争功，醉或妄呼，拔剑击柱"，叔孙通制礼之后，"御史执法举不如仪者辄引去。竟朝置酒，无敢欢哗失礼者。于是高帝曰：'吾乃今日知为皇帝之贵也。'"② 可见，汉初儒家承袭秦儒之余脉，显然与先秦儒家不同，因为秦汉儒家在维护皇权及帝王绝对权威方面与先秦儒家不可同日而语，由此，礼制中天子之礼日趋重要。

《史记》载高祖至武帝时儒学传承情况甚详：

> 然尚有干戈，平定四海，亦未暇遑庠序之事也。孝惠、吕后时，公卿皆武力有功之臣。孝文时颇征用，然孝文帝本好刑名之言。及至孝景，不任儒者，而窦太后又好黄老之术，故诸博士具官待问，未有进者。

> 及今上即位，赵绾、王臧之属明儒学，而上亦乡之，于是招方正贤良文学之士。自是之后，言《诗》于鲁则申培公，于齐则辕固生，于燕则韩太傅。言《尚书》自济南伏生。言《礼》自鲁高堂生。言《易》自菑川田生。言《春秋》于齐鲁自胡毋生，于赵自董仲舒。及窦太后崩，武安侯田蚡为丞相，绌黄老、刑名百家之言，延文学儒者数百人，而公孙弘以《春秋》白衣为天子三公，封以平津侯。天下之学士靡然乡

---

① 西汉初年重黄老之学，虽然儒学不再是禁学，儒家学者也可正大光明地传授学问，并在一定程度上参与政治，然而他们并未获得帝王重视与重用。陆贾在高祖之时曾撰《新语》，贾山在文帝时著《至言》，都旨在批判暴秦、法家，总结秦朝二世而亡的经验教训。贾谊在文帝时担任博士、太中大夫，他的《过秦论》虽比陆贾、贾山观点更为深刻，但仍是基于总结秦亡的经验教训。不过，贾谊还提出"改正朔，易服色制度，定官名，兴礼乐"（《汉书》卷四八《贾谊传》，第 2222 页），但因遭到周勃、灌婴等人反对而被贬为长沙王太傅，后改为梁怀王太傅，却又因梁怀王坠马而死，他伤心至死，未能一展宏图。

② 《史记》卷九九《叔孙通传》，第 2722—2723 页。

风矣。①

实际上，高祖到武帝时的政局也影响了五礼制度的诞生。一方面，匈奴边患长期得不到解决，尽管和亲政策一度缓解了军事上的压力，但汉政府所受的压力仍然极大，这一问题直到武帝中晚期才得以解决。另一方面，由于高祖分封同姓王，渐而尾大不掉，乃至出现"国中之国"，最终爆发了吴楚七国之乱，想要建立大一统的礼仪制度，这也是极大障碍。此事也到雄才大略的武帝时才最终解决。另外，武帝即位，窦、王两太后掌控朝政，丞相窦婴、太尉田蚡等人曾议立明堂，以摆脱窦太后掣肘，然次年（建元二年，前139）窦太后发动宫廷政变，"婴、蚡以侯家居"，②"废明堂事"，③并迫使赵绾、王臧自杀，直到建元六年（前135）窦太后死，武帝才真正控制朝政。此后，武帝集中力量解决内外问题：一是加强中央集权，彻底解决诸侯王问题；二是彻底解决匈奴边患问题。在学术上，他采纳董仲舒"罢黜百家，独尊儒术"的建议。在解决匈奴问题上，武帝花费了极大力量，直到元狩四年（前119）才基本完成这一任务，而文景之时积聚下来的财富也消耗殆尽。武帝统治时期，由于需要大量财富来支撑他解决匈奴问题，他起用桑弘羊，先后推行算缗、告缗、盐铁官营、均输平准、西北屯田等一系列措施，千方百计地搜刮财富，扩大财政收入，从而导致天怒人怨，矛盾重重。当然武帝重视儒学，在礼制建设上也起过相当作用，④皇

---

① 《史记》卷一二一《儒林传》，第3117—3118页。

② 《汉书》卷五二《窦婴田蚡传》，第2379页。

③ 《汉书》卷八八《儒林传》，第3608页。

④ 《汉书》卷六《武帝本纪·赞》称："汉承百王之弊，高祖拨乱反正，文景务在养民，至于稽古礼文之事，犹多阙焉。孝武初立，卓然罢黜百家，表章《六经》。遂畴咨海内，举其俊茂，与之立功。兴太学，修郊祀，改正朔，定历数，协音律，作诗乐，建封禅，礼百神，绍周后，号令文章，焕焉可述。"（第212页）尽管汉武帝在创建礼制上做过许多工作，但《汉书》仍有夸大武帝在礼制建设上功绩的倾向。

权威严在汉武时代获得极大发展。① 不过，在统治的中晚期，他更重视方士，儒学也没有真正获得"独尊"而迅速发展。可见，汉武帝之前数代皇帝不喜欢或忽视儒学，而武帝时最有可能建立这一大一统的礼制，但武帝没有真正花费精力来制定统一国家的完整的礼制，② 具体条件也不太成熟，因而错失了最好的机遇。

有学者指出："西汉中前期，儒生在国家祭祀中的影响力未必胜于方士。直到西汉中后期的礼制复古运动，他们才真正对国家祭祀产生决定性的影响……儒家礼学彻底掌控国家祭祀之后，方士在国家祭祀中的身份才最终改变。"③ 这一说法有一定道理。这也是秦与汉中期乃至更后一些皇帝统治时期并未建立起真正适应大一统政权礼制的原因。

武帝之后的昭、宣、元、成、哀数帝时期，外戚势力逐渐强大，中央集权削弱，尽管某些皇帝进行过礼制建立，但受各种政治势力与外戚的掣肘，汉王朝又失去了建立统一王朝礼制的机会。当然，不能说昭帝之后的数帝没有获得过礼制建设的成功。如汉初下诏诸侯国建立宗庙，实际包含着"非刘氏王者天下共击之"④ 的含义，以显示大一统一姓王朝的权威，但也隐藏着分裂因素。但到元帝永光四年（前40），汉王朝情况发生变化，于是下诏："明王之御世也，遭时为法，因事制宜。往者天下初定，远方未宾，因尝所亲以立宗庙，盖建威销萌，一民之至权也。"⑤ "一民之至权"正说明天下一统、集权皇帝的政治诉求。这一年，元帝废除诸侯祭祀宗庙的权力，以"庶子不祭祖"为由，将祭祀权收归己有，完成了

---

① 文、景时期，诸侯国竟然能举兵反叛，说明皇权受到挑战。而汉武时则无此现象，他以推恩令、酎祭宗庙等手段，极大地削弱了诸侯王势力。他创置后土祠，亲自祭祀，显示了皇权的威严。

② 《史记》卷一二一《儒林传》提到武帝下诏欲制礼，显然武帝也进行过一些礼制建设，然并未全力以赴地制定新的五礼体系。

③ 田天：《秦汉国家祭祀史稿》，第9页。

④ 《汉书》卷九七上《外戚传上》，第3939页。

⑤ 《汉书》卷七三《韦玄成传》，第3116页。

体现专制帝王集权己手的一项重要礼仪。

从学术层面来说，学界基本的看法是，汉初在一些儒家学者中流传的主要是士礼，涉及天子礼、诸侯礼、大夫礼极少，[1] 五礼建设的理论并未出现。因此，尽管汉初数帝进行过许多礼制建设，[2] 但直至武帝之前，没有五礼理论的"吉凶宾军嘉"礼制体系是不可能出现的。到武帝之世，孔安国把"五礼"解释成"吉凶宾军嘉"，显然已有五礼之说，但也并非完整的五礼理论体系。在笔者看来，五礼之说应该在战国时期就出现了，孔安国仅是沿袭此说而已。如前所述，依据现有史料大致只能断定：（1）"五礼"或与五行有关，五礼之说至少在战国后期就已出现；（2）秦统一之前便出现了"嘉礼""宾礼""军礼"之类礼名；（3）《周礼》重现虽在汉初，但撰写于战国时期是可以肯定的，[3] 同时又掺入秦之后内

---

① 关于汉代制礼，杨天宇《郑玄三礼注研究》说："《仪礼》仅 17 篇，而其中《既夕礼》为《士丧礼》的下篇，《有司》为《少牢馈食礼》的下篇，实际只有 15 篇。这 15 篇所记又大多为士礼，只有《觐礼》记诸侯朝觐天子而天子接见来朝诸侯之礼，算是涉及到天子之礼，这对于已经实现了天下大一统的西汉王朝来说，欲建立一整套朝廷礼制，显然是不够用的。"（天津人民出版社 2007 年版，第 145 页）杨先生所言甚是，然其著侧重研究郑玄《三礼注》，未能对大一统礼制深入研讨，实为可惜。

② 汉初，"叔孙通为太常，定园陵、宗庙及高祖庙，奏《武行》、《文始》、《五行》之舞。《武行》者，高祖所作，以象天下乐已行，武以除乱也。《文始》舞者，本舜韶舞也，高祖更名《文始》舞。《五行》舞者，本周舞也，秦始皇更名《五行》舞"（荀悦：《前汉纪》卷五，《四部丛刊》本。更名时间可参考《汉书》卷二二《礼乐志二》）。高祖之父去世，高祖"令诸侯王皆立太上皇庙于国都"（《汉书》卷一下《高帝纪下》，第 68 页），惠帝"令郡诸侯王立高庙"（《汉书》卷二《惠帝纪》，第 88 页），先秦礼制有天子立宗庙的记载，而诸侯、大夫、士只在封地立自己直系父祖之庙，并没有立"天子"宗庙的规定，因此，汉高祖与惠帝令诸侯王在郡国立"国家级"之庙是自我作古之举，并不符合先秦礼制。显然西汉伊始就开始对礼制有所更易，但不属于五礼体系。

③ 关于《周礼》成书时间有诸多说法，有周公手作、作于西周、作于春秋、作于战国、作于周秦之际、作于汉初、刘歆伪造等说，参见彭林《〈周礼〉主体思想与成书年代研究（增订版）》，第 3—6 页。其中战国说又有顾颉刚、杨向奎的战国中叶齐国法家说，钱玄、齐思和的战国晚期说，郭伟川的战国早期魏文侯时期子夏学派说。郭说见氏著《〈周礼〉制度渊源与成书年代新考》，国家图书馆出版社 2016 年版。笔者以为，"成书"两字太为笼统，似可说《周礼》初撰于何时，最终修定于何时。这或许可以为解决《周礼》"成书"时间问题多提供一条途径。

容也是无可非议的。① 《周礼》一书中，五礼在《地官·司徒》中两见，《春官·宗伯》中一见，尤其是《春官》中明确出现了吉礼、凶礼、宾礼、军礼和嘉礼名称及内涵，初步勾勒出五礼理论的框架，但真正符合大一统封建专制国家政体的具体内容还未确立，何况刚现世的《周礼》还属于古文经，并未受到帝王与博士的重视。因此，孔安国或许是看到《周礼》之后才做如此解释的。②

四　西汉末年到东汉：建立大统一王朝礼制的努力与曲折

既然孔安国已经明确提到"吉凶宾军嘉"五礼，《周礼》中也有记载，为何武帝乃至稍后却建立不起这一五礼体系？甚至连以"五礼"为名的著作都没有出现？③ 这就要从当时的今文经与古文经的学术论争说起。

有关经学之今文与古文之争，学界研究非常透彻，无须多论，但大致与礼制相关者可做如下叙述。其一，西汉初儒学复兴是在批判暴秦的基础上发展起来的，④ 汉初所重视的《礼记》与《仪礼》，实属士礼体系。其二，西汉儒学复兴，以今文经为代表，立于官府，设置博士，以《周礼》《春秋左传》为代表的古文经虽然在武帝时出现，但不受官方支持，藏之秘阁或流传于一些士大夫之

---

① 李学勤：《序一》，参见郭伟川《〈周礼〉制度渊源与成书年代新考》，第1—2页。

② 《史记》卷一二《孝武本纪》："上与公卿诸生议封禅。封禅用希旷绝，莫知其仪礼，而群儒采封禅《尚书》、《周官》、《王制》之望祀射牛事。"（第473页）显然《周礼》一书为大臣所知，孔安国能见到当有可能。

③ 《汉书·经籍志》记载礼类典籍有：《礼古经》五十六卷、《经》十七篇、《记》一百三十一篇、《明堂阴阳》三十三篇、《王史氏》二十一篇、《曲台后仓》九篇、《中庸说》二篇、《明堂阴阳说》五篇、《周官经》六篇、《周官传》四篇、《军礼司马法》一百五十五篇、《古封禅群祀》二十二篇、《封禅议对》十九篇、《汉封禅群祀》三十六篇、《议奏》三十八篇。无一以"五礼"命名，这充分说明当时五礼并没有形成体系。但也应该清醒地认识到，这种新的体系正在酝酿之中，《军礼司马法》便是后世军礼的始祖，或许五礼具体的礼仪在酝酿与发展之中。

④ 参见吴雁南等主编《中国经学史》第一章第一节，人民出版社2010年版，第37—42页。

间，影响不大。其三，今文经传承讲究师法与家法，日趋烦琐，墨守成规，创新不足。

如果深入研究经学与礼制发展的关系，可以发现秦晋间经学发展，从汉初儒学复兴后，礼学有四个明显转折：一是汉武帝时已经废除挟书令，独尊儒学，古文经始出，出现了传统礼学从重视道德向道德、政治并重转变的趋势；二是新莽时期刘歆利用古文经为王莽代汉服务，使古文经得以立为官学，开始全面创制基于"国家层面"的新礼制体系；三是郑玄合今古文经为一体，奠定了礼制重政治的新局面；四是王肃批判郑玄，使经学再次形成新派系，促进了礼学的深入发展。

如前所述，西汉后期外戚势力壮大，尤以王氏为最。哀帝于公元前1年九月去世，无子嗣。元帝之后王政君在皇帝驾崩当天即起驾至未央宫，收回传国玉玺，并下诏让其侄子王莽出任大司马；只有前将军何武与左将军公孙禄愤愤不平，以示对王氏家族的不满。不久之后，王莽拥立九岁的平帝即位，由王莽代理国政。元始元年（公元1年），大臣向王太后奏定，让王莽接受安汉公称号，王莽欣然应允，食禄二万八千户。王莽与其三大亲信升任"四辅"之位：王莽为太傅，四辅之首，孔光为太师，王舜为太保，甄丰为少傅，而王莽大权独揽。王莽在礼制方面做过一些改革，如平帝元始五年（公元5年），王莽提出一整套南郊礼仪，这就是著名的"元始仪"。[①] 有学者指出，元始仪的建立，"最终确立了南郊祭祀制度的地位。秦以来神祠祭祀为主体、空间分布广泛的国家祭祀制度，至此终结"。[②] 在笔者看来，王莽确立南郊祭祀制度是伸张皇权的重要措施，此后历朝历代，南郊祭祀成为帝王最为热衷与关切的兴奋点，其原因也在于此。初始元年（公元8年）十二月初一，王政君交出传国玉玺，举王莽为皇帝，改国号为新。

实际上，王莽本人是古文经学者，精于礼学，而其最得力的帮

---

① 《后汉书》卷九七《祭祀志上》载"元始仪"最为详细。
② 田天：《秦汉国家祭祀史稿》，第4页。

手刘歆也是古文经大家。刘歆为王氏政权的诞生与稳固出谋划策，所依据的便是《周礼》。

《周礼》原名《周官》，为河间献王所获得，属古文经，① 学界一般认为出于景、武之时。武帝时，河间王上献朝廷，藏之秘府。② 成帝时，刘向校理秘阁图书，著于《别录》。哀帝时，其子刘歆撰成《七录》。到王莽摄政时，改名《周礼》，置于"经"的地位，立于学官，并依此进行改制。

为何《周礼》在百余年后大放光芒？为什么王莽改制要依据《周礼》？据学者考证，《周礼》一书虽非周公所著，但包含着西周、春秋、战国时期的某些资料，也包含着"整理者的思想倾向及政治主张，更具有一些理想制度的设置和理想政治的内容"。③ 换句话说，《周礼》具有秦统一天下之后一些理想制度和理想政治的内容，自然，这与春秋战国时期天下分裂的情况是不可同日而语的，代表着历史发展的趋向。西汉伊始，官学以今文经一统天下，之后出现的古文经深遭排斥，毫无地位可言。今文经推重《仪礼》，侧重士礼，自然与一统天下、皇权独尊的政治环境不甚吻合。而属于古文经的《周礼》则是讲天子建官设职，实有天子礼之气概，④ 完全适

---

① 《汉书》卷五三《景十三王传》："献王所得书皆古文先秦旧书，《周官》、《尚书》、《礼》、《礼记》、《孟子》、《老子》之属，皆经传说记，七十子之徒所论。"（第2410页）

② 司马迁身为太史，能接触皇家图书，当看过《周官》，《史记》中多次提到《周官》则是明证。然一般人则难以一睹其书。贾公彦曰："至孝武帝时，始开献书之路，既出于山岩屋壁，复入秘府，五家之儒莫得见焉。"郑玄注，孔颖达疏：《礼记正义》卷一《曲礼》，第5页。

③ 姜广辉主编：《中国经学思想史》第2卷，中国社会科学出版社2003年版，第234页。

④ 古代官制本身便是一种礼制，汉代出现许多有关官制的著述，实际就是礼。后世亦然，如纪昀等《四库全书总目》卷九四《御定资政要览》载："盖治天下者，治臣民而已矣。使百官咸提躬饬行以奉其职守，万姓咸讲让型仁以厚其风俗，则唐虞三代之治不过如斯。"（中华书局1965年版，第795页）清人唐晏甚至声称："古之治天下者，无所谓法也，礼而已矣。"《两汉三国学案》，吴东民点校，中华书局1986年版，第323页。

应大一统之政治局面及专制王朝的需求，其中隐伏着提升皇权威严的内涵。身为古文经学家的王莽改制，改其名为《周礼》、升其为"经"、列之学官，实为必然。

但是，王莽改制没有成功，新朝也仅延续了 10 余年便失败了。清人赵翼曾指出王莽改制失败的原因："锐意于稽古之事，以为制定则天下自平。乃日夜讲求制礼作乐，附会六经之说，不复省政事"，并嘲笑他"制作未毕而身已为戮矣，此其识真三尺童子之不若"。① 赵氏之言似未中的。有学者深刻地指出："如果以成败论，王莽改制与商鞅变法相比较，商鞅的成功更多的是不囿于传统经典的精英政治的体现，或者说是以新制定的法典为其时代经典的。王莽的失败固然有实践经典以外的诸多因素，但是，理想化而又有违于历史与现实的制度上的复古才是其改制的致命性败因。"② 显然，王莽违背历史发展潮流，脱离现实政治态势，单纯依据《周礼》进行复古改制而创立一整套国家的新礼制是不可能成功的。

就礼制变革来说，"从王莽当政时起，天子礼开始成为礼学的重点"，③ 其表现即刘歆为王莽操办了许多礼制改革——行南郊、修明堂、筑辟雍、立后土、改革官制等，大都与提升天子威信、加强皇权有关。换句话说，这一切都是基于"国家层面"的礼制创制。然而，要建立一整套大一统封建王朝的礼制并非这么容易。其实，西汉时虽然儒学复兴与崛起，但儒生仍然停留在解释先秦儒家圣贤言论的层面，而他们拥有的典籍中没有"天子礼"，只有士礼。因此，要建立一套完整的并获得儒家士大夫认可的新礼制是不现实的，因为两者存在不可调和的矛盾。因此，

---

① 赵翼著，王树民校证：《廿二史札记校证》卷三《王莽之败》，中华书局 1984 年版，第 72 页。

② 姜广辉主编：《中国经学思想史》第 2 卷，第 268 页。

③ 姜广辉主编：《中国经学思想史》第 2 卷，第 199 页。

"因事制宜"①、重新创制一套新礼制是一条可行的出路。汤志钧先生指出："'稽古礼文'的礼制建设并未因儒学的重入宫廷而变得轻而易举。这一方面是因为它本身的复杂和微妙，加剧了建设的困难程度，另一方面也和当时的客观形势有关。秦汉战乱以来，虽已经过几代人的努力，有了不少的建树，但由于整个封建君主集权的国家尚处于草创和巩固阶段，大部分礼制当然更是疏阔简陋，少有定制，甚至一些关系到国家政治和意识形态基本特征的重要制度也很不完善。"② 礼制建设并非一蹴而就，而传统士礼的影响在圣人的光环下仍显得十分耀眼，冲破士礼而直追天子礼，理论准备方面显然不足，要想成功并不容易，王莽单纯依据古文经《周礼》来创制新礼自然也没有成功的可能。

尽管随着新莽政权垮台，《周礼》博士也退出学官舞台，然而到东汉初，古文经学派尤其《周礼》学仍较为流行。③ 东汉光武、明、章诸帝都欣赏古文经，这一时期出现的马融、郑玄、贾逵都属古文经名家。需要强调的是，这些学者并非固守古文经一途，而是开始综合或说融会今古两派观点，使解经切入现实政治，提出了更为适应历史发展潮流的观点。《隋书》曾指出："至王莽时，刘歆始置博士，以行于世。河南缑氏及杜子春受业于歆，因以教授。是后马融作《周官传》，以授郑玄，玄作《周官注》。"④

东汉立国后，习《庆氏礼》的博士曹充受到光武帝信任，"从

---

① 《汉书》卷七三《韦玄成传》，第3116页。《韦玄成传·赞》引班彪之语："汉承亡秦绝学之后，祖宗之制因时施宜。自元、成后学者蕃滋，贡禹毁宗庙，匡衡改郊兆，何武定三公，后皆数复，故纷纷不定。何者？礼文缺微，古今异制，各为一家，未易可偏定也。"（第3130—3131页）这段话说出了西汉初年礼制建设的无奈。元、成之后，则开始大力制定新礼制。

② 汤志钧等：《西汉经学与政治》，上海古籍出版社1994年版，第239页。

③ 杨天宇：《周礼译注》，上海古籍出版社2004年版，"前言"，第21—27页。

④ 《隋书》卷三二《经籍志一》，中华书局1973年版，第925页。王葆玹《今古文经学新论》第三章第五节已指出杜子春非刘歆"里人"。然杜氏是其学生，传其《周礼》学，当无疑（中国社会科学出版社1997年版）。

巡狩岱宗,定封禅礼,还,受诏议立七郊、三雍、大射、养老礼仪",他还提出"五帝不相沿乐,三王不相袭礼,大汉当自制礼,以示百世",① 体现出要求制定适应时代的新礼制的思想主张,获得光武帝认可。其子曹褒"少笃志,有大度,结发传充业,博雅疏通,尤好礼事。常感朝廷制度未备,慕叔孙通为汉礼仪,昼夜研精,沈吟专思,寝则怀抱笔札,行则诵习文书,当其念至,忘所之适"。② 章帝元和二年下诏修礼,已有制"一代之制"的设想。《后汉书》记载,章和元年曾令曹褒制定《汉礼》:

> 令小黄门持班固所上叔孙通《汉仪》十二篇,敕褒曰:"此制散略,多不合经,今宜依礼条正,使可施行。于南宫、东观尽心集作。"褒既受命,乃次序礼事,依准旧典,杂以《五经》谶记之文,撰次天子至于庶人冠婚吉凶终始制度,以为百五十篇,写以二尺四寸简。其年十二月奏上。帝以众论难一,故但纳之,不复令有司平奏。会帝崩,和帝即位,褒乃为作章句,帝遂以《新礼》二篇冠。擢褒监羽林左骑。永元四年,迁射声校尉。后太尉张酺、尚书张敏等奏褒擅制《汉礼》,破乱圣术,宜加刑诛。帝虽寝其奏,而《汉礼》遂不行。③

从这段记载可以看出,尽管章帝期盼曹褒制"一代之制",但实际上"依准旧典"的新礼仍是"冠婚吉凶终始制度",又"杂以《五经》谶记之文",充分说明当时学术思想的准备还没有完成。显然,无论是曹充"立七郊、三雍、大射、养老礼仪",还是曹褒"冠婚吉凶终始制度",制作的礼制仍非完整的五礼体系。④

---

① 《后汉书》卷三五《曹褒传》,第 1201 页。
② 《后汉书》卷三五《曹褒传》,第 1201—1202 页。
③ 《后汉书》卷三五《曹褒传》,第 1203 页。
④ 《后汉书》卷三四《梁松传》亦有"与诸儒修明堂、辟廱、郊祀、封禅礼仪"(第 1170 页),仍可视为单篇独文式的礼仪文献。

实际上，到东汉之时，今文经学者治学烦琐的陋习已极其严重，受《五经》谶记影响甚大，若无一代学者出来纠偏正缪，是不可能产生新的思想体系的。正如范晔所称："汉兴，诸儒颇修艺文；及东京，学者亦各名家。而守文之徒，滞固所禀，异端纷纭，互相诡激，遂令经有数家，家有数说，章句多者或乃百余万言，学徒劳而少功，后生疑而莫正。郑玄括囊大典，网罗众家，删裁繁诬，刊改漏失，自是学者略知所归。"① 这里说明两点：一是东汉伊始，今文经烦琐、固执己见，谶纬迷信影响深重，难以为当时政治服务，不可能完成创建天子之礼的重任；二是古文经学者走今文经老路自然毫无希望。因此，到了东汉末年，郑玄融会今古文，创立新说，才不但使经学获得新生，而且可以为当时政治服务。

当然，郑玄并非第一个出场与今文经学派争斗者，早在西汉末年刘歆就与他们交过手了，然以失败告终。杨天宇指出：西汉后期今文、古文之争"以刘歆所代表的古文经学派的失败而告终，刘歆也被下放到地方做官去了。但这次争论除博士们所谓'以《尚书》为备，谓左氏为不传《春秋》'之说，略带学术性质，并没有涉及到任何具体的学术问题。且当时的博士都甚浅陋，大多没有见过古文经，更谈不上有所研究，故'不肯置对'，宜其然也。至于博士们一致反对古文经的根本原因，则是为了垄断利禄之途，不愿古文经学派出来跟他们争饭碗、争仕途"。② 而自东汉光武帝始，古文经学派崛起，"今古文之争，已成为道统之争（谁更能传孔子之道）、学术之争，与西汉末年的今古文之争，性质已迥然不同"。③ 显然，此时双方之争已带有"理论"色彩。如果进一步说，今古文之争，还有经学发展能否适应社会发展趋势的问题。

---

① 《后汉书》卷三五《郑玄传·论》，第 1212—1213 页。
② 杨天宇：《郑玄三礼注研究》，第 41 页。吴雁南也称：今文经学"为了捍卫自身的利禄之路，必然同古文经学形成两军对垒之势"（吴雁南等主编《中国经学史》，第 117 页）。
③ 杨天宇：《郑玄三礼注研究》，第 45—46 页。

　　有学者认为："郑玄将《周礼》提升为三《礼》之首的时候，他实际上做了一项意义极大的变革，即把传统的礼学的重点转向了政治制度之学。如果说刘歆之使士礼过渡为以天子礼为主，是中国礼学的一大转折，那么郑玄将礼学变成政治制度之学便是更大的转折。"[①] 这一说法有道理。实际上，礼学本身便是"政治之学"，无论是先秦还是两汉都如此，只不过先秦时期比较重视"道德"这个层面，到郑玄时则极大地突出了"政治"层面而已。况且刘歆以《周礼》为王莽登基与改制服务，便是属于"政治之学"的注脚。当然，这一观点所强调的刘歆与郑玄引起了礼学的两大转折，则是完全正确的。

　　在笔者看来，郑玄虽初步构建了大一统的封建礼学理论体系，但并未完成秦晋间礼学转变的整个工作，其实，魏晋之间礼学还有一次重要变革，那便是王肃对郑玄礼学的批判。[②] 当然，这应该从礼学内部变迁及政治需求两方面来考量。

　　汉末到魏晋之际，郑康成之学基本统治经学，"郑君党徒遍天下，即经学论，可谓小统一时代"。[③] 如西晋之时，所立经学博士十九人，除《公羊》《穀梁》《论语》，其余都是郑学。[④] 但到曹魏中后期，[⑤] 则受到王学挑战。王肃为曹魏名儒王朗之子，又是司马

---

①　姜广辉主编：《中国经学思想史》第 2 卷，第 200—201 页。

②　皮锡瑞对古文经大家刘歆、王肃评价不高："两汉经学极盛，而前汉末出一刘歆，后汉末生一王肃，为经学之大蠹。歆，楚元王之后；其父向，极言刘氏、王氏不并立。歆党王莽篡汉，于汉为不忠，于父为不孝。肃父朗，汉会稽太守，为孙策虏，复归曹操，为魏三公。肃女适司马昭，党司马氏篡魏，但早死，不见篡事耳。二人党附篡逆，何足以知圣经！而歆创立古文诸经，泪乱今文师法；肃伪作孔氏诸书，并郑氏学亦为所乱。歆之学行于王莽；肃以晋武帝为其外孙，其学行于晋初。"（皮锡瑞：《经学历史》，中华书局 1981 年版，第 159—160 页）皮氏之语是基于"正统"观念，自不必多加理会，然皮氏指出刘、王两人在经学历史上产生过重要影响则是不误的，可以看出两人都是经学发展历史上的关键人物。

③　皮锡瑞：《经学历史》，第 151 页。

④　具体参见马宗霍、马巨《经学通论》，中华书局 2011 年版，第 261 页。

⑤　据杨天宇考证，王学立于学官，"不早于嘉平年间"，参见《郑玄三礼注研究》，第 171 页。

昭之岳父，晋武帝司马炎之外祖父。史书记载："肃善贾、马之学，而不好郑氏，采会同异，为《尚书》、《诗》、《论语》、《三礼》、《左氏》解，及撰定父朗所作《易传》，皆列于学官。其所论驳朝廷典制、郊祀、宗庙丧纪、轻重，凡百余篇。"① 晋武帝时能够建立体制宏大、符合封建王朝统治的五礼体系也就成为历史的必然。

遗憾的是，王肃的许多著作并未流传至今，② 我们也无法直接获知他对五礼的具体见解。不过，王肃对郑玄礼学的批判有较多学者进行了论述，③ 但无论学者观点如何，有一点是可以肯定的，即王肃对郑玄的批判，形成了经学内部不同的新派别，促进了礼学的发展，成为五礼制度产生的重要条件；同时也可以看出由于王肃当时的政治地位与经学地位，其礼学在曹魏晚期到西晋一度有取代郑

---

① 《三国志》卷一三《王肃传》，中华书局 1982 年版，第 419 页。

② 王肃著作今不存，无法详知其观点。今人李振兴搜遗抉微，著《王肃之经学》一书，对郑、王学术异同做了详尽的对比。参见李振兴《王肃之经学》，华东师范大学出版社 2012 年版。

③ 摘主要论文如下：杨华《论〈开元礼〉对郑玄和王肃礼学的择从》（《中国史研究》2003 年第 1 期）、郝虹《王肃反郑是经今古文融合的继续》（《孔子研究》2003 年第 3 期）、乐胜奎《王肃礼学初探》（《孔子研究》2004 年第 1 期）、任怀国《试论王肃的经学贡献》（《管子学刊》2005 年第 1 期）、李传军《魏晋禅代与"郑王之争"——政权更迭与儒学因应关系的一个历史考察》（《孔子研究》2005 年第 2 期）、张焕君《从郑玄、王肃的丧期之争看经典与社会的互动》（《清华大学学报》2006 年第 6 期）、郭善兵《魏晋皇帝宗庙祭祖礼制考论》（《平顶山学院学报》2007 年第 1 期）、王继训《论汉末经学的反复：以郑玄、王肃为例》（《管子学刊》2007 年第 1 期）、郝桂敏《王肃对郑玄〈诗〉学的反动、原因及学术史意义》（《社会科学辑刊》2008 年第 1 期）、户瑞奇《王肃反郑的历史原因及其意义》（《安徽文学》2009 年第 3 期）、郝虹《三重视角下的王肃反郑：学术史、思想史和知识史》（《史学月刊》2012 年第 4 期）、程兴丽《郑玄、王肃〈书〉学之争考辨》（《古籍整理研究学刊》2014 年第 1 期）、刘丰《王肃的三〈礼〉学与"郑王之争"》（《中国哲学史》2014 年第 4 期）、巴文泽《关于王肃经学思想的两点新解》（《中国哲学史》2014 年第 4 期）、郭善兵《郑玄、王肃〈礼记注〉比较研究》（《泰山学院学报》2015 年第 4 期）、宁镇疆《郑玄、王肃郊祀立说再审视》（《历史研究》2014 年第 5 期）、马楠《马融郑玄王肃本〈尚书〉性质讨论》（《文史》2016 年第 2 期）、陈赟《"以祖配天"与郑玄禘论的机理》（《学术月刊》2016 年第 6 期）。

学的趋势，影响颇大。① 尽管王肃批判郑玄，但他没有反对郑玄的"五礼"学说，只是反对郑玄所持的关于礼仪的一些具体观点，这一点是应注意的。实际上，此后各朝有关五礼某些具体礼仪的争论，或引郑玄或据王肃，但都不反对五礼体系，其原因也便在于此。自然，随着西晋灭亡，在政治上与晋王朝密切相关的王学便退出太学博士行列。于是，东晋经学除王朗《易》学外，其余都立郑学博士。

杨天宇曾批评郑玄注《三礼》，其中提到两条甚可注意。一是郑玄坚信《周礼》是周公所制作，二是郑注《三礼》的目的很明确，"他要把他的社会政治思想，包括封建的等级观念和伦理道德观念，都体现在他的经《注》里，特别是体现在对礼义的阐发中"。② 显然，郑玄注《三礼》是当时人的思想观念的反映，代表着大一统王朝初建时期要求皇权集中、等级分明、伦理鲜明的时代特色。

由于郑玄之礼学对后人影响极大，③ 作为三礼之首的《周礼》又被他确认为周公所作，其中提及的吉凶宾军嘉"五礼"当然成为大一统王朝构建礼制的标准。王肃反对郑玄，但也丰富了五礼制度的理论，西晋统一后出现五礼体系也成为最终的结果。

五　秦晋之际五礼诞生的现代启示

综上所述，五礼制度是适应大一统专制王朝之礼，它不可能出现在统一王朝之前，也不可能万世永存。秦晋时期各种制度包括礼制的变迁，实际与当时社会"适时改制"的思想密切相关，是时代变化的必然要求。

秦下焚书令前，丞相李斯便声称："五帝不相复，三代不相

---

① 王学在曹魏时立于学官，博士主王学者甚多。至魏晋禅代，极为重要的郊庙之礼，"一如宣帝所用王肃议"，《晋书》卷一九《礼志上》，第584页。

② 杨天宇：《郑玄三礼注研究》，第210页。

③ 刘师培曾说：郑玄"著述浩富，弟子众多，故汉魏之间盛行郑氏一家之学"。氏著：《刘申叔遗书》，江苏古籍出版社1997年版，第467页。

袭，各以治，非其相反，时变异也。"① 汉初，高祖与叔孙通议制礼，叔孙通说出一段非常著名的话："五帝异乐，三王不同礼。礼者，因时世人情为之节文者也。故夏、殷、周礼所因损益可知者，谓不相复也。臣愿颇采古礼与秦仪杂就之。"② 显然，叔孙通将礼称为"因时世人情为之节文者"，实是中的之语。汉武帝元朔六年六月诏称"五帝不相复礼，三代不同法，所繇殊路而建德一也"。③宣帝曾称"汉家自有制度，本以霸王道杂之，奈何纯任德教，用周政乎！且俗儒不达时宜，好是古非今，使人眩于名实，不知所守，何足委任?"④ 大有抛弃俗儒之倾向。然而，汉代出现"七十子后学者所记"⑤ 的《记》一百三十一篇，其中《乐记》称"五帝殊时，不相沿乐；三王异世，不相袭礼"。⑥《礼记》不仅在西汉流行，乃至设立博士，被奉为儒家经典，⑦ 显然已被上至皇帝、下至学者的相当一部分人接受。由于《礼记》中记载了大量前代礼仪，其内容可直接为当时礼制的制定提供参考，因此《礼记》对当时的礼制建设起着一定的促进作用。自然也有一部分学者不愿参与礼制建设，如"希世度务，制礼进退，与时变化，卒为汉家儒宗"⑧ 的叔孙通，在召集鲁国儒生修礼时，就有两位儒生不愿参加，叔孙通斥其"不知时变"。⑨

当然，仅说时变势异太过笼统，一种制度的产生还有许多具体的客观条件。如前所述，五礼制度产生至少需要三个前提条件，即

① 《史记》卷六《秦始皇本纪》，第 254 页。
② 《汉书》卷四三《郦陆朱刘叔孙传》，第 2126 页。
③ 《汉书》卷六《武帝纪》，第 173 页。
④ 《汉书》卷九《元帝纪》，第 277 页。
⑤ 《汉书》卷三〇《艺文志》，第 1709 页。
⑥ 孙希旦：《礼记集解》卷三七《乐记》，第 991 页。
⑦ 《汉书》卷八八《儒林传·赞》："初，《书》唯有欧阳，《礼》后，《易》杨，《春秋》公羊而已。至孝宣世，复立《大小夏侯尚书》，《大小戴礼》，《施》、《孟》、《梁丘易》，《穀梁春秋》。"（第 3620—3621 页）
⑧ 《史记》卷九九《刘敬叔孙通传》，第 2726 页。
⑨ 《汉书》卷四三《郦陆朱刘叔孙传》，第 2127 页。

帝王的意志、学术发展的基础和政治局势，三者缺一不可。就秦汉大一统而言，是存在建立五礼制度的条件的，但秦始皇到汉武帝之前的历代皇帝，大多信任方术之士，儒家学者仅是"备顾问"而已，学术思想层面上准备得远远不够。自然，汉初同姓诸侯林立，也构成对建立五礼制度的威胁，加之匈奴扰边，政局不稳，也是阻碍五礼制度建立的因素。汉武帝对外抗御匈奴，对内集权己身，废挟书令，独尊儒术，建立五礼制度的条件逐渐成熟。然武帝与汉初诸帝类似，迷信方士，又好大喜功，极力开边，虽已获得《周礼》，然束之高阁，遂与建立五礼制度的历史机遇失之交臂。武帝之后的今古经文学之争，促进了学术思想的发展，尤其是古文经的崛起，刘歆、郑玄、王肃等人推崇的《周礼》，代表着当时一部分知识分子适时改制的一种治世理想，为五礼制度的诞生奠定了基础。因为《周礼》开篇便云："惟王建国，辨方正位，体国经野。设官分职，以为民极。"① 这种欲建立一统之国的政治秩序的时代要求已深深融入了汉代学术思想之中，② 五礼制度的诞生只是时间问题了。郑玄对《周礼》的注释广为流传，虽然王肃对郑氏有一些批评，但对"五礼"则未见有不同意见。③ 不过，郑玄所处的时

---

① 郑玄注，贾公彦疏：《周礼注疏》，第2—6页。郑注云："正宗庙、朝廷之位"，"极，中也。令天下之人各得其中，不失其所"。

② 范祖禹曰："天地之有四时，百官之有六职，天下万事，备尽如此。如网之在纲，裘之挈领，虽百世不可易也。人君如欲稽古以正名，苟舍《周官》，臣未见其可也。"此将《周礼》对治世的作用说得极其清楚了。《唐鉴》卷二，《丛书集成新编》本，第114册，第401页。

③ 李振兴《王肃之经学》第四章第一节"周礼王氏注佚文考释"仅辑得一条（第568页）。虽然王氏注释有大量遗漏，但未见前代学者引王肃在五礼上与郑玄不同的看法，因此，笔者以为郑、王在"五礼"解释上并无不同。姜广辉概括郑玄《三礼注》的最主要特点有三：一是以《周礼》为核心而释"礼"，二是重《春秋》之义，三是称引纬书以注三《礼》。还认为其他特点也有三个方面：一是推重"吉凶宾军嘉"的五礼体系，二是以汉制相比拟，三是申述礼乐的意义。显然，尽管王肃对郑玄之说有所异议，但并不反对"吉凶宾军嘉"的五礼体系。姜广辉主编：《中国经学思想史》第2卷，第490—514页。

代仍然不适合五礼制度的产生，因为汉末党锢之祸引起国内各种尖锐的矛盾，之后军阀崛起，混战割据局面出现，注定是产生不了大一统五礼制度的。直至晋武帝结束割据局面，重新创建了一个大一统王朝，① 他本人又有创制新礼制体系的意愿，加之郑、王等人礼学思想已臻成熟，适应大一统封建王朝的五礼制度便破土而出了。

由此可以看出，即使是一种符合历史发展潮流的制度，其产生也需要诸多具体的客观的历史条件，不创造好相应条件，是难以成功的。五礼制度的创建便是一个明显的例证。因为没有相应的学术思想上的准备，不具备合适的国内外政治条件，单凭帝王一己之愿，是无法真正创制出符合历史发展趋势的制度的。任何托古改制或不合时宜地改制都不会成功的。

专制主义的五礼制度产生的过程，究竟给我们以什么样的启示，或者说给我们制定新礼仪体系有什么启示？笔者认为大致可以从以下几个方面来思考。

第一，礼制变迁要适应社会的现实需要。

至 1949 年，中华传统礼制变迁经过了前礼制时期、王国礼制时期、王权礼制时期、集权礼制时期四个发展阶段。从四个时期礼制的变迁来看，显然都是与社会的变迁分不开的，可以说是"应运而生""应时而变"。而一种礼制在社会变化时，同样会产生一些演变，以适应社会的变化。例如，王权礼制由中央政权来制定，其他王国执行，它只能适应社会生产力很不发达、中央政权与诸侯国之间联系相对松散的历史时期，因此以宗法制原则来分封王国、各王国有较大自主权就成为必然选择，这样有利于加强对各地的有效管理。而春秋末年郡县制出现时，各诸侯国社会生产力较原来已有较大发展，人口增多，加之诸侯国之间战争频繁，因而诸侯国通过直接委派官员对各地进行管理显得尤为必要，

____

① 西晋虽也进行分封，但与西汉有所不同。西汉允许诸侯王设置宗庙进行祭祀，显现为一种分裂的态势，而西晋不允许诸侯王进行宗庙祭祀，集权于中央王朝。因此西晋是适宜建立大一统五礼制度的时代。

那么王权礼制就不能适应这种政治体制的发展，向着集权礼制方向演化。在这种社会现实下，帝王独揽大权、形成专制政治体制就是必然选择，专制主义下的集权礼制应运而生。《礼记》称："五帝殊时，不相沿乐；三王异世，不相袭礼。"① 这当然是指上古礼乐演化情况，实际对于后世来说，同样是"不相沿乐""不相袭礼"，因为礼制演进是一个动态过程，它永远随着社会的变化而演化。

第二，礼制变迁需要有理论的准备。

礼制变迁不是无缘无故、自然而然地随着社会变化而变迁的，其实在社会变化与礼制变迁之间还有知识精英的作用，或者说礼制变迁受礼学理论的影响极大。

在中国历史上，知识精英会敏锐地觉察到社会变化及这种变化与制度之间的内在张力，他们就会从不同角度对社会变化进行论述，对制度变革提出自己的看法或说理论，这些看法与理论在一定程度上影响着制度变迁与变革的方向，体现出"人"的作用。当然，知识精英对制度变迁的影响有正反两方面。就礼制而言，亦是如此。

其实这种案例非常多。按照传统说法，周礼是周公创制的。虽然这种说法存在疑问，但是我们可以说，周礼是一批知识精英根据当时时势变化提出变革礼制的看法，然后执政者参考他们的建议或看法后制定的。这或许能够成立。秦始皇创建礼制，知识精英（包括儒家、法家、方士等）参与也十分明确。封建专制体制中最为完善的五礼制度，离不开两汉到三国时期的大儒对三礼的诠释，尤其刘向父子、郑玄与王肃厥功至伟。至于唐代先后出现的贞观、显庆和开元三部礼典，离不开唐初孔颖达、贾公彦等人对经典的整理与疏释，也离不开此后唐代诸学者制定礼典时的讨论与相互辩驳。宋代礼典制定受到理学家的影响，也是非常明显的事。即使进

---

① 孙希旦：《礼记集解》卷三七《乐记》，第 991 页。

入民国时期，在礼典制定与礼仪改革中，诸多知识精英对此进行深入阐述与研讨也是十分清楚的事实。例如，以戴季陶为首的保守主义礼学思想占据绝对的统治地位，因此民国后期的礼制改革显得十分保守，北泉议礼后制定出来的《中华民国礼制》（草案）到1946年冬拟定的《中华民国通礼》（草案），无不显示出戴季陶思想的影子。因此，礼制的变迁受到礼学思想的影响是无可怀疑之事。

第三，帝王意志决定着礼制变革的成败。

在古代中国，尽管历代知识精英对礼制变革有过大量论述，也有改制礼典的愿望或要求，但最终的决定权仍在帝王手中，这是专制主义政治体制决定的。帝王对礼制制定与更改有着无可争辩的权力，即礼制改革受到帝王意志的控制，是否改制或如何改制都由帝王最终决定，因此，帝王意志成为决定礼制改革成败的重要因素。比较明显的例子有晋武帝时制定礼典。晋武帝统一天下后，他对制度的制定有着浓厚的兴趣，加之礼学家王肃为其外祖父，在诸种历史条件都成熟的情况下，由荀𫖮、羊祜、任恺、庾峻等人因魏代前事，"撰为新礼，参考今古，更其节文"，[1] 才撰成有开拓意义的一代之典。宋徽宗也是典型一例。徽宗虽处于北宋衰弱的历史条件下，但当时国内政局还算稳定，他有强烈的制作礼典的愿望，大观元年复置议礼局于尚书省，调集臣僚修撰礼典，规定"详议、检讨官具礼制本末，议定请旨。三年书成，为《吉礼》二百三十一卷、《祭服制度》十六卷，颁焉。议礼局请分秩五礼，诏依《开宝通礼》之序。政和元年，续修成四百七十七卷，且命仿是修定仪注。三年，《五礼新仪》成，凡二百二十卷……诏开封府尹王革编类通行者，刊本给天下"。[2] 自大观元年到《政和五礼新仪》成，凡七年，徽宗乐此不疲，对许多具体仪节提出自己的意见。现存《政和五礼新仪》前就附有大量徽宗"御笔指挥"，反映其与臣僚

---

① 《晋书》卷一九《礼志上》，第581页。
② 《宋史》卷九八《礼志一》，中华书局1985年版，第2423页。

讨论到许多礼仪问题。正由于徽宗有此修典愿望，且有十分明确的修撰意图，因而成此一代礼典。不过，徽宗贪大求全，尽管叫王革从中选出通行者编类成庶民所用礼仪，然仍十分烦琐，因此不久"有言其烦扰者，遂罢之"。① 但国家礼仪仍照此举行。钦宗即位，"诏春秋释奠改从《元丰仪》，罢《新仪》不用而未暇也。靖康之厄，荡析无余"，② 从《政和五礼新仪》颁行到北宋亡，仅十余年时间。可见，徽宗贪大求全的礼制改革，最终仍未能起到多大作用。明太祖鉴于元礼多蒙古旧俗，认为"华风沦没，彝道倾颓"，③因此下令废元礼而创制新礼。这一创制实际是罢废蒙古旧仪，恢复汉式礼仪，到洪武三年便制定出《大明集礼》。这一礼典奠定了有明一代礼典的基础。在创制明礼过程中，太祖力图控制制礼大权，多次批驳大臣，严令以己意编纂有明一代之礼典。至于历史上某些帝王、权贵倒行逆施，修改礼典，逆历史潮流而动，也被钉在了耻辱柱上。如宋真宗为摆脱自身统治危机，东封西祀，营建玉清昭应宫供奉"始祖"，终成一场闹剧。④ 而民国时期袁世凯立宪制礼更是荒谬无稽，祭天祭孔、复辟帝制，最终在国人反对声中寿终正寝。

第四，中华传统礼制具有普遍意义与人文价值。

中华传统礼制能够传承数千年之久，必然蕴含其长久传承的根由。在笔者看来，中华传统礼制蕴含着人文主义精华，体现了中华先民的生存经验和生活智慧，反映出先民的价值追求，因此它能够适应中华民族而长久传承，至今仍然有着重要影响。

应当指出的是，中华传统礼制从来不是一个封闭的、排他的

---

① 《宋史》卷九八《礼志一》，第 2423 页。

② 《宋史》卷九八《礼志一》，第 2424 页。

③ 朱元璋：《御制大诰》卷首《御制大诰序》，《续修四库全书》本，第 862 册，第 243 页。

④ 汤勤福：《宋真宗"涤耻封禅"说质疑——论真宗朝统治危机与天书降临、东封西祀之关系》，《河北大学学报》2019 年第 2 期。

体系，而是基于中华民族的民族文化与民族传统，它海纳百川，融入了诸少数民族礼仪及礼俗，获得了众多民族的认同，因此在中国古代具有普遍意义。历史证明，中华传统礼制具有开放性，在其成长、发展与完善的历程中，从中原地区向周边扩散，不断吸纳不同族群的礼仪与礼俗，最终形成博大精深的中华传统礼制体系。

从中华传统礼制的演化过程可以清晰地看出，王国礼制向王权礼制过渡时期是个关键时期，这一时期，随着"中央"王朝出现，就必须由中央制定礼制交由各地行用，因此礼仪开始向一个方向发展，形成统一的礼制，如此就日益体现出中华传统礼制的普遍意义。王权礼制诞生后，礼制的变迁自然不会停顿，分散在各地的诸侯国，虽以周中央王朝的礼制为准则而行用着，但各地原来的礼俗也逐渐被吸纳入他们的礼制体系内，形成各诸侯国有特色的礼仪形式。如春秋战国时期，楚国祭祀巫风盛行，"昔楚南郢之邑……其俗信鬼而好祠"，[1] 此不同于中原诸国礼仪，实为楚地独有之礼仪。从《山海经》《楚辞》中可以看出楚人信奉太乙、东君（日神）、云君（云神）等天神，山鬼、河伯（冯夷）、湘君、湘夫人等地神水神，这些显然不在周礼范围之内。秦国更为典型，至少从秦惠文王到秦统一之前百余年，秦国出现大量与周礼不相吻合的祭祀。春秋战国时期，秦国建立的祭祀四方帝的雍四畤郊祀系统就不在周礼祭祀之列。《史记》记载：秦"雍有日、月、参、辰、南北斗、荧惑、太白、岁星、填星、辰星、二十八宿、风伯、雨师、四海、九臣、十四臣、诸布、诸严、诸逑之属，百有余庙。西亦有数十祠。于湖有周天子祠。于下邽有天神。沣、滈有昭明、天子辟池。于杜、亳有三社主之祠、寿星祠；而雍菅庙亦有杜主。杜主，故周之右将军，其在秦中，最小鬼之神者。各以岁时奉祠"。[2] 这些神灵

---

① 洪兴祖：《楚辞补注·〈九歌〉序》，中华书局1983年版，第55页。
② 《史记》卷二八《封禅书》，第1375页。

绝大部分也与周礼无涉。需要注意的是，上述秦国的不少祭祀礼仪到秦统一之后乃至两汉被列入国家礼典之中，岁加祭祀。可以看到，尽管有些礼仪在传承过程中有某些变化，但整体一直延续到清代，为历代王朝所遵用。值得强调的是，后世王朝中的少数民族政权也沿用了这些礼仪，体现出中华传统礼制对中华民族的普遍性。

西晋出现的五礼体系是汉族政权所行用的礼仪，到南北朝时，少数民族政权同样遵用五礼，只是将自己民族的一些礼仪添入五礼体系之中。同样，辽、金、元、清等由少数民族建立的政权也是如此，只不过在行用程度上有所差异。因此可以断定，中华传统礼制的普遍性符合中华民族历史发展潮流的特性。

中华传统礼制具有强烈的人文价值，注重践履，这是有目共睹的历史事实。中华传统礼制的人文价值，至少在西周初年就具有了。春秋则是一个大发展时期，表现为人们从人心、人性、人情与礼的关系来认识礼的作用，阐述了礼与人的道德之间的关系，提出了以礼治国的统治策略："礼，上下之纪、天地之经纬也，民之所以生也，是以先王尚之。故人之能自曲直以赴礼者，谓之成人。"① 也就是用礼来提升国人的道德水准，这实际上是一种礼制实践。在治国与他国交往方面，强调"信以守礼，礼以庇身"，一旦"信、礼之亡，欲免，得乎？"② 徐复观曾指出："春秋是礼的世纪，也是人文的世纪……此一发展倾向，代表了中国文化发展的主要方向。"③ 当然也代表了中华传统礼制发展的主要方向。坚持人文价值，注重实践，是中华传统礼制的精华，值得我们认真汲取。

<hr>

① 杨伯峻：《春秋左传注（修订本）》，昭公二十五年，第1459页。
② 杨伯峻：《春秋左传注（修订本）》，成公十五年，第873页。
③ 徐复观：《中国人性论史》（先秦篇），上海三联书店2002年版，第40—41页。

第 二 章
中华传统礼制价值论

中华传统礼制包含内容繁多，涉及面极广。古人有所谓"吉凶宾军嘉"五礼之说，也有"《经礼》三百，《曲礼》三千"① 之记载，其内容实际覆盖了传统生活的各个方面。可以说，上至天文，下至人事，大至国家典章，细至日常衣食住行，莫不受到礼之规范。中华传统礼制是先人从日常生活中总结、提炼出来，年积月累而成，它根据社会变迁而不断发展变化，并不断适应新的历史条件而演化出不同的礼仪形式。从历史主义角度观察，中华传统礼制之所以历数千年而传承不断，能让中华民族以礼义之邦屹立于世，是因为它在历史上起到稳定国家政权、凝聚广大国人、巩固社会秩序、促进经济发展的作用，因此使古代中国在世界上产生了重大影响。尽管中华传统礼制中存在某些糟粕，但它在历史上积淀了丰富的历史文化内涵，彰显出丰富的价值意蕴，故而是民族文化的珍贵遗产。因此，有必要对中华传统礼制的历史价值进行研究，并探索其现代性转换的途径，使中华传统礼制跟上时代步伐，继续服务于步入现代工业社会、信息社会的中华民族，为礼义之邦做出新的贡献。

---

① 孙希旦：《礼记集解》卷二四《礼器》，第 651 页。

第一节　三礼原典的价值

三礼是指中国传统典籍"十三经"中的三部礼学经典：《周礼》《仪礼》《礼记》。三礼作为古代礼乐文化的理论文本，对礼法、礼义做了最权威的记载和解释，是古代国家制定礼乐制度的依据，"对历代礼制的影响最为深远"。[①]

"六经"是儒家经典。其实从历史发展来看，"六经"中的《诗》《书》《礼》《乐》《易》，[②] 本身是儒家之前的典籍，是夏商周三代的智慧结晶，也是华夏民族的文化瑰宝，《春秋》则是孔子根据鲁国史籍删修而成。儒家学者特别重视六经，其实其他学者也并不忽视它们。如《庄子·天下》说："《诗》以道志，《书》以道事，《礼》以道行，《乐》以道和，《易》以道阴阳，《春秋》以道名分。"[③] 这一说法尽管概括得不太准确，但这些经典承载着尧、舜、禹、汤、文、武、周公直至孔子等先圣先贤的智慧则是无可怀疑的，六经在中华文化传承过程中有着举足轻重的地位，对中华民族的生存与发展有着特殊的价值及意义。孔子传授六经，建立起儒家学派，他特别重视对道德人格的培养，强调造就君子，因此礼在孔子思想体系中占据着非常重要的地位，[④] 他声称"不学礼，无以立"。[⑤]

王官之学衰落、诸子百家兴起之后，儒家学者在传承孔子之说时极为重视对礼的阐述，现存之三礼便是这些学者著述的结果。当

---

① 彭林：《中国古代礼仪文明》，中华书局 2004 年版，第 60 页。
② 《乐》在流传中亡佚，故后来实际只有五经。
③ 王先谦：《庄子集解》，第 288 页。
④ 陈以凤整理：《中华礼制变迁与现代价值——汤勤福先生访谈录》，《孔子学刊》第 10 辑，青岛出版社 2019 年版。
⑤ 刘宝楠：《论语正义》卷一九《季氏》，第 668 页。

然,三礼并非一人一时所著述,而是众多儒家学者研讨、探索礼制的结晶。秦焚书坑儒,儒家经典一度遭到厄运,但到汉初,儒学复兴,"言《诗》于鲁则申培公,于齐则辕固生,于燕则韩太傅。言《尚书》自济南伏生。言《礼》自鲁高堂生。言《易》自菑川田生。言《春秋》于齐鲁自胡毋生,于赵自董仲舒"。① 经过汉代儒家学者对这些残存经典的搜集与编纂,三礼应运而生。从此,三礼成为后世王朝编制礼典的主要理论根据,可以说它是后世礼制的根本,其价值自当认真发掘。

一 三礼原典的主要内容
(一)《仪礼》

周公制礼之说,至迟在春秋时期已出现。《左传》载大史克对鲁宣公称"先君周公制周礼",② 又载韩宣子"观书于大史氏,见《易》、《象》与《鲁春秋》,曰:'周礼尽在鲁矣,吾乃今知周公之德与周之所以王也!'"③《礼记》也称:"周公践天子之位,以治天下。六年,朝诸侯于明堂,制礼作乐,颁度量,而天下大服。"④ 这些记载都认为周礼是周公所制作,⑤ 它彰显着周公之德,也就意味着先圣的伦理观念体现在制度化与物化了的古代礼典中。《仪礼》虽传自汉代高堂生,但从其记载来看,涉及冠、婚、丧、祭、乡、射、朝、聘等各种礼仪,其中有部分是比较可靠的春秋到战国时期的内容。

先秦时期,国之大事无不关乎礼。孔子对礼的重要功能有这样的解说:"明乎郊、社之义,尝、禘之礼,治国其如指诸掌而已

---

① 《史记》卷一二一《儒林列传》,第3118页。
② 杨伯峻:《春秋左传注(修订本)》,文公十八年,第693页。
③ 杨伯峻:《春秋左传注(修订本)》,昭公二年,第1356—1357页。
④ 孙希旦:《礼记集解》卷三一《明堂位》,第842页。
⑤ 前文已说明,周礼不是周公亲手所制作,而是一批知识精英根据当时时势的变化提出礼制变革看法,然后执政者参考他们的建议或看法后制定的。

乎!"① 孔子对此有明确的疏释:"郊、社之义,所以仁鬼神也。
尝、禘之礼,所以仁昭穆也。馈、奠之礼,所以仁死丧也。射、乡
之礼,所以仁乡党也。食、飨之礼,所以仁宾客也。"② 当时记载
各种礼仪的书应该是很多的,"冠、昏、朝、聘、丧、祭、宾主、
乡饮酒、军旅,此之谓九礼也。礼经三百,威仪三千,机其文之变
也",③ 其总量显然远远超过今存《仪礼》一书的内容。《仪礼》
所载主要是士礼,天子、诸侯、大夫之礼略有遗存,然其大端均已
无存。需要指出的是,周代礼制历经数百年的发展演变,必然会有
前后不同之处,而《仪礼》仅是某一历史阶段的记录,自然无法
全面反映出周代礼制的历时性特点。沈文倬认为:"《仪礼》书本
残存十七篇以及已佚若干篇的撰作年代,其上限是鲁哀公末年鲁悼
公初年,即周元王、定王之际;其下限是鲁共公十年前后,即周烈
王、显王之际。它是在公元前五世纪中期到前四世纪中期这一百多
年中,由孔子的弟子、后学陆续撰作的。"④《仪礼》之中也可能添
加了若干后人主观想象的成分,难以确保它是历史现实的客观描
述。尽管如此,《仪礼》仍然是今人了解先秦社会礼制、伦理与生
活方式最重要的资料之一。

今存《仪礼》包括《士冠礼》《士昏礼》《士相见礼》《乡饮
酒礼》《乡射礼》《燕礼》《大射》《聘礼》《公食大夫礼》《觐礼》
《丧服》《士丧礼》《既夕礼》《士虞礼》《特牲馈食礼》《少牢馈
食礼》《有司彻》,共 17 篇;其中包括了 14 种礼典:自《士冠礼》
到《觐礼》以及《士虞礼》《特牲馈食礼》,每篇各为一种礼典,
而《丧服》《士丧礼》《既夕礼》为丧礼,《少牢馈食礼》和《有
司彻》为大夫祭祖之礼。这是先秦礼制较为完整的记录之一。《汉

---

① 孙希旦:《礼记集解》卷四九《孔子闲居》,第 1268 页。
② 孙希旦:《礼记集解》卷四九《孔子闲居》,第 1268 页。
③ 王聘珍:《大戴礼记解诂》卷一三《本命》,中华书局 1983 年版,第 252 页。
④ 沈文倬:《略论礼典的实行和〈仪礼〉书本的撰作》,氏著:《菿闇文存——
宗周礼乐文明与中国文化考论》,第 58 页。

书》所记"礼古经"中多《逸礼》39篇，① 因"绝无师说"，故
没有整体流传下来，其中部分篇章或汇入了今本二戴《礼记》。

（二）大小戴《礼记》

古人把解释经典的文字称为"记"，《礼记》原本是汉代经师
传习《仪礼》时所收集的部分参考资料。王文锦说："先秦礼学家
们传习《仪礼》的同时，都附带传习一些参考资料，这种资料叫
作'记'。所谓'记'，就是对经文的解释、说明和补充。这种记，
累世相传原是很多的，不是一人一时之作。"②《礼记》（又称《小
戴礼记》）是这种记的一个选本，而《大戴礼记》是现存的另一
个选本，班固认为"《记》百三十一篇"为"七十子后学者所
记"，③ 而按照《隋书·经籍志》的说法，同类文献"合二百十四
篇"。④ 由于多种原因，传世文献仅存大小戴《礼记》这两个选本，
而对后世影响最大的则是《礼记》（即《小戴礼记》）。不过，如
果要讨论这种记在当时的意义，不妨把大小戴《礼记》放在一起
来论述。

值得注意的是，近年出土的战国竹简，如郭店楚简中的《五
行》《六德》《尊德义》《穷达以时》《性自命出》《鲁穆公问子
思》和上海博物馆藏战国楚竹书《内礼》《弟子问》《季庚子问于
孔子》《天子建州》《武王践阼》《君子为礼》以及清华大学藏战
国简《子产》等篇，都与《礼记》相类似或存在较密切的关系。
司马谈《六家要旨》声称"六艺经传以千万数"，⑤ 尽管太史公有
些夸张，但这些新出《礼记》类文献仍使我们对儒家礼类文献之

---

① 《汉书》卷三〇《艺文志》称"《礼古经》五十六卷，《经》十七篇"，原注
"后氏、戴氏"（第1709页）。

② 王文锦：《礼记》，《文史知识》编辑部编：《经书浅谈》，中华书局1984年
版，第62页。

③ 《汉书》卷三〇《艺文志》，第1709页。

④ 《隋书》卷三二《经籍志一》，第925页。

⑤ 《汉书》卷六二《司马迁传》，第2712页。

丰富有了一个较为真切的认识。

大小戴《礼记》虽然是经师传习《仪礼》时的参考资料，但内容庞杂，并非完全紧密围绕《仪礼》而发。曹元弼曾将《礼记》内容大略分为三类：

> 二戴《记》之说礼，大类有三：曰礼、曰学、曰政。《曲礼》、《檀弓》、《迁庙》、《衅庙》、《冠义》、《昏义》、《朝事义》等篇，礼类也。《学记》、《中庸》、《儒行》、《大学》、《曾子》十篇之等，学类也。《王制》、《月令》、《夏小正》、《文王官人》之等，政类也。①

沈文倬认为："按三大类来区分大戴辑《礼记》三十九篇、小戴记《礼记》四十九篇，就能使各篇何者当属礼类，何者当属政、学类，性质明确，界线清楚。"②

（三）《周礼》

《周礼》本名《周官》，原来不在先秦经学传习系统之中。儒家著述传承到秦朝，受到一次重大打击。秦始皇颁焚书令，"设挟书之法"，③ 除法家、巫医卜筮外，禁绝传播。至汉惠帝始废秦朝挟书之律，④ 广开献书之路。约景帝、武帝之际，河间献王刘德从民间发现若干"古文先秦旧书"，⑤ 《周官》就是其中之一。武帝时，刘德将《周官》献于朝廷，然旋即入藏秘府，故当时很少有人能见到。至成帝时，刘向校理秘阁图书，著于《别录》，哀帝时，其子刘歆撰《七录》，仍收录在内。王莽摄政，意在篡位，故

---

① 曹元弼：《礼经学·会通第四》，第 242 页。
② 沈文倬：《略论礼典的实行和〈仪礼〉书本的撰作》，氏著：《菿闇文存——宗周礼乐文明与中国文化考论》，第 39 页。
③ 《汉书》卷三六《楚元王传》，第 1968 页。
④ 《汉书》卷二《惠帝纪》：四年"三月甲子……除挟书律"（第 90 页）。
⑤ 《汉书》卷五三《河间献王传》，第 2410 页。

将《周官》改名《周礼》，立于学官，从此该书跻身于"经"。王莽依此书进行改制，刘歆则配合王莽，抨击当时今文学者信师说而不信古文经，"至于国家将有大事，若立辟雍、封禅、巡狩之仪，则幽冥而莫知其原"，于是"上所考视，其古文旧书，皆有征验，外内相应"。① 显然，《周礼》崛起正因应了王莽改制这一特别需求。因为与《仪礼》相比，《周礼》所载为官制内容，刚好弥补了《仪礼》对国家大经大典记载的不足，所以被王莽看中，从此《周礼》成为古文经的代表。不过，此书的流传历经磨难，据《汉书》著录称"《周官经》六篇"，此外还有《周官传》四篇，② 惜已亡佚。《后汉书》称："中兴，郑众传《周官经》，后马融作《周官传》，授郑玄，玄作《周官注》。玄本习《小戴礼》，后以古经校之，取其义长者，故为郑氏学。玄又注小戴所传《礼记》四十九篇，通为《三礼》焉。"③ 显然，东汉儒家为传播《周礼》做出了贡献，从此便有了"三礼"的称呼。

"周礼"一词在《左传》中出现多次，如前引"周礼尽在鲁"即是。不过，《左传》中的"周礼"意谓"周代之礼"，并非书名。王莽、刘歆等将《周官》改名为《周礼》，是为了强调该书是周公制礼作乐、致太平之书。自然，此书后出，且属古文，故持经今文的学者斥责此书是"末世渎乱不验之书"或"六国阴谋之书"。④ 此后学人就此书的成书问题攻驳不断，这一争议一直延续到现代。目前大致可以认定的结论是：此书确实包含若干周代礼制的要素，但更多掺入了后人理想的成分。其成书时间，或在西周，或在春秋或战国，甚至还有研究者主张晚到汉初。⑤ 尽管《周礼》的成书疑云始终未能拨云见日，但此书对中国两千年来的传统礼制

---

① 《汉书》卷三六《楚元王传》，第 1970—1971 页。
② 《汉书》卷三〇《艺文志》，第 1709 页。
③ 《后汉书》卷七九下《董钧传》，第 2577 页。
④ 郑玄注，贾公彦疏：《周礼注疏》卷首《序周礼废兴》，第 7 页。
⑤ 刘丰：《百年来〈周礼〉研究的回顾》，《湖南科技学院学报》2006 年第 2 期。

产生了重大影响，是难以否认的事实。

《周礼》原书由《天官》《地官》《春官》《夏官》《秋官》《冬官》六篇构成，《冬官》汉时已佚，于是经师便用性质相近的《考工记》补之。《周礼》六篇，每篇一官，下辖若干属官：《天官》的首长是冢宰（大宰），掌管邦治，同时总御百官，属官63人；《地官》的首长是大司徒，掌管邦教，负责安定万民，属官78人；《春官》的首长是大宗伯，掌管邦礼，祭祀天神、地祇、祖宗，属官70人；《夏官》的首长是大司马，掌管邦政，统辖军队，平定邦国，属官69人；《秋官》的首长是大司寇，掌管邦刑，审理诸侯、卿大夫、庶民的狱讼，属官66人；《冬官》的首长是大司空，负责邦事，即工程营造等，属官人数未详。

《周礼》全书虽以官制为框架，但也涉及很多其他方面的内容，其中涉及礼制者不少，甚至连《考工记》这样以车制、兵器、建筑、乐器等手工业技术为主要内容的篇章，也都浸润着礼制因素。如"匠人营国"："国中九经九纬，经涂九轨。左祖右社，面朝后市，市朝一夫"，"内有九室，九嫔居之；外有九室，九卿朝焉。九分其国以为九分，九卿治之。王宫门阿之制五雉，宫隅之制七雉，城隅之制九雉。经涂九轨，环涂七轨，野涂五轨。门阿之制以为都城之制，宫隅之制以为诸侯之城制。环涂以为诸侯经涂，野涂以为都经涂"。[①] 像这样的都城规划的确与礼制密切相关。

二　三礼原典的历史价值

三礼是古代哲人的精心之作，其历经数千年，在中国历史上扮演着重要角色。可以毫不夸张地说，三礼对中国传统礼制的演化做出了重要贡献，它是中国传统文化中最为重要的内容之一。那么，

---

① 郑玄注，贾公彦疏：《周礼注疏》卷四九《冬官·考工记》，第 1663—1664、1670—1672 页。

三礼原典究竟有何历史价值？笔者认为，三礼原典在历史上最为重要的价值有两点：其一为人文主义之精神，其二是伦理教化之功效。

三礼原典是三代人文精神的结晶，是中国古代思想由重神到重人转变的见证。夏商是崇拜鬼神的时代。《礼记》说："夏道尊命，事鬼敬神而远之"，"殷人尊神，率民以事神，先鬼而后礼"。[①] 此当为确论。夏朝虽无文字，但从二里头文化时期的祭祀遗迹发现的卜骨来看，当与宗教信仰有关，[②] 自然包括鬼神信仰。殷商崇拜鬼神则有文字记载。甲骨文中记载着殷商王室对超自然神、自然神和祖先神进行着极其频繁的、复杂的祭祀，不仅祭祀对象繁多，而且祭祀名称与用牲之法也非常复杂，祭祀仪式相当繁复。[③] 殷周鼎革，周人很注意夏、殷两朝的前车之鉴，不希望重蹈他们的覆辙，在建立新的典章制度时，尤为注重人之道德的建设，彰显人文精神。例如，周人所建立的庙制，大幅减少了祭祀的种类和次数，严格限制祭品的数量，有效防止出现殷商那种滥祭浪费的情况。文献中对周代典制的评价，往往也与道德相联系，斥责不符合道德要求的制度或现象为"非礼也"。可见从以崇拜鬼神、礼敬鬼神为核心的殷代，走向以道德为核心的西周，中国的人本主义精神在宗法制的基础上得以确立，国家整体利益至上的道德观促使王权礼制得以完全确立。春秋以降，王纲解纽，礼崩乐坏，孔子及其后学则向内探求，致力于阐发外在之礼的心性依据，系统地建立了礼乐思想，并以礼来规范国人，企盼从道德层面造就更多的君子。如果以雅斯贝尔斯（Karl Jaspers）"轴心突破"（Axial Breakthrough）的视角来观察，孔子礼学思想的突破，就在于对当时的礼乐实践做出哲学上的重新阐释。因此有学者认为，孔子并没有抛弃礼乐传统，相反，

---

① 孙希旦：《礼记集解》卷五一《表记》，第 1309、1310 页。

② 中国社会科学院考古研究所编著《中国考古学》（夏商卷），第 127 页。

③ 学界已有诸多深入研究，如常玉芝《商代周祭制度》（中国社会科学出版社1987 年版）、刘源《商周祭祖礼研究》（商务印书馆 2004 年版）等。

是实实在在浸润在礼乐传统中的,[1] 只不过他赋予礼乐更多的人文道德色彩。有学者认为:从商代盛行的致敬鬼神之礼,到西周出现以道德为核心的礼制,再到东周形成的以心性学说为基础的礼学思想,是先秦礼学的三个主要发展阶段。[2] 这三段论是可以赞同的。需要补充的是,两周之际出现的最大变化是宗法制的逐渐崩溃,周王室权威不再,因此以宗法制为基础的王权礼制的转型就势在必行,出现儒家以侧重个人道德的心性学说为基础的礼学思想,恰恰是加速世卿世袭宗法制崩溃的思想武器。这些礼乐精神最终积淀在《仪礼》、《礼记》及《周礼》三书之中。

　　三礼原典所蕴含的人文精神与礼制原则对后世具有极其重要的影响。从汉代起,《周礼》的礼制精髓便不断浸润着中国制度史的发展。正如唐君毅所概括的那样:"《周礼》一书,亦即由一'求天人间之——事制度化'之理想之所鼓舞而写成。王莽之欲依此书所陈之理想以为政,虽归于失败,然此书仍为后之学者所重视。至南北朝时代,北周之熊安生治《周礼》,影响及于隋唐之政制之建立。隋唐所设六部中,吏部即《周礼》之冢宰之遗,户部即司徒之遗,礼部即宗伯之遗,兵部即司马之遗,刑部即司寇之遗,工部即司空之遗。此六部之制度,更为唐以后各时代之官制之所沿袭。此六部之制,固原于《周礼》。《周礼》之设官,则固表现在人之欲求应合于天地之道,以为政之一理想也。"[3] 实际上,三礼原典为后世制礼之基石,因此后世反映出来的具体之礼,浸润着三礼之人文主义精华,反映出先民的价值追求。彭林先生曾概括中华传统之礼的人文精神,即礼主敬、博爱、节人情、内外兼修、文质

---

[1]　余英时:《论天人之际——中国古代思想起源试探》,台北:联经出版公司2014年版,第89—110页。

[2]　彭林:《先秦礼学形成的三阶段说》,《清华历史讲堂初编》,生活·读书·新知三联书店2007年版,第71—91页。

[3]　唐君毅:《中国哲学原论·原道篇:中国哲学中之"道"之建立及其发展》,《唐君毅全集》卷一五,第227页。

彬彬、礼乐兼修、知行合一、礼尚往来,① 可备一说。

三礼原典蕴含着前圣后贤的伦理教化思想,此两千年一以贯之,实为历代王朝实施礼仪、教化众庶的理想工具,对中国历史的发展影响巨大,成为中国文化传统的重要基因之一。《周礼》是早期中国典章制度的集大成之作,在礼制教化方面,它构建出一张井然有序的国家治理的宏伟蓝图。按照《周礼》的规划,地官司徒是掌管教化之官:"使帅其属而掌邦教,以佐王安扰邦国。"② 也就是说,教化民庶、安邦定国是大司徒的职责。用《周礼》的话来说:"正月之吉,始和,布教于邦国都鄙,乃县教象之法于象魏,使万民观教象,挟日而敛之,乃施教法于邦国都鄙,使之各以教其所治民。"③ 即安排在邦国都鄙宣讲国家的教化纲领,以薰毓民众,是大司徒的基本工作。《周礼》又说,司徒"以五礼防万民之伪而教之中,以六乐防万民之情而教之和",④ 具体做法则是以包括祀礼、阳礼、阴礼、乐礼等在内的"十二教"⑤ 作为教化民众的基本内容,以包括六德、六行、六艺在内的"乡三物"作为教化民众的内容,以不孝、不睦等八种反面典型"乡八刑"作为惩戒措施,若不遵循礼仪,则"国有常刑"。⑥ 传统礼教系统的核心即在有关大司徒职掌的这段论述中体现出来。林素英指出:"为求有效掌理邦教、安定社会秩序,大司徒主要透过'十二教'之施行,并配合本俗以安万民与悬象教法之社会教育模式,采取与'乡三物'、

---

① 彭林:《礼与中国人文精神》,《孔子研究》2011 年第 6 期。

② 郑玄注,贾公彦疏:《周礼注疏》卷九《地官·大司徒》,第 305 页。

③ 郑玄注,贾公彦疏:《周礼注疏》卷一〇《地官·大司徒》,第 366 页。

④ 郑玄注,贾公彦疏:《周礼注疏》卷一〇《地官·大司徒》,第 372—373 页。

⑤ 《周礼》十二教:"一曰以祀礼教敬,则民不苟;二曰以阳礼教让,则民不争;三曰以阴礼教亲,则民不怨;四曰以乐礼教和,则民不乖;五曰以仪辨等,则民不越;六曰以俗教安,则民不愉;七曰以刑教中,则民不虣;八曰以誓教恤,则民不怠;九曰以度教节,则民知足;十曰以世事教能,则民不失职;十有一曰以贤制爵,则民慎德;十有二曰以庸制禄,则民兴功。"郑玄注,贾公彦疏:《周礼注疏》卷九《地官·大司徒》,第 339—340 页。

⑥ 郑玄注,贾公彦疏:《周礼注疏》卷一〇《地官·大司徒》,第 378 页。

'乡八刑'双管齐下的方式，为广大的平民进行全方位的普及教育，落实礼教思想系统之运行。"① 大司徒教导民众，"使万民观教象"，又致力于在各级行政系统的框架下推广礼制，教化众庶，② 这样的职责定位彰显着古礼由上而下统御民众的特点。以礼教化便是以礼治民，这对于后世的制度建设与思想观念具有重要影响。

在汉以后历代皇室的礼仪制度中，《仪礼》是作为圣人之典而受到尊崇的。从《开元礼》到《开宝礼》《政和五礼新仪》《大明集礼》，乃至《大清通礼》，皇室主要成员的冠礼、婚礼、丧礼、祭礼等，都是以《仪礼》作为蓝本稍加损益而成的。唐宋之前普通百姓的礼仪没有在国家礼典中出现，唐宋之后国家礼典中始出现百姓礼仪的记载，但事实上唐宋之前民间仍然需要遵循国家规定的礼仪，婚庆丧仪也都会有一定规范，绝不允许违规逾矩。因为按照《周礼》一书记载，大司徒及其属官有教化百姓的职责，秦汉之后虽然不是大司徒及其属官负责教化百姓，但地方长官也会依据国家政令来教化百姓，许多正史中有循吏传，有大量教化地方百姓的事例。这些教化百姓的方式，无疑与三礼有密切关系。以乡饮酒礼为例，《仪礼》记载其详细仪节，至其礼义，则《礼记》的《经解》与《射义》都说行乡饮酒礼，"所以明长幼之序也"。③《乡饮酒义》指出：乡饮酒礼"非专为饮食也，为行礼也，此所以贵礼而贱财也"，"此先礼而后财之义也。先礼而后财，则民作敬让而不争矣"，④"民知尊长养老，而后乃能入孝弟；民入孝弟，出尊长养老，而后成教；成教而后国可安也。君子之所谓孝者，非家至而日

----

① 林素英：《大司徒的礼教思想》，国际儒学联合会编：《儒学与当代文明：纪念孔子诞生 2555 周年国际学术研讨会论文集》，九州出版社 2005 年版，第 972 页。

② 《礼记·礼器》有"《曲礼》三千"之说。所谓曲礼，指内容庞杂、具体细小的仪节，大致涵盖百姓日常生活中相关的礼仪，如事亲事长、为人处事、待人接物、修身交友等内容。这与国家层面的《经礼》不同。

③ 孙希旦：《礼记集解》卷六○《射义》，第 1438 页。

④ 孙希旦：《礼记集解》卷五九《乡饮酒义》，第 1427—1428 页。

见之也；合诸乡射，教之乡饮酒之礼，而孝弟之行立矣"。① 可见
乡饮酒礼的目的便是教化百姓，使民贵礼贱财、知尊长、行孝悌，
从而达到国家安宁与社会和谐。这种乡饮酒礼，自先秦大致延续至
清代，尽管不是每年举行，但每个王朝大致都行用了这一礼仪则无
可怀疑。根据一些学者的研究，乡饮酒礼在河南、河北、山西、陕
西、浙江、江苏、江西、福建、广东等地赓续不断，几乎可以说存
在于全国大部分地区。② 甚至一些帝王还特别强调这种礼仪的重要
性，如贞观六年，有诏录《乡饮酒礼》一卷，"颁示天下，每年令
州县长官，亲率长幼，依礼行之。庶乎时识廉耻，人知敬让"。③
乡饮酒礼对形成尊长、养老、尚贤的良好风尚起到了重要作用，究
其经典源头，则应追溯到《仪礼》一书。

三 三礼原典的现代性价值转换

三礼原典诞生在古代中国土地私有制逐渐壮大的战国时代，它
适应战国之后古代中国农业社会的状况，因此在历史上起过重要作
用。但随着中国步入近代社会，近代工业开始萌芽，同时在外来文
化强势进入之后，本土文化的发展受到严重的冲击，中华文化传统
面临危亡境地，三礼原典也不可避免地遭到了冲击，乃至被一部分
激进知识分子唾弃。这些激进求变的知识分子大多有留学海外的经
历，他们目睹西方先进的科技与文化，对中华传统文化长期为专制
政权服务、不能发挥救亡图存作用而深感不满，因此不遗余力地予

① 孙希旦：《礼记集解》卷五九《乡饮酒义》，第 1428 页。
② 可参游自勇《汉唐时期"乡饮酒"礼制化考论》，《汉学研究》第 22 卷第 2
期，2004 年；高明士《论隋唐学礼中的乡饮酒礼》，《唐史论丛》第 8 辑，三秦出版社
2006 年版；王美华《唐宋时期乡饮酒礼演变探析》，《中国史研究》2011 年第 2 期；申
万里《宋元乡饮酒礼考》，《史学月刊》2005 年第 2 期；邱仲麟《敬老适所以贱老——
明代乡饮酒礼的变迁及其与地方社会的互动》，《中央研究院历史语言研究所集刊》第
76 本第 1 分，2005 年；赵永翔《清代乡饮酒礼的社会轨迹》，《宁波大学学报》2012
年第 2 期；谭颖《清代乡饮酒礼简论》，《常熟理工学院学报》2012 年第 5 期；等等。
③ 杜佑：《通典》卷七三《嘉礼·乡饮酒》，第 2007 页。

以挞伐，而记载礼制内容的三礼便首当其冲地受到批判。1914 年，胡适就表达了对三礼的不满，他批评说："《礼记》显是后人所作，乃是一部丛书，夹七夹八，疵瑕互出……《周礼》是一代法律，《仪礼》是风俗指南耳，未必足据。《仪礼》所记，但可供考古之用耳。"① 胡适否定了三礼的儒家"经典"地位，降其为普通之书，褪去了它的神圣光环。实际上胡适当时刚留学美国，接触到西方思想与文化，因此他有这样的言论实属必然。平心而论，这种论调属于不客观、不理性的，但却又是穷极思变的学人针对老大帝国的愚昧落后而发出的激愤之言，其中饱含着"哀其不幸、怒其不争"的深情和对中国发展强大的殷切期望。这些留洋知识分子强调从先进的欧美文化中汲取养分，甚至提出全盘西化的主张，从而使中华文化迅速跟上世界潮流，转向文明与进步。就他们提出的让中华文化迅速跟上世界潮流，摆脱中华民族的深重苦难而言，其良苦用心亦当肯定。然而，正如美国学者周策纵对五四运动时期的思想界所分析的那样，"在批判中国旧传统时，很少有改革者对它进行过公正的或者是同情的思考。他们认为几千年来社会的停滞给进步和改革留下了许多障碍。为了清除这些障碍，就会不可避免地过分攻击整个传统并且低估传统的价值。这样，儒家学说和民族遗产中的许多优秀成分被忽视或者避而不谈。从长远的角度来看，改革者的批判似乎在某些方面是肤浅的，缺乏分析的和过于简单的"。② 知识分子激烈地反叛传统，是变革时代经常会出现的一种社会现象，然而却往往不是文化步入正常发展轨道的充分条件，因为他们常常是带着某些非理性、激进的情绪来批判传统，③ 而缺乏心平气和的理性分析。在近代中国，中外文明激烈地碰撞，中国现代文化建设亦

① 《胡适致许怡荪的信》第 33 通，梁勤峰等整理《胡适许怡荪通信集》，上海人民出版社 2017 年版，第 36—37 页。

② 〔美〕周策纵：《五四运动史》，陈永明等译，岳麓书社 1999 年版，第 507 页。

③ 彭林《礼乐人生：成就你的君子风范》曾批评吴虞对礼的不理性批判（中华书局 2006 年版，第 35 页）。

无可回避地要承担赓续、更新文化传统，并承担开拓、推广崭新的文化事业这两项艰巨的时代任务。如何正视、梳理并传承中国文明的传统，是中国人实现本民族自身价值的根本所在，而彻底否定、一抛了之并非正确的态度。我们承认当时中国文化的发展需要借鉴、吸收外来文明与先进文化，但应该是立足于本民族优秀文化的深厚根基之上的发展，而不能视中华传统文化为粪土而抛弃之。任何抛弃民族文化、推翻历史共识的举措，都无法完成建设中国现代文化的使命。三礼原典对传统中国的影响既深且久，虽然它无可避免地存在糟粕，也长期为专制政体与帝王将相服务，然而不能否认的是，三礼中确实存在丰富的内涵可供国人摄取。正如对传统礼学典籍有着深入研究的现代人类学家、社会学家李安宅先生指出的那样："现在的文化一定是旧文化的产物，为欲了解现在起见，也该研究研究旧有文化之'上层建筑物'的这一小部分。"① 他指的正是三礼原典。

三礼原典产生在农业文明时代，它确实长期为封建专制政体服务，浸润着封建质核，存在诸多糟粕。然而三礼原典蕴含着极其丰富的中华先民的生存经验和生活智慧，完全可以进行现代性价值之转换，即在守望本土传统基础之上，以现代性为标准审视其价值，转换并汲取其精义，使其在新时代条件下重获新生，并为现代工业社会、信息社会服务。从这一前提出发，三礼原典至少具有如下可供发掘的价值。

其一，三礼原典对国人了解中华民族的传统文化，尤其是礼文化有着无可替代的重要作用。

中华民族在世界民族之林中有一席之地，中华传统文化长期也在世界文化中占有重要地位。正如前文所述，三礼原典是历代王朝制定礼制的基石，因此是中华传统文化宝库中的瑰宝，要了解中华

---

① 李安宅：《〈仪礼〉与〈礼记〉之社会学的研究》，上海人民出版社2005年版，第2页。

民族的礼义、礼仪源流，离开中国古代对礼义做出最权威解释的三礼就无从谈起。同时，三礼原典内容极其丰富，包括政治、法律、经济、道德、哲学、文学、艺术、历史、地理、天文、历法、民俗的内容，乃至对先民日常生活也有记载，包罗万象，这无疑是我们研究古代社会的重要参考文献。同时，就其成书时间而言，它集中体现出先秦儒家的思想，因此又是研究先秦社会思想、政治思想极其重要的资料，甚至可以夸张地说，三礼原典是先秦百科全书式的著述。

另外还必须看到，三礼原典的主要部分成书于风云变幻的战国时代，社会剧变，从春秋时期小国林立逐渐向大一统国家过渡的关键时期，三礼的出现也正是适应这一历史发展趋势的，是当时思想家为大一统封建专制政体的诞生提供理论服务的，其历史功绩应当予以肯定。鉴于此，不能否认三礼原典在中国历史发展过程中曾经做出的巨大贡献、起到的无可替代的作用，而是应当以历史主义的态度，更为理性地对待这一历史典籍；不能因为它含有封建专制、贵贱等级等思想而以偏概全地全盘否定它，而是要将其置于历史时代去思考它、评价它，并从当今社会现实出发，剔除其繁文缛节，清除其糟粕，发掘其精华，使其为当今社会所用。

其二，三礼原典中蕴含着丰富的人文精神，可供当今深入阐发与利用。

礼是人和禽兽的区别，是文明与野蛮的分水岭。[①] 中国历来有"礼义之邦"的美誉，完善的礼制体系、从容优雅的礼节蕴含着中华先民的人文精神，三礼则是集中记载这些内容的最重要文献之一。通过三礼，我们可以感受博大精深的古代礼乐文明，可以窥见先贤整顿人心与维护国家安宁、社会和谐的不懈努力，可以了解中华先民修身做人、治国理政的准则。其实许多国外的思想家也对三礼等中国典籍称颂备至，如法国启蒙思想家伏尔泰（Voltaire）明

---

①　彭林：《礼与中国人文精神》，《孔子研究》2011 年第 6 期。

确声称："这些古籍之所以值得尊重，被公认为优于所有记述其他民族起源的书，就因为这些书中没有任何神迹、预言，甚至丝毫没有别的国家缔造者所采取的政治诈术。"① 当然，我们不否认三礼中确实存在诸多糟粕，但通过它确实又可以看出古代中国人与人、人与社会团体乃至国家之间交往的准则与规范，这些准则与规范显然包含着强调人文精神与构建和谐安宁社会秩序的思想，并在其设计的一举一动的仪节之中体现出来。例如，射箭是人类社会中常见的生产方式和体育运动，在古代中国进化为一种礼仪行为，深刻体现着中国特有的人文精神和民族传统。在《仪礼》一书中，《乡射礼》强调体能和心智的和谐发展，追求形神兼备、内外双修的君子风范，是一种非常高雅的礼仪活动。乡射礼提倡的君子之争、讲求优雅的仪节对东亚文化圈有着重要影响，有学者指出："时至今日，我们依然可以看到，日本、朝鲜的相扑、跆拳道等传统竞赛项目，在比赛之前和结束之后，双方都要作揖或者鞠躬，互致敬意，这正是乡射礼的遗风流泽。"② 它所体现出的体育人文精神，即使对比奥林匹克运动风靡的今天，也毫不逊色。又如《燕礼》《公食大夫礼》中的迎宾送客、举爵揖让、升堂下阶等燕飨仪节，在诸多细节上真切地体现了人们交往之间的真情厚意，展现了良好的人际关系。《乡饮酒礼》中体现出的尊老孝敬、贵礼贱财、尊长行孝等诸种思想观念，是造就安宁和谐社会秩序的思想基础，具有强烈的人文精神。《丧服》《士丧礼》《既夕礼》《士虞礼》等记载的丧礼，不但体现出对逝者的尊重与追思，丧主、亲属、宾客的互动同样具有浓厚的人文精神。《礼记》比《仪礼》内容更为丰富，除了有《仪礼》中类似篇目所具有的人文精神外，在《曲礼》《檀弓》《月令》《曾子问》《文王世子》《礼运》《内则》《学记》《乐记》《杂记》《仲尼燕居》等篇目中同样有强烈的人文精神。即使含有

---

① 〔法〕伏尔泰：《风俗论》第 1 章，梁守锵译，商务印书馆 1994 年版，第 241 页。

② 彭林：《从〈仪礼·乡射礼〉看中国古代体育精神》，《光明日报》2004 年 2 月 10 日，第 3 版。

浓厚治国理邦色彩的《周礼》一书，其人文精神也在以礼治国的观念下得到很好的体现。总之，三礼原典所蕴含的人文精神，是中华文化宝库中极为珍贵的不应抛弃的遗产。

其三，三礼原典中所体现的治国理政的政治智慧也值得借鉴。

首先，三礼提出的治国理政的理想政体非常值得重视。《礼记》称："礼以道其志，乐以和其声，政以一其行，刑以防其奸。礼、乐、刑、政，其极一也，所以同民心而出治道也。"[1] "礼节民心，乐和民声，政以行之，刑以防之。礼、乐、刑、政，四达而不悖，则王道备矣。"[2] 显然，《礼记》提出礼、乐、刑、政四者合一，"同民心而出治道"的治国策略，即将民心向背与治国理政视为同体合一，作为理想政体加以推广。这一思维进路要求统治者必须关切民间舆论，加强自身的道德修养，成就"圣贤气象"，由此才能负起治理国家、教化民众的责任。《周礼》也强调大宰的职责是"掌建邦之六典，以佐王治邦国。一曰治典，以经邦国，以治官府，以纪万民；二曰教典，以安邦国，以教官府，以扰万民；三曰礼典，以和邦国，以统百官，以谐万民；四曰政典，以平邦国，以正百官，以均万民；五曰刑典，以诘邦国，以刑百官，以纠万民；六曰事典，以富邦国，以任百官，以生万民"，[3] 同样体现出礼、乐、刑、政合一的思想倾向。所谓"以治官府，以纪万民""以教官府，以扰（即驯）万民""以统（即合）百官，以谐万民""以正百官，以均万民""以刑百官，以纠万民""以任百官，以生万民"，都是从官府（官员）的职责、道德修养等角度出发，论述对百姓治理的要求及达到的目标，显然也是以礼治国的思想。朱熹《补〈大学〉格物致知传》发挥了这一思想，称："古之欲明明德于天下者，先治其国；欲治其国者，先齐其家；欲齐其家者，先修其身；欲修其身者，先正其心；欲正其心者，先诚其意；欲诚

---

① 孙希旦：《礼记集解》卷三七《乐记》，第 977 页。
② 孙希旦：《礼记集解》卷三七《乐记》，第 986 页。
③ 郑玄注，贾公彦疏：《周礼注疏》卷二《天官·大宰》，第 37 页。

其意者，先致其知；致知在格物。"要求"自天子至于庶人，壹是皆以修身为本"。① 这种强调治国者首先自己正心诚意、修身齐家，然后才能教化百姓、治理国家的观点，体现出国家治理与民风养成、国民一体的思想，确实有其合理之处。其实这一观点影响极其深远。尽管历代统治者自身修养并不出色，但至少他们还一直宣扬这一点，一直延续到晚清时期。而历代知识精英则借助此语切谏帝王，力图造就太平盛世，这也是值得我们汲取的。

其次，《周礼》也是中国历史上最为重要的一部国家管理方面的著作，显示了相当成熟的政治智慧。《周礼》设计出来的官职体系并非放之四海、纵贯古今皆为准的国家管理体系，但其职官管理思想是非常清晰的，即分置天、地、春、夏、秋、冬六官系统，各有主管及各级辅助官员，组织严密，分工清晰，职责明确，位不虚设，才不滥授。这一设想虽非真实行用的职官系列，然而却是一种理想化的国家治理的思想体系，历代王朝可以根据其思想去考虑设置职位，以达到有效治理国家的目标。当然，它既是一种理想，就必须按照社会发展的现实状况来加以理解与施行，不能依样画葫芦地生搬硬套，否则便会事与愿违。事实上，古代中国确实有照此《周礼》的改制者，但邯郸学步，效果并不好。王莽依照《周礼》改制，最终落个身败名裂的下场；北周制度改革也按《周礼》设六官制度，史称"（卢）辩所述六官，太祖以魏恭帝三年始命行之。自兹厥后，世有损益。宣帝嗣位，事不师古，官员班品，随意变革"，② 结果也以失败告终。事实上，《周礼》这一理想的政治架构，只是体现出国家政权在行政设置上应当组织严密、分工清晰、职责明确、位不虚设、才不滥授的思想，而不是让人亦步亦趋地模仿。历史证明，托古改制是没有出路的。

尽管《周礼》设计的官制体系无法复制，但其统治管理思想

---

① 朱熹：《四书章句集注·大学章句》，第3—4页。
② 《周书》卷二四《卢辩传》，第404页。

是值得重视的,《周礼》中"体国经野,设官分职"① 的政治智慧深刻地启示着后世王朝。如隋唐逐渐形成的比较完善的官制管理体系——三省六部制,便是一种组织严密、分工清晰、职责明确的官职系统,从设置这套管理系统的政治智慧来说,与《周礼》当为一脉相承。三省六部制深受法国思想家伏尔泰的赞誉,他说:"人类肯定想象不出一个比这更好的政府:一切都由一级从属一级的衙门来裁决,官员必须经过好几次严格的考试才被录用。在中国,这些衙门就是治理一切的机构。六部居于帝国各官府之首:吏部掌管各省官吏;户部掌管财政;礼部掌管礼仪、科学和艺术;兵部掌管战事;刑部掌管刑狱;工部掌管公共工程。这些部处理事务的结果都呈报到一个最高机构。"② 显然,传统中国至少从《周礼》起便设计出一种相当稳定的统治管理体制,有助于稳定社会局面、促进经济发展,而《周礼》在其中起到了重要作用。③ 当然,当今社会已经进入现代工业文明阶段,正在向信息社会迈进,我们不可能依靠古老的经典来构建管理制度,但是经典中所蕴含的政治智慧仍然值得重视、发掘与借鉴。

其四,三礼原典中所弘扬的社会生活的准则,至今仍有一定的启示与指导意义。

三礼原典并不仅是"官场游戏",实际上是实实在在的社会生活的反映,它涉及国人生活的方方面面,规范着国人的日常生活。从三礼所涉及内容看,人的生老病死都由它规范着,可以说是人们一切社会活动的准则。《礼记》说:"人之所以为人者,礼义也。礼义之始,在于正容体、齐颜色、顺辞令。容体正,颜色齐,辞令顺,而后礼义备。"④ 即人的一切行为是否符合礼义,会通过肢体

---

① 郑玄注,贾公彦疏:《周礼注疏》卷二《天官·大宰》,第5页。

② 〔法〕伏尔泰:《风俗论》第195章,第509页。

③ 郝铁川:《经国治民之典——〈周礼〉与中国文化》,河南大学出版社1995年版,第3—4页。

④ 孙希旦:《礼记集解》卷五八《冠义》,第1411页。

语言、脸部表情、言辞表达表现出来，因此需要一言一行都谨慎其事，符合礼之规范。人的一生中，成人、婚姻及去世都是大事，其他如祭祀、朝聘、乡射也十分重要，因此《礼记》强调"礼始于冠，本于昏，重于丧、祭，尊于朝、聘，和于乡、射。此礼之大体也"。① 可见，《礼记》对人自幼及长、在家在朝的一切行为都有明确的礼义要求，指导着国人遵循礼义，促使他们成为具有道德人格的君子。《仪礼》中也有大量类似之语。总之，《仪礼》和《礼记》中记载的婚丧嫁娶等人生礼仪和待人接物的行为规范，一直是国人日常生活的行为指南。中国有"礼义之邦"美称，与三礼原典的规范是分不开的。

其实，三礼原典不是某一圣贤凭空想象出来的，而是先人社会生活、实践的产物，是其智慧的结晶。朱熹指出："《仪礼》，不是古人预作一书如此。初间只以义起，渐渐相袭，行得好，只管巧，至于情文极细密，极周经处。圣人见此意思好，故录成书。"② 这一说法大致可以认定。《礼记》中的伦理格言和育人警句更是代代流传，甚至对传统文化不甚了解的普罗大众也能熟知《礼记》中的许多条文而勉力为之，家弦户诵，直到今天仍然堪当人们立身处世的准则。这正是三礼原典的魅力之所在。人际交往，贵在以礼相待。借助礼之规范，人际关系得以调整，社会秩序得以维持，其中三礼经典的传播厥功至伟。应该指出的是，任何一个社会，都无法离开礼的指导与规范，古代是这样，现代仍是这样。因此，在"礼义之邦"遭遇礼仪缺失、努力构建和谐社会的今日，深入发掘三礼原典中的精华显得尤为重要。

其五，三礼原典中的历史文化信息是今人探索古代文化的重要凭借。

三礼原典作为中国传统经典的重要组成部分，包含着非常丰富

① 孙希旦：《礼记集解》卷五八《昏义》，第 1418 页。
② 黎靖德编：《朱子语类》卷八五，第 2194 页。

的历史文化信息，有学者指出："历代经学所做适应当时政治需要的注疏训解，不同程度地渗透到哲学、史学、科学技术、文学艺术各个领域，发挥着主导作用"，"弄明白历代经学的意义及其影响，对古代学术文化诸方面的一系列问题，易于取得触及本质的理解"，三礼原典"仍然是研究古代社会亟待参考的重要典籍"。[①] 这一表述是深有启迪的。三礼经历代学者的阐述，演变成历代社会的脚本，我们从事古代中国的物质文化、制度文化、宗教仪式的研究根本离不开三礼，研究语言、思想文化、社会组织乃至风俗人情的变迁，同样也离不开三礼。因此，三礼可以说是丰富的文化宝库，有待于我们深入研讨与发掘利用。

第二节　国家礼典与社会稳定

前已述及，礼在中国古代起到过无可替代的作用，其中之一便是对社会的和谐稳定起到极其关键的重要作用。在古代圣贤看来，礼是社会规范，是人一切行动的准则，若人人都依照礼的规范去行事，个个都是雍容和蔼的君子，那么人们就会各安其位，相互尊重，和好相处，避免争执，国家就会政治昌明，社会就会稳定和谐，经济发展便会走上正轨，美好的小康社会就会来临。因此，《礼记》强调人之所以为人是因为懂得礼义，因此需要正容体、齐颜色、顺辞令，如此才会"礼义备"，才可以"正君臣，亲父子，和长幼。君臣正，父子亲，长幼和，而后礼义立。故冠而后服备，服备而后容体正，颜色齐，辞令顺。故曰：'冠者，礼之始也'"，"重礼所以为国本也"。[②] 这种将礼作为"国本"的思想，不得不说是古代圣贤的伟大创造，也是中国古代以礼治国的理论基础，这

---

① 沈文倬：《从五经到十三经注疏》，氏著：《菿闇文存——宗周礼乐文明与中国文化考论》，第 919 页。

② 孙希旦：《礼记集解》卷五八《冠义》，第 1411、1412 页。

也是中国长达两千多年的封建政治体制的稳固基石，故《左传》有"礼，国之干也"①的说法，强调了礼对于国家政治体制的支撑具有不可替代的作用。中国长达两千余年的比较稳定的封建专制体制，实际与礼的关系极大。当然，这里所说的礼，不仅指作为原典的"三礼"，也包括历代王朝所制定的礼典，它们共同发挥着强大的稳定国家政治、社会与经济的作用。

《周礼》称大宰"掌建邦之六典，以佐王治邦国"，六典便是治典、教典、礼典、政典、刑典和事典，②都与政教礼制相关，故郑注云："典，常也，经也，法也"，"王谓之礼经，常所秉以治天下也"，"邦国，官府谓之礼法，常所守以为法式也"。③传统中国政治制度安排中的大经大法，是谓礼典。孙诒让云："典本训书册，书册所以著政法，故又为典法也……典法者，治之大经，可以常行者，故又训经、训常。"④春官宗伯掌礼治，独专"礼典"之名，礼典一词包含两个义项，一为礼仪制度，一为记载礼仪制度之书册。如大史（即太史）"掌建邦之六典，以逆邦国之治"，⑤"大祭祀，与执事卜日，戒及宿之日，与群执事读礼书而协事。祭之日，执书以次位常，辨事者考焉，不信者诛之。大会同、朝觐，以书协礼事。及将币之日，执书以诏王。大师，抱天时，与大师同车。大迁国，抱法以前。大丧，执法以莅劝防。遣之日，读诔。凡丧事，考焉。小丧，赐谥。凡射事，饰中，舍算，执其礼事"。⑥这里大史所掌"礼书"，特指记载朝廷各个方面行事的礼仪制度之书册，⑦也就是说，朝廷的一切政事都需要由掌礼官员根据礼书来加以处理。在中国历史上，就礼书而言，汉初叔孙通作《汉仪》

---

① 杨伯峻：《春秋左传注（修订本）》，僖公十一年，第370页。
② 郑玄注，贾公彦疏：《周礼注疏》卷二《天官·大宰》，第37页。
③ 郑玄注，贾公彦疏：《周礼注疏》卷二《天官·大宰》，第37页。
④ 孙诒让：《周礼正义》卷二《天官·大宰》，中华书局1987年版，第60页。
⑤ 郑玄注，贾公彦疏：《周礼注疏》卷三〇《春官·大史》，第997页。
⑥ 郑玄注，贾公彦疏：《周礼注疏》卷三〇《春官·大史》，第1002—1005页。
⑦ 实际上也包括后世称为法律的一些书册。

与《汉礼器制度》，后汉曹褒作《通义》，晋时荀颛等删集典礼成百六十五篇《新礼》，南朝齐梁命群儒裁成五礼，隋修五礼与《江都集礼》，乃至唐代的《唐六典》与贞观、显庆、开元三礼，宋代有《开宝礼》、《太常因革礼》、《政和五礼新仪》及《中兴礼书》，明代有《明集礼》《明会典》以及清朝《清会典》《大清通礼》等现存或亡佚礼书，均为记载礼仪制度的经国大典，对当时及后世的国家政治生活及社会生活产生了重要影响。《礼运》所言"礼者，君之大柄也。所以别嫌明微，傧鬼神，考制度，别仁义，所以治政安君也"，① 着实不虚。

一 国家礼典与政权的合法性

国家礼典有利于政权统治的秩序稳定。政权初立时需要迅速确立行政机制来保障政权平稳运行，故礼之作用在此时期尤为重要。周秦之变，是中国历史上的一大变迁。在此前后，社会结构与政治体制都发生了根本性的改变。秦人原以法家思想立国，以武力平定六国，而其统一之后，仍不得不顺应形势，建设相应的礼制，《通典》所谓"周衰，诸侯僭忒，自孔子时已不能具。秦平天下，收其仪礼，归之咸阳，但采其尊君抑臣，以为时用"，② 正是指此。尽管秦朝受其统治思想所限，兼以国祚甚短，并未能真正建立起一套完整的礼仪制度，但它所创建的一些礼仪仍然影响深远。

刘邦继秦而起，开创了中国历史上第一个平民称帝的王朝。汉朝初立，高祖不贵儒家，因而导致"群臣饮酒争功，醉或妄呼，拔剑击柱"，毫无礼仪可言，对此"高帝患之"。③ 显然汉初面临着艰巨的礼制建设任务。于是叔孙通为汉高祖制定朝仪，"自诸侯王以下莫不振恐肃敬。至礼毕，复置法酒。诸侍坐殿上皆伏抑首，以

---

① 孙希旦：《礼记集解》卷二一《礼运》，第 602 页。
② 杜佑：《通典》卷四一《礼序》，第 1120 页。
③ 《史记》卷九九《刘敬叔孙通列传》，第 2722 页。

尊卑次起上寿。觞九行，谒者言'罢酒'。御史执法举不如仪者辄引去。竟朝置酒，无敢欢哗失礼者。于是高帝曰：'吾乃今日知为皇帝之贵也。'"① 此后，叔孙通还主持制定宗庙仪法及其他"汉诸仪法"，均是为保持政权平稳运行而确立的礼典。这与萧何次律令、韩信申军法、张苍定章程一样，完善了汉朝的制度建设，也为后世垂范立制。因此，夏曾佑曾评价叔孙通说："后世君臣之际，则以此为定制矣。"② 其后历朝对礼制建设均给予充分关注，或创制礼仪，或更定礼典，都是基于礼制有维护政权的巨大效用。在中国古代，王朝一旦更替，后继王朝往往会立即采用郊祀天地、改正朔、定年号等礼仪手段，以此宣布自己政权的合法性与正统性；在帝位传承方面，继立之皇帝也会采用郊天祭地来宣示自己继位的正统和合法。可见，礼制在王朝更替或帝位传承过程中起着极其重要的稳定政局的作用。

不但汉族政权如此，少数民族政权对礼制建设也丝毫不懈怠。南北朝时少数民族建立的政权都以礼制为手段来显示自己政权的合法性，不但自称炎黄子孙，也陆续撰修或颁布过一些礼典，见于史书记载的有常景《后魏仪注》50 卷、赵彦深《北齐吉礼》72 卷、佚名《北齐皇太后丧礼》10 卷、佚名《后齐仪注》290 卷，只是这些礼典没有传承至今而已。金朝有《大金集礼》，元朝有《国朝集礼》，清朝有《大清通礼》，皆"稽诸古典，参以时宜，沿情定制"，③ 都成一代之制。《大金集礼》今存残本，元《国朝集礼》的礼仪则在今存之《元典章》中留下颇多残篇断句，涉及朝贺、进表、迎送、服色、婚礼、丧礼、葬礼、祭祀等，关乎政事民情。按照元统治者所言，他们制定的礼制，要求官民一体缘礼而行，以使"官吏有所持循，政令不至废弛"。④ 《大清通礼》则被完整地

---

① 《史记》卷九九《刘敬叔孙通列传》，第 2723 页。
② 夏曾佑：《中国古代史》，河北教育出版社 2000 年版，第 253 页。
③ 《元史》卷六七《礼乐志一》，第 1665 页。
④ 《大元圣政国朝典章纲目》，陈高华等点校：《元典章》，第 2287 页。

保存至今。

　　民国之后，不论何种政治派系掌握国家权力，也不论其出于何种政治目的，政府应当说是重视礼制建设的，都曾开展形式不一的制礼活动，下达改革礼制公文，也制定过规模不一的礼典。1912 年 8 月 17 日，依照《临时约法》第 30 条，北京临时政府以"大总统令"的形式公布了《中华民国礼制》，10 月 3 日公布了《服制》。两份礼典所涉及的内容均相当简略，但却包含公私礼仪在内，足见当时政府认为礼是国家政权与社会民生所不可或缺的要素。随后历届政府均有制定礼典的举措，直至抗日战争后期，国立礼乐馆还在重庆北碚议定《中华民国礼制》（草案）。近代礼制虽然最终未能落实，但制礼的尝试始终不辍。这些礼制更革显示他们有维持正常统治秩序的需求，借此表达自己的某种礼制主张。

　　社会变革孕育并催化着礼制的变迁。中国近代社会出现了重大变化，一家一姓的封建王朝被推翻，西方传来的自由、民主思想在一定范围内传播开来，尤其对知识精英有不同角度、不同程度的影响，而对已经传承数千年的中华礼制采取何种态度，实在是不同政治势力、不同思想观念的分野，代表着不同政治集团对维护自身政权的政治诉求。南京临时政府成立伊始（1912 年 1 月 1 日），内务部就发出告示，规定"国民服制，除满清官服应行禁止穿戴外，一切便服悉暂照旧"，① 以及此后陆续以公文形式发布的各种礼制命令，代表着以孙中山为首的资产阶级革命派的政治诉求。袁世凯以大总统令发布的《中华民国礼制》，以及制定祭天祭孔、称帝登基的礼仪，代表着袁氏北洋政府的政治诉求。同样，其后在重庆、南京形成的制礼方案，则代表着以蒋介石为首的国民党政府的政治诉求。显然，民国之后历届政府对制定礼制的浓厚兴趣，便是基于

---

　　① 《内务部关于一律剪发暂不易服的告示》（1912 年 1 月 1 日），《湖北军政府文献资料汇编》，第 721 页。

确立统治的正当性、合法性，与维持正常社会运转的特定需求有关。①

二　国家礼典与民间信仰

在中国古代，民间信仰一直有两重性。民间信仰有带有宗教性和不带有宗教性两类。一方面这些信仰能够使一定范围内的民众在共同信仰下保持和谐相处的局面，另一方面也可能导致与政府的对立，从而使社会动荡乃至出现大规模动乱。在中国历史上，有披着宗教外衣的民间信仰，汉末张角、张修等"五斗米道"，宋代方腊的白莲教，近代洪秀全的拜上帝会，或是土生土长，或受外来影响，其实都属于宗教信仰范围，其礼仪自然也与国家礼典相违背。这些宗教信仰导致规模巨大的全国性事件，对当时的政府形成极大的冲击。其实在古代中国还有大量与政府冲突不甚激烈或没有冲突的民间信仰，其规模大小不一，有某地一祠祭祀、某一行业崇拜的信仰，也有区域性乃至全国性的民间信仰。某地一祠祭祀或某一行业的信仰崇拜众多，只涉及一地民众，影响甚小；而区域性（如东南沿海地区的妈祖信仰）或全国性民间信仰，则影响较大。在历史上，那些非政府允许传播的民间信仰，都是非法的，被视为淫祀邪教，严令禁止。

实际上，对于如何对待民间信仰问题，历代王朝都予以高度重视。一般说来，封建王朝对民间信仰采取警觉与歧视态度，乃至采用镇压手段来应对民众对政府统治的疏离与反抗。然而众多民间信仰事实上并没有与政府产生冲突，甚至在某种程度上还维护着社会安宁，因此在一定情况下，政府也会采用"收编"的方式，将民间某些信仰与礼俗纳入国家礼典之中，使其合法化，以对其进行控制与利用。因此，就历代政府而言，一方面礼与非礼的界线、进不

---

① 张涛、汤勤福：《试论近代国家制礼机构及其现代价值》，《河北学刊》2015年第 2 期。

进礼典是判断是否合法的标准，是淫祀还是正规礼仪的分界线；另一方面，对政权有无危害，是严酷打击还是默许容忍的分界线。

其实，民间信仰管理程度如何与政府的地方管理方式有关。在传统中国政治体制中，国家政权对地方的控制大致到县一级机构，其主管官员由中央任命，主管官员对皇帝负责。然而基层组织并非政府委任，而是按百姓居住的自然状况组织起来，按照《周礼》的说法是："五家为比，十家为联；五人为伍，十人为联；四闾为族，八闾为联；使之相保相受，刑罚庆赏相及相共，以受邦职，以役国事，以相葬埋。"① 按照这一记载，大致可推测在西周至春秋时期地方上有一套带有"自治性"的基础组织架构。实行郡县制后，县级以下地方管理层级多少不同，基层管理者名称也变动不居，极为复杂，但主要仍是"自治性"的。这种方式一直延续到清代灭亡。中央政府想通过这一"自治性"地方管理架构对民众进行控制，而中国地域宽广，民众居住分散，管理非常困难，因而中央政府往往鞭长莫及，管理上有很大局限性。需要指出的是，县以下的地方管理一般是委任当地有威望者承担，② 被委任者并非"国家公务人员"，即不属于"官"，只协助基层地方政府（县级）来管理民众、征收赋税、维持地方治安等，故而从理论上说不需要承担政治职责。因此，中央对广大乡间的掌控非常有限。换句话说，国家最基层的县级官府难以掌控民间的实际生活，故民间信仰之类活动有很大的活动空间，超脱国家控制是十分自然也是非常容易之事。

但是，广大乡间又是中国历代王朝统治稳固与否的重要基石，因此国家对地方掌控予以高度重视，想方设法地对广大乡间进行有效控制。从他们采取的具体措施来说，主要是通过两种手段：一是利用地方基础组织对民众实行管理与礼义教化；二是采用连坐等法

---

① 孙诒让：《周礼正义》卷二二《地官·族师》，第881页。
② 杜佑《通典》卷三《食货三》对先秦至唐中期的地方管理有详细记载，可参见。

律手段来加以威胁，防止民间活动脱离国家监控。就文献记载来看，至少西周便设置乡间管理组织对百姓进行教化，即"以五礼防万民之伪而教之中，以六乐防万民之情而教之和。凡万民之不服教而有狱讼者，与有地治者听而断之"。[1] 尽管后世王朝的乡间组织有所不同，但同样依照这样的方法施行教化，将国家意志尽可能传达与贯彻到普通民众中去，以维持社会稳定，[2] 以便建构起"统一"秩序，维护良好的民间秩序。需要指出的是，从礼仪角度来看，这些民间信仰有固定的祭祀对象和相对固定的场所，乃至有相对固定的时间和繁简不等的祭祀仪式，更是有着热情的信徒——他们对某一神灵祈求有着相同的目的：获得神灵护佑，祛灾呈祥。应当说，民间的绝大多数信仰并不是为了反抗国家的统治，民众行用的礼俗或祭祀行为对国家统治并不构成威胁。尽管如此，由于这些礼仪游离于国家礼典之外，在统治者眼中仍是荒唐不经的淫祠淫祀，是需要严格控制或加以禁绝的。在中国历史上，禁绝民间淫祠淫祀的记载史不绝书。

正如上文所说，古代中国乡间人口分布的区域极为分散而广泛，国家对乡间的控制处于鞭长莫及的状态，因而想要通过地方政府完全控制民间信仰，禁绝其传播几乎是不可能之事。况且，即使采取严厉的行政措施加以禁绝，"顽固"的民间信仰也并不是那么容易被禁绝的。于是出现这样一种情况：一方面，中央到地方的各级政府都会下令严禁淫祠淫祀，确实也有不少祠祭被禁绝；另一方面，当无法完全禁绝时，似乎网开一面地默许它们流行。其实道理十分简单，因为国家没有能力完全禁绝民间信仰，故只能默许那些危害小或没有危害的民间信仰存在，只是严密监视其活动，一旦发现有可能引发动荡或危及社会稳定，地方政府就会出面加以干涉。同时，国家对那些不会危及统治的信仰，也尽可能加以"收编"，

---

① 孙诒让：《周礼正义》卷一九《地官·大司徒》，第 761—762 页。

② 赵秀玲《中国乡里制度》对此有所论述（社会科学文献出版社 1998 年版）。

即编入礼典，承认并允许它们的活动具有合法性，将这些民间信仰纳入国家管理的体系中。这种转换一般由地方政府向中央汇报，请赐各种封号或匾额，一旦被"恩准"，这一民间信仰就被纳入国家地方祭祀体系中，它就合法化了。然而在"请赐"之前的很长一段时间内，这些信仰的存在并不合法，且地方政府并没有加以禁绝，说明地方政府是默许其存在的。中国的绝大多数民间信仰就是这样并非具有合法身份而存在着。

当然，从国家制度的角度来说，未经允许的信仰自然是非法的，虽然可以让它存在，但在贴上"国家礼仪"标签之前都是非法存在的民间信仰。不过，国家礼仪又与民间信仰、习俗、礼俗有着非常紧密的联系。因为国家礼典尽管代表着国家意志，代表着国家的统治秩序，但是它的许多祭祀礼仪从本质上说也是一种信仰，是一种"国家信仰"——由国家政权保证它的合法性，它与民间信仰毫无二致。例如国家礼典中对某些神灵、鬼魂、山川的祭祀，本身就来源于民间。这也充分证明"礼源于俗"——只是以国家的权力使它们转化为国家的祭祀。比如，陈寿注《三国志》引《孔氏谱》："孔乂字元儁，孔子之后。曾祖畴，字元矩，陈相。汉桓帝立老子庙于苦县之赖乡，画孔子象于壁；畴为陈相，立孔子碑于像前，今见存。"① 显然祭祀老子的庙宇早于道教的出现。东汉末道教出现，又供奉老子，到隋朝时，各地宫观中供奉老子像十分普遍，即老子信仰是流传很广很久的一种民间信仰，或说宗教信仰，信徒众多。李唐建立后，又与李聃攀上了"亲戚"，认老子为"圣祖"，将其纳入国家祭祀系统，于是祭祀"圣祖"老子成为唐朝国家礼典中一项很重要的礼仪，原来属于民间信仰的祭祀合法化了。② 又如女真族祭祀长白山的信仰由来已久，③ 女真族建立金朝，

---

① 《三国志》卷一六《仓慈传》裴注引《孔氏谱》，第 514—515 页。

② 汤勤福：《唐代玄元皇帝庙、太清宫的礼仪属性问题》，《史林》2019 年第 6 期。

③ 许多少数民族都有祭山信仰，如藏族。其实汉族礼仪中祭祀的一些名山也是从民间信仰发展过来的。

到世宗"大定十二年，有司言：'长白山在兴王之地，礼合尊崇，议封爵，建庙宇。'十二月，礼部、太常、学士院奏奉敕旨封兴国灵应王，即其山北地建庙宇"。① 也就是说，自大定十二年起，长白山祭祀就从民间信仰纳入国家礼仪中了。金朝灭亡，长白山祭祀自然不再是国家礼典中的祭祀，但从女真族演化而来的满族仍行用长白山祭祀，即其重新归属于民间信仰。到清康熙十六年，"诏封长白山神秩祀如五岳。自是岁时望祭无阙"。② 至此，祭祀长白山又纳入礼典，成为清代国家礼仪之一。

民间信仰演化为国家礼仪，在历朝历代或多或少地存在过，不过，上述唐朝老子信仰变为"圣祖"祭祀、金和清两朝的长白山信仰变成国家礼仪，都是它们与"国家"某些特殊关系导致的，更多的民间信仰则是通过地方政府申报，由帝王诏准而获得合法身份，进入地方礼仪系统。这种例子太多，只要稍稍查一下正史礼志部分，或查一下地方志、会要、礼典，就会发现大量例证。

由此可见，国家礼典与民间信仰的关系甚为复杂：国家礼典中的绝大多数祭祀对象本身来源于民间信仰，民间信仰与国家祭祀的区别在于国家权力机构的"认定"。在中国古代尤其唐宋之后，国家一般对民间信仰既压制，又利用，尽可能对那些不会对国家统治造成威胁的民间信仰予以默认乃至将其纳入国家礼典之中，对它们进行有效的管理与控制，从而达到稳定社会的目的，而对可能影响到自己的统治的民间信仰，则严加禁绝，绝不允许流传，防止出现社会动乱。从礼制角度来说，纳入国家礼典中的民间信仰的礼俗，遂转化为国家礼制的礼仪。

三　国家礼典与社会稳定的矛盾

毋庸置疑，在中国古代，国家礼典在稳定国家政权、维持政权

---

① 《金史》卷三五《礼志八》，中华书局 1975 年版，第 819 页。
② 《清史稿》卷八三《礼志二》，第 2521 页。

运作以及维护社会秩序上起着极其重要的作用，因为国家礼典本身代表着政权的合法性和合理性，代表着国家所提倡或禁止的礼仪或礼俗。从中国古代国家礼典的演化中可以发现它与社会稳定有着极其密切的关联。

第一，社会稳定与国家礼典处理普通民众的关切的方式密切相关。

古代中国的国家礼典主要是为国家政权服务的，特别是秦汉之后，是为封建专制政权尤其是为封建帝王服务的，因此国家礼典的主要内容是帝王之礼。同时，它又非常强调贵贱等级，诸等人群所享用的礼仪是不同的，有等次之别。这种体现贵贱等级、为封建专制政权服务的国家礼制，自然不会注意到礼仪的广泛性。即使在唐宋之后，礼制下移过程中，国家礼制所吸收的有关民众的礼仪所占比例仍然极低，主要内容是婚丧喜庆之礼。同时，制定或修改礼仪根本不需要广大民众参与，只是在帝王主持下，召集部分有关官员进行商讨便可决定礼仪的制定或更革。在这种情况下，国家礼典与广大民众没有什么关系或说关系不大，其制定的礼仪主要行用在社会上层——帝王、国家管理人员（官员）中，从社会阶层来看，主要行用于社会上层人员中。芸芸众生只是在国家的规定和指导下，参照行用某些特定的礼仪——主要是在社会生活的层面，包括生老病死、待人接物的礼仪。

事实上，在国家礼仪行用过程中，统治阶级获得了精神层面的巨大享受。① 如南郊礼、继位礼、朝会仪等宣示政权的合法性和继位的合理性，给帝王带来了精神愉悦，"人之情"获得释放；② 隆重且烦琐的丧葬礼，也给帝王或社会上层人物提供了一个得以"尽哀"的精神宣泄口。也就是说，精神层面的享受可以在礼仪行用过程中获得。庶民礼仪不包括在国家礼典之中，因此民众只能以

① 这里的享受是广义的，包括喜怒哀乐诸种精神性内容。
② 就像叔孙通为汉高祖制定了礼仪，高祖称："吾乃今日知为皇帝之贵也。"

旁观者身份观看某些地方上行用的国家礼仪，如乡饮酒礼、祈禳等，也只有在参照某些低级官员的礼仪（如婚丧之类）中获得一些精神层面的享受，因而能获得的精神层面的享受极少。也正因为广大民众没有制定礼典的参与权与建议权，故而民众对国家礼典制定是漠视的，不关心的——民众遵用礼仪只是国家对他们的要求与规范，制定国家礼典与他们毫无关系，制定者也不会考虑他们的精神需求。

然而，作为社会之人，百姓是需要有精神层面生活的，在国家礼制中不能获得满足，自然会通过其他方式来寻求某种精神的满足。一些被贬称为"淫祠"的场所，是众多庶民获得精神满足的地方。他们祭拜某些特殊的对象，视其为神灵，祈求获得心灵上的满足，获得精神慰藉。例如古代民间自行祭祀的某些山川江河神灵之祠，往往是封建专制国家所强调取缔的"淫祠"，因为国家礼典没有赋予百姓祭祀山川岳渎的权力。但是，山川岳渎、气象变化与普通民众的生产、生活密切相关，故而百姓往往通过"非法"的祭祀来祈求获得神灵保佑，并在跪拜祭祀过程中获得某种精神慰藉与满足——帝王祈求神灵是为了安宁，百姓祈求神灵同样是为了安宁。显然，百姓自设神灵进行的礼俗活动（即民间信仰），实际是他们精神宣泄的一种方式，是一种企盼获得的精神享受。问题是，中国古代帝王只是要求百姓遵循国家所规定的礼仪，不会主动正视百姓的精神需求，巨大的反差是产生社会矛盾的根本原因，中国古代众多禁绝"淫祠""淫祀"的事件正是这一矛盾的产物。由此可以看出，国家礼典的制定，需要考虑普通百姓的需要，只有关注到广大民众精神层面的需求，关心他们的切身利益，并对民间信仰进行合理疏导，制定出来的礼仪才会符合更多人的需求，也就会被更多人自觉遵循。如果国家对民众的精神需求不予以关切，或者无视民众的切身利益，就可能滋生出游离国家礼典的民间祭祀（或说民间信仰），倘若国家对它们失去控制，那么就会导致与国家统治相对抗的民间行为，如此就可能引发国家动乱，导致社会产生不安定的局面。

第二，社会稳定与国家礼典处理民族礼仪的关系。

中国是个多民族国家。在中华民族形成与发展过程中，众多的民族融入，因此中华传统礼制也就带有多民族属性，具有普遍性特点。

中华传统礼制在其发展过程中确实不断吸纳少数民族的某些礼俗（礼仪），从而使自身日趋完善。汉族政权吸纳少数民族礼俗（礼仪）之事，前已叙述颇多，不再赘述。少数民族政权在与汉族的交往中，构建自己的礼仪制度时，同样也会一定程度上吸纳汉族的礼仪。当然，无论是汉族政权还是少数民族政权，由于双方发展历史不同，所居地域不同，经济条件不同，乃至文化、风俗、礼俗、生活习惯上的差异，他们构建礼仪制度时，都会存在如何处理不同民族的具体礼俗（礼仪）的困惑，乃至出现处理不当，导致民族矛盾激化与冲突的情况。最为典型的例子是清朝定都北京后，采取专制主义的民族高压政策，强行推行剃发易服令，逼迫汉族民众放弃自己的传统。汉族自古以来就非常重视衣冠服饰的礼仪传统，认为"身体发肤，受之父母，不敢毁伤，孝之始也"，[1] 清朝统治者的剃发令遂引发汉族民众的大规模反抗，民族矛盾一度极其紧张。显然，处理好不同民族的礼仪礼俗之间的关系，是构建和谐的政治秩序的关键问题之一。

少数民族政权在建立自己礼制体系过程中与汉式礼制存在矛盾与冲突，更深入地了解礼制的民族性是个极为重要的问题。北齐是少数民族建立的国家，它在处理不同民族的关系上相对比较谨慎，但在礼制问题上似乎更趋于保守，史载：

> 源师字践言，河南洛阳人也……后属孟夏，以龙见请雩。

---

[1]　李隆基注，邢昺疏：《孝经注疏》卷一《开宗明义》，北京大学出版社 1999 年版，第 3 页。

时高阿那肱为相，谓真龙出见，大惊喜，问龙所在，师整容报曰："此是龙星初见，依礼当雩祭郊坛，非谓真龙别有所降。"阿那肱忿然作色曰："何乃干知星宿！"祭竟不行。师出而窃叹曰："国家大事，在祀与戎。礼既废也，何能久乎？齐亡无日矣。"①

源师以孟夏龙星现而请雩，这是源于汉式礼仪。然少数民族出身的宰相高阿那肱认为是真龙出现，要源师告知真龙所在，源师则告诉他是出现龙星，依照礼制需要在郊坛上进行雩祭，然而高阿那肱对其进行斥责，没有行用雩祭之礼。源师"窃叹"北齐政权命运不济，充分显示出他对不遵循礼制政权的看法。这显然是不同民族文化对"龙见"现象的不同理解，不同理解需采取不同的措置，这反映出民族文化的深层冲突给政权稳固带来的影响。

实际上，民族之间文化或礼仪上的矛盾与冲突，在少数民族政权统治汉族时出现较多，反响也比较强烈。处理好这些矛盾与冲突，对政权的巩固、民族关系的融洽意义重大。如北魏孝文帝改制中推行汉族文化，当然也包括许多汉式礼仪。孝文帝强制推行这一政策，遭到拓跋贵族的强烈抵制，乃至出现武装叛乱。可见即使是一种符合历史潮流的改革，但不注意推行的灵活性与关切诸方面的利益，也会引发很大的社会动荡乃至动乱。元朝实行民族歧视政策，在国家礼仪中保持浓厚的民族礼仪色彩，很少遵循汉式礼仪，因此有元一朝处理民族关系并不能令人满意。尽管元朝军事力量非常强盛，但其经济、文化发展非常缓慢。前已述及，满族建立的清王朝入关后，曾发布剃发令，强行令汉族百姓剃发，违反汉族的礼仪传统，

---

① 《隋书》卷六六《源师传》，第 1552—1553 页。《北齐书》卷五〇《高阿那肱传》载："武平四年，令其录尚书事，又总知外兵及内省机密。尚书郎中源师尝谘肱云：'龙见，当雩。'问师云：'何处龙见？作何物颜色？'师云：'此是龙星见，须雩祭，非是真龙见。'肱云：'汉儿强知星宿！'其墙面如此。"（中华书局 1972 年版，第 690 页）高阿那肱视源师之语为"汉儿"见识，显然是一种不同民族文化之间的冲突。

也引起汉族民众很长时间的强烈反抗，使清初的历史充满血腥。

当然，少数民族政权也有自觉吸纳汉式礼仪的情况。比较主动地将汉式礼制纳入自己构建的礼仪体系中，比较平和地构建自己的礼仪体系，从而促进了自身民族文化的发展，当然也促进了中华传统礼制的发展。这里举一个少数民族礼典吸收汉族礼仪的事例。辽朝礼仪原来有较多少数民族礼俗成分，其在发展过程中进行了改进，史称：

> 神册初，（韩知古）遥授彰武军节度使。久之，信任益笃，总知汉儿司事，兼主诸国礼仪。时仪法疏阔，知古援据故典，参酌国俗，与汉仪杂就之，使国人易知而行。①

韩知古"援据故典，参酌国俗，与汉仪杂就之"而制定出辽朝有民族特色的礼仪，"使国人易知而行"，缓和了民族之间的文化冲突，稳定了社会秩序，不但促进了契丹族国家文化的发展，也有利于社会经济的稳定发展。

显然，制定国家礼典，处理好不同民族文化之间的关系是一个非常重要的问题。只有处理好这一关系，才能促进民族团结、减少民族冲突，才能稳定国家秩序与实现社会和谐。历史的经验教训值得我们汲取。

第三，社会稳定与国家礼典的历史正当性。

一切国家礼典的制定都是为了行用，其礼仪规范与否，有其历史正当性问题。礼制随着社会历史条件变化而变迁，在这一变迁过程中，自然也会要求礼仪形式做出相当调整，要求在礼典中得以体现，以适应礼制的变迁，适应社会历史条件的现状。这就是礼典制定的历史正当性。适应历史变化的礼仪呈现出历史的正当性，不适应历史变化的礼仪不存在历史的正当性。因此，礼典制定的历史正

---

① 《辽史》卷七四《韩知古传》，中华书局 1974 年版，第 1233 页。

当性体现出礼制与时俱进的精神，也是其永葆活力的源泉。礼典制定的历史正当性由具体礼仪的变化来体现。这实际上是内容与形式的辩证关系问题：内容相对稳定，而形式较为活跃；一旦内容发生改变，形式就需要加以改变，否则就可能发生形式丧失历史正当性的问题，严重者乃至会引发社会动荡。

在封建专制政治的体制之下，由于社会历史条件的限定，基于贵贱等级制度的礼制，跪拜礼被视为天经地义的形式，故而这种礼仪形式具有历史的正当性，其礼典自然也具有历史正当性。随着清政府专制政体的垮台，历史进入了一个崭新的阶段，平等、自由与民主是历史的要求，跪拜礼也就失去了它的历史正当性，因此民国伊始就宣布废除这种落后于时代的礼仪形式。① 然而，袁世凯复辟帝制，恢复了这种失去历史正当性的礼仪形式，引起了二次革命，袁氏的倒行逆施最终受到了时人的嘲讽与历史的惩罚。清朝末代皇帝溥仪退位后，在故宫中接受那些遗老遗少的朝拜，之后逃往东北，建立伪满洲国，那些遗老遗少也坚持行用这种被历史抛弃的跪拜礼仪形式，同样也不具有历史的正当性。同样是清朝，康雍乾时期国力强盛，西方渗透中国的力量较小，因此清王朝可以强求西方使节行跪拜礼，甚至可以赶走不愿行用跪拜礼的使节，实行闭关锁国政策。然而西方用坚船利炮打开中国大门后，历史条件发生了翻天覆地的变化，西方国家与清政府的交往也越来越频繁。清政府要求西方使节采用清朝规定的朝觐礼，行用跪拜礼，因而一度导致双方矛盾的升级，甚至可以说到了无法调和的程度。然而

---

① 1912年3月29日，南京临时政府对湖北祭文庙事答复如下："本部近接浙江民政司长电称：'文庙丁祭应否举行，礼式祭服如何，其余前清各祭典应否照办，迭据各属请颁典礼应归统一，敝省未擅拟，请电照遵'等因。据此，查民国通礼，现在尚未颁行。在未颁以前，文庙应暂时照旧致祭，惟除去拜跪之礼，改行三鞠躬，祭服则用便服。其余前清祭典所载，凡涉于迷信者应行废止。惟各地所祭者不同，请由本省议会议决。存废事关全国，为此通电贵省，即祈转饬所属查照办理。"《南京临时政府内务部教育部关于改革文庙祭典习俗致武昌黎副总统等电》，《湖北军政府文献资料汇编》，第717页。

历史发展的趋势不可逆转，双方交涉的最终结果是，在清朝看来天经地义的跪拜礼最终被鞠躬礼取代，而鞠躬礼成为新的双方交往的礼仪形式，它具有了历史的正当性，出现了有学者说的宾礼向礼宾的转化。①

社会历史的变迁，总是伴随着大量落后于时代的内容被淘汰，落后于时代的形式被淘汰，这无须忧心忡忡，更不能抱残守缺。作为国家礼制，确实需要适应历史变迁而随时加以调整，树新风、立新制，但也应当谨慎处理好某些落后于时代但仍需在一定时间内加以保存的内容。举民国一事例来进行分析。由于历史的惯性，进入民国之后，流传于民间数百上千的神祠祭祀仍然广泛地存在，当然，其中不乏许多落后于时代的神祠祭祀。1930 年，国民党中央执行委员会特转发国民政府内政部通过的《神祠存废标准》，规定除那些有功于民族的先哲和宗旨纯正、受人民信仰的宗教予以保留外，其他"以现代之潮流考之，均无存在之价值"的古神类和迷信、惑众的淫祠类则都在摒弃禁绝之列。此先节选《神祠存废标准》相关内容如下：

> 我国古代祀神，如禋于六宗，望于山川，蟠柴②以祀天，沉圭以祀河，其礼节仪式，均甚简单。后世惑于邀福免祸之说，变本加厉，媚神之术，无所不至，以致迷信之风日炽，人心陷溺，几不可救。在神权或君权时代，袭人同兽争、人同天争之余毒，为野心家所利用，以迷惑民众，犹为贤者所不取。今则不仅神权已成过去之名词，即君权已为世人所诟病。我最优秀之神农华胄，若犹日日乞灵于泥塑木雕之前，以锢蔽其聪明，贻笑于世界，而欲与列强争最后之胜利，谋民族永久之生存，抑亦难矣。现查旧日祭祀天地山川之仪式，一律不能适

---

① 尤淑君《宾礼到礼宾：外使觐见与晚清涉外体制的变化》一书围绕着此问题展开了深入探讨。

② "蟠柴"疑当作"燔柴"。

用，即崇拜先哲，亦重在钦仰其人格，宣扬其学说功烈。凡从前之烧香拜跪冥镪牲醴等旧节，均应废除。至各地方男女进香朝山，各寺庙之抽笺礼忏，设道场放焰口等陋俗，尤应特别禁止，以蕲改良风俗。①

就当时神祠祭祀中的某些内容看，确实已属需要淘汰范畴，其祭祀形式也无历史的正当性可言。但是，强行淘汰这些神祠祭祀，又没有及时补充合适的内容和形式来填补民众精神需求中的空缺，那么缺少精神享受的民众就会通过各种途径来保留原有神祠祭祀，以满足自己的精神需求。实际上，民国政府颁布的《神祠存废标准》并未获得成效。换句话说，即使采用了国家政令形式的强制手段，这些神祠祭祀也不会轻易退出历史舞台，因而只有恰当地处理它，采用更多新的礼仪形式来满足民众需求，才能达到最佳状态。例如朱熹撰写的《家礼》，是适应唐宋礼制下移新的历史趋势的。他提出普通民众也可以祭祀自己的祖先，符合广大民众的需求，因此他设计的祭祀形式就具有历史的正当性，就会被广大民众所接受，并长期流行于民间。实际上，两宋时期大批民间信仰被纳入官方祀典，赐以封号，既表明其合法性得到了国家认可，也意味着民间信仰的延续需要受到政府的管控。将民间信仰纳入官方祀典的举措，表明"朝廷与地方性政权在推动祠神信仰传播方面的重要性也不应忽视"。② 比如国家政权通过封赐、拨款、定期拜谒、监督管理等手段，介入了张王信仰的庙宇修建、仪式举行、经济行为之中，使张王信仰从地方民间祠祀适当地融入国家地方祭典当中，整合了朝廷官员与地方力量，保证了当地社会观念、经济、仪式活动的连续性。③

---

① 《神祠存废标准》，《中华民国史档案资料汇编》第 5 辑第 1 编《文化 1》，江苏古籍出版社 1994 年版，第 505—506 页。
② 皮庆生：《宋代民众祠神信仰研究》，上海古籍出版社 2008 年版，第 215 页。
③ 参见皮庆生《宋代民众祠神信仰研究》第二章第四节，第 78—96 页。

　　相反事例则是泰山石敢当信仰。石敢当被视为具有有求必应、镇宅、厌殃、消灾、弭难、保佑平安等功能，流传民间千余年，[1]因此古人在建造房屋时砌入石敢当来祈求自身的安全，在当时历史条件下它具有历史的正当性，广泛地被民众信仰，因此石敢当是我国民俗史上最有影响力的民间信仰之一，也成为我国的一种民族遗产。作为一种民族记忆，自然需要保护，[2]但如果现在造房建屋时还砌入石敢当，那么便成为一种失去历史正当性的可笑之举。

　　总之，历史的发展需要有新的形式来适合新的内容，新的礼制体系的构建需要考虑新的形式的历史正当性，而不是套用旧形式来"适合"新内容。我们不妨套用纪昀之语"神道设教，以驯天下之强梗，圣人之意深矣"，[3]其真正点出了国家政权规训和管控民间信仰的用意所在。

　　第四，社会稳定与法律的关系。

　　中国古代在先秦时便开始礼法并用，所谓"出于礼而入于法"、礼主刑辅是历代统治者控制社会的重要手段。那么，如何衡量礼与法两者在历史上的作用？瞿同祖先生认为：礼与法"二者之价值自不可同日而语"，礼教之可贵在于，若能实现礼治"则人民根本便无恶的动机，一切恶的行为自无从发生，法律制裁更无存在的必要"，"教化已成，人心已正，只要心术不变，便可永不为恶，所以教化可以一劳永逸，垂之永远，使社会长治久安，不像法律只有短暂的功效。从这一点来说，法律的价值也不如德化"；"儒家的思想支配了一切古代法典，这是中国法系的一大特色……礼与法都是行为规范，同为社会约束，其分别不在形式上，也不在强制力的大小……同一规范，在利用社会制裁时为礼，附有法律制

────────────

　　[1]　石敢当出现于何时，学界没有定论，但这种信仰当源于中国古代万物有灵的传统。《全唐诗》卷八七五《莆田石记》："石敢当，镇百鬼，压灾殃。官吏福，百姓康。风教盛，礼乐昌。"彭定求等编：《全唐诗（增订本）》，中华书局 1999 年版，第 9980 页。

　　[2]　列入国务院于 2006 年 5 月 20 日公布的《第一批国家级非物质文化遗产名录》中。

　　[3]　纪昀：《阅微草堂笔记》卷一八，上海古籍出版社 1980 年版，第 453 页。

裁后便成为法律。成为法律以后，既无害于礼所期望的目的，也不妨害礼的存在。同一规范，不妨既存于礼，又存于法，礼法分治，同时并存"。① 瞿先生是从传统儒家角度来讨论礼法关系，对礼在古代中国的作用做了非常肯定的回答。法国学者汪德迈（Léon Vandermeersch）也有类似的评价："在古代中国，治理社会的主要工具是仪礼。换句话说，在古代中国，政治制度归结为礼治。礼治是治理社会的一种很特别的方法。除了中国以外，从来没有其他的国家使用过类似礼治的办法来调整社会关系，从而维持社会秩序。这并非说仪礼这种现象是中国文化特有的现象，——此现象是很普遍的，任何文化都具有的——可是只有在中国传统中各种各样仪礼被组织得异常严密完备，而成为社会活动中人与人关系的规范系统。"中国的礼治体系与西方的法治体系"虽然有根本的区别，但彼此功作同一，即都是用来调谐社会成员之间互相之关系"，其本身"仍具有值得保留的优点。在现代中国，我们也许还会发现众多的仪礼传统的遗迹"。② 这位域外专家指出古代中国有着传统的"礼治"特点，这毫无疑问是正确的，但他没有看到古代中国法律的功效，因此评价有些隔靴搔痒。

从古代中国着眼，历代王朝诚然都强调以礼治国，也采取过不少措施来加以落实，确实也取得过一些成效，但这不过是其统治手段之一。与此同时，他们都采取严厉的法律条文来对社会各阶层进行控制，应当说礼与法具有的功效或作用是一样的，是统治阶级采用的两手措施，没有谁主谁辅的区分。尽管历代王朝表面上强调礼治，但在维护自身统治之时，采用严厉的法律手段非常常见，一直是礼法并用。所谓"出于礼而入于法"，仅是说明统治方式的先后顺序问题，即以礼教化不成，只能用法律手段来加以惩处了。而

① 瞿同祖：《中国法律与中国社会》，中华书局 1981 年版，第 287—288、288、320—321 页。

② 〔法〕汪德迈：《礼治与法治——中国传统的仪礼制度与西洋传统的 JUS（法权）制度之比较研究》，《儒学国际学术讨论会论文集》，第 207、223 页。

"礼主刑辅"则是统治者的空头宣传，我们不能被封建统治者宣扬的"礼主"蒙蔽了眼睛。实际上，在温情脉脉的"礼"的背后确实有着血淋淋的法律的有力支撑，因为没有一个王朝敢于放弃法律来统治一个国家，而放松礼仪教化之事倒是在历史上屡有所见。即使是儒家津津乐道的先秦社会，"以五礼防万民之伪而教之中，以六乐防万民之情而教之和。凡万民之不服教而有狱讼者，与有地治者听而断之"，① 显然也是对"不服教"者采用法律措施的。为历代所称颂的唐律，号称"一准于礼，以为出入得古今之平"，② 其实翻阅一下条文，都能嗅出强硬的血腥的气味。有学者指出："唐律把礼作为立法的灵魂，其内容处处可见礼的精神……唐律以国家意志的形式确定礼的合法地位，并用刑罚手段严惩违礼行为，这不仅使礼成为一种人人必须普遍遵守的行为准则，还使礼与法得到了统一，紧密结合于律中。"③ 显然，礼法紧密结合，以礼法两手来维护国家政权的统治与社会的稳定，是传统中国国家治理的基调。可以说，礼治的施行有着法律的支撑，法律条文的完善才为礼治的落实提供了可能，因为在唐代乃至之后诸朝"礼的行用必须通过令格式制敕的批准，才能有具体实行的效果"。④ 在中国古代，礼与法虽是两种不同的体系，各自独立存在，但两者的互补作用是非常明显的，它们共同维护着专制主义国家的有效统治与社会的稳定和谐。

当然，我们指出古代中国礼、法具有相同的作用，并不否认以礼对百姓进行教化的作用与意义，礼实际上仍是具有很高的历史价值与现实价值的，因为它毕竟强调了礼仪的作用，对造就君子起到了很大作用，同时也尽可能地减少了人们触犯法律的可能，宣扬了"仁政"，批判了"暴政"，使社会尽可能避免滑入一味严刑峻法的

① 孙诒让：《周礼正义》卷一九《地官·大司徒》，第 761—762 页。
② 纪昀等：《四库全书总目》卷八二《史部政书类二》，第 712 页。
③ 王立民：《唐律的礼法关系透视》，中国儒学与法律文化研究会编：《儒学与法律文化》，复旦大学出版社 1992 年版，第 266、270 页。
④ 吴丽娱主编：《礼与中国古代社会》（隋唐五代宋元卷），第 89 页。

历史泥坑中去，也就最大限度地实现了社会稳定。因此，国家礼典与国家法典共同维护着国家的有效统治，维护着社会秩序的稳定。这对我们确实有着非常深刻的启示意义。

第三节　民间礼俗与私修礼文

笔者曾讨论秦统一之后是集权礼制，① 但没有涉及集权礼制体系下的礼仪双轨制问题。在此拟对礼仪双轨制问题做一阐述。

礼是人际交往的工具，是人与人（或集团、国家）之间交往行为的规范与准则。礼制是由权力机构颁布的人与人（或集团、国家）之间交往行为的规范与准则。礼俗（习俗）是非由权力机构颁布的人与人（或集团、国家）之间交往行为的规范与准则。通俗地说，礼制是受国家规范、制约的制度性礼仪，礼俗则是不受国家规范、制约的非制度性礼仪。所谓礼仪双轨制，是指在一个国家之内，既行用国家规范、制约的制度性礼仪，也行用不受国家规范、制约的非制度性礼仪。国家颁布的礼典规范着自中央王朝到各级政府的礼仪，当然也包括民间按照国家礼典行用的礼仪。而行用民间的礼俗，不在国家礼典之内，属于非官方的民间规范。这些礼俗有民间长期习用的礼仪，或由士大夫依据国家礼典改造而成，其内容并不完全符合国家礼典规范的礼仪。需要强调的是，尽管士大夫或有一定官职，但也不妨碍他们私自制定的礼仪属于民间礼俗，因为这些士大夫私自制定的礼仪并未得到国家允准，因而属于非官方行为；一旦国家允准，那么它就变成国家规定的礼仪，② 成为国家礼典的组成部分。由此可以说，就礼制规范而言只存在两类礼：

① 汤勤福：《集权礼制的变迁阶段及其特点》，《华东师范大学学报》2020年第1期。
② 如朱熹《家礼》原来是私人制定的礼书，其礼仪自然属于私家礼仪；明代后朱熹《家礼》被纳入国家礼典，自然就演变为国家礼仪。在这两者之间，不存在士人之礼一个类别。

一类是国家颁布之礼；另一类不是国家颁布之礼，无论撰述者是何等身份都改变不了"私礼"——非国家礼制——的属性，都可归属于民间礼俗。因为从法律角度来说，国家没有授权士大夫给民众制礼，因此无论士大夫撰作的礼书在何等程度上符合国家礼仪规定——其实总有许多与国家礼制不合的地方，否则就没有必要私撰了，但没有授权而编纂出来的私家礼书，就不属于"国家行为"，都可归属"非法"之类。当然，只要士大夫撰写的私家礼书没有严重违反国家礼制规范，那么国家也不会执意处理这些编撰者，不会追究他们的责任，因为他们的礼书在一定程度上还可以起到教化百姓的作用。尽管如此，不等于说士大夫撰写私家礼书的行为是合法的。因此士大夫撰写的礼书，从性质上说与民众自发行用的礼俗没有不同。也就是说，从法律角度来分析，不存在"士人礼"这种类不伦不类的概念。① 这是讨论礼仪双轨制的前提。

实际上，民间礼俗中有些内容可能也会转化为国家规范的礼仪，例如前面提及的寒食礼在唐代便转化为国家礼仪。进一步说，

---

① 士人礼的提法显然借鉴于王权礼制中的天子礼、诸侯礼、士礼的概念。然而，在王权礼制下，"士礼"是贵族等级之中低于天子、诸侯的礼仪，是国家礼制的规定。然而王权礼制退出历史舞台后，在集权礼制的体系中，士礼不仅不存在，实际上也无法建立。如汉初就重现了《仪礼》《礼记》，其中涉及大量的士礼，若能建立士礼，则于经有据，但汉代乃至后世并没有建立起一个"士礼系统"。从目前保存下来的国家礼典来看，唐代礼典只有按照官职高低行用的各级礼仪，主要是高级官员与中级官员行用的礼仪之规定，也有少量低级官员的礼仪规定，并不存在所谓"士人礼"的规定。宋及宋之后也是如此。其实，所谓"士人礼"，是想说明当时士大夫们制定过一些有关自己家族行用的礼仪（当然也提供其他家族参照行用），实际上这些是私礼而不是国家礼制规范，不存在这类合法的礼仪等级，因此这类私礼从性质上说与民间礼俗没有区别。即使像身居高官的韩琦撰写了《韩氏参用古今家祭式》一书，但又明白表示"他日朝廷颁下家祭礼，自当谨遵守制"。进一步分析，士大夫是集合概念，其中包括高级、中级和低级官员，宋代及宋之后也有一些科举出身即获取进士头衔者，由于各种原因而不是国家官员，赋闲在家，国家规定他们行用的礼仪是礼典规定，即依照官职来规定的，而不是依他们士大夫的身份来规定的。而且，撰写私礼的士大夫社会身份各不同，既有像韩琦、司马光这样的高级官员，也有像朱熹这样的中级官员，更有一些低级官员和普通士人，他们撰写的私家礼书虽各有不同，行用的礼仪也有不少差异，但没有法定效力这一点是相同的。

士大夫私家礼书中的内容自然也可能部分或整体转化为国家礼仪。如朱熹个人撰述的《家礼》并没有获得国家授权，许多内容与国家礼仪格格不入，属于私家礼书，然而在明代却被整体纳入国家礼典，从而演化为国家礼仪。需要补充的是，也有一部分从国家礼典剔除出来的礼仪，一旦这些礼仪仍行用于民间，那么这类礼仪自然降而成为民间礼俗，例如金朝灭亡后遗民祭祀长白山之类便是。这便是礼仪双轨制下的国家礼仪与民间礼俗之互动。

一　宋之前礼仪的双轨制

如前所述，秦始皇建立统一的帝国之后，在全国范围内推行了郡县制度，即由中央派遣各级地方政府的官员，直到基层的县级为止。县级之下则按百姓居住的自然状况进行组织，形成带有"自治性质"的基层组织架构，它是王朝官制体系之外的一套管理系统。通过这一架构，中央政府虽然对地方进行控制，但是仍具有很大的局限性。也就是说，自秦开始，中央集权的地方治理与民间自治并行不悖，相辅相成，呈现出双层管理结构。通过这一双层管理结构，中央政策得以贯彻到民间，民间讯息也能一定程度上达中央。显然，这种有赖于自上而下和自下而上两条沟通的轨道进行管理的制度，即费孝通所谓中国社会结构的"双轨制"。①

在这种双轨制之下，若要维护国家有效统治，必须建立稳定的乡间秩序，实施礼仪教化便成为必需之事。这种教化体系由来已久。按照《周礼》的说法，"五家为比，十家为联；五人为伍，十人为联；四闾为族，八闾为联。使之相保相受，刑罚庆赏相及相共，以受邦职，以役国事，以相葬埋"。② 并采用"五礼""六乐"来教化百姓。实际上，国家对百姓采用的只能是自上而下的灌输式的教化，百姓行用的礼仪自是被动接受"政府"或"政府代理人"

---

① 费孝通：《基层行政的僵化》、《再论双轨政治》，氏著：《费孝通文集·乡土重建》第 4 卷，群言出版社 1999 年版，第 339—340 页。

② 孙诒让：《周礼正义》卷二二《地官·族师》，第 881 页。

所指定的某些特定礼仪，例如社会生活所必需的待人接物、生老病死之类礼仪规范。欧阳修曾说："凡民之事，莫不一出于礼。由之以教其民为孝慈、友悌、忠信、仁义者，常不出于居处、动作、衣服、饮食之间。盖其朝夕从事者，无非乎此也。"① 可见时人对庶民礼仪方面的设想，只是"教其民为孝慈、友悌、忠信、仁义"，在"居处、动作、衣服、饮食之间"进行简单的礼仪教化。这些礼仪教化当是"体制"之内的，属于国家礼制规定的礼仪。

然而事情并非这么简单。如前所说，由于国家对广大乡间实际上很难完全掌控，加之上述这些礼仪并不可能完全满足广大民众的实际需求或不能切合民众生活的实际，因此在国家鞭长莫及的情况下，自然会在民间滋生出某些不属于国家礼典中的仪式，以便满足众多民众自身的精神需求和实际需要。也就是说，民间行用的礼仪形式，既有体制内的礼仪，也有私自行用的礼俗，套用费孝通先生的概念，这是民间礼仪的双轨制。

细究起来，民间礼仪的双轨制，与中国社会结构的双轨制关系密切。因为在社会结构的双轨制中，我们可以看到国家对广大乡村的控制并非十分到位，尽管国家对民间礼仪有一定的要求，也要求地方官员进行必要的礼仪教化，但古代中国直到唐宋之前并没有针对普通百姓的礼典内容，加之古代中国地域辽阔，国家很难将所有民众都管控到位，因此推行礼仪教化也不是那么容易。实际上，即使是国家能够控制住的区域，民众也不一定完全按照国家规定去行用。现存史书或墓志上经常会记载某些官员在任职地区大力推行礼仪来教化民众的事例，充分说明国家礼仪教化存在缺失的环节，因此才需要地方官员力加推广。进一步说，即使是司马光著《家范》和《书仪》、朱熹撰《家礼》，也是因为民间行用礼仪不正规，与国家相关礼仪有较大区别，同时他们也看到国家礼仪与民众实际需求之间的差异，因此想通过自己的努力，企望重新规范民间礼仪。

---

① 《新唐书》卷一一《礼乐志一》，第 307 页。

这些都反证民间行用的礼仪与国家礼仪的差异，存在着"自行其是"的现象，因此礼仪双轨制的存在是不争之事实。

众所周知，礼是人类社会特有的社会现象，凡人际交往必有一定的规范与准则，即使在国家产生之前仍然存在人际交往，因此"礼"是存在的；同理，那些游离国家控制的偏僻之处，人际交往也存在，生老病死必不可免，即使不行用国家颁布的礼仪，民间自然会有一种公众认同的仪式规范，这种非制度性的仪式规范便是礼俗。进一步说，即使那些被地方官员教化过的地方，民众在日常生活中也会行用国家规范的某些基本礼仪，但是国家没有也不可能制定出包罗万象、涉及一切层面的民众使用的礼仪——实际上至少唐代之前的专制集权国家并不重视制定民众使用的礼仪。然而出于精神需求与实际需要，民间必然会产生某些不在国家礼典规定中的礼仪行为。例如民间许多鬼神祭祀并不在国家祭典之内，它们往往被斥为"淫祠""淫祀"，但民间的这些祭祀也有一整套的祭祀礼俗，甚至某些仪节也与国家礼仪类似，但是这些都被斥为非礼行为。由此看来，中国社会结构的双轨制，是产生民间礼仪的双轨制的政治体制原因，这在古代中国是难以避免之事。

上述是理论分析，下面先从秦统一到南北朝之间的演化情况来分析。首先需要强调的是，秦统一之前国家颁布的百姓日常行用的礼仪规定并无确切史料证明，大致从汉初保存下来的三礼典籍来看，主要是士礼，当然也包括一些大夫以上贵族的礼仪，却没有有关百姓的礼仪，庶民行用礼仪当参照士礼等而下之。从史料来看，类似《周礼》设想的所谓以"五礼""六乐"来教化百姓的简单记载也极为罕见，更不用说一些具体的礼仪行用情况了。

众所周知，秦统一与商鞅变法关系密切。商鞅变法规定以军功赐爵授田，于是在秦国陆续出现了一批与"乡村"关系密切的军功地主。商鞅虽死，秦法未败，秦仍执行军功爵制，直至秦完成统一事业。从现在的《商君书》中大致可以看出商鞅对儒家十分反感，批判儒家言论随处可见，尤其是《靳令》一文中激烈批评儒家的礼乐、修善、孝悌、诚信、贞廉、仁义等基本观点，要求禁止《诗》《书》传授，将儒家这些观点归为危害国家的"六虱"。秦统一后，始皇把儒家学者列为博士，备之顾问，但他更信任法家，虽然他也建立过如称皇帝、加尊号之类的集权礼仪，但对乡间百姓的礼仪教化并不太热心。他晚年焚书坑儒，以吏为师，肯定更加无视礼仪教化。大致可以判定的是，那些居于乡间、以军功起家的军功地主应当没有高深的儒家学问，因而不可能在乡间大力推行儒家礼仪，广大民众应当更多地行用国家礼典规范之外的礼俗。汉高祖起于草莽，贬视儒家礼仪，虽然依靠叔孙通制定过一些礼仪，但他在礼典制作上作为不大。此后数代皇帝虽不反对儒家，但更崇尚黄老之术，实行无为而治，那么在礼仪教化上当也是无所作为的。总之，终西汉一代，在制礼作乐上作为不算太大，保存下来的有关教化百姓的资料更为罕见，估计也只是参照下层官吏的规范进行一些简单的礼仪教化而已。①

西汉末开始出现豪强地主，他们往往聚族而居，田连阡陌，经济上自给自足。到东汉，豪强地主控制着广大乡村，建立庄园，自然需要管控区域内的乡间百姓，维护区域内的社会稳定，这就需要对民众进行一定的礼仪教化。魏晋时期出现的门阀世族，大多是从东汉豪强地主转化而来，他们既控制着地方，同时也可出任朝廷高官。当然，世家大族负有对所控制区域内百姓的教化。吴丽娱先生对两晋南北朝以来的礼法行诸士族之中的现象有详细研究，指出"礼法为以士族主宰的门第社会所重"，② 也就是说，礼法盛行于士族之中。相对来说，世家大族大多有礼学的家学传统，因此与秦汉相比，对民众教化可能更多一些，也比较规范一些。当然也应当指

---

① 如惠帝时有《养老诏》，文帝有《置三老孝悌力田常员诏》，武帝有《复高年子孙诏》《劝学诏》，昭帝有《赐韩福等诏》，宣帝有《嫁母不制服诏》，元帝有《遣使循行天下诏》，成帝有《选贤诏》等，都提及礼仪教化问题；从悬泉置汉简来看，当也有简单的礼仪教化。

② 吴丽娱：《敦煌书仪与礼法》，甘肃教育出版社 2013 年版，第 102 页。

出，三国之后战乱较多，百姓深受其害，加之当时佛道两教甚为流行，百姓受到宗教影响，因此非国家规范的宗教祭祀亦当较多。

南北朝时期广大乡村百姓所行用之礼仪教化情况如何？是否与国家礼典规定一样呢？我们认为应当有很大不同。尽管在正史、礼典中有少量相关记载，[①] 其他典籍中记载不甚多，我们可猜测到庶民之礼当依低级官员等而下之。好在敦煌发现了一批 2—14 世纪的文献，其中一些世俗文献[②]给我们提供了有力的证据。高国藩先生对敦煌民俗有非常深入的研究，[③] 他认为："古敦煌民俗的形成同儒家伦理道德观念有密切联系。孔子的思想，在唐代的敦煌占有绝对的优势，渗透到民俗的各个方面。"[④] 换句话说，这一地区仍然受到汉文化的强烈影响，儒家礼仪在一定程度上流传，但并非完全是国家礼典内容。从保存下来的唐代之前及唐代的文献来看，[⑤] 可以看出敦煌地区在许多礼俗上与国家礼典格格不入。高先生著作第十二章"民间婚礼程序"，所列举的婚礼方面内容，仅见合卺、拜公婆等少量礼仪与国家礼典相合，而绝大多数礼俗根本未见于历朝礼典所载，非常明显是敦煌当地的民间礼俗。甚至还出现冥婚，这在国家礼典上绝对是不允许的，也是国家严禁的民间礼俗。丧葬方面也有野葬、火葬，这与国家规定也不吻合。从敦煌这一民间礼俗的样本可以推断，偏远之地的民众行用的礼仪，与国家礼制是有相当区别的，虽受到儒家礼仪教化，但民间行用与国家礼典规范有较大差异，这也是中国社会结构双轨制下的礼仪特色。

但还需要看到，南北朝时期已经出现一些家礼方面的著作，对地方礼仪教化的规范化应当说起到一些积极作用，也为唐中期礼制

---

① 《新五代史》卷五五《崔居俭传》："崔氏自后魏、隋、唐与卢、郑皆为甲族，吉凶之事，各著家礼。"（中华书局 1974 年版，第 635 页）但类似这样的记载实在太少。

② 敦煌文献主要是佛经，但也有不少世俗文献。

③ 高国藩先生所讲的民俗，实际包括许多礼俗。

④ 高国藩：《敦煌民俗学》，上海文艺出版社 1989 年版，"前言"第 4 页。

⑤ 一般说来，地方礼俗有稳定性的特点，某些礼俗可以延续很长时间。因此即使是唐代资料，也可以看作是更早传承下来的礼俗。

下移打下了基础。《隋书》"仪注"类称："仪注之兴，其所由来久矣。自君臣父子，六亲九族，各有上下亲疏之别。养生送死，吊恤贺庆，则有进止威仪之数。"① 其下收录南北朝时期的《内外书仪》（4 卷，谢元撰）、《书仪》（2 卷，蔡超撰）、《书笔仪》（21 卷，谢朓撰）、《宋长沙檀太妃薨吊答书》（12 卷）、《吊答仪》（10 卷，王俭撰）、《书仪》（10 卷，王弘撰）、《吉书仪》（2 卷，王俭撰）、《书仪疏》（1 卷，周舍撰）、《新仪》（30 卷，鲍泉撰）、《文仪》（2 卷，梁修端撰）、《赵李家仪》（10 卷，录 1 卷，李穆叔撰）、《书仪》（10 卷，唐瑾撰）、《言语仪》（10 卷）、《严植之仪》（2 卷）、《迩仪》（4 卷，马枢撰）、《妇人书仪》（8 卷）等。由于这些书籍都未流传下来，很难判断其内容如何，但肯定有相当部分与一般士大夫的家礼有关，如《赵李家仪》《言语仪》《严植之仪》等便是。《新唐书》还载南朝刘宋徐爰《家仪》1 卷。② 这些既是士大夫家用之礼书，自然亦是教化一方的礼仪书籍。③ 实际上，唐代也在此基础上出现了不少家礼类书籍，仅《新唐书》记载者便有《家祭礼》（1 卷，孟诜）、《家祭仪》（1 卷，徐闰）、《家礼》（10 卷，杨炯）、《家荐仪》（1 卷，贾顼）、《家祭仪》（卷亡，卢弘宣）、《仲享仪》（1 卷，孙日用）、《书仪》（2 卷，郑氏）、《内外亲族五服仪》（2 卷，郑余庆、裴茝）、《书仪》（2 卷，裴度）、《书仪》（3 卷，朱俦注）、《书仪》（2 卷，杜有晋）等。这些书籍中相当部分是士大夫私撰之礼书，并非国家规范的礼典，其中部分礼仪应当符合国家礼典的规范，但毕竟这些礼书属于私家所撰，存在许多与国家规范不相吻合的"自创"的礼仪，这部分礼仪适应他们家族使用，当然也可作为教化乡间民众的礼仪教材。从这一现象考虑，唐中期出现的礼制下移现象显然不是突然出现的，

---

① 《隋书》卷三三《经籍志一》，第 971 页。
② 《新唐书》卷五八《艺文志二》，第 1490 页。
③ 敦煌文献中的家仪也属此类。

它有一个长期的发展过程，而这离不开这些士大夫的努力。[①] 需要强调的是，这些士大夫家礼书虽有部分内容与国家礼典合拍，但它们"自创"内容肯定与国家礼典不合，应该也是双轨制的一种体现。

从民间礼俗规范化来考察，这一进程当是从唐玄宗时期开始。玄宗时，国家更加重视将民间礼俗规范化，企望从制度层面来加以约束，达到规范民间礼俗的目的。这可从《大唐开元礼》的修撰得出结论。从《开元礼》主体内容看，自然是皇帝、贵族及高级官僚之礼，有关百姓的礼仪仅以"庶人"字样在"六品以下"的等级中略有涉及，涉及内容也极少。然而这却是中古礼制的一大变革，以往"礼不下庶人"的规定被打破了，有关庶民的礼仪竟然堂而皇之地出现在国家礼典之中，说明国家开始关注"庶人"这一阶层的礼仪，企图加以规范，这不能不说是个翻天覆地的改变。国家开始重视对庶民礼仪规范化、礼制化，将庶民的一些礼俗纳入国家礼制中去统一规范、管理，以此对广大百姓进行礼仪教化，这是礼制下移的重要表现之一，也是中古士大夫撰写普及性的庶民礼仪书籍的动力。

需要指出的是，从国家层面而言，《大唐开元礼》的出现确实标志着国家礼制对民间礼俗的规范的开端，但是，国家层面的礼制中庶民礼仪只占很小一部分，自然无法将庶民日常礼仪全部需求包括进去。因此，开元礼虽开启将"庶人"之礼纳入国家礼典一途，但由于有关庶人之礼的不完善，国家礼典对庶民礼仪的规范仍然处于一种十分有限的尴尬状态。换句话说，广大乡间庶民之礼仍然不可能完全摆脱沿袭前代而来的双轨制的惯性。

---

① 杨志刚：《中国礼仪制度研究》，第 200 页。杨先生认为到唐代开元前庶民仍无礼，这或许有点夸大。因为庶民之礼俗是客观存在的，尽管它没有获得国家的认可，但得到"教化"的种种流行于民间的礼俗，说明庶民是有"礼"的，只是与国家礼制规范有差异。

二　宋代之后私修礼书及礼仪双轨制

宋代之后私修礼文，受到南北朝至唐代的家仪、书仪的影响。上述所列举的南北朝到唐代士大夫的著述便是明证。但是，这一风气的最终形成，还需要注意到晚唐士大夫思想意识的变化。这一变化便是意识到普通家庭礼法观念的确立对国家稳定及社会秩序的重要性，士大夫开始重视士庶家庭道德礼仪的形成和发展，① 从私修礼书入手，着力对民间礼俗加以规范。据史记载，卒于元和十五年的数朝宰相郑余庆，"尝采唐士庶吉凶书疏之式，杂以当时家人之礼，为《书仪》两卷"，② 此书竟然在郑氏家族中传承数代之久；③ 又如范阳卢氏的卢弘宣，历任朝廷及藩镇官员，也"患士庶人家祭无定仪，乃合十二家法，损益其当，次以为书"，④ 也表明这些高官对民间行用的士庶礼仪之关注。由此说明至少自唐之后，士大夫们对民间教化在一定程度上是予以重视的，⑤ 尽管类似记载保存

① 张国刚主编：《中国家庭史》第 2 卷，广东人民出版社 2007 年版，第 317 页。

② 《新五代史》卷五五《刘岳传》，第 632 页。

③ 《旧五代史》卷九六《郑受益传》："郑受益，唐宰相余庆之曾孙也。余庆生瀚。瀚生从谠，两为太原节度使，再登相位。从谠兄处诲，为汴州节度使。家袭清俭，深有士风，中朝礼法，以郑氏为甲。"郑受益为郑余庆五代孙，此所谓"家袭清俭，深有士风，中朝礼法，以郑氏为甲"（中华书局 1976 年版，第 1279 页）。说明郑氏家族至少自唐后期开始便有礼学传统。

④ 《新唐书》卷一九七《卢弘宣传》，第 5633 页。

⑤ 《新五代史》卷五五《刘岳传》载：后唐"宰相冯道世本田家，状貌质野，朝士多笑其陋。道且入朝，兵部侍郎任赞与岳在其后，道行数顾，赞问岳：'道反顾何为？'岳曰：'遗下《兔园册》尔。'《兔园册》者，乡校俚儒教田夫牧子之所诵也，故岳举以诮道"（第 632 页）。这里刘岳以"乡校俚儒教田夫牧子"的《兔园册》来贬视冯道，但仍可看出后唐时乡间儒士对民众的教化。关于《兔园册》，《旧五代史》卷一二六《冯道传》载："（冯）道知之，召赞谓曰：'《兔园册》皆名儒所集，道能讽之。中朝士子止看文场秀句，便为举业，皆窃取公聊，何浅狭之甚耶！'"（第 1657 页）《兔园册》是唐太宗之子蒋王晖令僚佐杜嗣先仿应科目策自设问答、引经史为训注的书。据孙光宪《北梦琐言》卷一九称："《兔园册》乃徐庾文体，非鄙朴之谈。但家藏一本，人多贱之也。"（上海古籍出版社 1981 年版，第 134 页）可见，《兔园册》应该是唐五代流传较为普遍之书，乡间儒士或以此进行教化。

至今的不甚多，但晚唐五代士大夫们关注民间教化，应该引起我们的重视。①

宋代庶民社会兴起，新崛起的官僚士大夫阶层中的部分有识之士，对战乱之后社会礼仪衰坏的情形有深刻感受，开始着眼于礼制建设，要求制定出更加符合国家礼典精神的民间使用的礼仪。北宋熙宁三年，韩琦对于"自唐末至于五代，兵革相仍，礼乐废缺，故公卿大夫之家，岁时祠飨，皆因循便俗，不能以近古制"的情状颇感忧虑，其"自主祭以来，恪谨时荐，罄极诚悫，而常患夏、秋之祭，阙而不备，从俗之事，未有折中"，然而国家承平有年，相关礼制迄不能定，于是韩琦不得不自己收集资料，"采前说之可行，酌今俗之难废者，以人情断之"，着手研制礼制，撰成《韩氏参用古今家祭式》一书。韩琦自撰礼书属于"私人"行为，并不代表国家规范，因此他寄希望于"他日朝廷颁下家祭礼，自当谨遵定制"。② 韩氏的说法代表了时人企盼由国家制定完善的庶民礼仪的心态，同时也反映即使像韩琦这样的高官"皆因循便俗"，说明国家对士庶家礼的规范仍然不到位，否则韩琦就无须自己编写家祭礼书了。由此可以看出当时礼仪双轨制仍然存在——即使高官家族也有游离国家礼制规定之处。张文昌曾指出：唐宋两朝"未真正因应新社会的出现，而重新编纂礼典，使得礼典教化与规范功能渐行退缩，这让礼典传统在宋代产生重大转变。这个转变，

① 《新五代史》卷五五《刘岳传》："初，郑余庆尝采唐士庶吉凶书疏之式，杂以当时家人之礼，为《书仪》两卷。明宗见其有起复、冥昏之制，叹曰：'儒者所以隆孝悌而敦风俗，且无金革之事，起复可乎？婚，吉礼也，用于死者可乎？'乃诏岳选文学通知古今之士，共删定之。岳与太常博士段颙、田敏等增损其书，而其事出鄙俚，皆当时家人女子传习所见，往往转失其本，然犹时有礼之遗制。其后亡失，愈不可究其本末，其婚礼亲迎，有女坐婿鞍合髻之说，尤为不经。公卿之家，颇遵用之。至其久也，又益讹谬可笑，其类甚多。"（第 632 页）明宗令刘岳等删定郑氏《书仪》体现对民间礼仪问题的重视，刘岳等人取舍不当，保留甚多与国家礼仪不合之礼仪，但仍在公卿之家至民间士庶中流行。

② 韩琦著，李之亮、徐正英笺注：《安阳集编年笺注》卷二二《韩氏参用古今家祭式序》，巴蜀书社 2000 年版，第 745—746 页。

使得宋代的国家礼典，逐渐丧失主导礼制议题的能力，中国礼制发展的主轴线，亦在两宋之时，逐渐由国家礼典转至士庶私撰的礼书上"。① 这一论述大致符合历史的事实，因为在国家层面上，确实对庶民礼仪的制定缺乏创造力，只是罗列少量仪节点缀国家礼典。由此可见，要规范庶民的礼仪，只能由接触普通民众较多的士大夫来承担了，换句话说，自宋代开始，庶民礼仪的制定由官方层面下沉到民间层面，士大夫承担起民间礼仪规范化的重任，士大夫主动地在规范庶民礼仪上做了很多工作。就宋代而言，司马光《家范》、孟说《家祭仪》、周元阳《祭录》、朱熹《家礼》、赵希苍《赵氏祭录》等，这些书虽然卷数不多，但大致将民间行用的主要礼仪都做了规范，以便庶民使用。尽管这些礼书并非国家颁布，与国家礼典相关内容也有一些差异，但总体说来，宋代之后的士大夫私修的礼书，在规范民间礼仪、使民间礼仪向国家礼典靠拢上做出了极大贡献。大致说来，宋代之后私修礼文有以下几种模式。

（一） 私家礼书

从北宋司马光撰《家范》《居家杂仪》以后，不少士大夫甚至普通人家都以此作为告诫子弟治家修身的范本。不过，士大夫私修民间礼书中影响最大的还要数南宋朱熹的《家礼》。《家礼》将前贤的私家礼书简化、删订，旗帜鲜明地宣示为士庶民众修礼的意图和崇化导民的主张，成为充分考量普通庶民生活实际、规范冠婚丧祭诸事和日常居家生活的民间士庶通礼，涵盖了普通庶民日常生活的主要方面。朱熹《家礼》在条文中较多考虑到民间实情，从"从俗""简易"出发，对相关礼仪做了简化。虽然《家礼》并非国家礼仪，属于民间礼仪，许多仪式与国家规范有较大差距，但《家礼》确实对礼制下移、教化百姓起到极大作用。也正由于朱熹

---

① 张文昌：《制礼以教天下——唐宋礼书与国家社会》，台北：台湾大学出版中心 2012 年版，第 228 页。

的名声，自明朝太祖起，朱熹《家礼》被国家礼典吸收，① 正式成
为国家礼仪的组成部分。同时，明代部分士大夫私修礼书，又把朱
熹《家礼》中相关的礼仪知识进一步简易、通俗，向普通百姓广
泛传播。② 从这一意义考量，《家礼》规范广泛扩展于民间士庶层
面，而官僚士大夫群体的礼教意图、官方礼制的庶民化趋势由此得
到了进一步的推进和演绎。③ 正由于《家礼》影响极大，后世注
释、改编、节录、订补本甚众。如明代高安桂岩书院四时之祭，即
是"杂用《家礼》及《郑氏世范》"，④ 士人毛晋家祭"折中司马
氏《书仪》、朱子《家礼》行之"。⑤ 当然，受到不良风俗与偏远
位置的限制，不遵循《家礼》的现象也时有发生，⑥ 一些所谓的
"淫祀"仍然顽强地存在于民间，⑦ 礼仪的双轨制自然也与前代一
样是存在的。

（二）家训与族规

家训也可称为家规、家约、家范，是另一类与礼制紧密相关的

① 据徐一夔等编著的《明集礼》记载，洪武二年八月纂修的"士庶冠礼"以
《文公家礼》为准，先加冠巾，再加帽子，三加襆头；祭祖礼也仿朱熹祠堂四时祭祀、
俗节荐享，神主以西为上；品官丧礼亦"本之周经，稽诸唐典，而又参以《朱子家
礼》"。卷二四《士庶冠礼》，文渊阁《四库全书》本，第 649 册，第 501 页；卷三七
《品官丧仪总叙上》，第 141 页。
② 汤勤福：《朱熹〈家礼〉的真伪及对社会的影响》，《宋史研究论丛》第 11
辑，河北大学出版社 2010 年版；赵克生：《明代士人对家礼撰述与实践的理论探索》，
《明清论丛》第 12 辑，故宫出版社 2012 年版；王志跃：《明代〈朱子家礼〉传播新
探》，《社会科学战线》2016 年第 3 期。
③ 王美华：《家礼与国礼之间:〈朱子家礼〉的时代意义探析》，《史学集刊》
2015 年第 1 期。
④ 程敏政：《篁墩文集》卷一七《桂岩书院记》，《文渊阁四库全书》本，第
1252 册，第 303 页。
⑤ 朱彝尊：《曝书亭集》卷七九《严孺人墓志铭》，《四部备要》本，第 558 页。
⑥ 王志跃：《推崇与抵制:明代不遵循〈朱子家礼〉现象之探研》，《求是学刊》
2013 年第 5 期。
⑦ 一些地方祭祀的山川鬼神，并没有被国家认可，从国家角度来看是淫祀，但
它仍在一定区域、一定范围内行用着。

士大夫所修的礼仪文献。南宋赵鼎谈及设立家训的宗旨时，曾说道："吾历观京洛士大夫之家，聚族既众，必立规式，为私门久远之法。"因此，参订家训，令子孙"世世守之"。① 家训往往是告诫式的，比较简短，并不详录礼文，但是其中多有教导子孙遵守礼法的内容，故而这些家训除去告诫子弟注意修养、保持家族伦理之外，对于礼制问题尤其是家族祭祀同样多有涉及。如赵鼎的《家训笔录》即有"岁时祭祀，主家者率诸位子弟协力排办，务要如礼。以其享祀酒食，合族破盘""旦望酌酒献食如平日，长幼毕集，不得懈慢"的规定，又记载"应祭祀、忌日、旦望，供养之物及礼数等，吾家自祖父以来，相传皆有则例，人人能记，不必具载，亦不必增损"，② 可见家训所言礼制较为简约，但同样具有家礼一样教化庶民的作用。

族规又有族训、族约、宗规、宗约、祠规等异称，是宗族内部的带有法律、礼制性质的文献，起着维护家族秩序的作用，对族众具有强制性的约束力。在唐宋之际新的历史条件下，中国的宗族制度逐渐形成以敬宗收族为目的的形态。宋代以降宗族组织的基本形式是立族长、建祠堂、修族谱和设族田，③ 主要内容多与礼制相关，而族谱等相关文献则是民间私修礼文的重要载体。也就是说，家训族规往往被修入家谱。明代程敏政在《新安程氏统宗世谱序》中说："凡我宗人其因是而毋忘水木本原之思，笃尊祖敬宗睦族之义，守其世业，诵其遗书，保其体魄之藏而不失，谨其名分之称而不紊，宗法既立，则彝伦益明，风教益兴，可诘者虽久而弗晦也，可齐者虽多而弗离也。若然，又岂独一宗之幸而已，骇者安，疑者释，天下

---

① 赵鼎：《家训笔录·原序》，戴建国主编：《全宋笔记》第三编第六册，河南教育出版社 2008 年版，第 72 页。

② 赵鼎：《家训笔录》，第 73、76 页。

③ 常建华：《试论宋代以降的宗族之学》，氏著：《宋以后宗族的形成及地域比较》，人民出版社 2013 年版，第 315 页。

后世之有家者，将不取法于程氏也哉，奉斯谱者其共勖之。"①

明清时期，家族组织成为其他社会组织的基础，涵盖了其他社会组织的发展机制，成为当时社会结构的基石，家族组织影响着会馆、行会等社会组织的形成与运行。② 因此，家族礼文的适用范围往往超出家族内部。家族礼文一方面依照前代礼书进行编制，另一方面也受到当时国家礼典的影响，如明代正统、弘治年间的安徽歙县程氏忠壮、柏山两祠"祭规悉用《家礼》，参以时制"，③ 嘉靖时安徽怀庆《陶氏家教》也根据《明会典》设计了冠婚丧祭的制度。④ 这种情况普遍存在，这一特点也是与家族礼文的影响超出某一家族范围的情形相吻合的。

（三）乡约

乡约就是乡规民约，是乡邻共同订立的并遵守的规约。北宋蓝田吕氏兄弟尝立乡约，以对族人和乡民进行教化，其中有"德业相劝、过失相规、礼俗相交、患难相恤"⑤ 四大节目，其原始动因在于"乡人相约，勉为小善"。⑥ 这被认为是乡约之始。有论者以为这种乡约"无不合于现代各国自治之本意"，⑦ 更有论者谓："纵览史乘，自有自治以来，以地方一二人之力，自订规约，而能潜移人心默化习俗，实启成文规约之先例者，应以宋代吕大临、吕大防昆弟所倡之蓝田乡约首屈一指。不但后世乡约里社之组织，皆以是

① 程敏政：《篁墩文集》卷二三《新安程氏统宗世谱序》，第 407 页。

② 郑振满：《明清福建家族组织与社会变迁》，中国人民大学出版社 2009 年版，第 208 页。

③ 曹泾：《肯堂程公心宇墓志铭》附程敏政案语，程敏政：《新安文献志》，黄山书社 2004 年版，第 2158—2161 页。

④ 何瑭：《柏斋集》卷五《陶氏家教序》，《文渊阁四库全书》本，第 1266 册，第 542 页。

⑤ 《宋史》卷三〇《吕大防传》，第 10839—10849 页。

⑥ 吕大钧：《答仲兄二》，陈俊民辑校：《蓝田吕氏遗著辑校》，中华书局 1993 年版，第 569 页。

⑦ 张君劢：《中国专制君主政制之评议》，台北：弘文馆出版社 1986 年版，第 161 页。

为权舆，而其注重德治，不尚人为活法，尤能代表我国法统之精神、民族之特性。"① 这些评价似乎有点偏高。实际上，乡约自产生以后，受到朱熹、王阳明、吕坤等官员士人的重视与积极推动，并被最高统治者吸纳入国家礼典之中，定为制度，其主要作用在于教化庶民，维护与稳定民间社会的秩序，是双轨制的最好体现。

乡约的制度化使得执行乡约的民间组织也被称作"乡约"。② 至迟在明中叶以后，福建地区的家族组织已经与里甲制度相结合，演变为基层政权组织。③ 宗族乡约化，是指在宗族内部直接推行乡约或依据乡约的理念制定宗族规范、设立宗族管理人员约束族人。这可能是地方官推行乡约的结果，也可能由宗族自我实践产生，宗族乡约化导致了宗族的组织化。④ 乡约在组织化、制度化的基层社会成为重要的礼制规范，在地方层面上补充了国家礼典的缺失，起到了礼仪下移的作用，相比国家礼典，它对教化庶民、深度管控百姓起着实质性的作用。

三　礼生辨析

需要补充的是，唐宋士大夫撰写的私家礼书，并非靠他们自身去推广与落实，而是通过民间的各种人士加以施行，其中包括大量生活在基层的礼生。

刘永华《礼仪下乡——明代以降闽西四保的礼仪变革与社会转型》⑤ 一书主要基于福建汀州四保地区的田野调查资料，描述了

---

① 杨天竞：《乡村自治》，台北：大东书局 1931 年版，第 191 页。但《吕氏乡约》的主要作者是吕大钧，参见赵振《中国历代家训文献叙录》，齐鲁书社 2014 年版，第 49—52 页。

② 也有学者用乡规民约和乡约两个概念对此进行区分，参见董建辉《明清乡约：理论演进与实践发展》，厦门大学出版社 2008 年版，第 2 页。

③ 郑振满：《明清福建家族组织与社会变迁》，第 183 页。

④ 常建华：《明代宗族研究》，上海人民出版社 2005 年版，第 258 页。

⑤ 刘永华：《礼仪下乡——明代以降闽西四保的礼仪变革与社会转型》，生活·读书·新知三联书店 2019 年版。

该地区明清时期乡村礼仪问题，涉及当地礼生在民间礼仪行用与传播过程中的身份、作用、地位与影响等问题。此书自然有相当的学术价值，然而正因为主要依据是田野调查资料，相对忽视了传世典籍的研读，因而在对礼生的判断上存在着一些重大失误，赵克生已经著文进行了辩述，① 此不赘言。其实除赵先生指出者之外，还存在其他一些问题。至于赵先生一文，限于著文内容，对某些问题也没有展开论述。鉴于此，笔者略加申述，以弄清历史上的礼生演化及他们在民间礼仪行用与传播中的作用与影响。

刘永华在"礼生概观"中称"从宽泛的意义上定义礼生：他们是赞相礼仪的仪式专家，不管他们是否被称为礼生"，"目前所知最早提及礼生的文献，是东汉末年应劭所著《汉官仪》。此书载云：'春三月、秋九月，习乡射礼，礼生皆使太学生。'"，② 并梳理了历代礼生演变情况；赵克生称："'礼生'之名，其来悠久。盖自汉代以降，就有用儒生赞相礼仪、充当礼生的传统。"③ 两说均有一些问题。

如果从"赞相"职责出发来认定"礼生"，那么并非以应劭《汉官仪》为首见，汉代也不是用"礼生"来充当赞相礼仪的，也没有用儒生赞相礼仪、充当礼生的传统。

这里先梳理朝廷中央赞相礼仪的官员。史载最初"赞相"礼仪者为："郎中令，秦官，掌宫殿掖门户，有丞。武帝太初元年更名光禄勋。属官有大夫、郎、谒者，皆秦官……谒者掌宾赞受事，员七十人，秩比六百石，有仆射，秩比千石。"④ 即自秦朝开始，朝廷设置"掌宾赞受事"礼仪是谒者，其位秩不高，西汉继之。

---

① 赵克生：《何谓礼生？礼生何为？——明清礼生的分类考察与职能定位》，《史林》2021 年第 2 期。

② 刘永华：《礼仪下乡——明代以降闽西四保的礼仪变革与社会转型》，第 51 页。

③ 赵克生：《何谓礼生？礼生何为？——明清礼生的分类考察与职能定位》，《史林》2021 年第 2 期。

④ 《汉书》卷一九上《百官公卿表上》，第 727 页。

如汉高祖"长乐宫成，诸侯群臣皆朝十月。仪：先平明，谒者治礼，引以次入殿门……以尊卑次起上寿。觞九行，谒者言'罢酒'"。① 东汉则略有变化，谒者分类更细致，等级更多，主管者为千石的谒者仆射，下属有六百石的常侍谒者，负责"殿上时节威仪"；比三百石的灌谒者郎中，"掌宾赞受事，及上章报问。将、大夫以下之丧，掌使吊"，规定"初为灌谒者，满岁为给事谒者"，据蔡质《汉官仪》称，这些官员都是"选仪容端正"② 者为之。汉质帝本初元年，梁太后诏："大将军下至六百石，悉遣子就学，每岁辄于乡射月一飨会之，以此为常"，"自是游学增盛，至三万余生。"③ 显然，"选仪容端正"者当为"大将军下至六百石"的在学子弟，而非普通人等，因此一旦选上，这些"赞相"礼仪的谒者是低级官员而非胥吏。《汉官仪》称春秋"习乡射礼，礼生皆使太学生"，此礼生正是指学习乡射礼的学生，即太学生入仕之前的一种学习与历练，而不是在朝廷赞相礼仪。但他们在学习和历练赞相中符合要求，且仪容又端正，那么就可能被选为灌谒者，正式执掌赞相礼仪事宜。当然，其他太学生进仕任职，若赴地方为官，他所学习过的乡射礼仪自然也会应用到地方礼仪之中，这对地方礼仪教化与礼仪普及也有较大作用。

两晋宋齐梁及北魏均有谒者赞相礼仪，"陈亦有之。后魏、北齐谒者台掌凡诸吉凶公事，导相礼仪。仪射二人，谒者三十人。隋炀帝增置谒者、司隶二台，并御史为三台。谒者台有大夫一人，掌受诏劳问，出使慰抚，持节策授及受冤枉而申奏之……大唐废谒者台，复以其地为四方馆，改通事谒者为通事舍人，掌通奏，引纳，辞见，承旨宣劳，皆以善辞令者为之，隶四方馆而文属中书省"。④ 唐代撤销谒者台，由太常寺从九品的奉祀郎赞相礼仪，而宫廷女眷

---

① 《史记》卷九九《叔孙通传》，第 2723 页。
② 《后汉书·志》卷二五《百官志二》，中华书局 1965 年版，第 3578 页。
③ 《后汉书》卷七九上《儒林传》，第 2547 页。
④ 杜佑：《通典》卷二一《职官三》，第 566 页。

（皇太后、皇后等）行用吉凶等礼时则由正六品的宫官司赞来赞相礼仪。① 至于魏晋至隋朝的礼生记载，确如刘永华所称仅见萧梁一条：刘毅"自国子礼生射策高第，为宁海令"。② 那么唐前史书为何不载礼生资料？如前所述，礼生仅是太学或国子监学生而已，一般无须记载，而《梁书》载刘毅以国子礼生的身份"射策高第"而委为宁海令，实是超阶授官之美谈，故记载入史。需要补充的是，唐代礼生与隋之前礼生不同，他们是礼仪官署之"吏"，职掌赞相礼仪，而非学生。因此唐之后记载礼生的资料极为丰富，其实与隋代之前谒者资料多是完全相同的。刘永华称"对唐以前的礼生，我们所知甚少"，③ 那是因为不了解唐之前朝廷赞相礼仪官员变化及礼生的地位所致。

另外，刘先生引《唐会要》贞元八年太常寺"本置礼生，是资赞相，东都既无祠祭，不合虚备阙员。且无功劳，妄计考课，年满之日，一例授官，比来因循，实长徼幸"④ 一语，得出"在唐代官制中，礼生是职官名称……这里的表述很清楚，礼生应是官府职员"。⑤ 这里出了两个问题：一是把"职官"（官）与"官府职员"（即吏、胥吏）混淆起来，若不是误读史料，则属偷换概念；二是从"年满之日，一例授官"来看，原置"赞相"之礼生本非官员，但他们可以按资历授官。实际上还有更明确的史料可证其误，唐人陆亘"自京兆府兵曹参军拜太常博士。寺有礼生孟真久于其事，凡吉凶大仪，礼官不能达，率访真，真亦赖是须要姑息。元和七

① 《旧唐书》卷四四《职官志三》，第1868页。具体可参见杜佑《通典》卷一三六所载《中宫举哀》诸仪式（第3473页）。

② 《梁书》卷四一《刘毅传》，中华书局1973年版，第584页。

③ 刘永华：《礼仪下乡——明代以降闽西四保的礼仪变革与社会转型》，第52页。

④ 王溥：《唐会要》卷六五《太常寺》，上海古籍出版社1991年版，第1135页。

⑤ 刘永华：《礼仪下乡——明代以降闽西四保的礼仪变革与社会转型》，第52页。

年，册皇太子，将撰仪注，真亦欲参预，亘咎之，由是礼仪不专于胥吏"，① 可见礼生孟真确属"胥吏"而非"官员"。但《唐会要》及两《唐书》均无礼生具体考课授官的史料。宋代则有明确史料：根据"人吏出职条法"，北宋元丰时"礼生系头名及三年，通入仕一十五年，补进义副尉"，南宋绍兴九年五月六日则诏"太史局礼生头名满五年，通到局及二十年，与补进义副尉"。② 显然神宗时规定礼生须担任头名 3 年，合计为吏 15 年方可补进义副尉，但高宗时则增加了 2 年。龚延明对礼生的解释是："吏名。隶太史局。由局学生试补。职掌行遣文字。礼生迁至头名满五年，加上到局祗应满二十年，许出职补进义副尉（流外武阶）。"③

上述所称礼生是服务于朝廷中央的吏，并非在地方为普通民众进行礼仪服务的礼生。那么唐宋时期是否存在服务于地方的礼生呢？回答是肯定的。如：

> 唐有膏粱子出刺，郡人迎候甚至，前任与之设交代之礼，仪无缺者。二礼生具头冠礼衣，相其宾主，升降揖让。而新牧巍屼跋踏。敛容低视，不敢正面对礼生。及礼毕，使人再三传语，慰劳感谢，皆莫涯其意。翌日，于内阁，从礼生从容，生极惶恐，罔知去就。既坐，犟矊低语曰："贤尊安否？"礼生唯唯。又曰："顷年营大事时，极烦贤尊心力。"生亦瞢然。及罢，有亲知细询之，乃曰："此礼生缘方相子弟，昔曾使他家君，是以再三感谢。"④

---

① 《旧唐书》卷一六二《陆亘传》，第 4252 页。
② 徐松辑：《宋会要辑稿》职官三一，上海古籍出版社 2014 年版，第 3808 页。"敕令所勘详元丰法，礼生系头名及三年，通入仕一十五年，补进义副尉"，这里所称补"进义副尉"当为"正名军将"。《宋大诏令集》卷一六二载徽宗政和二年《改武选官名诏》，明确记载该年将正名军将改为进义副尉，故神宗时不存在进义副尉。
③ 龚延明：《宋代官制辞典》，中华书局 1997 年版，第 254 页。
④ 蒲向明：《玉堂闲话评注》第三辑《郡牧》，中国社会出版社 2007 年版，第 149 页。

此出于五代王仁裕《玉堂闲话》。方相为传说中驱鬼之官，后世方相则是为人送葬扮演开道驱邪者，即礼生之父曾是地方上为人治丧的服务者，当有一定的礼仪知识，该人或子承父业为礼生。北宋徽宗政和六年闰正月，太府丞王鼎言："《新仪》藏在有司，民未通晓。望依新乐颁行令州县，召礼生肄业，使之推行民间。"①这是《玉海》所载。《皇宋通鉴长编纪事本末》则如此记载：政和"六年闰正月庚申，太府寺丞王鼎奏：'《五礼新仪》既已成书，欲乞依仿新乐颁行之，仍许令州县召募礼生，肄业于官，使之推行民间，专以《新仪》从事。'从之。辛酉，开封府尹王革奏：'《五礼新仪》既已布之天下而颁之有司，乞下国子监，委自学官，将《新仪》内冠、昏、丧、祭民间所当通知者，别编类作一帙，镂板付诸路学事司劝谕学生，务令通知礼仪节文之意。'从之"。②两者大致相同，都是称由地方召募礼生从事推广新仪。陆游也提到徽宗时"颁《五礼新仪》，置礼生，令举行。而民间丧葬婚姻，礼生辄胁持之，曰：'汝不用《五礼新仪》，我将告汝矣。'必得赂乃已"。③显然徽宗时有相当一批礼生是为推行《政和五礼新仪》从地方上召募而来的，但在服务于庶民百姓时以权谋私。这种礼生介于吏与民之间。明清礼生问题，赵克生已做了详细研读，此不赘述。

　　总之，唐宋时期礼生既有应役于朝廷的礼生，也有服务于地方民众之礼生，不可一概而论。其实，封建专制国家欲"统一"国家礼仪，但实际收效不大。如宋仁宗庆历四年，翰林学士宋祁等建议立《开宝通礼》科，原因是"国家本欲使人习学仪典，不至废坠，却闻各传误本，惟习节义，殊非崇礼之意。委有司抄录正本，差官考校，令礼部贡院勘会，有人应《通礼》，州军赐一本，许本

---

　　①　王应麟：《玉海》卷六九《政和五礼新仪》，第 1308 页。

　　②　杨仲良：《皇宋通鉴长编纪事本末》卷一三三《议礼局》，黑龙江人民出版社 2007 年版，第 2262 页。

　　③　陆游：《家世旧闻》（下），中华书局 1993 年版，第 203 页。

科举人抄写习读"。① 显然，国家颁布《开宝通礼》是为了"使人习学仪典，不至废坠"，然而现实则是"各传误本，惟习节义"，即社会传习者与国家礼典有较大差异，这种差异正是民间双轨制的具体反映。

徽宗颁布《政和五礼新仪》，专门在各地广招礼生传习，欲在全国推行，但事实上仅数年便下诏停止，原因是礼典规模巨大，行用"不便"。因此，司马光《家范》《书仪》、朱熹《家礼》之类相对简易、适应社会现实的私家礼书则容易被民众接受，因此这些私家礼书成为落实国家礼仪于民间的中介。同时，从《开宝通礼》和《政和五礼新仪》难以推行民间可以看出，当时民间所行礼仪与国家礼典规定并不完全相同，即民间礼仪仍行双轨制，直到明清仍然如此，刘永华《礼仪下乡——明代以降闽西四保的礼仪变革与社会转型》一书中揭示的民间礼生所行吉凶礼仪显然与国家礼典不合，正是属于双轨制下的民间礼仪。胡朴安《中华全国风俗志》中亦载各地执掌礼仪的"礼生"为民众服务事例，其名称各异，如仪征、萧山和合肥称礼生，浦东称大夫，六安称赞读，萍乡称媒介（媒人），腾越称相者，武昌则称儒道之人，② 这些也是传播民间礼俗之人。书中记载的各地与礼典不合、五花八门的礼俗则是最好的礼仪双轨制的例证。

四　私修礼书的启迪

民间礼俗的研究是中国礼学、礼制研究的重要内容，从历代私修礼书中可获取有意义的启迪，以便更好地为构建新时期礼仪体系提供参考。

在《周礼》的国家治理方案中，地官司徒是掌管教化的。教

---

① 徐松辑：《宋会要辑稿》选举三，第 5299 页。

② 胡朴安：《中华全国风俗志》下编，河北人民出版社 1988 年版，第 191、210、252、267、270、297、429—430、315 页。

化民众，安邦定国，是大司徒的职责。大司徒教化规划需要借助国家机器的行政系统由上而下地推行。然而所谓"令五家为比，使之相保；五比为闾，使之相受；四闾为族，使之相葬；五族为党，使之相救；五党为州，使之相赒；五州为乡，使之相宾"的设想，实际又是一种自治性质的基层架构，国家难以做到真正深入民间开发民智、宣化民俗。

从魏晋私修礼书来看，士大夫参与热情逐渐高涨，参与者越来越多，可以说是自魏晋佛道对儒家思想形成巨大的冲击后，一部分士大夫做出的积极反应，是他们力图维护儒家礼制体系的一种努力。至唐宋儒家复兴，士大夫们更有恢复儒家正统的强烈意愿，因而他们反对剃度出家，反对火化，也反对佛道的追荐仪式，由此以广泛传播儒家礼仪来清除或减弱佛道影响，这是他们必然的选择。于是我们可以看到，南北朝士大夫撰写私家礼书或许是为一个家族服务，到唐代，特别是宋代之后，则演化为主动为普通民众编写私家礼仪书籍，积极向民众传播儒家礼仪知识，司马光、朱熹则是这方面的代表人物。尽管这些私家礼书并非国家礼典，更不能代表国家对民间礼仪进行的规范，但毕竟这些私家礼书是依据国家礼典某些条文加以改编、简化而来的，有着明显地将民间礼仪引向国家规范道路上去的意图与目的。这在总体上符合专制集权国家的政治利益，因此国家对此予以默认，不会加以阻止。

需要指出的是，宋代士大夫与魏晋至唐前期的门阀世族完全不同，他们是通过科举制度获得身份或地位，较少带有门阀世族那种严格区分血缘、强调贵贱等级的习气，因此更具有一种"亲民"的形象。由此，他们撰订的私家礼书更具有"平民化"的特色，如家礼、族规有时虽针对一家一族，但也适合普通庶民家庭或其他士大夫家族的实际情况，针对性很强。因为这些私家礼书大多以"简化""适用"为前提，对国家礼典中相关的条目做出相应删削与简化，使之更加符合民间所需，以满足民众的精神需求。朱熹《家礼》中大量出现"以从简便""以从简易""从宜""故从其便""从俗择之可也"之类文字则是最好的证明。这些"私自"减省过的礼仪，自然与国家礼典的礼仪有所不同，故而不能称为"国家礼仪"，它只能是民间礼仪或称礼俗。乡约则是针对居住在一起的乡邻，是民间士大夫用以教化所在区域乡邻民众的重要工具。乡约重在"约"，是乡邻共同商议后确立的约定，更适合乡邻之间的关系。这种乡约更具有效性，允许普通乡民广泛参与，也就有更多的民众愿意以此乡约为准来约束自己，遵守它，维护它，以形成地方良风美俗，因此乡约的实际效果就非常好。显然这与魏晋至唐前期的门阀世族的私家礼仪完全不同。总之，宋代士大夫所私修的礼书，做到了国家礼典所不能做到的事，能够更有效地对广大民众进行礼仪教育，尽管不完全符合国家礼典规范，但它确实把国家礼制精神真正地落实到了基层，扩大了儒家礼仪的影响。其实，家礼、族规、乡约从文字来看，远比国家礼典文字简略，虽然没有国家礼典那么典雅，但正是这种看上去十分简约甚至有点粗鄙的条文，起到了国家礼典所不能起到的教化作用，这是因为它自下而上，是民众愿意参与的规范，与国家制定的自上而下、没有广泛民意基础的礼典所起的作用自然就完全不同了。

有人认为乡约可视为《周礼》的具体实践，[①] 这或许也能说得通，因为《周礼》没有经过真正的实践来证明其有效性。但更准确地说，家礼、族规、乡约是基于国家礼典之上，是士大夫努力延伸国家礼典功能的结果，是对国家礼典中庶民礼仪缺失的一种补充，因此它不是与国家礼典对立的礼制文献。韩琦在《韩氏参用古今家祭式序》中强调对朝廷礼典"自当谨遵守制"，朱熹编纂《古今家祭礼》也期望同好能"见闻有所兴起，相与损益折衷，共

---

①   董建辉：《明清乡约：理论演进与实践发展》，第38页。

成礼俗，以上助圣朝教化导民之意"，① 便是最好的注脚。显然，士大夫私修礼书主要还是补充国家礼典的不足，起着落实国家礼典教化百姓的作用，承担起国家礼典庶民化的历史使命。

传统中国的国家机器与民间社会有着广泛的联结与纠葛，这是由于自古以来就形成的带有"自治性"的乡间基础组织架构，与国家机器要求的统一管理模式之间有着难以调和的矛盾，是当时国家的控制能力实在有限的必然结果，因而古代中国在社会管理上就不可能不出现"双轨制"。就礼仪教化而言，这种双轨制虽然能使中央政府的礼仪教化通过士大夫的个人努力得到部分落实，然而又无法避免民间行用的礼仪与国家规范的礼仪之间存在差异，乃至某些地方出现与国家礼典规范迥然相反的现象。

尽管如此，唐宋采用科举制后，民间士大夫阶层崛起，宗族势力的出现，使他们天生带有更多的乡间"泥土味"，他们与乡间村里的民众有着更为广泛又紧密的联系，于是他们就成为可能打通双轨制、实现一统的最为合适的承担者。汪德迈先生认为古代中国"非常强调社会成员对于各有所属的人伦性团体——家庭、故乡、街会、行会等等——的责任心。它显示出深刻的'一体主义'。由'一体主义'结合的社会极其坚固，不容易崩解。与世界各国相比，为什么中国是唯一历史最长，享有四千年文化传统的国家？也许就是中国社会与人民，依靠'一体主义'而历尽沧桑终久不衰"。② 如果就民间士大夫与普通乡民的关系而言，至少从唐宋之后，汪德迈先生主张的"一体主义"是客观存在的，也正是通过这种一体主义，才使国家礼制有可能落实到乡间每个普通百姓身上。魏晋门阀世族统治下的乡间，门阀世族是主人，乡民百姓是仆人，主仆之间贵贱等级的不平衡，导致双方无法进行有效的礼仪传

---

① 朱熹：《朱熹集》卷八一《跋古今家祭礼》，第 4169 页。
② 〔法〕汪德迈：《礼治与法治——中国传统的仪礼制度与西洋传统的 JUS（法权）制度之比较研究》，中国孔子基金会、新加坡东亚哲学研究所编：《儒学国际学术讨论会论文集》，第 220—221 页。

播与协调。而唐中期尤其是宋之后民间士大夫阶层则与普通百姓之间不存在主仆关系，更多的是乡党、宗族之间的关系，从理论上说双方是平等的——因为普通百姓一旦通过科举获得功名，便进入了士大夫阶层。因而有学者认为：他们更多的是在相对平等的基础上协商订立乡规民约，共同遵守这些规约，维护地方礼仪规范，从而使他们共同成为稳定地方治安的基础。当然，这些乡规民约是在符合国法的前提下订立的，其基本准则都符合国家礼典的要求，因此这些地方团体建立起的规范自己行为的乡约，就成为传统法律文化的重要组成部分，① 成为约束一地的"民间法""民间礼"。也有学者指出："'民间法'生长于民间，只是就其起源而言，并不意味着其发展完全是在国家之外，与国家法全无干系。同样，指出宗族法或者习惯法的适用范围，也不意味着在这些范围和领域之内，它们对于国家法具有排他性。""清代民间法与国家法之间的互相渗透、配合以及逻辑上的内在联系，有着更为广泛的表现……不但习惯与法律，而且民间法与国家法的界线也变得模糊起来。"② 根据这些观点，可以发现国家礼典与民间私修礼书之间同样存在着一种微妙的关系：在对民众教化之上形成相互配合、渗透、补足的关系。其实，国家礼典与民间私修礼书所体现的家族主义和阶级概念同样也是"中国古代法律的基本精神和主要特征"，③ 在这个意义上，法律与礼制具有天然的同质性——礼是法的体现，法是礼的延伸。国家礼典、民间私修礼书两者与传统中国的成文法共同构成了大一统国家的礼法秩序，维护着社会的稳定。需要补充的是，私家礼书没有涉及的礼俗仍然广泛地存在，并一直在民间行用，这也是历史的事实。

---

① 　林端：《儒家伦理与法律文化：社会学观点的探索》，中国政法大学出版社2002 年版，第 8—10 页。

② 　梁治平：《清代习惯法：社会与国家》，中国政法大学出版社 1996 年版，第16、18—19 页。

③ 　瞿同祖：《中国法律与中国社会》，第 327 页。

第四节　中华传统礼制的主要特性及历史价值

一　中华传统礼制的主要特性

中华传统礼制注重道德修养与道德实践，是一种文化软实力，起到了铸塑道德人格、凝聚人心、推进社会和谐有序发展的重要作用。

有人认为，道德失范是自古而来的专制体制"本性"所致，中华传统礼制难辞其咎，必须彻底抛弃落伍的中华传统礼制；也有人认为，礼仪缺失与道德失范是遭遇西方文化渗透的结果，因此要坚决批判腐朽的资本主义文化。这两种倾向都反映出对中华传统礼制特性与价值认识不清，对民族文化传承的自信心不足。传统的中华传统礼制有无价值？能否为弘扬社会主义核心价值观服务？这需要从学理层面来讨论，仔细分析中华传统礼制的主要特性，才能做出肯定回答。

第一，中华传统礼制的历史传承性。

中华传统礼制是中华先民世代相传的处世立道的重要准则与精神升华的结晶。在历史发展进程中，人与人、族与族、国与国之间交往与联系的前提便是规范各自的行为。《礼记·曲礼上》开篇即言"毋不敬"，强调双方交往首先要恪守尊敬对方这一基本准则。中华各民族在数千年的文明演进中，逐渐明白并认同这一准则，从而服膺中华传统礼制，达到诸族和融、共同发展的目的。"和为贵"是用血写成的历史座右铭。当然，中华传统礼制还有"礼，时为大"① 这一与时俱进的改革原则。《宋书·礼志》说："夫有国有家者，礼仪之用尚矣。然而历代损益，每有不同，非务相改，

---

① 　孙希旦：《礼记集解》卷二三《礼器》，第 627 页。

随时之宜故也。"① 这强调礼制应该采取适宜时代变迁的改革，才能使它传承下去。汉高祖开国，对儒家礼仪不感兴趣，而叔孙通认为"礼者，因时世人情为之节文"，于是"采古礼与秦仪"，制定出汉礼，最终使高祖服膺礼制。历史传承性证实了中华传统礼制是一种与中华民族同生共长、传承久远并发挥过积极作用的优秀文化传统。

第二，中华传统礼制的民族认同性。

魏晋南北朝和元、清时期，少数民族入主中原地区，尽管他们在某一时段内采取过不利于民族和解的政策，但最终回归中华一体，实行民族和解，采纳中华传统礼制，促进了社会进步与经济发展。如鲜卑族建立的北魏政权，建都盛乐之时，便仿照汉族政权实行西郊祭天仪式、改朔颁历，宣示政权的合法性。到孝文帝时起用南方汉族士人王肃、刘芳等人改革礼制。元朝、清朝都实行过民族高压政策，但最终改道易辙，采纳中华传统礼制，从而与被统治的汉族以及其他民族在礼制的规范下实现和解。中华民族发展的历史充分证实，采纳中华传统礼制是实现民族和解和促进社会发展的重要前提。

第三，中华传统礼制的地域普遍性。

中华传统礼制是在中华大地上茁壮成长起来的。在中国古代，各族人民都有各自相对固定的生活区域和不同的语言、习俗和礼俗，但各民族相互交往中尤其是在与汉民族的交往中，受汉民族礼仪文化与礼制的影响，逐渐开始认同并遵循中华传统礼制的规范，从而实现了中华一体的相互融合。例如，三国时期西南少数民族首领孟获与蜀汉之争。诸葛亮以礼待之，使孟获最终臣服蜀汉。孟获表示："公，天威也，南人不复反矣。"孟获所服者并非比自己强大的蜀汉军力，而是臣服于诸葛亮所持的礼义。历代封建王朝为了加强统治，都很注重对民众进行礼义教化，推行礼制，颁行旌表，乃至通过地方宗族、乡党来大力推行，要求士庶一体遵循礼制。也

① 《宋书》卷一四《礼志一》，中华书局 1974 年版，第 327 页。

有士大夫专门著书立说来宣扬和推行中华传统礼制，如司马光《书仪》、朱熹《家礼》流传极广，被广大士庶采用。中华传统礼制是从中原地区逐渐向四周扩散的，遍及中华大地，使庶民有礼可依，有据可循。在此意义上，中华传统礼制在广大地域内发挥着重要的维系封建统治的作用是无须争辩的事实。

第四，中华传统礼制的体系开放性。

中华传统礼制形成、变迁及发展的历史，证实它不是一个封闭的、排他的体系，而是一个开放的体系。中华传统礼制萌芽、草创于先秦时期，是在中原华夏族的风俗、礼俗中逐渐孕育并吸纳周边诸族一些因素成熟起来的，进而形成国家层面的行为规范、道德要求。史称周公相成王时曾"制礼作乐"，而《仪礼》将礼分为"冠婚丧祭燕射朝聘"八类，直到战国末年仍有"《经礼》三百，《曲礼》三千"[1] 之说，显然中华传统礼制仍属草创阶段。其间，尽管先秦诸子对中华传统礼制起到过一定作用，但孔子创立的儒家思想无疑是中华传统礼制主要的思想支撑，孔子提出的"损益"也成为后世礼制变革的理论依据。"五礼"制度是中国古代成熟的礼制体系。"五礼"始见于《周礼·地官》，仅为"六艺"之一，作为制度层面的"吉、凶、宾、军、嘉"之五礼制度，则初见于《晋书·礼志》。魏晋南北朝少数民族入主中原，在与汉民族交往中，他们的礼俗也逐渐融入中华传统礼制之中，促进了"五礼"制度渐趋成熟。《大唐开元礼》是五礼制度发展到完善时期的代表，它恰恰是在吸纳周边诸民族的文明过程中，使五礼内容更为齐全，仪式更加详瞻，成为后世王朝制礼作乐的主要依据。清末至民国初年，随着西方文明进入中国社会，中华传统礼制又在一定程度上吸纳了西方礼仪，从而更加丰富了中华礼制的体系。显然，中华传统礼制具有开放性的特征，能够在与其他文明的交流中，调整自身体系结构，开拓创新，充实升华，从而流传千年而不衰。

---

① 孙希旦：《礼记集解》卷二四《礼器》，第651页。

　　第五，中华传统礼制的异质包容性。

　　异质包容性与体系开放性相辅相成。中华传统礼制在其发展过程中，吸纳异质文化中的合理因素，减少冲突，实现各民族并存共荣。中华传统礼制吸收异质文化例证甚多，不遑枚举。上述提及北魏孝文帝任用王肃等人改革礼制，尽管是以汉民族的五礼为其核心，但包含着拓跋族的部分礼仪无可怀疑。唐礼中的宫廷乐舞，吸纳了周边国家、不同民族的精华，史称"陈、梁旧乐，杂用吴、楚之音；周、齐旧乐，多涉胡戎之伎。于是斟酌南北，考以古音，作为大唐雅乐"，① 从而施行礼仪时声形更趋完美。自然，中国历史上也有一些拒绝异质文化的例证。如康熙贬视西方礼仪，排斥外来文明，雍正、乾隆继而行之，最终使清王朝孤立于世界发展潮流之外而受辱于西方列强，这一前车之鉴值得我们认真吸取。

　　第六，中华传统礼制的道德实践性。

　　中华传统礼制不仅是国家制度，更是一种为人处世的道德规范。孔子对修身立德、行礼律己的前代圣贤赞颂不已，强调"不学礼，无以立"。② 知礼行礼、知行合一，便是中华传统礼制道德的实践性，体现出中华先民的主流价值。在中国古代，许多前代圣贤并不单纯追求"进退周旋，威仪抑抑"③ 的外在形式，而是进一步探求礼义，即内在的精神实质。《左传》昭公二十五年载赵简子问，子太叔对曰"夫礼，天之经也，地之义也，民之行也"；④ 孔子也有"礼云礼云，玉帛云乎哉？乐云乐云，钟鼓云乎哉"之说。《礼记》称"礼之所尊，尊其义也"，⑤ 尊其义便是追求道德境界，强调道德践履。实际上，中华传统礼制注重道德修养与道德实践，

---

① 《旧唐书》卷二八《音乐志》，第 1041 页。

② 刘宝楠：《论语正义》卷一九《季氏》，第 668 页。

③ 《宋史》卷一三八《乐志十三》，第 3252 页。

④ 杨伯峻：《春秋左传注（修订本）》，昭公二十五年，第 1620 页。

⑤ 孙希旦：《礼记集解》卷二六《郊特牲》，第 706 页。

是一种文化软实力，起到了铸塑道德人格、凝聚人心、推进社会和谐有序发展的重要作用。

因此，中华传统礼制有利于加强国民对国家的认同，有利于建设"礼宜乐合"的和谐社会秩序与"万邦协和"的国际关系，对中华文化的发展具有重要意义。因为历史传承性奠定了中华传统礼制作为民族文化的地位；民族认同性与地域普遍性证明了中华传统礼制流传于中华大地的根源，是反对民族分裂主义的历史根据和思想武器；体系开放性和异质包容性决定了中华传统礼制能够在当今世界多元文化格局中继续生存并发展；道德的实践性则是唤醒国人礼义之心的精神动力，并能服务于当今社会。

中华民族在新时期需要符合现代社会需要的价值观，而中华传统礼制蕴含着中华先民之生命经验和生活智慧，积蓄着礼义对人心的凝聚，涵摄着"仁以为己任"的担当精神，追求社会和谐和长治久安的信念，完全可以作为现代礼仪体系的学理基石，使其为弘扬民族精神、弘扬社会主义核心价值观服务，使之为中华民族伟大复兴发挥重要作用。

二 儒家礼乐文化的历史价值

研究中国传统文化，有两点是为大家所普遍认可的。其一，礼体现中国古代文化的重要特征；其二，儒家是中国传统文化的主流。而且二者是密不可分的。儒家在中国古代礼的发展过程中具有承前启后的枢纽地位。一方面，西周的礼乐文化是儒家思想产生的根源；另一方面，儒家主张"存周"，经过不断努力，建构起礼学体系，成为儒学的一个重要组成部分。由二者形成的儒家礼乐文化，是中国传统文化当中独具特色的文化资源。今天，在中国文化面临转型、挑战与复兴的新形势下，我们依然需要发掘礼乐文化的现代价值，接续传统，弘扬传统文化当中有价值有意义的部分，使其在当代文化建设中发挥积极作用。

儒家认为，"礼之所尊，尊其义也"。[1] 如果借用文化人类学的理论，礼是由象征符号体系组成的概念体系。礼作为象征符号体系，是因为在它的后面有人所赋予的深刻的意义。在春秋时期，人们已经认识到礼与仪的区别。中规中矩的揖让周旋只是仪，并非真正的礼。孔子也认为，礼不仅仅是钟鼓、玉帛等外在的礼器、礼仪，更重要的是隐含在礼器、礼仪背后的功能、价值与意义。在历史上，礼乐制度与古代政治之发展关系密切，礼学研究也注重对历代名物制度的训诂考证、礼经的真伪辩证等方面，但多属于历史的表层具象。如果我们要发掘儒家礼乐文化的现代价值，更需要透过礼之表象，抛弃其糟粕，从它的内在精神入手来加以研讨，对其某些仍然具有一定价值的内涵进行现代性转换，从价值层面来彰显礼的现代意义。基于此，笔者以为，儒家礼乐文化可以在当代中国文化的发展与建设过程中具有启示意义者有以下几个方面。

（一）借鉴前提：认清儒家礼乐文化的历史价值

《礼记》称"三代之礼一也，民共由之"。[2] 儒家认为，三代之礼在本质上是连续一体的，是庶民应当共同遵循的准则。这是先秦时期的儒家对于中国古代文化发展的一个基本判断。

有学者将三代文化的演进分为巫觋文化、祭祀文化与礼乐文化三个阶段。[3] 其实，三代文化虽有递进发展，但本质上是一脉相承的，而且周代的礼乐文化可以涵盖三代文化的总体成就。孔子也指出，"周监于二代"，也就是说周代的礼乐文化是在继承夏商两代文化的基础之上的更高的发展阶段。因此，从这个角度来看，儒家认为"三代之礼一也"是一个非常准确的判断。儒家进一步认为，礼是中国古代文化发展的核心。孔子认为三代之礼虽然由于时代的发展有不同的"损益"，在具体的礼仪方面会有一些差异，但在本

---

① 孙希旦：《礼记集解》卷二六《郊特牲》，第 706 页。

② 孙希旦：《礼记集解》卷二四《礼器》，第 653 页。

③ 陈来：《古代宗教与伦理——儒家思想的根源》，生活·读书·新知三联书店 1996 年版，第 8—12 页。

质、结构、意义上是前后一贯的。当孔子的弟子子张问"十世可知也"的问题，孔子通过回顾三代礼乐发展的历史而回答道："虽百世，可知也。"① 孔子对于礼的发展以及中国文化发展的基本走向，就古代中国而言，他的判断是准确的。

中国历史的一个基本特征是：在其几千年的发展历程中，虽然有因内乱、外族入侵而导致的割据、分裂局面，但中国历史在整体上是向统一方向发展的，维持了政治与文化的一统，尤其在秦统一之后表现得尤为清晰。在与中国古代文明同时并存的世界各主要文明中，只有以儒家为主体的中国文明虽然历经曲折，但一直延续至今。这也验证了孔子"虽百世，可知也"的预言。这个结果是政治、经济、种族、文化、地理环境等各种因素共同形成的。中国文化在数千年的发展中，礼是国人一个重要的共同价值标准，对于维系中国文化的统一性和稳定性起了巨大的历史作用，这也是礼对于中国文化发展的一个重要贡献。

儒家认为，"三代之礼一也"，指的是中国文化的连续性与一体性。但这样的认识丝毫不排斥中国历史文化的发展阶段各有特色以及地域文化的多样性。这两个方面是相辅相成的。在中国文化的现代转型过程中，传统文化的复兴、国学热的兴盛，在很大程度上表明，当代文化的发展需要与传统文化对接。我们反对盲目地复古，而是认为当代文化发展应该有意识地承续优秀传统文化的价值，这一认识的前提就是中国文化发展是一脉相承的整体这一基本判断。我们不能对这个传统轻易地否定或视而不见。我们发掘礼的现代价值，其前提条件是认清礼的历史价值。礼的当代价值是礼的历史价值在当代社会的自然延续。

（二）与时俱进：儒家礼乐文化的重要特征

《礼记》称："礼，时为大。"② 既是中华传统礼制的基本原

---

① 刘宝楠：《论语正义》卷二《为政》，第71页。
② 孙希旦：《礼记集解》卷二三《礼器》，第627页。

则，也是儒家礼乐文化的重要特征。礼虽然具体表现为冠婚丧祭等各种繁复的礼仪，但儒家认为，礼不是僵化的教条，而是既有源头活水、又与时俱进的鲜活的文化因素。儒家礼学思想中的"时"有两层含义，一曰"时变"，一曰"守时"。

在中国传统思想中，"时"首先指的是与时俱进，灵活应变，不拘泥，不固守。孟子说孔子是"圣之时者也"，[①] 荀子说君子应该"与时屈伸"，[②] 说明"时"是儒家高度认可的思想。就礼学来说，"时变"是礼学思想的重要内容。孟子提出礼与权的区分，[③] 董仲舒又进一步确定为经礼与变礼，[④] 这都说明，适时而变是礼的一条重要原则。

五帝殊制，三王异礼。每个时代的礼制本来就有所变异、改动与创新。晋武帝崇儒，恢复实行三年丧，但是一个显见的问题是，魏晋时期以皇帝为首的国家制度与上古时期相比，已经是极为复杂且庞大了。如果皇帝也要为父行三年斩衰，显然国家机器就无法维持正常运行。在这种情况下，既要保证国家机器正常运转，又要照顾到皇帝作为孝子也要尽宗法之礼，因此就有必要对三年斩衰之礼做适当的变通，于是提出"心丧"，以日易月作为解决矛盾的办法。西晋以后至南朝，皇帝的丧制基本都是三年心丧，这是当时丧服制度的一个重大变化，同时也是礼的权变的一个很好的例证。又如《宋书》所说："有国有家者，礼仪之用尚矣。然历代损益有不同，非务相改，随时之宜故也。"[⑤] 礼随着社会的发展而变化，这是礼进步的体现。重视礼的时变，说明礼不是僵化不变的教条，而

---

① 焦循：《孟子正义》卷二〇《万章下》，第 672 页。

② 王先谦：《荀子集解》卷二《不苟》，第 41 页。

③ 《孟子·离娄》："嫂溺不援，是豺狼也。男女授受不亲，礼也。嫂溺援之以手者，权也。"焦循：《孟子正义》卷一五《离娄上》，第 521 页。

④ 董仲舒称："《春秋》有经礼，有变礼……明乎经变之事，然后知轻重之分，可与适权矣。"董仲舒著，苏舆义证：《春秋繁露义证》卷三《玉英》，中华书局 1992 年版，第 74—75 页。

⑤ 《宋书》卷一四《礼志一》，第 327 页。

是可以灵活应对现实的规范，这就扩大了礼的运用范围，提升了礼的现实功能。

从历史经验可知，儒家礼学以"时"为大的思想在今天依然具有借鉴意义。当我们对待儒家的礼乐文化、传统文化以及外来文化的时候，在立足当代文化发展的基础之上，既不墨守成规，也不简单袭取或套用，而是广泛吸收与借鉴古今中外一切优秀文化的成果，这才是丰富、发展当代文化的有益途径。

另外，"时"还有一层重要的含义，就是"守时"。传统的儒家文化是根植于农业文明的一种文化体系。顺天守时，顺应自然节律，不仅是农业文明发展的必然要求，同时通过千百年的历史发展而积淀成为人们的思想观念与自觉遵守的行为模式。《夏小正》和《月令》既是礼学经典，又是礼制的重要内容，其中反映出的思想观念就是人事与自然节律必须相一致。在礼学家看来，顺天守时就是天人合一的具体表现，它要求政令、人事活动都必须与自然的节律相一致。实际上，直到汉代仍然依据《月令》来指导地方农事活动，① 到唐宋，皇帝仍有读《月令》的礼仪。②

学者们基本承认，"天人合一"是中国传统哲学以及传统文化的一个重要特征。"天人合一"体现在传统文化的各个方面。近年来，很多学者在研究儒学的生态学意义与价值，这是一个很有现实意义的研究课题。礼学作为儒学的重要内容，确实在这个方面有许多有待深入探讨的地方。例如，《礼记》有"天子不合围，诸侯不掩群"，③ "獭祭鱼，然后虞人入泽梁；豺祭兽，然后田猎；鸠化为鹰，然后设罻罗；草木零落，然后入山林"。④ 这些规定既是古代

---

① 悬泉置出土的《四时月令诏条》是汉朝依《月令》实施地方农事的例证。据甘肃简牍博物馆张德芳、肖从礼两位先生告知，目前尚未公布的在甘肃出土的有关月令类简牍并不少见。

② 汤勤福：《〈月令〉祛疑——兼论政令、农书分离趋势》，《学术月刊》2016 年第 10 期。

③ 孙希旦：《礼记集解》卷一二《王制》，第 334 页。

④ 孙希旦：《礼记集解》卷一二《王制》，第 335 页。

的环保政策，更是圣王礼制重要的组成部分。与此相同的，孟子在阐述仁政时指出："不违农时，谷不可胜食也。数罟不入洿池，鱼鳖不可胜食也。斧斤以时入山林，材木不可胜用也。"① 荀子也说："草木荣华滋硕之时则斧斤不入山林，不夭其生，不绝其长也；鼋鼍、鱼鳖、鳅鱣孕别之时，罔罟毒药不入泽，不夭其生，不绝其长也；春耕、夏耘、秋收、冬藏四者不失时，故五谷不绝而百姓有余食也；污池、渊沼、川泽谨其时禁，故鱼鳖优多而百姓有余用也；斩伐养长不失其时，故山林不童而百姓有余材也。"② 在当代世界环保问题日趋严峻危殆之时，儒家礼乐制度中所反映的上述思想，显然具有很强的现实启示意义。古人从自身日常生活、生产经验中认识到，农业社会的可持续发展必须要符合自然的规律，违时失律则会导致生态严重失调，甚至会出现灾难。现代文明的发展则使我们更加意识到，人是自然界组成的一部分。人类已经度过了乞灵于自然界的童年时期，但也不能高傲地凌驾于自然之上。科技越进步，我们越发认识到人是自然生命体的一部分，人没有超越于自然之上的权利，更需要清醒的是，人没有掌控自然之能力。人只有与自然平等相待，和谐相处，遵守自然固有的节律，才是人类和谐发展的唯一途径。尤其在当下中国面临能源危机、环境危机的时候，重新认识、温习传统礼学中的思想，用礼制或规则（包括法律）来限定、制约人的行为，使人类活动与自然节律协调、一致，这对于建设生态文明、实现社会的可持续发展，无疑是有益的。

（三）和为贵：儒家礼乐文化的社会功能

《论语》称："礼之用，和为贵。"③ 这一礼乐的社会功能特别受到历代儒家的重视。礼乐文化的"和为贵"，实际在治理国家方面具有政治功能，在处理人际交往方面具有和谐功能，在移风易俗方面具有道德教化功能，可以说，儒家是将礼乐的"和谐"作为

---

① 焦循：《孟子正义》卷二《梁惠王上》，第 54—55 页。
② 王先谦：《荀子集解》卷五《王制》，第 165 页。
③ 刘宝楠：《论语正义》卷一《学而》，第 29 页。

最终的价值目标，并为之追求不已。

早在西周时期，就有思想家提出"和实生物，同则不继"①的思想，儒家提出"和为贵"则恰恰是春秋末年社会矛盾十分激化的时期。以孔子为代表的儒家思想家认为礼最主要的功能在于和，这其实是在对中国传统哲学深刻的总结、体认的基础上而形成的一种极为深刻的认识。在当代追求和谐的语境之下，儒家以和为贵的思想无疑可以成为贯通传统与现代的一个非常有价值的连接点，对消解许多现实矛盾具有启示意义。

儒家认为，礼之和是中和。"中"也是礼学思想的主要内容之一。孔子言曰"夫礼，所以制中也"，② "中庸之为德也，其至矣乎"，③ 子思也曾说："先王之制礼也，过之者，俯而就之；不至焉者，跂而及之。"④ 子夏也说："先王制礼而弗敢过也。"⑤ 荀子说得更加明确："先王之道，仁之隆也，比中而行之。曷谓中？曰：礼义是也。"⑥ 从这些说法可见，制礼的中和原则就是中庸。中庸不是折中，而是在各种差异之上的一种平衡。所以，礼以和为贵，其实也就是崇尚中庸，要求解决具体问题时采取最为可行的措施。

很多学者认为《论语》"和为贵"一章是讲礼乐关系，这是有一定道理的。儒家认为，"乐统同，礼辨异"，⑦ "乐合同，礼别异"，⑧ 这就是礼乐的辩证关系。所以，礼的功能与价值其实是在差异中寻求和谐，在尊重差异的前提下实现和谐。例如，礼重视"分"，也就是名分的意思。按照礼的规定，各个等级、各个阶层

---

① 徐元诰：《国语集解·郑语》，第 470 页。
② 孙希旦：《礼记集解》卷四九《仲尼燕居》，第 1268 页。
③ 刘宝楠：《论语正义》卷七《雍也》，第 247 页。
④ 孙希旦：《礼记集解》卷八《檀弓》，第 189 页。
⑤ 孙希旦：《礼记集解》卷八《檀弓》，第 205 页。
⑥ 王先谦：《荀子集解》卷四《儒效》，第 121—122 页。
⑦ 孙希旦：《礼记集解》卷三八《乐记》，第 1009 页。
⑧ 王先谦：《荀子集解》卷一四《乐论》，第 382 页。

都有各自的礼，互相不能僭越。若能各安其分，那么社会秩序就会和谐。尽管儒家的礼学思想确实包含着贵贱等级思想，但这里也有权利与义务的含义。礼以和为贵，就是在尊重各个阶层权利的基础之上，要求各种人等尽自己义务而达到和谐。这样的和与孔子所说的"和而不同"在精神实质上是契合的。

正如仁和礼是孔子思想的两个方面，仁学与礼学也是儒学的两项重要内容。当代儒学的发展更多是从心性义理方面阐发儒学的内在价值，将儒学解释为当代精神的一个重要面向。其实，当代儒学的研究与弘扬不能忽略儒家的礼学。充分重视礼在儒学中的地位与意义，发掘儒家礼乐传统的当代意义与价值，即在转换其现代价值之后，才能真正打通儒学的古与今。从这个角度来看，立足当代儒学发展、当代文化发展来研究儒家的礼乐传统，还需要作更加深入的探讨。

三　中华传统礼制与现代生活的联系和对接——以曲礼为中心

（一）曲礼的内在精神与外在功用

华夏古礼的传统，大致可以分为"经礼""曲礼"两部分。[1]"经礼"，主要指为了较隆重的特定目的而实行的一整套礼仪，亦即《仪礼》所载的"冠婚丧祭燕射朝聘"等重要礼仪，到魏晋时期成为国家层面的吉、凶、军、宾、嘉五礼的主要内容。所谓"曲礼"，则指日常生活的礼仪规范或从礼仪形式中归纳出来的通则，而不是一整套的仪式。"曲礼"之名首见于《礼记》，《礼器》篇曰："故经礼三百，曲礼三千，其致一也。"[2]朱熹《仪礼经传通解》解释为："所谓曲礼，则皆礼之微文小节，如今《曲礼》《少仪》《内则》《玉藻》《弟子职》篇所记事亲事长、起居饮食、容貌辞气之法，制器备物、宗庙宫室、衣冠车旗之等，凡所以行乎经

---

① 叶国良：《战国楚简中的"曲礼"》，武汉大学简帛中心编：《简帛》第4辑，上海古籍出版社2009年版，第239—246页。

② 孙希旦：《礼记集解》卷二四《礼器》，第651页。

礼之中者。"① 与国家重大礼仪相比，曲礼虽为具体细小的仪节，内容庞杂，既包括与日常生活密切相关的礼仪，也包括有关事亲事长、为人处事、待人接物、修身交友的原则、行用等内容，但实际上它的许多内容仍是礼制的重要组成部分，其具体仪节都体现出礼义之内涵。

曲礼在先秦、秦汉时期即已受到重视，经过唐宋变革，礼制下移，中古以后逐渐在学理与实践两个层面上获得发展。一是家训、家礼类著作不断涌现，家礼的内容主要是家庭成员应遵守的家庭礼法，以及家庭成员的日常起居及婚、丧、祭、冠等礼仪之规范，家训则主要是教育后代有关学业、为人处世、择友、从师、勤俭持家以及爱国主义思想等方面的内容。二是中古以后，为适应对民间的礼仪教化，民间村规乡约大量出现。村规乡约大部分以立教、明伦、敬身、持家等为主，注重道德教化，对百姓的日常礼仪做了明确规定，是民众践履的主要内容。此外，南宋以后，伴随着书院的复兴，各地的大小书院都有自己的学规，其内容多注重修身进德，对学子的平常礼仪也有规定。这些礼仪守则，均为先秦曲礼之衍生，经过儒家知识分子的以身作则，以及童蒙教育与书院教育等方式的推行，对塑造中国人的精神气质，提升国民道德素质起了重要作用。

曲礼与经礼的精神是一致的，其内在精神是仁和敬，外在功用则是和。仁是对他人的关怀、尊重与仁爱情感，或对他人施以恩惠。《礼记·儒行》说："礼节者，仁之貌也。"② "礼之以和为贵"，③ 礼仪最核心的要素是要有"仁人之心"，无此则礼将流于虚情假意。仁是尊敬别人的情感基础，人具有仁爱，则在人际关系中

---

① 朱熹：《仪礼经传通解》，《朱子全书》第2册，上海古籍出版社、安徽教育出版社2002年版，第28页。

② 孙希旦：《礼记集解》卷五七《儒行》，第1408页。

③ 孙希旦：《礼记集解》卷五七《儒行》，第1405页。

会互相礼敬对方，关爱对方，否则，"爱而不敬，非真爱也"。① 中国古礼的核心在于敬，也就是说，礼仪的根本即在于发自内心的真诚与对对方的敬意。《左传》论述敬的意义说："礼，国之干也；敬，礼之舆也。不敬，则礼不行。"② 《曲礼》开篇即言"毋不敬"。③ 恭敬是重要的道德规范和人际交往的基本准则，它是一切德行之基础，"敬则有德"。④ 古代人际交往以谦让为重要的践履原则，讲究自卑而尊人、自谦而敬人，即《曲礼》所说"是以君子恭、敬、撙、节、退、让以明礼"。⑤ 这里非常强调与人交往时要谦卑自持，尊敬对方。而能够做到这一点，必须加强自身修养，故有"修身践言，谓之善行。行修言道，礼之质也……道德仁义，非礼不成；教训正俗，非礼不备；分争辨讼，非礼不决"⑥ 之说。在儒家先贤看来，"是故圣人作为礼以教人。使人以有礼，知自别于禽兽"，只有"自卑而尊人，虽负贩者，必有尊也，而况富贵乎？富贵而知好礼，则不骄不淫；贫贱而知好礼，则志不慑"。⑦ 先贤对礼的这种阐发，确实与现代社会的民主平等观念颇有某些契合之处，是非常值得继承的合理思想。

（二）曲礼与现代生活对接之可能

如上所述，无论经礼还是曲礼，都是以恭敬谦让、尊重对方为人际交往原则，故古代曲礼处处体现出对他人体贴入微的设计原则。如《曲礼》说："谋于长者，必操几杖以从之。长者问，不辞让而对，非礼也。"⑧ 意思是说，求教于长者，一定要携带几、杖跟从；长者问话，一定要谦让后再回答。这种细小礼文的规定体现

---

① 黎靖德编：《朱子语类》卷二三，第 564 页。

② 杨伯峻：《春秋左传注（修订本）》，僖公十一年，第 370 页。

③ 孙希旦：《礼记集解》卷一《曲礼上》，第 3 页。

④ 杨简：《慈湖诗传》卷一一，文渊阁《四库全书》本，第 73 册，第 158 页。

⑤ 孙希旦：《礼记集解》卷一《曲礼上》，第 9 页。

⑥ 孙希旦：《礼记集解》卷一《曲礼上》，第 7—8 页。

⑦ 孙希旦：《礼记集解》卷一《曲礼上》，第 11、12 页。

⑧ 孙希旦：《礼记集解》卷一《曲礼上》，第 16 页。

了对长者的敬重、体贴与照顾，显示自己的谦谨诚悫之心。又，《曲礼上》规定："将上堂，声必扬。户外有二屦，言闻则入，言不闻则不入。将入户，视必下。入户奉扃，视瞻毋回。户开亦开，户阖亦阖。有后入者，阖而勿遂。"① 这是说将要登堂时，要提高自己的声音以告诉室内之人，听到回答再进门。入门后，原先若虚掩其门的，门也要半掩。进门后，目光要下视，不能东张西望。这些细文小节将尊重他人隐私、谨慎处事的礼仪原则体现得淋漓尽致。又如规定"望柩不歌"，"临丧不笑"，"邻有丧，春不相；里有殡，不巷歌"，"临丧则必有哀色，执绋不笑"。② 意即遇到邻里有丧事，则春米时不唱送杵的号子，不在街巷中唱歌，助葬要面带哀容，不能出现嬉笑之色。这些委曲礼仪体现了对丧家的尊重与体恤，有利于创造出一种充满温情的人际关系。

传统礼仪的目的是协调人际关系，传统曲礼中有关待人接物、为人处世、人际交往的内容，凝聚了中华民族的生存智慧，是一笔宝贵的精神财富。《礼记》说"君子不尽人之欢，不竭人之忠，以全交也"，③"很毋求胜，分毋求多"，④《礼记·缁衣》曰："可言也不可行，君子弗言也。可行也不可言，君子弗行也。"⑤ 这些言论，在今日处理人际关系时仍不失其参考价值。另如孔子说："益者三友，损者三友。友直，友谅，友多闻，益矣。友便辟，友善柔，友便佞，损矣。"⑥ 这对于今日交友仍具有指导意义。

传统曲礼积淀了中华民族尊师重道、尊老爱幼、尊德敬长等传统美德。中国自古即有尊师重道的传统。《学记》云："凡学之道，严师为难。师严然后道尊，道尊然后民知敬学。"⑦ 显然把尊师重

① 孙希旦：《礼记集解》卷二《曲礼上》，第26—27页。
② 孙希旦：《礼记集解》卷四《曲礼上》，第79—81页。
③ 孙希旦：《礼记集解》卷一《曲礼上》，第71页。
④ 孙希旦：《礼记集解》卷三《曲礼上》，第4页。
⑤ 孙希旦：《礼记集解》卷五二《缁衣》，第1324页。
⑥ 刘宝楠：《论语正义》卷一九《季氏》，第657页。
⑦ 孙希旦：《礼记集解》卷三六《学记》，第968页。

道放在非常重要的位置。正由于此，古代除国家规定要行用释奠祭孔典礼外，日常生活中尚有尊师之礼仪。如《管子·弟子职》即是先秦家塾教弟子之法，乃后世学校、书院制定学规、学范的范本，里面记载了弟子事师、受业、馈馔、洒扫、执烛坐起、进退之礼。历代曲礼性质的著作，如朱熹的《小学》和《童蒙须知》均有尊师的礼规。古代曲礼中也有很多具体的尊老礼仪。如孟子提出"颁白者不负戴于道路"，①《王制》亦要求"斑白者不提挈"，"轻任并，重任分"，② 这些都意谓老者年迈体衰，不应再身背重物行走于道路，年轻人应分担其物，以减轻老者之负担。此外，同长者说话时的声量，也有礼仪规定。尊师敬老是文明社会的标志，一个文明社会，必是一个尊师敬老的社会，这些传统美德今日更应大力弘扬。

传统曲礼体现了中华民族最深层的精神追求，它旨在实现家庭、社会秩序的和谐，达到一种"四海之内合敬同爱矣"③ 的境界。基于此，它重视道德教化，重视道德人格的培养，重视家庭亲情；反对"穷人欲"的放纵，讲究立中制节、④ 勤俭节约；崇尚"礼之用，和为贵"，追求人际社会的温情及人与人之间的相互敬意。这些内在精神追求与传统礼仪内外一体，共同塑造了中华礼义之邦的优雅从容的气质。

（三）曲礼与现代社会生活有机联系

近代以来，由于中国一系列社会政治革命和在思想文化上对中华传统文化的批判，加之改革开放后西方文化的强势冲击，中国政治制度、社会生活方式与文化传统的历史连续性均发生了一定变化，儒学既不再有政治体制的支撑和依托，也在一定程度上割裂了它与人伦日用的联系，成为余英时先生所说的"游

① 焦循：《孟子正义》卷二《梁惠王上》，第 58 页。
② 孙希旦：《礼记集解》卷一二《王制》，第 388 页。
③ 孙希旦：《礼记集解》卷三七《乐记》，第 988 页。
④ 孙希旦：《礼记集解》卷五五《三年问》，第 1374 页。

魂"。① 作为儒学重要组成部分的礼仪，本就依托于人的行用，有很强的实践性，它之所以能够发挥教民成德、化民成俗的作用，一个重要原因即在于其切近人伦日用，其价值观已融入百姓日常生活中，成为中华民族区别于其他民族的重要标识。故而在探讨传统礼仪的现代价值时，不仅应着眼于对其人文价值的深入发掘，为现代精神文明建设提供思想道德资源，更重要的是要在重建传统礼仪和现代生活的有机联系时既需要拨乱反正，又需要细加甄别，同时进行现代性转换，以便充分利用这一宝贵的传统资源。

另一方面，中国古代曲礼内容丰富，它与中华民族传统美德构成内在的统一性，如尊老爱幼、尊师敬长、敬让体贴他人、勤劳节俭等美德具有超越历史局限的普遍性，在今天的日常生活中仍然需要大力弘扬；曲礼内蕴的"父子有亲，君臣有义，夫妇有别，长幼有序，朋友有信"的伦理，经过创造性转化之后，完全可以成为现代社会道德建设可资利用的资源；传统曲礼体现出的以人为本、仁爱敬人、与人为善、诚信待人等人文主义理念和强烈的人文情怀，在当今社会弥足珍贵，它是批判一切损人利己、猖狂自大、奢侈贪腐等不良习气及犯罪行为的有力武器，与现代社会倡导的价值观是完全一致的，因而完全可以与当今社会主义核心价值观相对接。"爱国、敬业、诚信、友善"是公民基本道德规范，这是从个人行为层面对社会主义核心价值观基本理念的凝练。欲使社会主义核心价值观发挥作用，除进行思想道德建设外，还必须将抽象的道德原则落实于礼仪这一文化载体，必须重视切近人伦日用、关乎世道人心的现代"曲礼"建设，使之成为涵养社会主义核心价值观的源泉，传承中华民族传统美德的重要载体。这就要求我们对中国传统礼仪认真进行梳理和总结，深入挖掘和阐发优秀传统礼仪的时代价值，继承和发展传统礼仪中蕴含的传统美德，遵循缘情度势，

---

① 余英时：《现代儒学的困境》，氏著：《现代儒学论》，上海人民出版社1998年版，第229—235页。

因时改革，简约易行的原则，经过创造性转化与实质性发展，建构起适合民众生活的现代道德礼仪体系，并将中华民族优秀价值观融入现代民众日常生活礼仪中去，通过家庭教育、学校教育、社会教育等形式，发挥其正确的价值导向，实现当今社会倡导的价值观对民众道德的塑化，推进和谐社会的建立。

　　针对当今社会存在一切向钱看、向利看的拜金主义、精致的利己主义、极端的个人主义，针对那些缺乏诚信、无视道德乃至以邻为壑、尔虞我诈等社会道德滑坡的现象，吸取传统曲礼的精华，加强公民道德建设，构建相关的礼仪制度显得尤为迫切。人是文明的产物，礼仪是社会文明程度的高度体现。一个没有道德人文精神、礼仪修养的民族很难自强于世界民族之林，不可能受到其他民族的尊重和尊敬，这是关系到中华民族如何生存的重大问题。必须严肃地面对！在我们看来，现代社会中社会公德与公民私德是一体两面、相互依存的，缺一不可。社会公德的培养必须从公民私德的培育开始，公民私德是完善社会公德的基础，这种公德与私德的建设，是和谐社会的基础。礼仪是培育公民私德、提高公民素养的重要方式，传统曲礼中有很多涉及个人道德修养的文字，言近而旨远，正能够提炼出来为我们所用。自孔子之后，培养道德人格已为众多礼学家所赞同，在礼书中也有大量记载，如《曲礼》有"敖不可长，欲不可从，志不可满，乐不可极"，"临财毋苟得，临难毋苟免"；[1]　"礼不妄说人，不辞费。礼不逾节，不侵侮，不好狎"，[2]　"为人子之礼，冬温而夏凊，昏定而晨省"，[3]　"人而无礼，虽能言，不亦禽兽之心乎？"[4] 后世儒家对这些表述也有大量阐述。这些格言类曲礼实际是中华先民在长期生活中概括出来的生存经验，是中华传统文化的精髓，对于培育个人道德与良善人格具有重

---

①　孙希旦：《礼记集解》卷一《曲礼上》，第 4 页。
②　孙希旦：《礼记集解》卷一《曲礼上》，第 6—7 页。
③　孙希旦：《礼记集解》卷一《曲礼上》，第 16 页。
④　孙希旦：《礼记集解》卷一《曲礼上》，第 10 页。

要意义。因此应当多加以整理、发掘，加以创新性发展，应用到培养国民私德、践行社会主义核心价值观之中。

传统礼仪以道德为内核。古代德的条目很多，仁、义、礼、智、忠、信等德行均是个人与他人、社会发生联系时所应遵行的原则，这些德行的落实皆要求个人具有自觉的责任意识与"互以对方为重"的善良之心。① 在现代社会，无论是培育私德还是公德，关键亦在于弘扬责任意识，发扬传统礼仪中蕴含的以对方为重的伦理原则。否则，现代礼仪将会是一种逢场作戏的演示，敬让他人、诚信待人也成为空谈，社会公德建设也将成为空中楼阁。

总之，践行社会主义核心价值观，要汲取传统曲礼的精华，充分将其中蕴含的敬老、尊师、诚信、仁爱、谦让等与时代精神相一致的伦理美德植根于日常生活礼仪中，从而提升公民道德素质，重塑中华民族礼义之邦的形象，增强文化软实力，实现中华民族伟大复兴。

四　中华传统礼制内在凝聚力的学理资源

进入 21 世纪以来，中华传统礼制研究渐成学界热点，其状有目共睹，其因亦显而易见。传统中国自古享有"礼义之邦"的美誉，中华民族素有文质彬彬的精神风貌，这是因为自周秦以降，历朝历代关于礼制、礼仪的种种规定，向与治国方略之设计、社会秩序之构建、伦理道德之培养紧密相连。在这个意义上，中国传统文化（特别是政治文化）就其表现形式而言是一种可以直接感受的制度文化，或可简称为"礼制文化"。随着改革开放伟业的不断深入，礼义之邦正在遭遇礼仪缺失的种种尴尬，媒体和民间议论纷纷，啧有烦言，无疑构成了学术界重视中华传统礼制研究的现实背景。在我们看来，在当下实现中华民族复兴愿景的伟大进程中，如何发挥中华传统礼制，特别是礼制背后所包含的礼义对于人心的凝

---

① 梁漱溟：《梁漱溟全集》第 3 卷，山东人民出版社 2005 年版，第 738 页。

聚力，挖掘沉淀在礼义中的中华民族的精神追求与优秀品格，则是中华传统礼制研究的应有之义，值得学人重视。

（一）礼仪是生活方式，礼义是精神追求

无论古代中国，还是现代社会，礼制、礼仪、礼俗对于社会生活的影响都是无时不有、无处不在的。尽管传统礼制的整体框架在20世纪初随着清朝的覆灭而倾倒，但民间礼俗中仍然保留着传统礼制的大量碎片和痕迹。现在的问题是，以仪节繁密、等级森严著称的中华传统礼制，还有研究、发掘之必要，或继承、发扬之可能吗？至少在我们看来，答案是肯定的。

自古以来，礼仪规范着中国人的生活方式，礼仪背后支撑力是几千年积淀而成的精神价值，是中华先民的孜孜不倦的追求，这就是礼义。讲究礼仪、讲求礼义，即是中国人之所以为中国人的内在特质之一。尽管作为制度规范的传统礼制已经解体，烦琐的礼仪形式也大多退出历史舞台，但作为精神追求的礼义却没有随之覆灭，它依旧以各种形式存在于国人的日常生活和行为规范之中。我们看到，在当今社会生活中，面对日趋丰富的生活样式和更加多元的价值取向，从漫长历史中走来的传统礼仪及其礼义正在发生深刻变化，但中国人在日常生活中对礼仪和礼义的精神追求却从未停息，也不会停息。

时下一种常见的流行看法是中华传统礼制弊端多于优长，此言自然有相当道理。但我们认为，由于传统是无法选择、无法割裂的，所以看待中华传统礼制应取辩证思维和理性态度。应该说有相当部分礼仪就其形式变化而言本无所谓精华与糟粕（如作揖与握手、婚礼中向父母跪拜与鞠躬），而且直至今天仍在日常生活中随处可见。关键是要深入礼制、礼仪所内蕴的精神与理念去一探究竟，决定取舍。有学者指出：传统礼制是附着在传统政治体制之上的，其整体框架已随清王朝的覆亡而解体，但是就在20世纪三四十年代的偏僻农村，"儒家文化虽已处于十分衰落的状态，但仍然支配着日常的社会生活：一切人伦关系，从婚丧礼俗到岁时节庆，大体上都遵循着儒家的规范，而辅之以佛、道两教的信仰与习行"。① 显而易见，儒家的文化观念连同礼制规范早已融化在中国人的血液之中，礼制、礼仪连同其背后的礼义诉求也已内化为国人性格的重要组成部分。

我们知道，传统儒家的治国理政之道向以"仁政""礼制"为其核心要素：

> 夫礼，天之经也，地之义也，民之行也。②
> 是故夫礼必本于天，淆于地，列于鬼神，达于丧、祭、射、御、冠、昏、朝、聘。故圣人以礼示之，故天下国家可得而正也。③
> 名以出信，信以守器，器以藏礼，礼以行义，义以生利，利以平民，政之大节也。④

无须再加引证，"仁政""礼制"四字，已足以概括传统儒家的治国理政之道，即以礼治国之道。这一治国理政之道可以分为两个层面来阐明：若就施政理念而言，是德治主义的仁政；若就制度形式而言，则是等级分明的礼制。在中国传统社会中，礼是沟通天人的仪式，礼是社会等级的标识，礼是乡间村社的规范，礼是立身处世的准则。在这个意义上，遵循礼制可以说既是中国人的一种生活方式，更是中国人的一种精神追求。上至国家典章制度、朝廷礼乐设置，中到社会礼俗和民间风尚，下及家庭伦理和个人行为规范，无不或多或少地体现了儒家礼制的种种影响。因此可以说，"从长远的历史观点看，儒家的最大贡献在为传统的政治、社会秩序提供了

---

① 余英时：《〈现代儒学论〉作者序》，《余英时文集》第 2 卷，广西师范大学出版社 2004 年版，第 211 页。
② 杨伯峻：《春秋左传注（修订本）》，昭公二十五年，第 1620 页。
③ 孙希旦：《礼记集解》卷二一《礼运》，第 585 页。
④ 杨伯峻：《春秋左传注（修订本）》，成公二年，第 861 页。

一个稳定的精神基础"。① 传统礼制、礼俗研究的确有助于窥得传统社会之特质和中华民族之性格。

（二）"礼"文化的核心是"仁"文化

毋庸讳言，自西汉中叶汉武帝"罢黜百家，独尊儒术"以来，在长达 2000 余年的历史进程中，传统礼制，连同礼教、礼俗不免与"乾纲独揽"的帝制官僚体制纠缠扭结，逐步蜕变为一套自上而下的社会控制体系。历朝历代均用政教相维、纲常名教等理念和说教来维护统治阶级的利益，于是礼教天理化，礼制教条化，最终成为禁锢臣民思想、束缚百姓手脚的镣铐和枷锁。自 20 世纪初的新文化运动和五四运动以来，从陈独秀、李大钊到胡适、鲁迅，纷纷将批判矛头对准"君臣父子""三纲五常"之类意识形态说教，横扫君尊臣卑、官尊民卑、绝对服从等片面规则，努力构建具有现代意义的责任与义务对称的伦理原则。他们对封建礼教的激烈批评与深刻揭露，以及欲用民主、自由、平等等公民权利理念来取代臣民等级观念，成为推动中国真正走出中世纪的重要力量，有益于民族觉醒和社会进步。

但在今天看来，以陈独秀、鲁迅等为代表的中国文化先知先觉者，在对中华传统礼制的认识上是有失偏颇的。传统礼制因其长期附着在传统政治体制之上，必然具有种种封建之质核，特别是 20 世纪初中华民族正处在从帝制走向共和的历史关头，对其大加挞伐具有历史的正当性。然而同样无可否认的是，对于个人来说，礼及礼制又是立身处世的一套准则；对于群体来说，礼和礼制又是人际交往的文明规则；扩而大之，对于整个社会来说，礼和礼制则是构建社会秩序的制度设计。因此，礼制中必定蕴含着中华先民的生命经验和生活智慧。这种经验与智慧的深厚积累之核心，就是一个"仁"字。

---

① 余英时：《儒家思想与日常人生》，《余英时文集》第 2 卷，第 130 页。

《礼记·仲尼燕居》载："治国而无礼，譬犹瞽之无相与。"①《礼记正义序》说："礼者，理也。其用以治，则与天地俱兴。"②即统治者以"礼"来治国理政，也就是以"理"来治事施政。在儒家理念中，政治上最大的"理"就是要施行德治主义的"仁政"。孔子说"为政以德，譬如北辰，居其所而众星共之"，③又说："道之以德，齐之以礼，（民）有耻且格。"④即在仁政中，德与礼相互为用，不可分割。

在孔子看来，仁政有诸种具体表现，国家在施政过程中必须具备。仁政的具体表现有五项特质："恭""宽""信""敏""惠"，此即"恭则不侮，宽则得众，信则人任焉，敏则有功，惠则足以使人"，又说"能行五者于天下，为仁矣"。⑤概而言之，便是庄重、宽容、诚信、勤勉及惠人。这些准则亦是各种具体而微的礼制规范得以制定和实施的内在理念。因而仁、礼关系可以简要地表述为"礼"为"仁"之用，"仁"为"礼"之体；或说"礼"为"仁"之流，"仁"为"礼"之源。

"仁"的原初含义是指人与人之间的亲善关系。最古老的政书《尚书·仲虺之诰》云："克宽克仁，彰信兆民。"⑥是指统治者与民众的关系；《诗经·郑风·叔于田》云："洵美且仁。"⑦是指民众赞美叔之美德；《左传》襄公九年："体仁足以长人，嘉会足以合礼。"⑧强调仁者爱人，施仁政可以发展人的才能。这些理念原本是先秦族群社会普遍存在的血缘亲情关系的天然反映，同样具有历史正当性。这种以家庭、家族、宗族为基本组织的族群社会，被

---

① 孙希旦：《礼记集解》卷四九《仲尼燕居》，第1269页。
② 郑玄注，孔颖达疏：《礼记正义》卷首《礼记正义序》，第1页。
③ 刘宝楠：《论语正义》卷二《为政》，第37页。
④ 刘宝楠：《论语正义》卷二《为政》，第41页。
⑤ 刘宝楠：《论语正义》卷一七《阳货》，第683页。
⑥ 孔安国传，孔颖达疏：《尚书正义》卷八《仲虺之诰》，第292页。
⑦ 毛亨传，郑玄笺，孔颖达疏：《毛诗正义》卷四《郑风·叔于田》，第283页。
⑧ 杨伯峻：《春秋左传注（修订本）》，襄公九年，第1059页。

当代新儒家的代表人物杜维明称为"熟人共同体"。秦晖认为，西周的宗法共同体就是以小共同体为特征的族群"封建"体制。在这样的"族群"社会中，"由'天生的'血缘亲情推出人性本善，由伦理上的长幼尊卑推出一种'人各亲其亲、长其长，则天下太平'的政治秩序"。① 这也是费孝通在《江村经济》中所说的"差序格局"。在这种基于血缘关系的小共同体中，由长者（族长）主导的权利义务之间的关系，表现为父权和父责相统一、君权与君责相统一，即"父慈，子孝，兄良，弟弟，夫义，妇听，长惠，幼顺，君仁，臣忠"。② 显然，这是一种对君臣父子双方都有约束力的权利义务关系。因此，"君君，臣臣，父父，子子"的原初含义是君要像个君，臣要像个臣；父要像个父，子要像个子，各安其位，各行其责。所以，从原生儒家的君权、父权中推不出后世"三纲五常"中绝对专制的理念来。恰恰相反，原生儒家的观念是"圣道"高于君命，儒士为王者师，信仰高于权位，所以在先秦社会中，孟子有"民为贵，社稷次之，君为轻"③ 之类的民本思想，荀子有"从道不从君，从义不从父，人之大行也"④ 的道德原则。

（三）"仁者爱人"是人类的普遍价值

从血缘亲情中生长出来的仁爱观念，再进一步，即是"忠恕之道"。孔子说："吾道一以贯之。"曾子解释为"夫子之道，忠恕而已矣"。⑤ "忠恕之道"的正解就是"己欲立而立人，己欲达而达人"。⑥ 其反解就是"己所不欲，勿施于人"。⑦ 其基本精神都是将心比心，推己及人，也就是孟子所说的"不忍人之心"，"所以谓人皆有不忍人之心者，今人乍见孺子将入于井，皆有怵惕恻隐之

---

① 秦晖：《传统十论》，复旦大学出版社 2003 年版，第 172 页。

② 孙希旦：《礼记集解》卷二一《礼运》，第 606—607 页。

③ 焦循：《孟子正义》卷二八《尽心下》，第 973 页。

④ 王先谦：《荀子集解》卷二○《子道》，第 529 页。

⑤ 刘宝楠：《论语正义》卷五《里仁》，第 151—153 页。

⑥ 刘宝楠：《论语正义》卷七《雍也》，第 249 页。

⑦ 刘宝楠：《论语正义》卷一五《颜渊》，第 485 页。

心，非所以内交于孺子之父母也，非所以要誉于乡党朋友也，非恶
其声而然也"。① 由此孟子推出"四心"，即"恻隐之心""羞恶之
心""辞让之心""是非之心"，他将此作为"仁"之"四端"。孟
子所言，实质就是人区别于动物、人之为人的根本特征，可简称为
"人性"，也就是"仁"的具体表现。古今中外，概莫如是。因此，
孔孟等原生儒家所主张的仁爱之说、忠恕之道，无疑具有普遍价值
的属性。

实际上，历史上比较有影响的宗教（像基督教、犹太教以及
伊斯兰教等）经典中具有与孔孟类似的表达。如基督教《新
约·马太福音》七章十二节载，耶稣教导说，"无论何事，你们
愿人们怎样待你们，你们就怎样待人"。这是基督教的"金规
则"（Golden Rule）。犹太教《旧约·塔木德》载，希勒尔告诫信
徒，"不要对你的邻人做你自己所厌恶的事，这就是《托拉》的全
部学问"。伊斯兰教《古兰经》关于穆斯林之间应以兄弟相称，真
正高尚的行为是宽恕和忍耐等。这些说法与"己所不欲，勿施于
人"的理念如出一辙！

（四）"礼"文化中沉淀着中华民族的精神风貌和优秀品格

在儒家理念中，德治主义仁政的表现就是"外王"，而达至
"外王"的唯一基础便是"内圣"，即统治者必须加强自身的道德
修养，成就"圣贤气象"，由此才能负起治国理政的责任。《大学》
要求"自天子以至于庶人，壹是皆以修身为本"，② 而衡量道德高
低乃至治国理政优劣的一个重要标杆就是是否合于礼。《礼记·曲
礼上》说：

> 道德仁义，非礼不成；教训正俗，非礼不备；分争辨讼，
> 非礼不决；君臣上下，父子兄弟，非礼不定；宦学、事师，非

---

① 焦循：《孟子正义》卷七《公孙丑上》，第 233 页。
② 朱熹：《四书章句集注·大学章句》，第 4 页。

礼不亲；班朝、治军，莅官、行法，非礼威严不行；祷祠、祭祀、供给鬼神，非礼不诚不庄。①

所以孔子特别强调要透过礼制的具体安排来体会礼制背后的精神价值："礼云礼云，玉帛云乎哉？乐云乐云，钟鼓云乎哉？"②孔子的质疑当然是正确的。玉帛、钟鼓只是礼制的表现形式（礼仪），其实需要的是认真体会礼制设置背后的精神实质（礼义）。这个精神实质就是道德，就是"仁"。"人而不仁，如礼何？人而不仁，如乐何？""礼"是用来表现"仁"的工具和手段，"仁"是施行礼制形式的目的和价值。人们应该在习礼、行礼的具体实践中去体会、领略"仁"的精神所在。这就是先秦儒家的"礼表仁里"论，亦可称之为"仁体礼用"论、"仁源礼流"论。

由内圣达至外王的具体途径就是《大学》里规定的八个步骤，即格物、致知、诚意、正心、修身、齐家、治国、平天下，说明实行仁政首先要注重自身的道德修养。而"内圣"的核心就是"仁者爱人"。前述孔子关于"仁"的五项特征，其实也是处理人际关系所应遵守的行为准则。在实践"仁者爱人"理念的过程中，中华传统礼制蕴含着修身为本、行己有耻、智德并重、礼让谦和、忠正廉洁、诚心正意、忠恕待人、和而不同等优秀品格。显然，这不是一种教条主义的政治说教，而是有实实在在践履内容的道德修为。正是在这种"内圣"学说的引导之下，中华民族自古以来特别注重个人道德品质的完善、家庭伦理关系的协调，以及社会人际关系的和谐。经过数千年的积淀，在神州大地上形成了一系列值得继承和发扬的优秀品格。这里，我们可以将这些品格约略列举如下："君子不党""和而不同"的独立人格；"仁以为己任"的道义担当精神；"富贵不能淫，贫贱不能移，威武不能屈"的坚毅意

---

① 孙希旦：《礼记集解》卷一《曲礼上》，第 8—9 页。
② 刘宝楠：《论语正义》卷一七《阳货》，第 691 页。

志；"杀身成仁""舍生取义"的道德勇气；"仁者不忧、智者不惑、勇者不惧"的坦荡胸怀；"己欲立而立人、己欲达而达人"，"己所不欲，勿施于人"的忠恕之道；"厚德载物"、博施济众的人生取向；"其身正，不令而行；其身不正，虽令不从"的表率作用；"先天下之忧而忧，后天下之乐而乐"的使命感、责任感；"为天地立心，为生民立命，为往圣继绝学，为万世开太平"的求索精神。

（五）重构中华礼制的四大挑战

尽管我们肯定以儒学为主导精神的中华传统礼制确实蕴含着精义可供国人在当代社会进行发掘利用，在将这些精义进行现代性转换后，使它更好地发挥其民族凝聚力的作用。但我们还需要清醒地看到，中华传统礼制的现代性转换还面临着诸多挑战。这里简要提出几点看法。

一是自宋代理学兴起以来，儒学本身的许多观念发生了微妙而深刻的变化，特别是明清王阳明心学及其传人泰州王学更是强调百姓日常生活中的伦理建构，而与程朱理学家强调关注内在的"心性之学"，已有很大区别。因此传统礼学思想本身随时代变迁而发生变化。因此，礼学思想演化的历史脉络和逻辑思维需要认真梳理，有必要进一步对礼学思想加以深入探讨。

二是五四运动以来，中国思想界的主流是求新求变，追赶世界潮流而使自身现代化，以彻底摆脱封建主义牢笼。原初来自西方的科学、民主、自我意识、公民权利等新观念已经融入国人日常生活和价值追求之中，这种来自西方的思想如何与在中国有普遍价值的中华传统礼制相融相合，此亦需做学理研究，获得理论支撑。

三是儒学和礼制原本都是附着在传统政治体制之上的，两者之间具有紧密的建制性关联，但在经历清王朝覆灭的巨变和五四运动的洗礼后，这种建制性关联已经消解，因此重构中华传统礼制与当代生活的类似关联是否可能以及如何可能，亦是有待深入论证之重大理论课题。

　　四是经过五四运动以来对中华传统礼制的批判，乃至不理性地称之为"吃人"之礼；① 又经过"文革"时期，某些国人所作所为确实背离了中华传统的礼义之道。无须讳言，长期以来中华传统礼制受到非正常的冲击，搅乱了国人的思想，歪风邪气横行，导致目前礼义之邦正遭遇礼仪缺失的尴尬。尽管近年来已有所改观，但不遵礼仪规范之事时有听闻。因此，重构新时期的礼制体系还有着对实践问题的研究与思考，需要找出可供实践的礼仪加以宣传与推广。

　　所有这些挑战，既有赖于学界的深入研究，更应当尽快建立必要的礼仪体系，并依赖于现实生活的丰富实践而加以不断完善，使中华民族真正重新以礼义之邦的面貌出现在世人面前。

---

　　① 彭林《礼乐人生：成就你的君子风范》批判了吴虞提出的"吃人"之礼问题（第35页）。

第 三 章
中华传统礼制功能论

第一节 多元世界与中华传统礼制的位置

中华传统礼制具有浓厚的人文精神，注重道德因素，强调社会和谐，为中华文明的延续与发展做出了极其重要的贡献。有学者认为，文明社会首先应该是道德化的社会，礼即道德，因此要求人们在社会生活中相互尊重，相互爱护，相互帮助，互利互惠而形成和谐社会。①

应该强调的是：中华礼仪的精华至今仍在传递不息，如父慈母爱、子女孝顺、邻里和谐、敬业奉献、慈善大爱等传统美德懿行正在传递着巨大的正能量。当然，我们也不必讳言现今世界各国之间交流日趋频繁，多元文化之间形成的冲突乃至一定程度的对抗的客观现实。有礼义之邦美誉的中华大地，正遭遇着一场道德拷问，礼仪缺失、道德失范也是不争之事实，在某些地方、某些方面还表现得甚为突出，其不良影响有损于中华民族的形象。有人认为，现在的礼仪缺失与道德失范是受西方文化的影响。也有人自怨自艾，十

---

① 王启发：《礼学思想体系探源》，中州古籍出版社 2005 年版，第 52 页。

分纠结，以为当今道德缺失是中国自古而来的专制体制的"本性"导致的，是娘胎里带来的，很难改变，只有完全抛弃、彻底脱胎换骨才行。这些观点都反映出对中华传统礼制特性与价值认识不清，对民族文化传承的自信心不足。

我们以为，将中华传统礼制蕴含的中华先民之生命经验和生活智慧充分挖掘出来，从学理层面获得支撑，作为构建新时期的礼仪体系的必备基石，从而在世界多元文化交融、冲撞中使中华民族能够真正自立于世界民族之林，这是国人应当思考的问题。

一　冲突中成长：中华传统礼制发展的历史轨迹

悲观与纠结是没有必要的。历史的事实是，中华传统礼制在其发展过程中，曾受到过许多不同文化的冲击，是在不断吸收与融合其他文化的过程中成长与壮大起来的。且不说中华传统礼制诞生地在中原地区，它就是在不断吸收周边各族礼制文化的基础上发展成中华一体的礼制，而且在与诸国交往中也不停地吸纳诸国文化因素而自立，促进了中华文明的延续与发展，这一历史的事实有目共睹，不容否定。可以说，在相当长的一段时间内，中华文化在与其他文化的碰撞与相互影响下，能够立足于自身的特质而不放弃，不但没有遗失"本真"，反而日益丰富与发展。

尽管汤因比研讨的 26 种文明的兴衰存在疏漏，[①] 不尽准确，但至少给我们一个重要启迪，即世界上确实存在着不同"质"的文明形态（或说文化形态），这些异质文明（文化）之间会产生文化冲突，有时甚至异常激烈，这不仅是历史事实，也是历史经验。在我们看来，异质文明（文化）交往之际确实会产生冲突，也会出现一定的对抗，如果能够理解、包容、海纳百川，那么只会使自己更加强盛；反之，如果一味排斥、拒绝乃至"赶尽杀绝"，只会

---

① 〔英〕汤因比：《历史研究》，刘北成、郭小凌译，上海世纪出版集团 2005 年版，第 52 页。汤因比除罗列 26 种主要文明外，还罗列了一些"卫星文明"。

导致激烈冲突而产生灾难性后果。

中国古代历史上就有这样的例证：正确对待异质文明（文化）的输入，吸纳其中有益于中华民族成长的因素，那么中华文明（文化）便会发展；反之，歧视乃至拒绝外来文化，那么不但不利于中华文明（文化）的发展，反而会导致中华文明（文化）的衰落趋势。唐代与清代正是一正一反的经验教训。唐太宗对待异族文化的开放政策，吸纳异族文化，使他深受诸族爱戴而被称为"天可汗"，① 唐代强盛肇基于此。而在清朝，即使是雄才大略的皇帝也往往自以为是天朝上国，以西方使节不行跪拜之礼而大怒，指责他们不懂礼仪，视他们为"异教徒"，甚至不允许"洋人""洋教"进入，实行闭关锁国的政策，在拒绝异质文明的同时也把西方一些优秀文化因素拒之国门之外，顽固地守旧，最终导致自身日益衰落而受到列强坚船利炮的羞辱。②

在我们看来，中华民族的崛起与复兴，既要正确应对异质文明（文化）与中华文明（文化）的冲突，也要踏实地继承和继续发扬中华文化。中华文化的核心之一便是中华传统礼制，因而，继承与发扬中华传统礼制中对当今社会有价值与作用的因素便是当务之急。

二　内涵与价值：礼义是中华民族之根

问题在于，中华传统礼制在当今社会有没有价值与作用？答案是肯定的。那么如何判断它的价值与作用？其实非常明确，即能否正确判断中华传统礼制中哪些是适应当代社会的因素，哪些是可以改换、变异后适应当代社会的因素，而哪些则确实是落后于时代而

---

① 《旧唐书》卷三《太宗纪下》，第39页。

② 清初中西礼仪之争的成果颇多，可参见〔西班牙〕闵明我《上帝放纵的土地——闵明我行记和礼仪之争》，何高济等译，大象出版社2009年版；吴莉苇《中国礼仪之争》，上海古籍出版社2007年版；尤淑君《宾礼到礼宾：外使觐见与晚清涉外体制的变化》；等等。

应该淘汰的因素。如果没有这样的判断能力，抱残守缺，良莠不辨，那么就有可能把落后的因素当作先进的因素来"发扬"，就难以避免偏失，从而迷失方向，导致中华传统礼制乃至中华文化的衰落。现在社会上某些打着恢复中华礼仪传统旗号的"礼仪"活动，其实质是复古倒退的做法，不必予以宣传、鼓励与支持。在世界文化的舞台上展现中华传统礼制的良风美俗，不是展示那些奇习异俗，应该展现其内涵与实质，而不是展示外表与形式。

那么，中华传统礼制的内涵与实质究竟是什么？答案是非常明晰的，即中华传统礼制的内在精神实质——礼义，而不仅仅是"进退周旋，威仪抑抑"[1] 之礼仪。礼义与礼仪是内容与形式的关系，礼义是礼制内在的精神实质，礼仪则是外在的表现形式。因而仅仅强调礼仪是很不够的，因为即使完全恢复古代礼制也不会对社会进步起到什么作用，更不会获得世界诸民族文化的尊重与吸纳，只有阐扬古代礼制中内在的实质——礼义，才能使中华传统礼制对现代社会产生重要影响，在世界文化中保有一席之地。其实，礼制不仅仅在中国古代是一种国家法律、社会规范、道德修养，实际上深深隐藏在礼制背后的礼义，已成为一种凝聚人心、安定社会、被广大民众认可的生活方式与生活态度，它是一种文化软实力，在历史上长期起到了稳定和推进社会发展的重要作用。

无须讳言，中华传统礼制在漫长的发展过程中曾是以封建等级制度为其基本准则的，所有的礼仪都在"等级"的约束下践履与展示，因而当今社会必须冲破这一樊篱，打破封建等级制度的约束，在扬弃过程中吸纳其尊重人格平等、展示礼义对个人道德升华的内在价值，发掘它对建设和谐社会秩序和安宁环境的功效，探讨其对世界和平与经济发展的作用。如此，中华传统礼制才会在现代条件下得以涅槃，重新展示古已有之的风采与魅力，使自己在世界多元文化交融中不迷失方向，而最终赢得世界各国、各民族对它的

---

① 《宋史》卷一三八《乐志十三》，第3252页。

认同。否则，只会带来意想不到的反面作用。

实际上，当今世界科技日新月异，经济建设正在快速发展，但同时世界各国、各个民族、各种文化都会遭遇道德的拷问，这是世界经济高度发展下各国必须面对的现实问题。例如化学垃圾的输出，食品安全，环境保护与经济建设的关系，网络安全与社会安宁的关系，保持民族特色与世界文化潮流的关系，维护世界和平与国家军力发展等，这都涉及道德问题，也同样是诸国需要面对的问题。因而，我们不必担心中华传统礼制在当今世界多元文化格局下的交融问题，无须惊惶悲观或自怨自艾，更不可自残民族文化之根！

其实，前面已经论述了中华传统礼制的六大特性：即历史传承性、民族认同性、地域普遍性、体系开放性、异质包容性和道德实践性。这六大特性，对中华文化的发展具有极为重要的意义与价值：因为历史传承性奠定了中华传统礼制作为民族文化的地位；民族认同性与地域普遍性证明了中华传统礼制流传于中华大地的根源，是反对民族分裂主义的历史根据和思想武器；体系开放性和异质包容性决定了中华传统礼制能够在当今世界多元文化格局中继续生存并发展；道德的实践性则是唤醒国人礼义之心的精神动力，并能服务于当今社会。

这些特性使中华传统礼制能够海纳百川，有利于加强国民对国家的认同，有利于建设"礼宜乐合"的和谐社会秩序与"万邦协和"的国际关系，在世界文明的交融中敞开怀抱，融入更多优秀的文明因素，发展自身，走出一条适应世界多元文化格局的独特之路，护佑着中华文明紧跟世界潮流而顺利发展，使中国的民族文化能够长久自立于世界民族之林，并为世界文明的发展做出贡献。

值得强调的是，不同文明互相尊重、互相学习、和谐共处，这样才会使世界文明多姿多彩，才会促进各种文明之间的友谊，共同维护世界和平与推动人类社会进步。闭关锁国、排斥异己是没有出路的，清朝帝王将自己孤立于世界发展潮流之外而最终受辱的前车之鉴值得我们认真吸取。抛弃中华文明，割裂文化传统，全盘西化，意味着浪费了极有价值、最为可贵的民族文化资源，意味着迷失了前进的方向。这两种倾向都应该而且必须旗帜鲜明地加以反对。社会主义核心价值观是中华民族在新时期的追求，而中华传统礼制蕴含着中华先民之生命经验和生活智慧，积蓄着礼义对人心的凝聚，涵摄着"仁以为己任"的担当精神，追求社会和谐和长治久安的信念，完全可以作为现代礼仪体系的学理基石，使其为弘扬民族精神、弘扬社会主义核心价值观服务，使之为中华民族伟大复兴发挥重要作用。

第二节　礼俗、礼制之功能异同

民间礼俗是特定社会文化区域内"约定俗成"的礼仪，在一些特定场合下可称为风俗、习俗。李亚农先生认为："'礼'就是恩格斯所说的'数百年来的习惯'。"① 这当然没有大错，其实这些概念仍然需要细加区分。习惯是特定区域中的个人或民众积久养成的行为方式和生活方式。习俗则指特定区域中民众沿袭而成的习惯与风俗。风俗是指特定区域民众相沿积习而成的风尚与民俗。其中习俗与风俗是复合概念，是民众的集体行为，从礼仪角度来分析，都具有一定的规范性，具有"礼"的属性，从这个意义上说，习俗、风俗与礼俗大致相当。而习惯则不然，它既可以指个人，也可以指群体。从个人或群体生活方式来说，习惯虽含有一些礼仪属性，但习惯也包括非礼仪因素的个人或群体生活的习性，如川渝民众嗜辣、山西人喜醋之类的饮食习惯就不存在礼仪因素，某些个人生活习惯也不具有礼仪因素。礼俗是特定区域民众长期行用的礼仪习惯。因此，本书讨论采用民间礼俗这一概念，而不采用习惯或习俗、风俗概念。

---

① 李亚农：《李亚农史论集》，上海人民出版社 1962 年版，第 232 页。

礼俗作为一种社会现象，它是伴随着历史的演进而不断发展的，因此它始终是"当下现实社会"的反映或说产物。礼制则是由权力机构颁布的人与人之间关系的规范或准则。那么礼俗与礼制究竟是什么关系？就中华传统礼制的变迁而言，礼俗在其中扮演什么角色？这是我们需要解决的问题。

一 民间礼俗与中华传统礼制的关系

毫无疑问，中华传统礼制是从民族文化与民间礼俗中提炼出来的，同时它又对民族文化与民间礼俗的演化起着至关重要的影响。因此，"礼源于俗"是绝大多数学者认同的观点。那么，俗、礼之间关系究竟如何？此试述如下。

首先，礼源于俗。

常金仓先生在论述礼之起源时说："我们一般把礼仪的形成分为两个阶段，第一阶段可称为原始礼仪，它完全是史前人们处理生活中各种关系的一些习惯性行为，通常称为风俗习惯，不过它不是风俗习惯的全部，而只是风俗习惯中有固定仪式的那一部分。第二阶段就是文明时代的礼，随着社会等级制度的形成，它较之于原始礼仪，其中已经灌注了浓厚的等级意识，它是初期国家在缺乏足够的政治统治手段的情况下借助原始文化、改造原始文化而形成的国家制度，二者有本质的不同。"① 从风俗与礼制关系（即俗礼关系）上说，这个观点是完全能够成立的。因为从时间上说，"俗"早于"礼"；从起源上看，"俗"来源于人们处理生活中的各种关系，是一种"习惯性行为"，而"礼"则来源于"俗"，是一种"制度"；从性质上说，"俗"之起源并无"等级意识"，即不存在"阶级"属性，而文明时代的"礼"则自产生那天起就具有浓厚的"等级意识"，即存在"阶级"属性。

具体的礼仪都是从民间礼俗中演化而来的，古今中外概莫能

---

① 常金仓：《穷通变久——文化史学的理论与实践》，第 108 页。

外。因为流行于民间的礼俗，只有经过权力机构的"认定"，承认其合法性，收入礼典作为一种规范或准则，然后推行之，这种礼俗才能演化为制度性"礼仪"。先秦时期的例证无须多说，这里仅举秦统一之后的集权礼制体系下的俗演化为礼的例证。

《宋会要辑稿》收录有许多地方祭祀，其中不少祭祀透露出礼俗转化为国家礼仪的信息。如显应王庙在福建路泉州，"真宗天禧二年五月，泉州言：'当州有飞阳神庙。按图经，庙在南安县西一里。初置在晋江之南，太康五年，夜有雷电起于庙，迟明视之，其庙已移于江北之阳，故谓之飞阳庙。梁朝追封昭德王庙，乞赐封崇。'诏特封显应王"。① 显然，最初其庙名为何已不可知，然晋太康中因其庙"飞移"，故改名飞阳庙，该庙祭属当地礼俗，然至少自梁朝时追封为昭德王庙，它已列入国家礼典之中，成为地方祭礼。宜兴有周处庙，"邑人水旱疾疫祷之多应"，大中祥符六年六月，知县李若谷修葺文宣王庙，有余材，"帝闻其庙宇隘狭，命本州以官钱修葺"。② 此周处庙祭祀，原是邑人祈水旱疾疫之风俗，并没有列入国家礼典，然经过真宗钦准以官费修葺，实是承认了该祭祀的"正统"地位，转化为国家承认的地方礼仪。又如朝请大夫、直秘阁、知同州郑骧守同州，御金军，城陷被害，"郡人感其忠义，出财葬之。至是，权知同州郝抃以事闻，刑部侍郎、陕西宣谕周聿亦以为言"，③ 因此宋高宗下诏于绍兴九年建庙，并赐额"愍节庙"。郡人葬郑骧当依当地礼俗祭奠之，但高宗修庙、赐额，则将其列入国家的地方祭祀，显然从民间祭祀升格为国家地方祭祀，地方民间礼俗转化为国家礼制。

其次，俗礼转化。

正由于俗与礼二者有着密切的关系，因此在一定的历史条件下，二者还会相互转化。最为典型的俗礼转化是寒食礼。寒食原是

---

① 徐松辑：《宋会要辑稿》礼二一，第 1086 页。
② 徐松辑：《宋会要辑稿》礼二一，第 1105 页。
③ 徐松辑：《宋会要辑稿》礼二一，第 1103 页。

一种流行于民间的礼俗，其出现的确切时间难以考证，所祭祀的介子推，历史上实有其人。西汉司马迁著《史记》，其中载为："介子推从者怜之，乃悬书宫门曰：'龙欲上天，五蛇为辅。龙已升云，四蛇各入其宇，一蛇独怨，终不见处所。'文公出，见其书，曰：'此介子推也。吾方忧王室，未图其功。'使人召之，则亡。遂求所在，闻其入绵上山中，于是文公环绵上山中而封之，以为介推田，号曰介山，'以记吾过，且旌善人'。"① 此记载并无立庙之事，仅是旌表介子推。然至少东汉时已有庙祀仪式，且被视为恶俗："太原一郡，旧俗以介子推焚骸，有龙忌之禁。至其亡月，咸言神灵不乐举火，由是士民每冬中辄一月寒食，莫敢烟爨，老小不堪，岁多死者。（周）举既到州，乃作吊书以置子推之庙，言盛冬去火，残损民命，非贤者之意，以宣示愚民，使还温食。于是众惑稍解，风俗颇革。"② "神灵不乐举火"，显然已演化为神祠，即受祭者介子推从"人"转化为"神"。不过，周举所祭祀的介子推庙不是国家祭祀中的庙宇，虽然他因袭民间祭祀方式来祀告，"作吊书以置子推之庙"，以使"众惑稍解，风俗颇革"，但是不能认定该庙是国家礼制规定的地方庙祀，因为它没有获得国家"恩准"。三国时，寒食礼俗仍然流行在民间，《艺文类聚》载魏武帝《明罚令》曰："闻太原、上党、西河、雁门，冬至后百五日，皆绝火寒食，云为介子推。且北方沍寒之地，老少羸弱，将有不堪之患。令到，人不得寒食。若犯者，家长半岁刑，主吏百日刑，令长夺一月俸。"③

―――――――――

① 《史记》卷三九《晋世家》，第 1662 页。司马迁之前，《吕氏春秋》也有类似记载，参见陈奇猷《吕氏春秋新校释》卷一二《季冬纪·介立》，上海古籍出版社 2002 年版，第 634—635 页。

② 《后汉书》卷六一《周举传》，第 2024 页。东汉崔寔《四民月令》记载："齐人呼'寒食'为'冷节'，以曲为蒸饼样，团枣附之，名曰'枣糕'。"石声汉认为糕字隋唐才通行，此条非《四民月令》原文。但此条说寒食有节，可为旁证。崔寔著，石声汉校注：《四民月令校注》，中华书局 1965 年版，第 111 页。

③ 欧阳询：《艺文类聚》卷四《岁时中·寒食》，上海古籍出版社 1965 年版，第 62 页。

显然武帝将此作为恶俗加以禁止。西晋末年人陆翙著《邺中记》，称"邺俗，冬至一百五日为介子推断火，冷食三日，作干粥，是今之糗"，又云"并州俗以介子推五月五日烧死，世人为其忌，故不举饷食。非也。北方五月五日，自作饮食祀神，及作五色新盘相问遗，不为介子推也"。① 显然东汉到三国时期并州地区流行这一礼俗，仍不属于国家祭祀范畴。《晋书》记载石勒时期一事：

暴风大雨，震电建德殿端门、襄国市西门，杀五人。雹起西河介山，大如鸡子，平地三尺，洿下丈余，行人禽兽死者万数，历太原、乐平、武乡、赵郡、广平、巨鹿千余里，树木摧折，禾稼荡然。勒正服于东堂，以问徐光曰："历代已来有斯灾几也？"光对曰："周、汉、魏、晋皆有之，虽天地之常事，然明主未始不为变，所以敬天之怒也。去年禁寒食，介推，帝乡之神也，历代所尊，或者以为未宜替也。一人吁嗟，王道尚为之亏，况群神怨憾而不怒动上帝乎！纵不能令天下同尔，介山左右，晋文之所封也，宜任百姓奉之。"勒下书曰："寒食既并州之旧风，朕生其俗，不能异也。前者外议以子推诸侯之臣，王者不应为忌，故从其议，傥或由之而致斯灾乎！子推虽朕乡之神，非法食者亦不得乱也，尚书其促检旧典定议以闻。"有司奏以子推历代攸尊，请普复寒食，更为植嘉树，立祠堂，给户奉祀。勒黄门郎韦謏驳曰："案《春秋》，藏冰失道，阴气发泄为雹。自子推已前，雹者复何所致？此自阴阳乖错所为耳。且子推贤者，曷为暴害如此！求之冥趣，必不然矣。今虽为冰室，惧所藏之冰不在固阴冱寒之地，多皆山川之侧，气泄为雹也。以子推忠贤，令绵、介之间奉之为允，于天下则不通矣。"勒从之。于是迁冰室于重阴凝寒之所，并州复寒食如初。②

---

① 陆翙：《邺中记》，《丛书集成初编》本，第113册，第508页。
② 《晋书》卷一〇五《石勒载记下》，第2749—2750页。

这条记载反映如下信息。其一，受祭者身份变化。介子推原是焚身而亡，当地民众以其高义而建庙祭祀。这是祭人。神灵不乐举火，故东汉并州一地旧俗有寒食。石勒时"禁寒食"，有人认为是触怒神灵，故"群神怨憾"导致上帝动怒致灾。显然，此时寒食礼俗与上帝相联系了。其二，寒食曾经被禁。其三，石勒以介子推为地方"忠贤"，允许恢复寒食，但仍限于并州一地。此为国家承认的地方祭典。其四，"并州复寒食如初"，即允许"并州之旧风"存在。但是，有司提出"请普复寒食，更为植嘉树，立祠堂，给户奉祀"，即纳入国家礼制的建议并未被采纳。

寒食在北魏时屡有变化。孝文帝延兴四年二月"辛未，禁断寒食"，[①] 然太和四年因"膏雨不降"，孝文帝于二月癸巳下诏曰："祀山川群神及能兴云雨者，修饰祠堂，荐以牲璧。民有疾苦，所在存问。"[②] 按照上述《晋书》载石勒事中介子推庙与风雨之关系，大致可判断此时恢复的是介子推庙的国家层面的祭祀。不过，到太和十六年二月辛卯，又诏"罢寒食飨"，[③] 即再次禁断寒食。然仅过四年，到太和二十年二月"癸丑，诏介山之邑，听为寒食，自余禁断"。[④] 也就是说再次确认寒食的地方祭祀的合法性。联系这些记载，大致可断定在孝文帝之前当有国家规定的寒食之礼，然仅行于并州地区（介山之邑），延兴四年曾废祀，太和四年恢复，然到十六年又禁断，至二十年又恢复，但行用礼仪则有国家层面祭祀与地方层面祭祀的区别。显然，北魏曾设置属于地方性质的介子推庙祭祀，虽时断时续，但大致可以断定其曾列为国家礼典内容之一。同时，也能清楚地看出寒食在退出国家礼典时，它仍作为民间礼俗存在；被纳入国家礼典时，它又被视为国家礼仪。在这时断时续中，实际便是礼、俗的转换。

---

① 《魏书》卷七上《高祖纪上》，中华书局1974年版，第140页。

② 《魏书》卷七上《高祖纪上》，第148页。

③ 《魏书》卷七下《高祖纪下》，第169页。

④ 《北史》卷三《魏本纪·孝文帝纪》，中华书局1974年版，第115—116页。

唐人杜佑曾记载:"开元二十年四月,制曰:'寒食上墓,礼经无文,近代相传,浸以成俗,士庶有不合庙享,何以用展孝思?宜许上墓同拜扫。礼于茔南门外,奠祭馔讫,泣辞。食余馔任于他处。不得作乐。仍编入五礼,永为恒式。'"① 有不少学者依据这一记载称玄宗时寒食节始纳入国家礼典。根据上述对北魏时期寒食礼俗的考订,这一结论显然是错误的。其实即使在唐代,寒食归入国家礼典也不在玄宗开元二十年。《新唐书》载贞观二十一年高俭卒,太宗"诏赠司徒、并州都督,谥曰文献,陪葬昭陵。方寒食,敕尚宫以食四举往祭,帝自为文"。② 所谓"敕尚宫以食四举往祭"表明贞观时期国家层面的祭祀仪式是存在的,因此寒食祭祀仪式归入唐代国家礼典并不始于玄宗开元二十年。

其实,寒食还是自唐初以来的国家假日,按照李林甫《唐六典》记载,寒食与元日、清明、重阳、冬至等节均有休假。③ 寒食节既属国家规定的节日,自当有一定仪式或其他具体规定。高宗"显庆二年四月十九日,诏曰:'比至五月五日及寒食等诸节日,并有欢庆事。诸王妃公主及诸亲等,营造衣物,雕镂鸡子以进,贞观中,已有约束。自今以后,并宜停断。'"④ "龙朔二年四月十五日诏:'如闻父母初亡,临丧嫁娶,积习日久,遂以为常;亦有送葬之时,共为欢饮,递相酬劝,酣醉始归;或寒食上墓,复为欢乐,坐对松槚,曾无戚容,既玷风猷,并宜禁断。'"⑤ 所谓贞观中"已有约束",当是太宗时已经设置寒食节,并有某些具体规定。诏书所禁"营造衣物,雕镂鸡子以进"是礼制规定,"寒食上墓,复为欢乐"则是官民陋习,不属礼制之内。显然,两诏并非

① 杜佑:《通典》卷五二《礼十二》,第 1451 页。
② 《新唐书》卷九五《高俭传》,第 3841 页。
③ 李林甫:《唐六典》卷二《尚书吏部》称官员四日,中华书局 1992 年版,第 35 页;卷六《尚书刑部》条称官户、奴婢三日,第 194 页。
④ 王溥:《唐会要》卷二九《节日》,第 630 页。
⑤ 王溥:《唐会要》卷二三《寒食拜扫》,第 521 页。

禁断寒食节及其应有的其他仪式。高宗之后，至少还有两例可证寒食节的仪式属于国家礼制。其一是中宗有《答唐绍手敕》："乾陵每岁正旦、冬至、寒食遣外使去，二忌日遣内使去，其诸陵并依来表。"① 寒食与正旦、冬至相提并论，并有遣使、至诸陵祭祀之仪式，显然是国家礼制规定。其二是睿宗景云二年正月《常参官廊下设食敕》有"其六品已下于光禄食者，每正、冬、寒食三节，皆给饼，内作节食"。② 此赐饼亦是依礼制施行。可见，依据杜佑所说称寒食纳入国家礼典是玄宗之时的说法是错误的。

自唐代将寒食节纳入礼典，成为国家规定之礼后，大致到清王朝灭亡之前，寒食节作为国家礼仪是一直存在的。清朝灭亡，寒食节随之退出了国家礼典，然而却在民间继续流行。其实这也属于礼转化为俗。

除寒食外，妈祖祭仪也是如此。③ 据称南宋绍兴二十年廖鹏飞

① 王溥：《唐会要》卷二〇《公卿巡陵》，第 466 页。

② 王溥：《唐会要》卷六五《光禄寺》，第 1344 页。

③ 妈祖研究成果极多，以下仅罗列一些主要成果。周世跃：《妈祖信仰及其在台湾的传播》，《台湾研究集刊》1985 年第 4 期；朱天顺：《妈祖信仰的起源及其在宋代的传播》，《厦门大学学报》1986 年第 2 期；朱天顺：《元明时期促进妈祖信仰传播的主要社会因素》，《厦门大学学报》1986 年第 2 期；陈国强、周立方：《妈祖信仰的民俗学调查》，《厦门大学学报》1990 年第 1 期；童家洲：《日本华侨的妈祖信仰与新加坡、马来西亚的比较研究》，《社会科学战线》1990 年第 4 期；林惠中：《由人到神——历代妈祖封神的政治和社会心理基础》，《社会科学战线》1990 年第 4 期；陈宪章、杨兆添：《试论妈祖信仰的宗教属性》，《社会科学战线》1990 年第 4 期；张桂林：《试论妈祖信仰的起源、传播及其特点》，《史学月刊》1991 年第 4 期；李玉昆：《妈祖信仰在北方港的传播》，《海交史研究》1994 年第 2 期；谢重光：《闽西客家地区的妈祖信仰》，《世界宗教研究》1994 年第 3 期；陈衍德：《闽南粤东妈祖信仰与经济文化的互动：历史和现状的考察》，《中国社会经济史研究》1996 年第 2 期；李玉昆：《妈祖信仰与华侨社会》，《文史杂志》1996 年第 5 期；章文钦：《妈祖阁与澳门妈祖信仰》，《学术研究》1996 年第 9 期；陈衍德：《澳门的渔业经济与妈祖信仰》，《中国社会经济史研究》1997 年第 1 期；王文钦：《妈祖崇拜与儒释道的融合》，《孔子研究》1997 年第 1 期；李伯重：《"乡土之神"、"公务之神"与"海商之神"——简论妈祖形象的演变》，《中国社会经济史研究》1997 年第 2 期；杨永占：《清代官方在妈祖信仰传播中的作用》，《史学月刊》1997 年第 2 期；徐晓望：《福建人与澳门妈祖文化渊源——兼与谭世宝先生商榷》，

撰《圣墩祖庙重建顺济庙记》，称妈祖信仰起源于莆田湄洲屿，起初祭祀属于民间礼俗，宋徽宗宣和五年"给事中路允迪以八舟使高丽，风溺其七，独允迪舟见女神降于樯而免。事闻于朝，锡庙额曰'顺济'"，[①] 南宋绍兴后屡次封赠，成为国家地方祀典，[②] 后又归入道教信仰，并广泛流行于东南沿海及台湾及东南亚地区。这一信仰成为国家承认的地方祭祀后，由地方官员主祭，当地至今还保留有明清两代皇帝的御碑。不过，清亡之后，它已不复存在"官方"之名，然至今每年仍有祭祀大典存在，因此它又转化为民间礼俗了。又如南海女神灵惠夫人，元朝"至元中，以护海运有奇应，加封天妃神号"，[③] 这也是从民间礼俗进入国家礼典的例证。姜伯勤对敦煌沙州傩礼进行专题研究后认为，"如果说唐代大傩仍然是载于国家礼典中的一种正式的'军礼'，那么，至宋代，驱傩已演变为不载于正史《礼》志的市井及民间的风俗"，沙州 9、10世纪的傩礼"既合乎《大唐开元礼》的规模，又融入了中唐以来

《学术研究》1997 年第 7 期；林长榕：《神昭海表的湄洲妈祖庙》，《世界宗教文化》2005 年第 3 期；陈衍德：《从澳门民俗看当地居民的妈祖信仰——兼与中外各地妈祖崇拜的比较》，《世界宗教研究》1999 年第 4 期；李登峰、马五海：《浅谈明代行人的妈祖信仰》，《洛阳师范学院学报》2002 年第 3 期；吴幼雄：《澳门地域八百年妈祖文化回望》，《文化杂志》2003 年秋季刊；阎化川：《妈祖信俗在山东的分布、传播及影响研究》，《世界宗教研究》2005 年第 3 期；蓝炯熹：《闽东"咸水"妈祖与"淡水"妈祖——以霞浦沿海渔村和福安沿江集市为例》，《世界宗教研究》2007 年第 2 期；等等。台湾学者研究可参见张珣《台湾的妈祖信仰——研究回顾》，（台）《新史学》第 6卷第 4 期（1995 年）；日本学者研究参见赖雅琼、吴光辉《日本学界的台湾妈祖信仰研究》，《台湾研究集刊》2017 年第 1 期。

① 程端学：《积斋集》卷四《灵济庙事迹记》，文渊阁《四库全书》本，第 1212册，第 352—353 页。

② 楼钥：《攻媿集》卷三四《兴化军莆田县顺济庙灵惠昭应崇福善利夫人封灵惠妃》，《丛书集成新编》本，第 64 册，第 246 页；程端学：《积斋集》卷四《灵济庙事迹记》，第 353 页。

③ 《元史》卷七六《祭祀志五》，第 1904 页。

的信仰钟馗、打野狐、夜祠、信仰五道将军等新兴风俗，这些风俗中不乏近乎戏谑的成分……是从严整的傩礼到近于戏的不再列于傩礼的风俗的一种过渡"。① 实际上，傩礼最初便是一种民俗性很强的祭鬼神以驱逐疫灾的活动，其祭祀形式当为礼俗无疑。清人赵翼曾指出："假面盖起于《周礼》方相氏黄金四目以逐鬼。《后汉书·礼仪志》大傩之仪，以木面兽为傩，其滥觞也。"② 方相氏出于《周礼·夏官》："掌蒙熊皮，黄金四目，玄衣朱裳，执戈扬盾，帅百隶而时难，以索室驱疫。"③ 此"难"即"傩"字。显然，至少在《周礼》中已经明确记载了傩为国家典礼。东汉发展为以木制面具为傩礼，然根据姜伯勤先生的研究，宋代时其退出了国家礼典，重新成为一种社会礼俗了。最为典型的礼俗转化莫过于对长白山的祭祀。生活在白山黑水之间的女真族原有祭祀长白山的礼俗，其建立金朝之后，将祭长白山纳入国家礼典，成为与国家南郊祭天类似的最为重要的礼仪之一。金朝灭亡之后，元朝礼典中没有祭祀长白山的礼仪，也就是说，这一国家礼仪恢复到"民间"礼俗中去了。但女真族仍然祭祀长白山，因为我们看到源于女真族的满族崛起后，仍祭祀着长白山，到康熙十六年"诏封长白山神秩祀如五岳"，④ 又转化为国家礼仪。

需要强调的是，无论是俗转化为礼，还是礼转化为俗，这种变动导致了礼制变化或说变迁。实际上，自民国以来，中国并没有制定过国家礼典，也就是说不存在制度层面的礼制。然而自古以来的许多礼仪仍在民间传承，那么可以认为这是"礼"转化为"俗"的例证。例如求子的高禖礼早已退出历史舞台，但至今作为一种求子民俗，仍在民间传承。祭灶也是古代礼典必有之礼仪，而今许多农

---

① 姜伯勤：《沙州傩礼考》，氏著：《敦煌艺术宗教与礼乐文明》，中国社会科学出版社 1996 年版，第 459、472 页。
② 赵翼：《陔余丛考》卷三三《假面》，第 587 页。
③ 郑玄注，贾公彦疏：《周礼注疏》卷三七《夏官·方相氏》，第 1207 页。
④ 《清史稿》卷八三《礼志二》，第 2521 页。

村及部分城镇仍流行此礼俗。这都证明礼与俗之间是可以转化的。

再次，俗礼异同。

俗与礼都是形成于一定的社会区域之中，是该特定社会区域的产物，并在这一区域内发挥作用。但是从适用地区而言，俗（风俗、习俗、礼俗）的适用范围明显小于礼。所谓"百里不同风，千里不同俗"，① 正是说明俗因地而异、适用范围较小的特点。然而"礼"作为一种制度，是由权力机构颁布的，是通用于一个较大区域内的一种规范或准则，因此其适用范围大于"俗"是十分自然的。

在中国古代，任何礼仪的确定都是"人为"的，即反映出制定者对施礼对象的一种敬重程度和等级设定，如祭祀根据祭祀对象分为大祀、中祀和小祀，其祭器多寡、祭品种类都有不同，由此反映的是制定者对施礼对象的一种认识。这种认识随着时代变迁、人们对施礼对象看法的变化而发生变化，因而祭祀对象可能有升有降，即从大祀下降到中、小祀，而中、小祀自然也可能上升到大祀。同时，即使是同一施礼对象，在不同时期享用的礼遇也会有变化。这可从礼典中看到大量讨论祭祀礼遇的问题，如祭品增加或减少，祭器增添或撤下，诸如此类甚多。这说明"礼"其实是变动不居的，甚至同一皇帝对同一祭祀对象采用的礼仪形式都会出现变更。然而，"俗"由于流行于民间，无须进行研究与探讨，其礼仪形式一般相对固定，长期流行，变化不是太大。

当然，俗与礼行用区域虽有大小不同，但在实际行用过程中都存在同俗、同礼而行用不同的情况。朱熹所著《家礼》，到明王朝时明令民间依此施行，也就是说此《家礼》地位从私撰礼书上升为王朝官礼的地位。然而明代各地存在不少有碍《家礼》实施的恶俗，如婚嫁论财、停柩不葬、丧葬崇佛等不良风俗，因而《家礼》行用遇到巨大阻力，其具体行用的礼仪自然也就出现不同。②

---

① 《汉书》卷七二《王吉传》，第 3063 页。

② 王志跃：《推崇与抵制：明代不遵循〈朱子家礼〉现象之探研》，《求是学刊》2013 年第 5 期。

既然"俗"流行于民间，那么在其流传过程中发生变化更容易理解，因为行用它根本不需要统一规范，只需要行用者认定合理便可以。因此同一礼俗在不同地区的表现是不同的，这样的例子不胜枚举，① 此不再赘述。

二　礼制对礼俗的制约及其启示

俗礼关系是十分微妙的。尽管礼来源于俗，但不等于国家承认所有的俗都是合法的，都允许它们存在的。事实上，尽管俗流行区域较小，影响有限，然而国家对其存在会有两种态度。一为允许，或默认它存在，或收纳进国家礼典之中，让其合法存在。另一为禁止。即用法律手段来禁绝它的行用与流传。

允许或禁止两种决然相反的态度，是以俗是否影响国家的统治作为标准的，自然这是从统治者主观思想出发来判断的。在中国古代，帝王经常以"左道""淫祠""淫祀"为名来禁止一些对其统治有危害的行为。

以"左道""淫祠""淫祀"为名禁绝往往是政治斗争，这在历史上屡见不鲜。西汉末年谷永曾上奏要求"诛戮邪佞之臣及左右执左道以事上者，以塞天下之望"，② 平帝时也曾"班教化，禁淫祀"。③ 最为典型的是曹操，他自称"吾欲整齐风俗，四者不除，吾以为羞"，④ 据史载其中一事为：

> 汉时城阳国人以刘章有功于汉，为之立祠。青州诸郡，转相放效，济南尤盛。至魏武帝为济南相，皆毁绝之。及秉大政，普加除翦，世之淫祀遂绝。⑤

---

① 胡朴安《中华全国风俗志》有大量例子可资参考。
② 《汉书》卷八五《谷永传》，第3464页。
③ 《汉书》卷一二《平帝纪》，第351页。
④ 《三国志》卷一《武帝纪》，第27页。
⑤ 《宋书》卷一七《礼志四》，第487页。

显然，曹操禁绝刘章之祠祭，其用意十分明显。其子曹丕代汉，亦下诏：

> 先王制礼，所以昭孝事祖，大则郊社，其次宗庙，三辰五行，名山大川，非此族也，不在祀典。叔世衰乱，崇信巫史，至乃宫殿之内，户牖之间，无不沃酹，甚矣其惑也。自今，其敢设非祀之祭，巫祝之言，皆以执左道论，著于令典。[①]

所谓"非祀之祭"即不在礼典之中者，属于禁绝之例，既有旁门左道之邪教，也包括淫祠祭祀之风俗。曹魏立国时间不长，屡颁禁令，[②] 可见其重视程度。

其实，历代王朝对左门旁道、非祀之祭都有禁令，认为危害极为严重，因此均会颁诏令加以禁止，甚至采取比较极端的手段。北周武帝"禁诸淫祀，礼典所不载者，尽除之"。[③] 唐太宗"诏私家不得辄立妖神，妄设淫祀，非礼祠祷，一皆禁绝"。[④] 宋朝更为典型。宋真宗下诏曰："隆平之政，实贵于防邪，聪直之神，不歆于非类。是以前圣立教，明王守邦，具有宪章，绝其淫祀……闻金、商等州，颇有邪神之祭，或缘妖妄，辄害生灵……宜令所在严禁绝之。如复造作休祥，假托祭祀惑众，所犯头首及豪强者并处死，余决讫黥面配远恶处牢城。"[⑤] 天圣时夏竦建言："左道乱俗，妖言惑众，在昔之法，皆杀无赦。"[⑥] 获得仁宗赞同。英宗"诏有司察所

---

① 《三国志》卷二《文帝纪》，第 84 页。

② 《宋书》卷一七《礼志四》载："（魏）明帝青龙元年，又诏：'郡国山川不在祀典者，勿祠。'"（第 487 页）

③ 《周书》卷五《武帝纪上》，第 85 页。

④ 《旧唐书》卷二《太宗纪上》，第 31 页。

⑤ 宋真宗：《禁金商等州祭邪神诏》（天禧三年四月戊辰），佚名：《宋大诏令集》卷一九九，中华书局 1962 年版，第 736 页。

⑥ 李焘：《续资治通鉴长编》卷一〇一，仁宗天圣元年十一月戊戌，中华书局 2004 年版，第 2340 页。

部左道、淫祀及贼杀善良不奉令者，罪毋赦"。① 大观三年五月，福建路奏称当地佞佛，"休咎问僧，每多淫祀"，徽宗批道："有害风教，当行禁止。"② 九月又"诏毁在京淫祀不在祀典者。其假托鬼神、以妖言惑众之人，令开封府迹捕科罪，送邻州编管，情重者奏裁"。③ 类似例证不胜枚举。其他王朝禁令亦多，处罚甚严。如辽兴宗重熙十三年有"香河县民李宜儿以左道惑众，伏诛"。④ 元朝刑令规定："凡以邪说左道诬民惑众者，禁之，违者重罪之。"明孝宗有"严左道惑众之禁"。⑤ 清顺治同样"申严左道之禁"，⑥凡违反者自然严惩不贷。实际上，古代中国历朝政府都对可能危害政权的风俗、礼俗贬之以左道之类而严加禁止，以防不测，用以稳定社会秩序。

除左道之外，一些恶风陋俗、淫祠淫祀也在禁止之列。广为国人所知的西门豹治邺，沉巫于漳河，便是禁绝恶劣风俗之典型。南北朝时陈后主曾下诏："僧尼道士，挟邪左道，不依经律，民间淫祀袄书诸珍怪事，详为条制，并皆禁绝。"⑦ 宋真宗时"邠州城东有灵应公庙，傍有山穴，群狐处焉。妖巫挟之为人祸福，风俗尤信向，水旱疾疫悉祷之，民语为之讳狐。及（王）嗣宗至，熏而逐之，尽塞其穴，淫祀遂息"。⑧ 大观三年，徽宗对臣僚申奏的"福建路风俗，克意事佛"及争产、溺婴等诸多习俗表示厌恶，批云："远方愚俗，残忍薄恶，莫此之甚。有害风教，当行禁止……如有

① 《宋史》卷一三《英宗纪》，第259页。
② 徐松辑：《宋会要辑稿》刑法二，第8310页。
③ 徐松辑：《宋会要辑稿》刑法二，第8310页。
④ 《辽史》卷一九《兴宗纪》，第231页。
⑤ 《明史》卷一五《孝宗纪》，第191页。
⑥ 《清史稿》卷五《世祖纪二》，第147页。《清史稿·熊枚传》载一例："吴江太湖滨淫祠三郎神，奸民所祀，其党结胥吏扰民。"熊枚抓捕其众，"毁三郎像火之"（第11329页）。
⑦ 《陈书》卷六《后主纪》，中华书局1972年版，第108页。
⑧ 李焘：《续资治通鉴长编》卷七五，真宗大中祥符四年正月，第1707页。

违犯，州县不切穷治，守倅、令佐并当重行审黜，吏人决配千里。"① 显然，这些奸、邪、愚、恶之风俗均在禁止之内。

当然，对民间那些为求风调雨顺之祈雨求雪、祛灾止难的庙祀，这大多与政治关系不大，帝王往往也予以默许，甚至对那些有利用价值者予以纳入礼典。这可从一些正史的《礼志》中看出，徐松辑录的《宋会要辑稿·礼》中有很多相关资料，在此也就不再多举例了。

实际上，除中央政府下令整肃地方风俗之外，地方官员更是直接负有责任者，因为在地方上他们负有禁止左道淫祀、恶风陋俗，倡导良风美俗的职责。从历史记载来看，确实有众多地方官员在这方面做了努力。如刘宋杜慧度"禁断淫祀，崇修学校"，② 萧梁何远"愈厉廉节，除淫祀，正身率职，民甚称之"。③ 唐朝时张文琮任职地方，"州境素尚淫祀，不修社稷。文琮下教书曰：'春秋二社，盖本为农，惟独此州，废而不立。礼典既阙，风俗何观？近年已来，田多不熟，抑不祭先农所致乎！神在于敬，何以邀福？'于是示其节限条制，百姓欣而行之"。④ 于頔也因"吴俗事鬼，頔疾其淫祀废生业，神宇皆撤去，唯吴太伯、伍员等三数庙存焉"。⑤ 庐州"民间病者，舍医药，祷淫祀，（刺史罗）珦下令止之。修学宫，政教简易"。⑥ 明初名臣胡广之父胡子祺任职彭州，"所至平冤狱，毁淫祀，修废堰，民甚德之"。⑦ 这些官员禁绝恶风陋俗的事迹被记载下来，有列入《循吏传》，有列入《良吏传》，青史留名。反之，若官员在地方毫无作为，不能导德化俗，则要受到降职等处

---

① 徐松辑：《宋会要辑稿》刑法二，第 8310 页。
② 《宋书》卷九二《杜慧度传》，第 2265 页。
③ 《梁书》卷五三《何远传》，第 778 页。
④ 《旧唐书》卷八五《张文琮传》，第 2816 页。
⑤ 《旧唐书》卷一五六《于頔传》，第 4129 页。
⑥ 《新唐书》卷一九七《罗珦传》，第 5628 页。
⑦ 《明史》卷一四七《胡广传》，第 4124—4125 页。

罚。《唐律》有明确条款："诸在官长吏，实无政迹，辄立碑者，徒一年"，《疏》曰："未能导德齐礼，移风易俗，实无政迹，妄述己功，崇饰虚辞，讽谕所部，辄立碑颂者，徒一年。"[①] 显然对未能移风易俗、导德齐礼、妄立碑额者处罚颇重。

三　移风易俗与新时期礼仪体系

钟敬文先生指出："民俗事象纷繁复杂，从社会基础的经济活动，到相应的社会关系，再到上层建筑的各种制度和意识形态，大都附有一定的民俗行为及有关的心理活动。"也就是说，风俗虽然包罗万象，但大略可以分为物质民俗、社会民俗、精神民俗、语言民俗四大部分。[②] 就它们的演变来看，精神民俗表现出相对稳定的特点，甚至不受改朝换代的影响。物质民俗、社会民俗和语言民俗则受社会现实的影响相对明显，在历史发展中比较明显地受到政治、经济、文化变迁的影响，因此变动也较大，甚至一个政令便可让它们难以维持下去。例如北魏孝文帝改革，下达政令禁止了鲜卑族许多原有的风俗、礼俗，规定鲜卑族内不准通婚、禁止说鲜卑语，显然这必然使鲜卑族民众在服饰、行为上产生很大变化，而且语言上也出现突变。又如在元朝统一之后，南方汉族受到少数民族新政权的高压，原来的礼俗受到限制，到元末明初，蒙古族的许多礼俗对南方汉族人影响很大，乃至他们穿戴、行事都带有不少蒙古族的礼俗。史称至明初时，"士庶咸辫发椎髻、深襜胡俗。衣服则为裤褶窄袖，及辫线腰褶。妇女衣窄袖短衣，下服裙裳，无复中国衣冠之旧"。[③] 更为典型的是明清易代，清政府采取民族高压政策，强令汉族剃发，最终结果汉族民众不得不剃发，原来汉族的发式完全被改变，以至冠礼废绝。当然，即使它们消失了，仍可能有零碎

---

① 长孙无忌等：《唐律疏议》卷一一《长吏辄立碑》，中华书局1983年版，第217页。

② 钟敬文主编：《民俗学概论》，上海文艺出版社2009年版，第5—6页。

③ 《明太祖实录》卷三〇，洪武元年二月壬子，第525页。

的文化因子镶嵌入某些新的礼俗之中。语言民俗也会变化，某些因素会消失、转化，但不同的是，除非采纳类似孝文帝强迫禁止的做法，它一般不会整体消失，只会在新的历史条件下进行转换。需要强调的是，不论是精神民俗、物质民俗、语言民俗还是社会民俗，它们都有一个发展、变化的过程，某些因素有可能永久消亡，只不过是时间早晚而已。

风俗可以分为良风美俗和恶风陋俗两个大类。良风美俗对社会稳定是有价值的，相反，恶风陋俗则有害于社会稳定。因此对民间礼俗需要禁导并用，即大力倡导对社会有益的良风美俗，同时要抑制恶风陋俗，以便形成一个对广大民众精神生活有益的良好的社会环境。恶风陋俗不会一纸政令便完全阻绝，更不会自动退出历史舞台，因此需要对它进行理论分析，揭露其错误本质并予以批判，使广大民众真正了解恶风陋俗对社会带来的危害，从而自觉杜绝它，如此才能从根本上防止恶风陋俗批而不倒、禁而不绝，才能真正地从民众的社会生活中将其剔除出去。而良风美俗的形成也不可能一蹴而就，而是需要让更多的民众参与其中，持久地宣传、交流与实践，演化为民众的自觉行为，从而融入生活实践之中，这样才能真正地形成这种风俗。进一步说，需要我们根据社会实践，制定出符合历史发展趋势、适合当代国人行用、便于融入世界潮流的新礼仪体系，那么礼义之邦的回归将不再是一种愿景，而是一种现实。

从理论上说，礼来源于俗，也就是说完全可以考虑将流行于民间的良风美俗吸纳进新礼仪体系之中。其实，中华传统礼制在变迁过程中不断对习俗、礼俗做了大量的扬弃与吸收，如此充实了自身内容，使其更加适应当时的社会现实。从少数民族政权礼制建设过程中可以看出这一情况。如在南北朝时期，北方少数民族在建立政权和巩固统治的过程之中，因为都存在统治中原汉族的问题，故他们都有一个调整礼制的需求。如北魏"天兴初，诏仪曹郎董谧撰朝飨仪，始制轩冕，未知古式，多违旧章。孝文帝时，仪曹令李韶，更奏详定，讨论经籍，议改正之。唯备五辂，各依方色，其余车辇，犹未能具。至熙平九〔元〕年，明帝又诏侍中崔光与安丰王延明、博士崔瓒采其议，大造车服。定制，五辂并驾五马。皇太子乘金辂，朱盖赤质，四马。三公及王，朱屋青表，制同于辂，名曰高车，驾三马。庶姓王、侯及尚书令、仆已下，列卿已上，并给轺车，驾用一马。或乘四望通幰车，驾一牛。自斯以后，条章粗备，北齐咸取用焉。其后因而著令，并无增损"。① 由此可见，北魏道武帝复国初的 10 余年，其礼制建设并不完善，至天兴年间仍"未知古式，多违旧章"，也就是说北魏初年礼制中应当包含着较多的拓跋鲜卑的原有礼俗，因此才造成所谓"多违旧章"，形成与汉式礼制不同的情况。直到近百年之后的孝文帝时才根据"经籍"改正之，然而诸多礼仪"犹未能具"。直到孝明帝熙平元年② 才"大造车服……条章粗备"，此距道武复国已整整 130 年了。换句话说，从道武帝到孝明帝，北魏礼制中旧有的拓跋礼俗（吸纳入礼典当然已成为国家礼仪了）在礼典中占有一席之地，经过不断充实汉式礼仪，最终建立起较为完备的礼仪制度。清前期的礼制建设也十分典型。努尔哈赤在建立后金汗国时，并未把女真族原有的礼俗完全抛弃，而是大量保留其民族礼俗与礼仪，这一礼制体系可称为后金汗国礼制。顺治入关后，建立起全国性的政权，其政权形态呈现出质变，其礼制也相应出现转变，从汗国礼制演化为统一的清帝国礼制。尽管大量吸收汉式礼制，但直至乾隆创制《大清通礼》才大致建成相对比较完善的满汉合一的礼制，尽管如此，清礼书仍保留了很多满族礼仪，如祭神祀天、堂子、祭长白山、行跪叩礼，乃至冠服、器用、婚丧等都有浓厚的满族特色，显然满族原有的许多礼俗、习俗被纳入清朝礼制的体系之中，清朝礼制也组成了中华传统礼制的重要一环。由此可见，引俗入礼是礼制建设的重

---

　　① 《隋书》卷一〇《礼仪志五》，第 195 页。
　　② 熙平为孝明帝年号，无九年。据《魏书》卷一〇八之四《礼志四》："熙平元年九月，侍中仪同三司崔光表：'奉诏定五时朝服，案北京及迁都以来，未有斯制，辄勒礼官详据。'"（第 2817 页）故知改车服为熙平元年事。"九年"当为"元年"之形误。

要途径之一。

如前所述，中华传统礼制是个体系开放性、异质包容性很强的体系，它有能力融化并接受对自身有益的外来文化，从而使自身的体系获得更好的发展。尽管中华礼制已传承数千年历史，但进入近代以后已在相当程度上受到了西方思想文化、礼仪礼俗、社会习惯的影响，国民也在某些程度上接受了它们。其实只要认真思考一下便可得出这一结论。例如，近代以来接待外宾采用鸣礼炮、检阅仪仗队等礼节都是西方传入的，至于冠帽服饰，乃至最为传统的婚丧礼仪、节假庆贺等方面也都采纳西方礼仪或礼俗。[①] 即使如日常最为简单的见面，也早已改为握手礼了，乃至拥抱礼也常见诸各种场合——这在古代中国的礼制规范中是不可想象之事！因此，近代之后礼制的中西融合既是世界潮流之趋势，也已为国人所认可。其实早在清末，光绪皇帝已经意识到某些传统礼仪不适合世界发展潮流，也最终放弃了传承已久的"天下秩序"的正当性，改"宾礼"为"礼宾"，以响应各国公使团重新拟定"外国公使觐见礼"的要求。[②] 1914 年，"礼制馆"的前身"礼制编订会"中蔓延着复古守旧气息，然而有些"制礼"人员也意识到礼制建设绝不能墨守本国旧制，而是应该"本三礼之精义，采五洲之成规，必求适人心之所同，乃可为通礼而不忒"。[③] 显然，"清末至民国初年，随着西方文明进入中国社会，中华礼制又在一定程度上吸纳了西方礼仪，从而更加丰富了中华礼制的体系"。[④]

需要强调指出，构建新时期礼仪体系不能邯郸学步，而是要基

---

① 国家规定采纳者即为礼仪，行用于民间者即礼俗，但礼俗可以转化为礼仪。如西方传入的握手礼、鞠躬礼，最初并未纳入国家礼制体系，即属于礼俗；但后来国家礼制承认并采纳这些礼俗，这些礼俗便转化为国家礼仪。

② 尤淑君：《宾礼到礼宾：外使觐见与晚清涉外体制的变化》，第 401 页。

③ 《内务总长朱启钤呈大总统遵议厘定礼制拟即组织编订礼制会以兴礼教请鉴核施行文并批》，《政府公报》第 649 号，1914 年 2 月 27 日，第 14 页。

④ 汤勤福：《世界多元文化格局与中华礼制的当代位置》，《中原文化研究》2014 年第 4 期。

于中华传统加以改革，中西文化、礼俗、礼仪的融通应该也必须有一底线，这就是必须保持中华民族文化的精华，即传承与保持中华礼制的"礼义"，而更革其已经过时的"礼仪"，也就是将中华传统礼制中的精华加以现代性转换，以适应世界潮流及工业化趋势，以更好地融入世界大家庭之中。这不是150多年前的"中体西用"，因为当年洋务派提出的核心观点是"以中国之伦常名教为原本，辅以诸国富强之术"①的口号，是力保纲常名教不坠，以维护封建专制政体，而现在事势早非当年！中华传统礼制异质包容性、体系开放性和道德实践性的特质，是我们能够吸纳西方文化优秀因素，实现自身优化而创建新时期礼仪体系的重要保障。

进一步说，坚持和平发展道路，推动构建人类命运共同体是我们追求的目标，也是正确判断世界发展趋势的结果。世界发展趋势已经将人类命运紧紧联系在一起，然而不同文明的矛盾与冲突也是必然存在乃至激烈的，这不能一味采取斗争策略，而是需要建立一种不同文明之间交流的机制，从而超越文明隔阂，缓和文明冲突，实现文明互鉴，求同存异，促进诸文明共存共荣和谐局面的发展，真正构建起人类命运共同体。就中华民族而言，必须正确运用"中国智慧"，合理提出"中国方案"，正常使用"中国力量"，巧妙利用"中国文化"，推动中国与世界的良性互动，解决人类所面对的共同问题。中华民族经历过"五帝殊制，三王异礼"时代，中华传统礼制经历过数千年的变迁，具备包容开放、与时俱进、道德实践诸种特性，完全可以为世界文化的发展做贡献。

梁漱溟认为，"任何礼俗制度之形成，必应于人生需要而来，没有需要不会发生，尽有其需要而无其可能，仍然不会发生和存在下去"。②"社会生活规制只有符顺于此方向的才算对（好），否

---

①　冯桂芬：《校邠庐抗议》卷下《采西学议》，上海书店出版社 2002 年版，第57 页。

②　梁漱溟：《人心与人生》第十五章"人的性情、气质、习惯，社会的礼俗、制度（下）"，上海人民出版社 2005 年版，第 144 页。

则，不对（不好）……一切礼俗制度都应准此予以评价"。[1] 也就是说，任何民族文化和民间礼俗都是特定的历史条件下的产物，随着历史条件的变化而变化，倘若背历史潮流而动，那么必将为历史所淘汰。中华传统礼制之所以历数千年而长久不衰，是它能够主动适应历史潮流而不断进行自身变革、与时俱进的结果，同样，在当今世界历史潮流之下，中华传统礼制有能力凤凰涅槃。

第三节　邻里关系与中华传统礼制

古代中国以农为本，广大农业生产区域的生产与居住两者关系的发展趋势是：从生产劳动相对分散、居住相对集中，趋向生产劳动分散、居住也相对分散。就具体转折时间来看，唐宋大致是变化的关键时期。民众无论居住集中还是分散，邻里之间的关系都非常重要，尤其是民众里居与国家管理直接相关。那么中国古代——尤其是离我们较近的秦统一之后形成的集权礼制下的民众居住形式与邻里关系究竟如何？这是个值得深入探索的问题。

一　邻里关系的重要性

《左传》云："亲仁善邻，国之宝也。"[2] 把邻国关系当作治国宝器。历代统治者与思想家对"亲仁善邻"之重要性有着深刻的认识，并引申到普通百姓之间的关系，此对后世的影响极大。在中国历史上，不少帝王及政治家不但认识到"善邻"之重要意义，将其作为治国理政之首务与要义，同时在社会治理方面，也将此四字作为处理邻里关系的不刊之论。

---

① 梁漱溟：《人心与人生》第十五章"人的性情、气质、习惯，社会的礼俗、制度（下）"，第152页。

② 杨伯峻：《春秋左传注（修订本）》，隐公六年，第54页。

　　《周礼》在礼制教化方面构建出了一幅井然有序的宏伟蓝图。教化民众，安邦定国是大司徒的职责。大司徒以包括祀礼、阳礼、阴礼、乐礼等在内的"十二教"及包括六德、六行、六艺在内的"乡三物"来教化民众，以"乡八刑"作为惩戒不孝、不睦等八种行为的手段，此即所谓"国有常刑"。① 以大司徒为首的地官体系下有一个自上而下推行教化的官员系统，设置了乡师、乡老、乡大夫、州长、党正、族师、闾胥、比长等属官，辅助推行教化。这些属官作为各级长官，也大都相应负有掌管各级教化工作的职责，如乡师"各掌其所治乡之教"，乡大夫"各掌其乡之政教禁令"，州长"各掌其州之教治政令之法"，党正"各掌其党之政令教治，及四时之孟月吉日，则属民而读邦法，以纠戒之"，族师"则属民而读邦法，书其孝弟睦姻有学者"，闾胥"凡春秋之祭祀、役政、丧纪之数，聚众庶；既比，则读法，书其敬敏任恤者"。②

　　《周礼》并非当时实施之礼，但从作者的构思来看，礼仪教化一直贯穿到乡里之间，深入涉及邻里关系。按照《周礼》的说法，百姓"五家为比，使之相保；五比为闾，使之相受；四闾为族，使之相葬；五族为党，使之相救；五党为州，使之相赒；五州为乡，使之相宾"，疏云："此经相保、相受、相葬、相救、相赒、相宾等，皆是民间之事，故云所以劝民也。"③ 从中可看出百姓之间应有的邻里关系。这当然是先秦时期儒家思想指导下的一种理想的邻里关系，考诸相关典籍，儒家学者大致赞同这种邻里关系。《逸周书》云"老弱疾病，孤子寡独，唯政所先"，又云"饮食相约，与弹相庸，耦耕□耘，男女有婚，坟墓相连，民乃有亲"。④

---

① 郑玄注，贾公彦疏：《周礼注疏》卷一〇《地官·大司徒》，第 378 页。

② 均出于郑玄注，贾公彦疏：《周礼注疏》卷一二《地官·大司徒》，第 405、414、422、425—429 页；卷一三《地官·大司徒》，第 433、436—437 页。

③ 郑玄注，贾公彦疏：《周礼注疏》卷一〇《地官·大司徒》，第 367—368 页。

④ 黄怀信、张懋镕、田旭东：《逸周书汇校集注（修订本）》，上海古籍出版社2007 年版，第 396、398 页。缺字可能为"相"字。

孟子也说："死徙无出乡，乡田同井，出入相友，守望相助，疾病相扶持，则百姓亲睦。"① 传为汉代韩婴所著的《韩诗外传》也追叙道："古者八家而井田……八家相保，出入更守，疾病相忧，患难相救，有无相贷，饮食相招，嫁娶相谋，渔猎分得，仁恩施行，是以其民和亲而相好。"② 从这些典籍记载可以看出两个方面的内容：一是儒家学者主张友好的邻里关系，这也是国家稳定和发展的前提条件；二是当时国家是通过基层行政力量来系统地教化百姓，引导百姓遵从礼教，以营造和谐生活氛围，达到社会融洽、民和国安之目的。

然而现实与儒家理想有一定差距，这可以从秦国商鞅变法中对民众的管控来加以分析。商鞅变法"令民为什伍而相收司、连坐，告奸者与斩敌首同赏，不告奸者与降敌同罚"，③ 秦律也规定，"贼入甲室，贼伤甲，甲号寇，其四邻、典、老皆出不存，不闻号寇，问当论不当"，④ 都说明秦自商鞅变法后以什伍为形式的圈住里居比较普遍，采用连坐法来迫使邻里相互监督、相互揭发的冷酷一面，这与儒家提倡的亲睦、和谐的邻里关系相去甚远。其实，春秋至战国时期战争频繁，为巩固自身统治和扩展实力，采纳严厉的管控措施也是理所当然之事。然而儒家邻里关系的观点，也常被统治者采纳，乃至成为他们炫耀施行仁政、推行教化的根据。要之，统治者极其清楚儒家有关邻里关系的观点对国家掌控百姓、巩固政权以及稳定社会的重要作用，因此绝大多数帝王对儒家倡导的邻里关系是欣赏的，也不遗余力地推行。

由于儒家经典三礼的影响巨大，秦统一之后的各王朝大多利用三礼来进行教化，在邻里关系方面自然也以此为准。当然，就先秦

① 焦循：《孟子正义》卷二七《滕文公上》，第358—359页。
② 韩婴撰，许维遹集释：《韩诗外传集释》卷四，中华书局1980年版，第143页。
③ 《资治通鉴》卷二，显王十年，第47页。
④ 睡虎地秦墓竹简整理小组：《睡虎地秦墓竹简·法律答问》，文物出版社1990年版，第116页。

时期而言，没有也不会特意制定适应于普通民众的礼仪，因而普通民众行用的礼仪应当是参照相关礼仪等而下之。孔子学生中既有贵族出身者，也有普通百姓如工商或平民，因而这些普通百姓行用的礼仪当是参照其他贵族弟子的礼仪而略有变化。只是由于资料极其匮乏，先秦普通百姓的礼仪无法详述，但至少秦汉之后保存在《仪礼》中的《乡饮酒礼》《乡射》《丧服》，《礼记》中的《曲礼》《射仪》《乡饮酒义》等篇，是其重要的行用参考内容。其实，这些篇目原来都是行用于贵族、士大夫之中的，但其中一些基本礼仪同样适用或说可以用来教化普通百姓。例如《乡饮酒义》一文能够清楚地看到它对地方民众的教化功效，而且后世也非常强调行乡饮酒礼。《乡饮酒义》强调乡饮酒礼"立宾以象天，立主以象地，设介、僎以象日月，立三宾以象三光"，"经之以天地，纪之以日月，参之以三光，政教之本也"。① 通俗地说，该礼仪以宾主象征天地，以介僎象征日月，也就是取法于对天地日月的尊崇，是出于天地大法的，因此芸芸众生必须遵循它。该礼强调尊长养老，规定："六十者坐，五十者立侍以听政役，所以明尊长也。六十者三豆，七十者四豆，八十者五豆，九十者六豆，所以明养老也。民知尊长养老，而后乃能入孝弟；民入孝弟，出尊长养老，而后成教；成教而后国可安也。君子之所谓孝者，非家至而日见之也，合诸乡射，教之乡饮酒之礼，而孝弟之行立矣。"② 显然这一礼仪起到了体认尊长养老、慕贤尚齿的作用，凸显出乡饮酒礼在促进邻里和谐方面的功效，而礼具而"国可安"，即最终达到稳定国家、巩固统治的目的。

二 秦汉的邻里关系

当然，从礼仪教化角度来讨论自先秦到秦汉之后对农村基层民

---

① 孙希旦：《礼记集解》卷五九《乡饮酒义》，第 1433 页。
② 孙希旦：《礼记集解》卷五九《乡饮酒义》，第 1428 页。

众的管控，必须与农村基层、管理机构和民众居住形式相关联。因为只有通过这些基层管理机构，皇权管控民众、对民众进行教化才能得以落实。

礼仪教化与邻里关系密切相关，国家提倡什么礼仪，对民众进行怎样的管控，进行怎样的教化，是形塑该时期邻里关系最为重要的因素。就国家对农村基层民众管控来说，秦一统天下后仍沿袭商鞅变法管控民众的方式，以吏为师，用严格的法律来束缚百姓。在秦统治者眼里，儒家思想仅是顾问的作用，不作为重要的统治思想，① 因此儒家倡导的一些礼仪也很难获得广泛的推广与切实的行用。在保存至今的有关秦代的文献中，没有行用乡饮酒、乡射礼的记载，推测秦朝大概没有或很少采纳这些礼仪。比较清楚的是，秦朝采用什伍制度编制民籍，将民众圈住在一地，外设围墙，由里正管理里门锁钥，出入严加管控，邻里相互监督、相互告发，以连坐之法来惩戒百姓，因而邻里之间关系也就会显得紧张或扭曲。

汉初儒家虽说复苏，然自高祖起崇尚黄老，儒家并没有获得足够重视。史称："汉兴，然后诸儒始得修其经艺，讲习大射乡饮之礼……然尚有干戈，平定四海，亦未暇遑庠序之事也。"② 即使叔孙通修礼仪，也只是主要制定了朝会仪等重大礼仪，未恢复乡饮酒礼。武帝雄才大略，比较重视乡村礼仪建设，元朔元年十一月下诏曰："二千石官长纪纲人伦，将何以佐朕烛幽隐，劝元元，厉蒸庶，崇乡党之训哉？"③ 元朔五年六月，又诏："导民以礼，风之以乐……令礼官劝学，讲议洽闻，举遗兴礼，以为天下先。太常其议予博士弟子，崇乡党之化，以厉贤材焉。"④ "崇乡党之训""导民以礼，风之以乐"都十分明确规定了地方长官负责对地方民众进行礼仪教化，即要求加强农村基层组织的礼仪教育的职责，虽未明

① 汤勤福：《秦晋之际：五礼制度诞生研究》，《学术月刊》2019年第1期。
② 《史记》卷一二一《儒林传》"太史公曰"，第3117页。
③ 《汉书》卷六《武帝纪》，第166—167页。
④ 《汉书》卷六《武帝纪》，第171—172页。

确说是否举行乡饮酒礼，但其实应当是可以认定的。董仲舒生活在武帝时代，他声称："圣人之道，众堤防之类也。谓之度制，谓之礼节。故贵贱有等，衣服有制，朝廷有位，乡党有序，则民有所让而不敢争，所以一之也。"① 又说："北方者水，执法司寇也。司寇尚礼，君臣有位，长幼有序，朝廷有爵，乡党以齿，升降揖让，般伏拜谒。"② 这里"乡党有序""长幼有序""乡党以齿，升降揖让"正是乡饮酒的礼仪。西汉中期，宣帝于五凤二年下诏批评"郡国二千石或擅为苛禁，禁民嫁娶不得具酒食相贺召。由是废乡党之礼，令民亡所乐，非所以导民也"。③ 成帝"鸿嘉二年三月，博士行乡饮酒礼"。④ 可见西汉自武帝起大致都行用乡饮酒礼。西汉对农村管控类似秦朝，一般集中居住，⑤ 因此行用此礼当比较方便。

西汉末年出现了有军事防御性质的坞堡壁垒，这种居住形式的改变，使国家失去了对基层民众的管控权，东汉豪强或百姓为自保而建造的有防御性能的坞堡壁垒或庄园也普遍存在，这从出土的东汉陶楼可见一斑。当然，为了更有效地防止民众反抗和管控民众，为了征收赋税与征发徭役，东汉政府在战争平息之后，也一定会毁弃一些高沟深垒的防御工事，尽可能地迫使民众回归秦、西汉那种集中圈住、便于管控的里居形式。

值得强调的是，西汉末年的战乱，破坏了原有的邻里关系，因此东汉政府十分重视恢复邻里关系，以求得恢复社会安宁与经济的发展。东汉政府规定"凡乡党饮酒，必于民聚之时，欲其见化知尚贤尊长也"，⑥ 即以儒家礼仪来教化百姓。史载光武帝建武三年，

① 董仲舒著，苏舆义证：《春秋繁露义证》卷八《度制》，第231页。
② 董仲舒著，苏舆义证：《春秋繁露义证》卷一三《五行顺逆》，第365页。
③ 《汉书》卷八《宣帝纪》，第265页。
④ 王钦若等：《册府元龟》卷五九《帝王部》，中华书局1960年版，第659页。
⑤ 汤勤福：《论秦汉聚落"里居"形式的演化》，《人文杂志》2020年第9期。
⑥ 《后汉书》卷九四《礼仪上》，第3109页。

司徒伏湛"奏行乡饮酒礼，遂施行之"，① 显然东汉初就关注到乡饮酒礼的重要性。明帝永平二年三月，"帝始率群臣躬养三老五更于辟雍，行大射之礼。郡国县道行乡饮酒于学校，皆祠先圣先师周公孔子，牲以太牢"。② 尽管不知光武帝时的乡饮酒礼是哪个层面，但明帝时显然从中央到地方都已经行用乡饮酒礼了，这无疑对儒家学者是鼓励与促进。

　　班固为东汉早期人，曾参与白虎观会议，撰《白虎通》。该书明确宣称，"乡曰庠，里曰序。庠者庠礼义，序者序长幼也……古者教民者，里皆有师，里中之老有道德者为里右师，其次为左师，教里中之子弟以道艺、孝悌、仁义"，③ "所以十月行乡饮酒之礼何？所以复尊卑长幼之义。春夏事急，浚井次墙，至有子使父，弟使兄，故以事闲暇，复长幼之序也"。④ 在当时儒家学者看来，"朝廷之礼，贵不让贱，所以明尊卑也。乡党之礼，长不让幼，所以明有年也。宗庙之礼，亲不让疏，所以明有亲也。此三者行，然后王道得，王道得，然后万物成"。⑤ 显然从理论上阐明包括乡饮酒礼在内的三种礼仪与国家稳定与发展的关系。进一步说，就邻里关系而言，它是衡量一个人德行的重要方面，因此古人非常注意在乡里的日常行为规范。郑玄是东汉晚期人，他注《乡饮酒礼》曰："今郡国十月行乡饮酒礼，党正每岁邦索鬼神而祭祀，则以礼属民而饮酒于序，以正齿位之礼。"⑥ "今郡国十月行乡饮酒礼"是非常明确的东汉十月行乡饮酒礼的证据，"正齿位"包括两层意思，一是尊老，二是尊官爵，这是自先秦儒家宣扬的乡饮酒礼的重要内容。显

---

　　① 王钦若等：《册府元龟》卷五九《帝王部》，第 659 页。《汉书》卷二七中《五行志》："鸿嘉二年三月，博士行大射礼。"（第 1417 页）

　　② 《晋书》卷二一《礼志下》，第 670 页。

　　③ 陈立：《白虎通疏证》卷六《辟雍》，第 261—262 页。

　　④ 陈立：《白虎通疏证》卷五《乡射》，第 247 页。

　　⑤ 陈立：《白虎通疏证》卷二《社稷》，第 126 页。

　　⑥ 《后汉书》卷九四《礼仪志上》，第 3109 页。

然，从东汉光武帝起到东汉末，乡饮酒礼当是行用的。据《后汉书·周燮传》引"《谢承书》曰'燮居家清处，非法不言，兄弟、父子、室家相待如宾，乡曲不善者皆从其教'也"。① 这也看得出当时乡里行用礼仪教化的状况。但从现存有关两汉乡饮酒礼的记载来看，其大多行于朝廷中央或州郡县地方官府，行于偏僻乡里的记载甚少，但不能说乡里不行用该礼，至少可以说乡里一级基层机构的管理人员赴县里参加有关仪式，然后在乡里推广，以教化百姓，促进邻里关系的和谐。

三 魏晋南北朝邻里关系的异化

东汉末年天下大乱，军阀横行，战争不断，社会动荡，民众流离失所。就魏晋南北朝整体着眼，秦汉那种集中圈住式的里居遭受极其严重的破坏，而典型的居住形式则是坞堡壁垒，当然在相对稳定时政府则会采用或推行乡里制度，没有防御功能的里居当然也是客观存在的。② 尽管民众居住形式有了很大变化，但这一时期各政权统治者仍然比较注意乡里的稳定与邻里关系的和谐。

早在建安八年七月，曹操便下令对地方基层进行礼仪教化："丧乱已来，十有五年，后生者不见仁义礼让之风，吾甚伤之。其令郡国各修文学，县满五百户置校官，选其乡之俊造而教学之，庶几先王之道不废，而有以益于天下。"③ 史称何夔担任曹操丞相东曹掾，曾建议："闻以贤制爵，则民慎德；以庸制禄，则民兴功。以为自今所用，必先核之乡闾，使长幼顺叙，无相逾越。"④ 夏侯玄也主张选官当"参以乡闾德行之次，拟其伦比，勿使偏颇"。⑤ 曹魏欲于地方郡县兴学校、讲教化，重视乡闾意见的做法，显然对

---

① 《后汉书》卷五三《周燮传》，第 1742 页。
② 汤勤福：《魏晋南北朝乡村聚落的变迁》，《中州学刊》2020 年第 8 期。
③ 《三国志》卷一《武帝纪》，第 24 页。
④ 《三国志》卷一二《何夔传》，第 381 页。
⑤ 《三国志》卷九《夏侯玄传》，第 296 页。

改善邻里关系具有一定作用。曹魏地方长官或士大夫对普通民众进行教化的事例也有一些记载，如明帝即位，刘劭"出为陈留太守，敦崇教化，百姓称之"，①刘虞为幽州牧，"清静俭约，以礼义化民"，②杜袭"征拜巴郡太守，率身正下，以礼化俗"。③"敦崇教化""以礼义化民"及"以礼化俗"都含有对基层民众进行礼仪教化之意，其中包含着构建良好的邻里关系的因素。更典型的是田畴。他不臣公孙瓒，辞官北归，"率举宗族他附从数百人"，"遂入徐无山中，营深险平敞地而居，躬耕以养父母。百姓归之，数年间至五千余家"，"畴乃为约束相杀伤、犯盗、诤讼之法，法重者至死，其次抵罪，二十余条。又制为婚姻嫁娶之礼，兴举学校讲授之业，班行其众，众皆便之，至道不拾遗"。④田畴熟悉儒家礼仪，否则不会"制为婚姻嫁娶之礼，兴举学校讲授之业，班行其众"。实际上，除婚丧礼仪外，乡饮酒礼中规定的日常尊长养老、慕贤尚齿、仁义孝悌等也是教化基层民众的主要内容，这对邻里关系的正常化有着重要作用。不过需要强调的是，至少在传世文献中无论是曹魏中央或地方州郡县都未见行用乡饮酒礼的确切记载，蜀汉、孙吴相关记载亦未详。因而有理由说，三国时期由于战争频发，尤其是原来作为传统文化中心的中原地区遭受极其严重的破坏，民众逃亡他乡或躲入坞堡，因而很难正常地行用乡饮酒礼，或许个别地方官员或士大夫会以乡饮酒礼来教化百姓，但在战争环境之下，绝大多数地方似很难推行，因此，失去原来集中圈住形式的民众受到的教化应当相对有限，在这种情况下，邻里关系受到一定的冲击或破坏也是必然的。

西晋伊始，情况发生了变化。晋武帝一统天下，曾推行乡里制度，⑤民众集中圈住形式应该一度恢复过。西晋重视礼制，按吉、

---

① 《三国志》卷二一《刘劭传》，第 618 页。
② 《三国志》卷八《公孙瓒传》引《魏书》，第 241 页。
③ 《三国志》卷二三《杜袭传》引《先贤行状》，第 665 页。
④ 《三国志》卷一一《田畴传》，第 341 页。
⑤ 《晋书》卷二四《职官志》，第 746—747 页。

凶、宾、军、嘉五礼体系撰成了一代礼典——《新礼》。这一礼典虽未保存下来，但据点滴史料可拼凑行用乡饮酒礼的大致情况。萧梁沈约《宋书》明确记载："武帝泰始六年十二月，帝临辟雍，行乡饮酒之礼。诏曰：'礼仪之废久矣，乃今复讲肆旧典。赐太常绢百匹，丞、博士及学生牛酒。'咸宁三年，惠帝元康九年，复行其礼。"① 武帝批评前代废弃乡饮酒礼自然是指三国时期，下令恢复行用，也可肯定西晋行用了此礼。不过，这段记载存在问题，成书于唐初的《晋书》称泰始六年"冬十一月，幸辟雍，行乡饮酒之礼，赐太常博士、学生帛牛酒各有差"，② 两者相差一个月。《册府元龟》两者都有记载。③ 另外，按照上述记载，武帝泰始六年是始行用乡饮酒礼的时间，其实也有误。《水经注》有段记载："汉石经北有《晋辟雍行礼碑》，是太（泰）始二年立。"④ 其下杨守敬有一段按语："《晋书·武帝纪》，泰始六年十一月，幸辟雍，行乡饮酒之礼。二年，无辟雍行礼事。近洛阳出土有《晋辟雍碑》，文云，泰始三年十月始行乡饮酒、乡射礼，六年正月又奏行大射礼，其年十月行乡饮酒礼，并称皇太子咸宁三年十二月行乡饮酒礼，四年二月行大射礼，碑立于咸宁四年十月。所云泰始三年十月事，即此《注》所指，足征二年为三年之讹。所云泰始六年十月事，即《晋书》所载，足征十一月衍一字。今碑与郦氏所见各一碑，盖泰始三年尝刻石纪事，后又综纪泰始、咸宁诸事于一碑也。"⑤ 杨守

---

① 《宋书》卷一四《礼志一》，第 367 页。
② 《晋书》卷三《武帝纪》，第 60 页。
③ 王钦若等：《册府元龟》卷五九《帝王部》称十二月，卷七九《帝王部》称十一月，第 660、914 页。《旧唐书》卷一四九《归崇敬传》"晋武帝亦作明堂、辟雍、灵台，亲临辟雍，行乡饮酒之礼"，无具体时间（第 4017 页）。杜佑《通典》卷七三《礼三十三》亦称十二月（第 2007 页）。
④ 郦道元撰，陈桥驿校证：《水经注校证》卷一六《穀水注》，中华书局 2007 年版，第 402 页。
⑤ 郦道元撰，杨守敬、熊会贞疏，杨甦宏、杨世灿、杨未冬补：《水经注疏补》（中编）卷一六《穀水注》，中华书局 2016 年版，第 423 页。

敬以碑中"十月"为据,指出《武帝纪》"十一月"为误,然未指出《礼志》中"十二月"同样为误。据唐人杜佑《通典》:"泰始六年、元康五年,二行乡事,皆于辟雍。"原注曰:"乡事,乡饮酒礼也。"① 此处无元康九年之事。然《通典》所载元康五年行用乡饮酒礼,未见《宋书》记载,《册府元龟》也仅记载"惠帝元康九年临辟雍,行乡饮酒之礼",② 无五年行用之事,故《通典》五年可能为九年之误。鉴此,大致可判断西晋行用时间为泰始三年十月、六年十月、咸宁三年十二月,惠帝元康九年。

需要注意的是,晋武帝行乡饮酒礼于辟雍,即大学(太学)。杜佑说西晋武帝泰始七年、惠帝元康三年于大学行释奠礼,③ 这与两汉没有差异。但这条史料只说明武帝、惠帝行乡饮酒礼是在中央举行的,没有涉及地方州郡是否举行。东晋皇帝也在辟雍行释奠礼,"东晋明帝之为太子,亦行释奠礼。成、穆、孝武三帝,皆亲释奠,惟成帝在辟雍,自是一时制也。孝武以大学在水南悬远,有司议依穆帝升平元年,于中堂权立行大学释奠,礼毕,会百官六品以上"。④ 大学确实是行释奠礼的场所,然乡饮酒礼与释奠并非一礼,乡饮酒礼尊老尚齿,释奠礼主要祭奠先圣先师,其间亦会行乡饮酒礼,不过两者毕竟不是一回事。需要指出的是,上述均为朝廷中央行乡饮酒礼,不能等同地方也行此礼。其实文献上很难找到两晋直接在地方上行乡饮酒礼。晋人刘毅上书论改善政治,称治道有八损,其中提到"昔在前圣之世,欲敦风俗,镇静百姓,隆乡党之义,崇六亲之行,礼教庠序以相率,贤不肖于是见矣"。⑤ 换句话说,"欲敦风俗"就需要对乡党之义、六亲之行进行教化,这是由乡里"庠序"来完成的,属乡里对属地之普通士人及百姓进行

---

① 杜佑:《通典》卷五三《礼十三》,第 1472 页。
② 王钦若等:《册府元龟》卷五九《帝王部》,第 660 页。
③ 杜佑:《通典》卷五三《礼十三》,第 1472 页。
④ 杜佑:《通典》卷五三《礼十三》,第 1472 页。
⑤ 《晋书》卷四五《刘毅传》,第 1275—1276 页。

的教化。东晋范宁批评当时"凡庸竞驰，傲诞成俗"的吏治，强调选官"宜验其乡党，考其业尚，试其能否，然后升进"，① 显示出范宁认为应当重视乡里对士人德才考核的作用。尽管两晋或许地方上也偶尔行用乡饮酒礼，但从刘毅、范宁之语可以反证两晋时期乡里基层机构不太重视乡饮酒礼的作用了。总之，西晋惠帝时爆发八王之乱，东晋门阀制度兴盛，在这种情况下，原来那种乡里制度必然遭受严重冲击，因此乡里教化似难以正常进行。

南北朝时行用释奠礼史有明载，当然这是南北各政权在朝廷中央行用此礼，但乡里行用乡饮酒礼的记载则罕见。《魏书》明确记载孝文帝太和十一年十月甲戌诏曰："乡饮礼废，则长幼之叙乱。孟冬十月，民闲岁隙，宜于此时导以德义。可下诸州，党里之内，推贤而长者，教其里人，父慈、子孝、兄友、弟顺、夫和、妻柔。不率长教者，具以名闻。"② 党里即乡里，太和十年已经实行邻里党三长制，故此诏称"党里"，这是北魏基层机构曾经实施乡里教化的最为明确的例证。但是这一制度坚持多久是值得怀疑的，因为孝明帝时李崇上奏请置学时明确要求"道发明令，重遵乡饮，敦进郡学，精课经业"，③ "重遵乡饮"一语可看出太和之制在各地并未很好坚持下来。《周书》载西魏一条：大统十六年"太祖之奉魏太子西巡也，至原州，遂幸贤第，让齿而坐，行乡饮酒礼焉"。④ 这自然是特例，虽有一定的教化意义，但决不能等同于普遍行用乡饮酒礼。《隋书》则有明确记载："隋制，国子寺，每岁以四仲月上丁，释奠于先圣先师。年别一行乡饮酒礼。州郡学则以春秋仲月释奠。州郡县亦每年于学一行乡饮酒礼。"⑤ 就这两条记载来分析，

① 《晋书》卷七五《范汪传附范宁传》，第 1987 页。
② 《魏书》卷七下《高祖纪》，第 162—163 页。
③ 《魏书》卷六六《李崇传》，第 1472 页。《北齐书》卷三六《邢邵传》称此奏归为"杨愔与魏收及邵请置学"，实误，因为从杨愔经历来看，不可能在灵太后时期与魏收、邢邵上书。
④ 《周书》卷二五《李贤传》，第 416 页。
⑤ 《隋书》卷九《礼仪志四》，第 181—182 页。

自北魏到西魏北周，尽管地方仍有行用乡饮酒礼的记载，但不会普遍实施，究其原因则是南北朝时战争较为频繁，基层乡里制度受到一定程度的破坏而导致的。隋文帝统一南北，重新构建乡里制度，建立了"五五"递进的党、里、保三长制，① 广大民众再次按规定集中居住，因而乡饮酒礼也制度化了，这一制度也被唐宋接受而延续。②

　　总而言之，魏晋南北朝时期战乱频繁，受战争波及地区的民众居住形式有了很大改变，因而礼仪教化不会正常化。尽管朝廷在辟雍释奠时行用过乡饮酒礼，但与乡里教化仍有隔阂，企望实现真正的和谐邻里关系如同画饼充饥。颜之推撰《颜氏家训》，是当时"时代悲剧"的写照，③ 其中不乏批评道德低下、礼废仪乱的人事现象，如"为父所宠，失于教义"的梁学士，"年登婚宦，暴慢日滋"；④ 他批评那种"兄弟不睦，则子侄不爱；子侄不爱，则群从疏薄；群从疏薄，则僮仆为仇敌"⑤ 的社会现象；等等。在这个"士庶贵贱之隔，俗以为常"⑥ 的时代，乡里出现"狎侮宾客，侵耗乡党"⑦ 现象也就不难理解，邻里关系的异化也成为必然的结果。

四　唐宋之后邻里关系的变迁

　　唐高祖时实行乡里制度，规定"百户为里，五里为乡。四家

---

　　① 《隋书》卷二四《食货志》，第 680 页。
　　② 这里从乡里教化角度来论述，不涉及其他问题。王美华《礼制下移与唐宋社会变迁》指出从先秦至明清乡饮酒礼存在发展变化："在这个发展演变过程中，不仅乡饮酒礼的名与实皆曾有变易，就是其组织、主导方式亦曾有变化。而这些发展演变，主要就是在唐宋时期……随着'宾贡'仪式从乡饮酒礼的概念中剥离出去，乡饮酒礼渐趋明确定位为地方基层社会中'尊德尚齿'的礼仪仪式。"（中国社会科学出版社2015 年版，第 158 页）
　　③ 王利器：《颜氏家训集解（增补本）》，中华书局 1993 年版，"叙录"，第 4 页。
　　④ 王利器：《颜氏家训集解（增补本）》卷一《教子》，第 13 页。
　　⑤ 王利器：《颜氏家训集解（增补本）》卷一《兄弟》，第 27 页。
　　⑥ 王利器：《颜氏家训集解（增补本）》卷一《后娶》，第 34 页。
　　⑦ 王利器：《颜氏家训集解（增补本）》卷一《治家》，第 44 页。

为邻，五家为保。在邑居者为坊，在田野者为村。村坊邻里，递相督察"，①也就是说，唐初只是将隋朝党、里、保乡里制度略加改变，但对农村百姓实行集中居住、严加管控的做法则毫无二致。

在这个基础上，唐朝重视乡里作用，强调基层教化的功效。高祖曾下诏要求："里闬相从，共尊社法。以时供祀，各申祈报。兼存宴醑之义，用洽乡党之欢。且立节文，明为典制。"② 太宗也非常重视乡里教化，他在《即位大赦诏》中声称："其有至孝纯著，达于乡党，征诣阙庭，厚加褒擢。节义之夫，贞顺之妇，州府列上，旌表门闾。"③ 在《存问并州父老玺书》中也要求地方"父老宜约勒乡党，教导后生，亲疏子弟，务在忠孝，必使风俗敦厚，异于他方"。④ 唐初奠定的乡里制度，强调基层的教化作用，这对普通民众的礼仪教化自然会起到积极作用，也为建立良好的邻里关系起到了一定的功效。高宗时，吏部侍郎魏玄同上奏时引裴子野之语来阐述选官问题："居家视其孝友，乡党服其诚信，出入观其志义，忧难取其智谋。烦之以事，以观其能；临之以利，以察其廉。"⑤ 这里不难看出唐朝政府在选用官员时非常重视他们居住乡里时的道德品质，这正体现出乡里教化的功用。独孤及在《福州都督府新学碑铭》中表示："州县之教，达于乡党；乡党之教，达于众庶矣。"⑥ 董晋也期盼"孝弟闻于乡党，学校兴于里闾，刑戮废于戎行，鞭扑弛于官署"。⑦ 可见，唐朝恢复了传统儒家宣扬的乡里教化制度，以促进民众道德的提高和社会的安宁和谐。

---

① 《旧唐书》卷四八《食货志上》，第 2089 页。

② 唐高祖：《立社诏》，董诰等：《全唐文》卷三，中华书局 1983 年版，第 37 页。

③ 王钦若等：《册府元龟》卷八四《帝王部》，第 986 页。

④ 王钦若等：《册府元龟》卷一七二《帝王部》，第 2074 页。

⑤ 《旧唐书》卷八七《魏玄同传》，第 2851 页。

⑥ 独孤及：《福州都督府新学碑铭（并序）》，董诰等：《全唐文》卷三九〇，第 3965 页。

⑦ 董晋：《义阳王李公德政碑记》，董诰等：《全唐文》卷四四六，第 4559 页。

　　宋初乡里制度继唐而来，因此也非常重视乡里教化。太宗诏曰："念中外臣庶之家，各有子弟，或自来有乖检慎，为乡党所知，虽加戒勖，曾不悛改者，并许本家尊长具姓名闻于州县。"① 强调对那些"宗族所共弃，乡党所不容者，并当严加诱掖，俾之悛改。其闻义不服，为恶务滋者，即须条具姓名以闻。当议置于刑辟"。② 仁宗庆历四年令曰："州若县皆立学，本道使者选属部官为教授，三年而代；选于吏员不足，取于乡里宿学有道业者，三年无私遣，以名闻。"规定不准选任有"行亏孝弟，有状可指；曰明触宪法，两经赎罚，或不经赎罚，而为害乡党"③ 之人。可见宋朝政府对官宦及子弟进行严格管教，重视地方学校，关注乡里舆论，力图发挥乡里教化作用，就这一角度来说，宋朝是承袭唐朝的。④

　　但是，宋中期在基层管理上有一个重要转折，即宋中期之前基本沿袭《周礼》提出的乡里基层机构承担管理与教化职能，因此可以看到各朝各代在谈到乡里教化时都强调乡里一级基层机构的职责，故而农村基层管理人员相对比较稳定。而宋初行乡里制，最基层的里正、户长、乡书手负责课督赋税，耆长、壮丁逐捕盗贼，由乡村较富裕的一二三等主户轮流承担，故称差役。这是宋初的职役制度，然太祖"开宝七年废乡分为管，置户长主纳赋，耆长主盗贼、词讼"，⑤ 仁宗至和二年四月"罢诸路里正衙前"，⑥ 农村基层管理职能出现根本性改变，他们不再承担乡民的教化，仅保存为国

---

　　① 佚名：《宋大诏令集》卷一九〇《诛李飞雄诫励天下诏（太平兴国三年五月乙巳）》，第696页。《宋史》卷四六三《刘文裕传》载："中外臣庶之家，子弟或有乖检，甚为乡党所知，虽加戒勖曾不悛改者，并许本家尊长具名闻，州县遣吏锢送阙下，当配隶诸处。敢有藏匿不以名闻者，异时丑状彰露，期功以上悉坐其罪罪之。"（第13547页）

　　② 佚名：《宋大诏令集》卷一九〇《诫饬士庶子弟甥侄等诏（太平兴国六年十一月癸丑）》，第696页。

　　③ 李焘：《续资治通鉴长编》卷一四七，仁宗庆历四年三月乙亥，第3564页。

　　④ 宋代重视乡里舆论的例证极多，无须赘叙。

　　⑤ 徐松辑：《宋会要辑稿》职官四八，第4321页。

　　⑥ 李焘：《续资治通鉴长编》卷一七九，仁宗至和二年四月辛亥，第4330页。

家收取赋税、催办赋役、管理地方治安的职能。农村散居现象非常普遍，① 集中圈住式里居退出历史舞台。正是这种转变，原来经济上尚能够受益的乡役承担者，逐渐转而成为国家赋役的承担者，因而导致一些应役者以各种方式逃避应役，造成了基层管理的不稳定，严重影响乡村社会的稳定与国家的财政收入。因而神宗熙宁变法，实施保甲法与募役法，允许纳钱雇募，虽说完成了农村基层管理机构职役化的转变，也在一定程度上维护并加强了对乡村基层的管控，但乡村基层管理机构的教化职能从此丧失殆尽。

虽然北宋政府放弃了基层管理机构的乡里教化职能，但实际上宋代的乡村基层礼仪教化工作已经由居住各地的士大夫群体承担起来了。尽管前代居住乡里的士大夫们也进行过基层礼仪教化工作，但唐宋在地方教育上已经有了巨大变化。其中变化最显著者有以下三个方面。一是唐代允许私学，书院兴起，但不甚普遍；到宋代私学则极为兴盛，士大夫广泛建置书院、办私塾。二是宋代私学教育规模超过官学，培养了大批人才。三是都保制取代了乡里制，教化方式产生变化。

秦统一之后基本上禁止私人办学，② 魏晋南北朝时官学不常，③故学者私相传授亦被默许，但各朝政府从未公开表示允许私人办学。然而至唐代出现变化。唐朝官学有国学、太学及地方州县学，到开元二十一年五月，玄宗敕："诸州县学生，专习正业之外，仍令兼习吉凶礼。公私礼有事处，令示仪式，余皆不得辄使。许百姓任立私学，欲其寄州县受业者亦听。"④ 允许百姓在地方上立私学，⑤ 这预

---

① 包伟民：《中国近古时期"里"制的演变》，《中国社会科学》2015年第1期。

② 《史记》卷六《秦始皇本纪》载丞相李斯主张禁私学，获得秦始皇赞同，于是焚书坑儒（第255页）。

③ 陈英：《魏晋南北朝私学的历史地位》，《甘肃教育学院学报》1999年第1期。该文指出魏晋南北朝时国学时办时辍是私学兴起的原因之一。

④ 王溥：《唐会要》卷三五《学校》，第741页。

⑤ 长孙无忌等：《唐律疏议》卷二三称："私学者，即《礼》云'家有塾，遂有序'之类。"（第420页）

示着乡里教育的完全开放。① 到开元二十六年正月，玄宗又敕：
"古者乡有序，党有塾，将以宏长儒教，诱进学徒，化民成俗，率
由于是。其天下州县，每乡之内，各里置一学，仍择师资，令其教
授。"② 这里规定每乡各里置一学，以便诱进学徒、化民成俗，可
见玄宗时期对乡里教育的重视。在乡里办学，自然包含礼仪教育
的内容，对邻里关系的和谐确实会起到非常积极的作用，但也无
须夸大当时乡间里学的规模，因为德宗贞元三年正月，右补阙宇
文炫上言："请京畿诸县乡村废寺，并为乡学，并上制置事二十
余件。疏奏，不报。"③这一史料似乎透露出实际并未达到玄宗每
乡各里置学的要求的情况。尽管如此，唐政府允许私学，促进了士
大夫兴办书院的热情，虽说数量不多，但开了后世书院之先河。

宋代则在唐代基础上，大力发展私塾、书院，仁宗时已有
"天下士乡学益蕃"④ 之说。宋代与唐代相比，私学在更大程度上
与宗族的发展结合在一起。东晋南朝之俗，宗族之内分居各爨，亲
属关系相对较为疏离，⑤ 而唐朝宗族制度即可溯源于北朝。北魏孝
文帝定士族等级，与山东高门联姻，其目的是使少数民族的皇亲国
戚的社会地位获得汉族士族的认同。女方家族的社会地位极其重要，
尤其是山东士族女方家族有着极其重要的社会地位与礼法资源，因
此孝文帝纳汉女为皇后，为诸弟娶汉女时还下诏云："太祖龙飞九
五，始稽远则，而拨乱创业，日仄不暇。至于诸王娉合之仪，宗室
婚姻之戒，或得贤淑，或乖好述。自兹以后，其风渐缺，皆人乏窈
窕，族非百两，拟匹卑滥，舅氏轻微，违典滞俗，深用为叹。"⑥ 可

---

① 唐之前家族内部教育一直是存在的，也是允许的。唐允许办私学，不再限制
在族内教育，而是完全开放。

② 王溥：《唐会要》卷三五《学校》，第741页。

③ 王溥：《唐会要》卷三五《学校》，第741页。

④ 李焘：《续资治通鉴长编》卷一一四，仁宗景祐元年正月癸未，第2661页。

⑤ 当然也有同居共爨者，史书上也有少量旌表这类家族的例证。但从同居共爨
数量上说，远远不及宋代之后普遍。

⑥ 《魏书》卷二一上《咸阳王禧传》，第535页。

见母党强弱、舅氏显微对于皇室会产生重要影响，故北朝宗族重母党、妻党。如果母党、妻党不强，那么宗族的发展会受到很大局限。唐人总结北朝山东士族的特征曰"每姓第其房望，虽一姓中，高下县隔"，① "兄弟齐列而以妻族相陵"，② 这都表明母党、妻党的重要性，其实唐代也有相似的风气。

宋代宗族则重男性一系，采用"敬宗收族"来增强家族的团结与扩展家族势力，因此宗族的强大使宋代在知识传承方面也有了很大改观，原来以父子相传的家学为主要形式的儒学到宋代出现改变，形成宗族办学、师徒相承的形式。

宋代重视乡学对乡里道德礼仪建设的作用。宋初统治者就认识到"州县之学，有司奉诏旨所建也，故或作或辍，不免具文；乡党之学，贤士大夫留意斯文者所建也，故前规后随，皆务兴起"。③ 即认为乡党之学超越州县之学，因此予以鼓励与支持。这里的乡党之学指儒家学者所建的各地书院及乡村所办的私塾，其中书院既有民办官助，也有纯粹民办者。士大夫不但热衷于政府办的地方学校，也热衷于书院教学，授徒传承学问。北宋名臣范仲淹"守苏州，首建郡学，聘胡瑗为师。瑗立学规良密，生徒数百"，④ 苏州"生徒数百"确实规模不小，而且范仲淹是自己掏钱办州学，更是具有典范意义。从两宋书院情况来看，北宋初年书院受到朝廷鼓励而有较大发展，⑤ 之后有一段时间相对沉寂，而南宋则由于道学兴盛，各地兴起新建书院的高潮。比较而言，北宋占整个宋代新建书院的21.39%，南宋则占 78.61%，显然南宋书院有极大的发展。⑥ 值得

---

① 《新唐书》卷九五《高俭传》，第 3842 页。又《资治通鉴》卷二〇〇云："或一姓之中，更分某房某眷，高下悬隔。"（第 6318 页）

② 《资治通鉴》卷一九五，贞观十二年正月乙未，第 6135 页。

③ 马端临：《文献通考》卷四六《学校考七》，中华书局 2011 年版，第 1340 页。

④ 《宋史》卷三一四《范仲淹传》，第 10276 页。

⑤ 赵旗：《宋代书院兴起的背景》，《中国书院》第 4 辑，湖南教育出版社 2002 年版。

⑥ 陈元晖、尹德新、王炳照编著：《中国古代的书院制度》，上海教育出版社 1981 年版，第 25—26 页。

注意的是，宋代书院不但招收所在地士大夫家族子弟，而且也招收外地来求学的生徒。就宋代书院教学的主要目的来看，它并非为科举而办学，而是更注重对人们的道德教化。宋代书院制度被元明清诸朝所接受，只是元代书院为官办，山长实为朝廷官员。明清两代书院更为发展。据邓洪波先生统计，唐五代有书院 47 所，官办 3 所，民办 39 所，不详 5 所；宋代共 720 所，官办 110 所，民办 509 所，不详 101 所；元代共 296 所，官办 51 所，民办 181 所，不详 63 所，其他 1 所；明代共 1699 所，官办 972 所，民办 507 所，不详 216 所，其他 4 所；清代共 3868 所，官办 2190 所，民办 935 所，不详 721 所，其他 22 所，唐至清合计共有书院 6630 所，官办 3326 所，占 50.2%，民办与不详占 49.4%，其他 27 所，占 0.4%。邓洪波先生还统计出无创建年代、无创建人的 424 所书院，按照邓先生的说法，可归入民办之列，如此官办占 47.2%，民办 52.4%，不详 0.4%。① 总之，中国书院中民办大致略高于官办。

当然，书院的发展是与政治密切相关的，如明代曾在嘉靖、万历、天启年间共 12 次大规模禁毁书院，② 可见书院的兴盛与否完全由国家政治动向所决定。大致说来，从唐到元，民办书院数量大大高于官办，说明了士大夫群体宣化礼教、传承中国文化的热情。尤其是两宋时期，国家对士大夫思想管控相对较为松弛，因而士大夫热衷于办书院，许多书院主持人是著名思想家或学者，在儒学转型时期他们力图宣扬自己的学术观点，促进了中国传统思想文化的发展。而明清两代对士大夫思想控制极严，因而官办书院数量便高于民办书院，充分说明官方对书院的控制趋于严厉。明清书院的政治走向非常明显地说明了中国封建专制主义在走向没落，这是政治对教育的干涉。我们不否认书院教育在传承中国传统文化方面做出的贡献，也不否认书院在民间深入宣扬传统礼仪的历史事实，更无

---

① 邓洪波：《中国书院教育概论》，《中国书院》第 5 辑，湖南教育出版社 2003 年版。

② 邓洪波：《明季三毁书院及其影响》，《中国书院》第 7 辑，湖南大学出版社 2006 年版。另可参见古伟瀛《明清变局下的书院》，《中国书院》第 5 辑。

意否定其在民众处理邻里关系上所产生的积极作用，但应当看到明清两代书院教育整体趋向于陈腐，为维护专制主义体制效力的意向极为突出。

需要补充说明的是，自宋神宗变革开始，都保制代替了乡里制，保甲法的施行使地方治安由地方民众来负责，在宗族势力日益发展的前提下，宗族在保甲制度上扮演着极其重要的角色，自古以来的乡里制完全衰败，再也无法恢复。也就是说，原来乡里制的基层教化功能被宗族化的以书院为代表的乡里之学取代，基层治安功能被保甲制取代，乡里制走向没落是历史的必然。

五　古代邻里关系演化的特点

自先秦而来的古代邻里关系演化究竟有何特点？它对后世有什么启迪？

首先，传统的邻里关系受到农业社会的深刻影响。古代中国属于农业社会，传统农业生产需要相对密集的劳动，故民众大多居住相近，朝夕相处，需要通过共同努力才能解决生活、生产遇到的问题，因此古代邻里关系的演化便与农业生产密切相关。

农业生产发展与否的决定性因素是生产力是否发展，在科学技术不发达的古代中国，人口的增殖起着相当大的作用。古代中国战争频繁，人口自然增长受到影响，呈现为一种波浪形发展的态势，自秦统一到元末明初约在数千万到一亿人口之间徘徊。大致说来，一个王朝有较长稳定时期时人口增加明显，而动荡时期则人口下降。在人口增殖较多时期，民众便需要开垦更多田地来维持生活，[①]因此会从甲地向乙地扩展，在乙地形成新的生活聚落，产生新的邻里关系。但这种新的邻里关系只是原来邻里关系的

---

① 陈伟主编《里耶秦简牍校释》（第二卷）列有数例农民开垦荒地的简，虽说这是近城荒地，但随着近城荒地开垦完毕，人口增殖必然会向远处拓展（武汉大学出版社 2018 年版，"前言"，第 15 页）。

翻版，仍是贾疏所说的民众"相保、相受、相葬、相救、相赒、相宾"① 等内容，不会产生新的内涵。然而在战争频繁之时，受战乱波及的民众会为躲避灾难而逃亡，不少人避入坞堡壁垒之中，原来的农业生产受到影响，原有的邻里关系完全被打破，从而结成新的邻里关系。这种邻里关系已经割断了原来长期相处之后形成的亲友、情感等因素，尽管可能仍会含有一定的"相保、相受、相葬、相救、相赒、相宾"等内容，但更多的则是生存竞争关系。

其次，传统的邻里关系受到政治状况影响。秦统一之后，统治者为了巩固自己的统治，防止六国民众反抗，对广大民众实行严格管控，民众里居实行集中圈住方式，由基层机构人员管控居住地锁钥，并实行连坐法来迫使民众服从管理，因此民众邻里关系含有相互监督、相互告发的因素，邻里交往便会谨小慎微，关系趋于紧张。汉继秦而立，汉初实行黄老之治，相对说比秦管控有所放松，但农村广大民众仍然实行集中圈住形式。这种里居形式方便收取赋税和征发徭役。汉代废除连坐法，促使民众的邻里关系得到相对缓和，从而导致相对和谐的社会局面，"相保、相受、相葬、相救、相赒、相宾"的局面便会重现。

一些政治变革、经济措施的实施，也会对邻里关系产生影响。如商鞅变法时期对民众的管控，自然导致与原来不同的邻里关系；王安石变法时实行都保制、保甲制，自然也导致新的邻里关系的形成。西晋实行的品官占田荫客制，南北朝至唐前期实行的均田制，乃至历朝历代的移民政策，都会对邻里关系产生较大影响。

再次，传统的邻里关系与礼仪教化密切关联。儒家思想对传统中国有着深刻的影响，尤其在修身养性的道德修为方面更为突出，而邻里关系恰恰与人之道德关系是极为紧密的。因而在古代中国，各王朝的统治者大多重视对各种人等进行礼仪教化，力图构建和谐的邻里关系，稳定社会秩序，最终达到巩固自己统治的目的。在史

---

① 郑玄注，贾公彦疏：《周礼注疏》卷一〇《地官·大司徒》，第 367 页。

书中，中国古代各王朝对孝子顺孙、义夫节妇，或志行闻于乡间，或数世同居共爨者往往旌表门闾，加以表彰和倡导。更为突出的是，中国古代无论是荐举制还是科举制，大多注重乡里舆论，以此来了解和规范贵族豪门、士人学子的品行，作为升官任职的重要参考因素。各王朝还经常推行乡饮酒、乡射礼来宣扬尊老序齿，达到构建和谐乡里秩序的目的。

最后，士大夫是构建和谐邻里关系的主力军。尽管各王朝统治者倡导和谐的邻里关系，但具体进行教化民众、宣扬和谐邻里关系的执行人则是各王朝的士大夫。中国古代的士大夫受儒家思想影响极深，熟稔儒家经典，因而大多注重自身道德修养，怀有治国平天下的抱负，① 期盼着实现儒家的大同世界，因此将敬老爱幼、推己及人作为行为准则，宣扬"老吾老，以及人之老；幼吾幼，以及人之幼"，② 那种"居庙堂之高，则忧其民；处江湖之远，则忧其君"③ 是许多士大夫追求的理想境界。曹魏王昶训诫子侄："孝敬仁义，百行之首，行之而立，身之本也。孝敬则宗族安之，仁义则乡党重之，此行成于内，名著于外者矣"。④ 北魏宋隐临终告诫子侄曰"苟能入顺父兄，出悌乡党，仕郡幸而至功曹史，以忠清奉之，则足矣，不劳远诣台阁"，甚至声称"若忘吾言，是为无若父也，使鬼而有知，吾不归食矣"。⑤ 类似如此教导子弟者史不绝书。宋人赵彦卫曾说："比闾之法，所以保养斯民，相生相养，使邻里各有恩义。秦汉间，但令有罪相纠，而风俗坏矣。欲行三代之政，则比闾之法，不可不讲。"⑥ 这体现出士大夫对邻里关系的重视与

---

① 宋代理学崛起，更是把《大学》八纲领"格物""致知"到"治国""平天下"作为他们人生践履之信条。

② 焦循：《孟子正义》卷二《梁惠王上》，第86—87页。

③ 范仲淹：《范仲淹全集·范文正公文集》卷八《岳阳楼记》，四川大学出版社2007年版，第194页。

④ 《三国志》卷二七《王昶传》，第744页。

⑤ 《魏书》卷三三《宋隐传》，第773—774页。

⑥ 赵彦卫：《云麓漫钞》卷九，第157页。

渴望。宋代之后宗族崛起，宗族在邻里礼仪教化中的作用也是十分明显的。北宋神宗时，蓝田吕氏家族编著的《吕氏乡约》，规范家族在乡里的行为，在当时及后世产生巨大影响。正如元儒程端礼所称："必择友举行蓝田吕氏《乡约》之目，使德业相劝，过失相规，则学者平日皆知敦尚行实，惟恐得罪于乡评，则读书不为空言，而士习厚矣。必若此，然后可以仰称科制经明行修，乡党称其孝弟，朋友服其信义之实，庶乎其贤才盛而治教兴也，岂曰小补。"①

宋代宗族崛起，对宗族子弟的道德教育与文化教化极为重视，各种典籍中记载宋人建书院、书屋、学堂、精舍之事不绝。如宋人杨宗卿作记曰："昔太府公首尚礼乐，义教士类，授伊洛传，建塾于河之南，额曰'海隅书屋'，至今及门英贤济济，永昌先生、隐斋夫子咸继述之，此诚沈氏元运之所由兴也。即杭之龟山书院、永嘉之五峰书院，无以逾此。"② 杨宗卿对其师沈氏建书屋来教化宗族子弟的行为倍加赞赏。《卞氏蒙养斋记》批评"自学校废，圣贤教法无复影响。坏其真醇，凿其浑庞，支离邪僻，日前滔滔"③ 的现象，对卞氏建蒙养斋对族内儿童进行教育的行为深表赞赏。施宿记万卷堂"在新昌县石溪乡，先达石待旦始创堂贮书，又为义学三区，号上、中、下书堂。使学者迭升之人，以此勉励成名者众。傍又置议善阁，占山水之胜"。④ 元代类似记载也甚多，危素提及北宋陈襄后人"作家塾，以奉先圣先师，并祀公焉。置田一百五十亩，以赡其费，聘名师以教子弟"。⑤ 元成宗大德三年，江浙西

---

① 黄宗羲：《宋元学案》卷八七《静清门人》，中华书局 1982 年版，第 2933 页。
② 杨宗卿：《重修海隅书屋记》，陈建华、王鹤鸣主编：《中国家谱资料选编·教育卷》，上海古籍出版社 2013 年版，第 252 页。
③ 真德秀：《卞氏蒙养斋记》，陈建华、王鹤鸣主编：《中国家谱资料选编·教育卷》，第 102—103 页。此文不见真氏文集，自有可能伪托。但其中宣扬的含义则可视为时人之思想。
④ 施宿：《嘉泰会稽志》卷一八《拾遗》，台北：成文出版社 1983 年版，第 6497 页。
⑤ 危素：《陈氏古灵台书院记》，陈建华、王鹤鸣主编：《中国家谱资料选编·教育卷》，第 399 页。

道提举学事邓文原作《吴氏义塾记》，对有田三百亩的"吴氏义塾"大为称颂："师生廪饩有度，讲肄有业。童冠鼓箧而来者逾百员，盍举以旌善。"① 至于明清两代则有更多记载，正如赵青藜《倪氏紫山书院记》中所说的那样"凡故家巨姓之聚族而居者，又各就其社以立义学"，"以教同族之子弟"，"入其里，弦诵之声相闻，盖泾之于文学自天性。彬彬乎，邹鲁之遗风矣"。② 虽说赵氏之说或有夸大之处，但宗族立学教育族内子弟确实是普遍现象，这对礼仪传播及和谐邻里关系的建立有着极为重要的作用。

总之，古代中国的邻里关系受到经济条件、政治状况的制约，受到诸王朝的重视和深受儒家思想影响的士大夫的推崇，这对当今建设良好的邻里关系不无参考意义。

第四节　社会经济发展与礼制建设

乔清举《泽及草木　恩至水土》一书指出：人类面临空前的生态危机，其原因是"近代以来的西方思想对于客体自身的自为性和内在价值的无视，造成了人对自然不计后果的全面破坏"，因此，"21 世纪之初的人类需要一场新的启蒙运动。这场新启蒙运动的实质是重究'天人之际'、再探'群己权界'，即重新认识人，认识自然——'群'，认识二者的关系，建立新的生存方式"。③ 尽管学者可以对此做不同理解并提出不同看法，但人类如何正确地对待自然界，如何与自然界其他生物和谐相处，确实已是摆在人类面前的严峻课题。这不是危言耸听，也不是杞人忧天，而是世界上众

---

① 邓文原：《吴氏义塾记》，陈建华、王鹤鸣主编：《中国家谱资料选编·教育卷》，第 190 页。

② 赵青藜：《倪氏紫山书院记》，陈建华、王鹤鸣主编：《中国家谱资料选编·教育卷》，第 344—345 页。

③ 乔清举：《泽及草木　恩至水土》，山东教育出版社 2011 年版，第 4、第 5—6 页。

多有识之士共同的看法。1958 年国家号召"消灭四害",错误地把麻雀列为四害之一,全国人民捕杀大量麻雀,最终导致生态失衡,庄稼遭受到严重的虫害。1949 年之后,中国人口增长迅速,为满足生存需要与生产发展,在较长的一段时间内过度开发,森林和湖泊面积大幅度减少,导致严重的水土流失,生态环境恶化。显然,社会经济快速发展的同时,如果不注意取之有节,用之有度,完全有可能出现危害人们自身的灾难,从而带来严峻的生态危机问题,警钟长鸣,这些教训难道还不能引起我们的警惕吗?

问题是我们如何解决面临的困境?或者说,我们能否借助先圣前贤的智慧,提出一套中国特色的解决办法?张立文教授提出"和合生态智慧"[①] 的观点,包括天人合一、敬畏尊重、仁民爱物、中和并育和顺应自然五个方面,强调人与万物的"和合",以解决人与自然长期"对立"的问题,转而走向和谐相处。这是个非常有意义的观点,我们赞同张先生提出的"和合"观点。这里,我们想进一步挖掘中华传统礼制蕴含的中华先民处理人与自然关系而积累下来的生命经验和生活智慧,探讨中华传统礼制与社会经济发展的关系,为创建新时期礼仪体系提供参考。

一　礼制与经济的关系

我们反复强调,一定的社会历史条件(当然包括政治、经济等)是产生一定的礼制的基础,也就是说,礼制产生、发展及变化都受到具体历史条件的制约。但是,礼制并非仅是被动地勉强地去适应历史条件,而是会积极地对社会历史做出能动的作用。说得直率一些,适合于时代的礼制规范能够起到维护社会安宁,促进社会经济正常有序发展的作用,而落后于时代的礼制则会阻碍或破坏社会进步和经济的正常发展。

---

① 张立文:《儒家和合生态智慧》,《儒学评论》第 9 辑,河北大学出版社 2013 年版。

　　在中华传统礼制发展的历程中，先人们对礼制与经济关系有诸多论述，从他们所设置的礼仪乃至政治制度中，也可以看出他们的一些观念或观点。例如，西周实行井田制度，有田便有民，因此进行分封时，诸侯在获得封地的同时获得土地上的民众，周王及诸侯的一切的政治、经济活动都在礼制的规范下进行。《公刘》一诗，为"召康公戒成王也。成王将莅政，戒以民事，美公刘之厚于民"，[1] 即要求成王在一切"民事"上都保持先祖公刘"厚于民"之美德。"民事"应当包括社会经济生产，也就是说，要求成王仿照先祖公刘的"仁德"，以礼制规范来管理天下。"美公刘之厚于民"，即后世所称的公刘"厚德"。王符《潜夫论》称："公刘厚德，恩及草木，羊牛六畜，且犹感德，仁不忍践履生草，则又况于民萌而有不化者乎？君子修其乐易之德，上及飞鸟，下及渊鱼，无不欢忻悦豫，则又况于士庶而有不仁者乎？"[2] 这里称公刘所具有的仁心厚德，恩及草木，故可感化众生。"德"是西周礼制的精神内核，[3] 施德于百姓、草木，体现了以礼制规范来对待百姓、草木，从中可以看出礼制与百姓一切社会活动（当然包括经济活动）之间的关系。"恩及草木"即"德及草木""泽及草木"，这在古代典籍中记载极多，实际上便是孟子所说的"亲亲而仁民，仁民而爱物"，物，即万物。郑玄注《周礼·大司徒》时明确声称"仁，爱人以及物"，即将自己具有的仁德，推及他人与万物，这是一种非常深刻的思想观念。

　　草木无知，为何古人则称可以对其"施恩""施德"？实际上，中国自古以来就有多神观念，认为天地万物有灵，都会对自己施予恩惠或加之灾祸，故在设计礼制时将这一思想贯穿其中，其中既有政治目的，也有经济目的。《礼记·祭法》强调："王宫，祭日也。

　　① 毛亨传，郑玄笺，孔颖达疏：《毛诗正义》卷一七《大雅·公刘》，第1109页。
　　② 王符著，汪继培笺证：《潜夫论笺校正》卷八《德化》，中华书局1985年版，第373页。
　　③ 巴新生：《试论先秦"德"的起源与流变》，《中国史研究》1997年第3期。

夜明，祭月也。幽宗，祭星也。雩宗，祭水旱也。四坎、坛，祭四方也。山林、川谷、丘陵能出云，为风雨，见怪物，皆曰神。有天下者祭百神。诸侯在其地则祭之，亡其地则不祭。"① 这"有天下者祭百神"被历代帝王视为宣示政权合法性与合理性的理论根据。② 一般说来，王朝始建需进行南郊，百神列于祭坛之中，以宣告新王朝诞生；皇帝继位后也常以祭百神为名来宣告自己合法合理继位。如汉明帝甫一即位，便下诏云："予末小子，奉承圣业，夙夜震畏，不敢荒宁。先帝受命中兴，德侔帝王，协和万邦，假于上下，怀柔百神，惠于鳏寡。"③ 这都是政治目的。当然，凡遇水旱之灾，自然也会进行祈雨、祈晴等仪式，以救灾拯民。永平十八年天旱伤麦，明帝派遣"二千石分祷五岳四渎。郡界有名山大川能兴云〔致〕雨者，长吏各洁斋祷请，冀蒙嘉澍"。④ 类似祭祀，帝王下诏内容大致如此，因此可以说，祭祀能"兴云致雨"的山川百神在中国古代深入人心，即使如奴隶出身的石勒在临漳称帝后，立即下令"禁州郡诸祠堂非正典者皆除之"，即禁礼典所无祭祀，然"能兴云致雨，有益于百姓者，郡县更为立祠堂，殖嘉树，准岳渎已下为差等"，⑤ 这一禁一立之间，可以充分看出石勒对天地万物、山川祭祀的态度。

　　当然，自然界之万物不仅仅是"施恩""施德"的对象，实际还是回报的对象，因为它们的存在，惠及人类，自然也就需要对它们进行供奉、祭祀。如太阳月亮主管白日与夜晚，则需要祭日月；山川生长林木、豢养野兽，则可供人们之用，则需祭山岳；植物生

---

① 孙希旦：《礼记集解》卷四五《祭法》，第1194页。

② 王充《论衡》称帝王祭百神之类"皆法度之祀，礼之常制也。"王晖校释：《论衡校释》卷二五《祭意篇》，中华书局1990年版，第1057页。

③ 《后汉书》卷二《孝明帝纪》，第95页。

④ 《后汉书》卷二《孝明帝纪》，第123页。李贤注曰："假，至也"；"怀，安也。柔，和也。《礼》曰'凡山林能兴云致雨者皆曰神，有天下者祭百神'，怀柔百神也。"（第95页）

⑤ 《晋书》卷一〇五《石勒载记下》，第2748页。

长需要水，江河则可供水，那么需祭川渎。如此类推，自然界万物有灵，那么可以通过祭祀与之感应，祈祷它们给予庇佑。

显然，古人对万物之神崇拜、祭祀，是因为它们对国家政治、经济乃至社会一切活动都有着紧密的关系，有着不可忽视的重要作用，因此在礼制中特地设置祭祀它们的礼仪。应该指出，万物有灵论是当时社会生产力极其低下、科学知识极其贫乏的历史条件下，人们对自然界的一种经验总结，从现在角度看来是不科学、不正确的，但是需要强调的是，人们已经开始探索人与自然界的关系，探索礼制与经济发展关系，这是了不起的观念。当时，在国家具体的管理中，为调适人与自然界的关系，促进农业生产，也设置相应官员来进行具体管辖。三礼之一的《周礼》，其内容反映了战国时期对国家管理的思想，其中也涉及礼仪与国家经济关系的内容，最明显的是设置官员按照"天地春夏秋冬"这一自然界的系统，反映出国家管理与自然界之间的内在关系；在六大系统下设置一些官员主管某一具体事务，如秋官司寇之下诸多官员，有"春令为阱擭沟渎之利于民者，秋令塞阱杜擭"、除却"害于国稼者"的雍氏，有"掌国之水禁"的萍氏，有"掌设弧张。为阱擭以攻猛兽，以灵鼓驱之"的冥氏，有"掌除毒蛊"的庶氏，有"掌攻蛰兽"的穴氏，有"掌攻猛鸟"的翨氏，有"掌杀草"的薙氏，有"掌覆夭鸟之巢"的硩蔟氏，有"掌除蠹物以政禁攻之"的翦氏，有"掌除水虫"的壶涿氏，还有主管养马及管理草原的牧人，负责护林及除草焚灰以肥田的柞氏，等等。这些官员各主管一个方面之事务，在礼制的规范下行使职责，以维持国内经济秩序有条不紊。

设置这些官员依照自然界现象及礼制来进行国家管理的思想，实际与中华先祖黄帝关系极大，《史记·五帝本纪》有段非常重要的论述：

　　（轩辕氏）治五气，艺五种……顺天地之纪，幽明之占，死生之说，存亡之难。时播百谷草木，淳化鸟兽虫蛾，旁罗日

　　月星辰水波，土石金玉，劳勤心力耳目，节用水火材物。有土
　　德之瑞，故号黄帝。①

这段话虽短，然其含义颇深。"死生之说"，唐张守节《正义》认为
"说谓仪制也。民之生死。此谓作仪制礼则之说"。"存亡之难"，唐
司马贞《索隐》说"黄帝之前，未有衣裳屋宇。及黄帝造屋宇，制
衣服，营殡葬，万民故免存亡之难"。"时播百谷草木"，刘宋裴骃
《集解》引王肃曰："时，是也。"张守节《正义》云"言顺四时之
所宜而布种百谷草木也""淳化鸟兽虫蛾，旁罗日月星辰水波，土石
金玉"；司马贞《索隐》称"谓日月扬光，海水不波，山不藏珍，
皆是帝德广被也"。"节用水火材物"，张守节《正义》疏释："节，
时节也。水，陂障决泄也。火，山野禁放也。材，木也。物，事也。
言黄帝教民，江湖陂泽山林原隰皆收采禁捕以时，用之有节，令得
其利也。"在当时的语境之下，"顺天地之纪"中的天地具有神之特
性，它们会显现祸福灾祥，然而这段话主要含义显然是要求人们顺
应自然界的意志，以进行合理的农业生产。这短短数十字，将黄帝
功绩说得一清二楚，将其教民耕垦与天文地理、自然万物紧密联系
在一起，称黄帝定下规范，即制定礼仪规范，将一切社会活动（包
括生产营造、生老病死）以礼来加以制约，特别是教导民众对自然
界万物要用之有节，实是了不起的贡献！
　　先秦时期奠定的礼制与经济活动的关系，为后世王朝所继承。

二　从《月令》看礼制与社会经济发展关系

　　《月令》是《礼记》中一篇很重要的篇章，其中对国家管理逐
月做出安排，涉及经济活动内容非常多，而有关生态保护的内容更
令人瞩目。这里拟对《月令》与社会经济以及礼制的相关问题作
一论说。归纳起来，比较突出地表现在以下几个方面。

------

①　《史记》卷一《五帝本纪》，第3、6页。

其一，实施仁政。

施仁政，行德义，是对历代王朝施政的一种标准或者说要求。施仁政的基本要求是取民有制，使民有节，使民安居乐业，这也是礼制的基本要求，是仁政善行的体现。而取之无制，使之无节便会被批评为苛政暴行，也就是孔子斥责为猛于虎的暴政。故孔子曰："安上治民，莫善于礼；移风易俗，莫善于乐。"① 也就是后世所谓"圣人所美，政道至要，本在礼乐。《五经》同归，而礼乐之用尤急"，② 这一思想广为后世礼家或政治家追捧。在《月令》中，仁政思想非常突出。如不违农时，不妨农事，养老行善等。如季春为春荒时期，故"命有司发仓廪，赐贫穷，振乏绝，开府库，出币帛，周天下"；仲秋寒气渐强，需"养衰老，授几杖，行糜粥饮食"，季秋"霜始降，则百工休。乃命有司曰：寒气总至，民力不堪，其皆入室"，孟冬"劳农以休息之……毋或敢侵削众庶兆民，以为天子取怨于下"，如此等等都体现出仁政思想。

其二，不违农时。

不违农时是《月令》中非常突出的观点。它以四季十二个月分别阐述了按季节安排的各种生产活动。这里以《月令》孟春为例来分析。孟春中云："命相布德和令，行庆施惠，下及兆民。"郑玄注"令"为"时禁"，即颁布相关德教与禁令。接着"王命布农事，命田舍东郊，皆修封疆，审端经、术。善相丘陵、阪险、原隰土地所宜，五谷所殖，以教道民，必躬亲之"，显然，王根据田地宜植之物，将一年农事计划安排妥帖，以便百姓遵行，如此"田事既饬……农乃不惑"。其他诸月的安排也井然有序。显然，《月令》对农业生产非常重视。

其三，不妨农时。

国家事务繁多，自然有可能会与农事活动产生时间冲突，

---

① 孙希旦：《礼记集解》卷四八《经解》，第 1257 页。
② 《后汉书》卷三五《张奋传》，第 1199 页。

在《月令》中体现的是，凡农事繁忙之时，都以农事活动为主，政事活动为次，如此才能做到不妨农时。如仲春为农忙播种季节，因此规定"毋作大事，以妨农之事"，孟夏则是农作物"继长增高"，也就是农作物需要加紧管理之时，因而"毋有坏堕，毋起土功，毋发大众……命野虞出行田原，为天子劳农劝民，毋或失时。命司徒循行县、鄙，命农勉作，毋休于都"，即督促百姓致力于农作，以图丰收。季夏"不可以兴土功，不可以合诸侯，不可以起兵动众，毋举大事以摇养气"。仲秋是收获季节，"乃命有司，趣民收敛，务畜菜，多积聚。乃劝种麦，毋或失时。其有失时，行罪无疑"。总之，在与作物生长密切相关的春夏秋三季中，绝大多数时间让百姓安心务农，其他事情都给农事让路。而冬天自然会征发百姓进行农业之外的劳作，同时又提醒百姓准备好明年农事。如季冬"令告民出五种。命农计耦耕事，修耒耜，具田器……数将几终，岁且更始。专而农民，毋有所使"。在收获之前，孟秋时要求"完堤防，谨壅塞，以备水潦。修宫室，坏墙垣，补城郭"，仲秋收获之后，"筑城郭，建都邑，穿窦窖，修囷仓"，这样比较合理地避免了与农事产生直接冲突。总而言之，《月令》所体现出来的以农事为重的特色，是农业社会的仁政。

其四，为民祈求丰收。

在《月令》中，还有不少通过举行祭祀神灵的礼仪，祈求神灵赐予百姓丰收的记载。如孟春"天子乃以元日祈谷于上帝"，又"命祀山林川泽，牺牲毋用牝"。仲夏"命有司为民祈祀山川百源，大雩帝，用盛乐。乃命百县雩祀百辟卿士有益于民者，以祈谷实"，季夏"令民无不咸出其力，以共皇天上帝，名山大川，四方之神，以祠宗庙社稷之灵，以为民祈福"，孟冬"天子乃祈来年于天宗，大割祠于公社及门闾。腊先祖五祀，劳农以休息之"。这些祭祀仪式，都为百姓祈求神灵赐予丰收，也可说体现了一种重农重民、施行仁政的思想。

其五，生态保护。

《月令》中生态保护思想确实非常完善，突出地表现为按照时节来加以控制一些可能破坏生态环境的行为。如孟春"禁止伐木。毋覆巢，毋杀孩虫、胎、夭、飞鸟。毋麛，毋卵。毋聚大众，毋置城郭。掩骼埋胔"，那是因为春天是万物生长孕育之时，故禁伐木，加强保护鸟类孵化及幼鸟，不可捕杀幼兽等。到仲春即将下雨，或会引起洪涝灾害，故规定"毋竭川泽，毋漉陂池"，也"毋焚山林"，因为此时山林正在迅速生长。季春则有大雨降临，易产生水灾，故"命司空曰：时雨将降，下水上腾，循行国邑，周视原野，修利堤防，道达沟渎，开通道路，毋有障塞"，同时规定"田猎，罝罘、罗网、毕翳、喂兽之药毋出九门……命野虞毋伐桑柘"。孟夏"毋伐大树……驱兽毋害五谷，毋大田猎"。仲夏"农乃登黍……令民毋艾蓝以染，毋烧灰，毋暴布……游牝别群，则絷腾驹，班马政"。上述这些规定都体现了根据动物或植物生长规律来进行管理，不允许在动物繁殖期进行捕杀，也不允许春夏砍伐生长期的林木，以便它们繁育与成长。《月令》所说"毋变天之道，毋绝地之理，毋乱人之纪"，体现出生态环境保护的思想，这是非常值得关注，非常有价值的。

三　《月令》对后世的深远影响

需要强调的是，《月令》最初创制者不是儒家学者，它与《夏小正》都属于政令性文献，呈现王朝"法令"的特色。《月令》与《礼记》中其他篇目有所不同，但被汉代戴圣收入《礼记》中，说明当时儒家思想家对《月令》的认可，于是此文也成为儒家经典之一。《月令》以政令为核心，将阴阳五行、物候、星象历法等内容紧密联成一体，对后世王朝的施政有着极为深远的影响。[1]

---

① 汤勤福：《〈月令〉祛疑——兼论政令、农书分离趋势》，《学术月刊》2016年第10期。

首先，读"月令"成为重要礼仪形式。

先秦时期有无明堂颁朔、读月令的礼仪形式？至少目前没有过硬的史料可证实。[①] 于省吾先生认为商代行"二时制"，"四时"概念未见于金文，但从其他文献中考证出四季名称，"四时制"大致行于西周末叶，春秋前期明确有了四时概念。[②] 不过于先生未讨论有无明堂读月令的礼仪。从于先生的结论中至少可见西周时期没有颁朔或读月令的礼仪。明确的颁朔资料见于《论语》，"子贡欲去告朔之饩羊"，[③] 然颁朔是否读时令，至少先秦文献中没有确切的资料能加以证明。[④] 王梦鸥撰《读〈月令〉》[⑤] 一文，指出西汉有颁时令之举，东汉则出现读月令的礼仪形式，魏晋之后仍举行。东汉读令有较硬史料作为根据。然他称："不过，自东汉始见'读令'之礼，而当时读的究竟是那一种'令'？这事，难得到详实的记载。"这不能怪王先生，那是因为王文发表较早，他没有见到悬泉置出土的月令。[⑥] 悬泉置出土的《四时月令诏条》为西汉末年平帝元始五年以太皇太后名义颁布的西汉《月令》，从内容看，与《礼记·月令》相比显得比较简单，具体内容有相似处，也有不同处。如此便可肯定，东汉所读月令当非《礼记·月令》，而是东汉自行制定的月令。[⑦] 甘迪龙对先秦到汉初的《月令》进行了比较详

---

① 葛志毅先生对明堂进行过研究，参见氏著《明堂月令考论》，《求是学刊》2002 年第 5 期。

② 于省吾：《岁、时起源初考》，《历史研究》1961 年第 4 期。

③ 刘宝楠：《论语正义》卷四《八佾》，第 111 页。

④ 《月令》有季冬"天子乃与公、卿、大夫，共饬国典，论时令，以待来岁之宜"，"论时令"是讨论时令，并非读时令。

⑤ 王梦鸥：《读〈月令〉》，《政治大学学报》第 21 期，1970 年 5 月。

⑥ 悬泉置月令于 1991 年发现。黄人二：《敦煌悬泉置〈四时月令诏条〉整理与研究》，武汉大学出版社 2010 年版，第 3 页。

⑦ 汤勤福曾专程赴甘肃简牍博物馆考察，并向张德芳、肖从礼诸先生求教，得知该馆还保存着汉代其他有关"月令"的资料，这就更加充分说明东汉读的不是《礼记·月令》。然悬泉置月令当是直接下达到地方之法令，责成地方官员照此施行，而不是朝廷所读的月令。

细的研究，遗憾的是未涉及悬泉置月令。①

从后世王朝读月令的情况来分析，大致是逐渐趋向衰弱。司马彪《礼仪志》记载："每月朔旦，太史上其月历，有司、侍郎、尚书见读其令，奉行其政。"② 曹魏亦"常行其礼。魏明帝景初元年，通事白曰：'前后但见读春夏秋冬四时令，至于服黄之时，独阙不读，今不解其故。'散骑常侍领太史令高堂隆以为'黄于五行，中央土也，王四季各十八日。土生于火，故于火用事之末服黄，三季则否。其令则随四时，不以五行为令也，是以服黄无令'。斯则魏氏不读大暑令也"。③ 高堂隆的解释不能令人信服，因为上述司马彪明确称"每月朔旦"读月令，而非每季读月令。此处只能理解为曹魏已经改为读四时令，即按季读月令。西晋亦有读月令记载：

> 晋成帝咸和五年六月丁未，有司奏读秋令。兼侍中散骑侍郎荀弈、兼黄门侍郎散骑侍郎曹宇驳曰："尚书三公曹奏读秋令仪注。新荒以来，旧典未备。臣等参议，光禄大夫臣华恒议，武皇帝以秋夏盛暑，常阙不读令，在春冬不废也。夫先王所以从时读令者，盖后天而奉天时。正服，尊严之所重，今服章多阙如。比热隆赫，臣等谓可如恒议，依故事阙而不读。"诏可。六年三月，有司奏："今月十六日立夏。案五年六月三十日门下驳，依武皇夏阙读令。今正服渐备，四时读令，是祇述天和隆赫之道。谓今故宜读夏令。"奏可。④

此可见晋武帝时"以秋夏盛暑，常阙不读令，在春冬不废"，至成帝咸和六年则读四时令。然《宋书》叙述西晋诸朝读月令时称："太史每岁上其年历。先立春立夏大暑立秋立冬，常读五时令。皇

---

① 甘迪龙：《先秦汉初〈月令〉研究》，硕士学位论文，香港中文大学，2005年。
② 司马彪：《续汉书·礼仪志上》，第3101页。
③ 《晋书》卷一九《礼志上》，第588页。
④ 《宋书》卷一五《礼志二》，第384页。

帝所服，各随五时之色。"① 此称读五时令，或有夸大不确之处。
而成于唐朝的《晋书》载："汉仪，太史每岁上其年历，先立春、
立夏、大暑、立秋、立冬常读五时令，皇帝所服，各随五时之
色。"② 显然有抄袭《宋书》之嫌疑，更不足为据。刘宋依晋旧制，
亦读月令。萧齐武帝永明六年"冬十月庚申，立冬，初临太极殿
读时令"，③ 梁陈未见记载。北齐有读时令记载，④ 北周有依《月
令》之语，⑤ 然未见读令，隋亦有读时令之记载。唐太宗贞观十四
年，"命有司读春令"，⑥ 武则天圣历元年正月"寻制：每月一日于
明堂行告朔之礼。司礼博士辟闾仁谞奏：'……望依王方庆议，用
四时孟月日及季夏于明堂修复告朔之礼，以颁天下。其帝及神，亦
请依方庆用郑玄义，告五时帝于明堂上。则严配之道，通于神明；
至孝之德，光于四海。'制从之。长安四年，始制：元日明堂受
朝，停读时令"。⑦ 玄宗于开元二十六年，"命太常卿韦縚每月进
《月令》一篇"，规定每孟月视日，命韦縚坐而读之。⑧ 宋代自太祖
起有颁历事："建隆二年五月，以《钦天历》时刻差谬，命有司重
加研核。至四年四月，司天少监王处讷上《新宋建隆应天历》凡
六卷，太祖御制序颁行。"⑨ 然读月令事，并不常行。据《宋史·
礼志》，宋有入阁仪，自太祖起施行，然到真宗"大中祥符二年六
月十六日，帝常问宰臣读时令之礼何时可行，王旦等曰：'旧礼以
四时首月读之。'诏自今每入阁日，即行此礼。其后亦不果行"。⑩

---

① 《宋书》卷一五《礼志二》，第384页。
② 《晋书》卷一九《礼志上》，第587—588页。
③ 《南齐书》卷三《武帝纪》，第55页。
④ 参见《隋书》卷九《礼仪志四》。
⑤ 参见《周书》卷五《武帝纪上》。
⑥ 《旧唐书》卷二四《礼仪志四》，第914页。
⑦ 《旧唐书》卷二二《礼仪志二》，第868、873页。
⑧ 《旧唐书》卷二四《礼仪志四》，第914页。
⑨ 徐松辑：《宋会要辑稿》运历一，第2683页。
⑩ 徐松辑：《宋会要辑稿》仪制一，第2309页。

可见真宗朝未行此礼，且真宗亦不明读令为何时。仁宗继位后，"从知制诰李淑议，仍读时令，诏礼官详定仪注，以言者谓未合典礼而罢"。[①] 仁宗朝以不合典礼而罢读月令礼，即未行此礼。神宗"庆历七年三月十七日，诏太常礼院权停所上立夏读时令仪。先是，诏御史中丞高若讷与礼官定读时令仪，将以四月五日就大庆殿行礼，而言者谓未合典礼，故权罢"。[②] 显然神宗朝读月令礼亦未施行。哲宗在位 10 余年，未见记载行读月令礼。读月令礼仅行用于徽宗一朝，[③] 此摘录《宋史》一段相关资料：

> 政和七年九月一日，诏颁朔、布政自十月为始。是月一日，上御明堂平朔左个，颁天运、政治及八年戊戌岁运、历数于天下。自是每月朔御明堂布是月之政。
>
> ……
>
> 初，尚书左丞薛昂请凡崇宁以来绍述熙、丰政事，各条其节目，系之月令，颁于明堂。寻诏："颁月之朔，使民知寒暑燥湿之化，而万里之远，虽驿置日行五百里已不及时。其千里外当前期十日进呈取旨，颁布诸州长吏封掌，俟月朔宣读之。"
>
> 宣和元年，蔡京言："周观治象于正月之始和，以十二月颁告朔于邦国，皆不在十月。后世以十月者，祖秦朔故也。秦以十月为岁首，故月令以孟冬颁来岁之朔，今不当用。请以季冬颁岁运于天下。"诏自今以正月旦进呈宣读。四年二月，太常王黼编类《明堂颁朔布政诏书》《条例》《气令应验》，凡

---

① 《宋史》卷一一七《礼志二十》，第 2767 页。

② 徐松辑：《宋会要辑稿》仪制一，第 2312 页。

③ 汤勤福《〈月令〉祛疑——兼论政令、农书分离趋势》对唐宋读《月令》形式及内容有论述。徽宗时不按"年"读令，而是按"月"读令（《学术月刊》2016 年第 10 期）。

　　六十三册，上之。靖康元年，诏罢颁朔布政。①

　　从上述引文可见，宋代颁朔、读月令、行政仅行用于北宋末年的十年间，故现存《宋大诏令集》保存的均为徽宗时期的《月令》。元明清三代有颁朔事，未见读《月令》记载。总体而言，读时令自东汉之后逐渐趋向于衰弱。

　　其次，《礼记·月令》依"五行"行政思想的影响。

　　张三夕等人对《礼记·月令》单篇别传现象做了研究，依典籍性质分四类列表，统计出自汉到清共 52 种著作，脱漏太多。②然而从张先生所列举的那些书籍来看，其中不乏解说五行的内容，也就是说，历代学者仍然比较注意《礼记·月令》中的依五行行政的思想。进一步说，正史《礼志》中有许多依据《礼记·月令》讨论礼仪之事，自然也可视为行政例证。而史书所载大臣依《礼记·月令》上章奏，也是例证。

　　众所周知，五行思想究竟出现在何时，学界没有定论，③ 但可以肯定的是，作为政令性文献，《礼记·月令》是现知最早采纳五行思想的文献，因为《夏小正》没有五行思想。《礼记·月令》中五行思想表现得非常明确，四季各为一"行"一"色"，另加中央土：春"盛德在木"，色青；夏"盛德在火"，色赤；中央土，色黄；秋"盛德在金"，色白；冬"盛德在水"，色黑。值得注意的

---

　　①　《宋史》卷一一七《礼志二十》，第 2772—2773 页。

　　②　张三夕、毋燕燕：《〈月令〉单篇别行现象论析》，《海南大学学报》2015 年第 1 期。张文脱漏实在太多，此处随手举之如下：唐有孙思邈《齐人月令》一卷、明有李一楫《月令采奇》四卷（万历四十七年在福建晋江付梓，今存）、顾清《田家月令》一卷、陈鸣鹤《田家月令》一卷、宋公望《宋氏四时种植书》一卷、吴嘉言《四季须知》、佚名《岁时种植》一卷、清人朱濂《时令汇纪》十六卷、臧庸《月令杂说》一卷等。

　　③　汤勤福《〈月令〉祛疑——兼论政令、农书分离趋势》（《学术月刊》2016 年第 10 期）对五行思想产生过程有过论述，可参见。需要指出的是，阴阳、五行原为不同思想，两者起源都颇早；战国形成的"阴阳五行思想"是一个融合阴阳、五行两家的思想体系，持相生相克的五德始终理论。

是，从著述角度看，《礼记·月令》在汉代流行之后，依时"行政"的观念影响较为明显，而五行思想则逐渐淡出。如《四时月令诏条》、崔寔《四民月令》，前者着重"政令"，后者着重"农事"，而五行思想都不明显，这与《礼记·月令》有明显不同。可以说，自崔寔撰成《四民月令》一书后，比较专业的农政类著作从《月令》政令性典籍中分化出来，这是中国古代学术史上一次重要分流。

但是出现农政类著作并不能说明《礼记·月令》五行行政的观念对后世没有影响，上述所举魏明帝时讨论读时令，以及《宋书》所云"太史每岁上其年历。先立春立夏大暑立秋立冬，常读五时令。皇帝所服，各随五时之色"，都可以看出依"五行"行政的影响，但这仅是形式上的模仿而已。杨振红教授对战国到秦汉月令行用问题有深入研讨，她指出："这些由西汉政府根据月令的精神逐渐确定的法令制度，构成了汉代施行月令的基本内容，其中具有礼仪性的行事被晋人司马彪记入《续汉书·礼仪志》中。"[①] 读月令也罢，颁朔也罢，实际上都是要求按季节或按月份变化来安排好行政工作，指导农业生产，以便更好地开展农事活动。

西汉大儒董仲舒《春秋繁露》用五行相生相克学说来解释农事，董氏论述颇长，此摘录木、土两行的关键内容如下：

> 木者春，生之性，农之本也。劝农事，无夺民时，使民，岁不过三日，行什一之税，进经术之士。挺群禁，出轻系，去稽留，除桎梏，开门阖，通障塞。恩及草木，则树木华美，而朱草生；恩及鳞虫，则鱼大为，鳣鲸不见，群龙下。如人君出入不时，走狗试马，驰骋不反宫室，好淫乐，饮酒沈湎，纵恣，不顾政治，事多发役，以夺民时，作谋增税，以夺民

① 杨振红：《月令与秦汉政治再探讨——兼论月令源流》，《历史研究》2004年第3期。

财……咎及于木，则茂木枯槁，工匠之轮多伤败。毒水洊群，漉陂如渔，咎及鳞虫，则鱼不为，群龙深藏，鲸出见。

土者夏中……恩及于土，则五谷成，而嘉禾兴。恩及倮虫，则百姓亲附，城郭充实，贤圣皆迁，仙人降。如人君好淫佚……欺罔百姓，大为台榭，五色成光，雕文刻镂，则民病心腹宛黄，舌烂痛。咎及于土，则五谷不成，暴虐妄诛，咎及倮虫，倮虫不为，百姓叛去，贤圣放亡。①

董氏就从木、土两行的相生相克来阐述帝王行政优劣导致的结果，这确实令人深思。

顺天应时，不违农时，依月令行政，史有记载。如北周保定三年，由于"风雨僭时，疾厉屡起，嘉生不遂，万物不长"，武帝下诏承认自己未遵行太祖"敬顺昊天，忧劳庶政"之德，致使"朝廷权舆，事多仓卒，乖和爽序，违失先志"，于是规定"自今举大事、行大政，非军机急速，皆宜依月令，以顺天心"。② 又如唐代选官任职有明确标准，"择人以四才，校功以三实"，"四才，谓身、言、书、判。其优长者，有可取焉。三实，谓德行、才用、劳效，德均以才，才均以劳，劳必考其实而进退之"。③《全唐文》载录许多官员当时的判词，如有一题为："得景为宰。秋雩，刺史责其非时，辞云：'旱甚，若不雩，恐为灾。'"判词为："居常授时，政则行古，恤人救弊，道在从宜。旱将害于粢盛，雩难拘于秋夏。景象雷是职，不雨其忧，苟旱魃之愆时，虐既太甚，虽蓐收之戒序，雩亦何伤？冀有闻于鹳鸣，庶无虑于狼顾。馨香以感，夕且望于月离，稼穑其伤，时难遵于龙见。虽事乖鲁史，而义合随时。

---

① 董仲舒著，苏舆义证：《春秋繁露义证》卷一三《五行顺逆》，第371—373、374—375页。

② 《周书》卷五《武帝纪上》，第68页。

③ 《旧唐书》卷四三《职官志二》，第1818页。

制锦执言，是亦为政。褰帷致诘，未可与权。"① 按照《礼记·月令》记载，仲夏"命有司为民祈祀山川百源，大雩帝，用盛乐。乃命百县雩祀百辟卿士有益于民者，以祈谷实"，② 而"秋雩"则不合，因此受到刺史责难。宰则辩称旱灾实甚，虽"事乖鲁史，而义合随时"。可见，宰与刺史对于政事的处理都依据《礼记·月令》的规范。又，"得甲为邠州刺史。正月令人修耒耜，廉使责其失农候，诉云'土地寒'"。③ 在《礼记·月令》载修耒耜为季冬，刺史令人于正月修整，故被斥为失农候，刺史以"土地寒"为理由应诉。又，"得丁为刺史。见冬涉者，哀之，下车以济之。观察使责其不顺时修桥，以微小惠，丁云'恤下'"。此判为刺史见人冬天涉水过河，下车救助，然观察使责其未按时修桥。据《礼记·月令》，地方主管官员当修理桥梁，既涉水渡河，则说明桥梁未修，故以《礼记·月令》之规定斥责之。④ 上述数例选官试题，均以《礼记·月令》为依据，可见当时需要依据《月令》来处理政务，显示出统治者对《礼记·月令》在行政中作用的重视。类似判词在《全唐文》中颇多。

当然，不依《月令》行政者，就会受到指责，即使帝王也会受到批判。如史载："吴孙皓时，常岁无水旱，苗稼丰美而实不成，百姓以饥，阖境皆然，连岁不已。吴人以为伤露，非也。案刘向《春秋说》曰'水旱当书，不书水旱而曰大无麦禾者，土气不养，稼穑不成'，此其义也。皓初迁都武昌，寻还建邺，又起新馆，缀饰珠玉，壮丽过甚，破坏诸营，增广苑囿，犯暑妨农，官私疲怠。《月令》，季夏不可以兴土功，皓皆冒之。此修宫室饰台榭之罚也。"⑤ 这里，史家以孙皓违背《礼记·月令》季夏不可以兴

---

① 董诰等：《全唐文》卷六七二，第 6861 页。
② 孙希旦：《礼记集解》卷一五《月令》，第 450 页。
③ 董诰等：《全唐文》卷六七三，第 6869 页。
④ 董诰等：《全唐文》卷六七三，第 6875 页。
⑤ 《晋书》卷二七《五行志上》，第 808 页。

建宫室苑囿的规定，批判孙皓"犯暑妨农，官私疲怠"的错误做法，认为这是导致灾害的原因。

其实，在《礼记·月令》中还有一项礼仪亦与农事有密切关系——迎气礼。《礼记·月令》记载"迎春于东郊""迎夏于南郊""迎秋于西郊""迎冬于北郊"，这都是与农事紧密相连的礼仪，但没有中央土，仅四郊迎气。东汉明帝永平二年十二月，[①] 马防提出五郊迎气礼，[②] 被明帝接受。史称东汉"迎时气，五郊之兆。自永平中，以《礼谶》及《月令》有五郊迎气服色，因采元始中故事，兆五郊于洛阳四方"，[③] 其仪，"立春之日，夜漏未尽五刻，京师百官皆衣青衣，郡国县道官下至斗食令史皆服青帻，立青幡，施土牛耕人于门外，以示兆民"，[④] "立夏之日，夜漏未尽五刻，京都百官皆衣赤，至季夏衣黄"，[⑤] "立秋之日，夜漏未尽五刻，京都百官皆衣白"，[⑥] "立冬之日，夜漏未尽五刻，京都百官皆衣皂"。[⑦] 其春以青、夏以赤、季夏以黄、秋以白、冬以皂（黑），显然可看出是受《礼记·月令》五行影响。更为重要的是，《礼记·月令》中农事依五行行政的形式在五郊迎气礼中开始得到体现。这种五郊迎气礼延续很久，可见《礼记·月令》影响之深远。[⑧]

再次，《礼记·月令》重农思想的影响。

《礼记·月令》中具有非常浓厚的重农思想，当然这种思想并

---

① 参见《后汉书》卷二《明帝纪》。

② 参见《后汉书》卷二四《马防传》。

③ 司马彪：《续汉书·祭祀志中》，第 3181 页。

④ 司马彪：《续汉书·礼仪志上》，第 3102 页。

⑤ 司马彪：《续汉书·礼仪志上》，第 3117 页。

⑥ 司马彪：《续汉书·礼仪志上》，第 3123 页。

⑦ 司马彪：《续汉书·礼仪志上》，第 3125 页。

⑧ 《隋书》卷七《礼仪志二》称："陈迎气之法，皆因梁制。后齐五郊迎气，为坛各于四郊，又为黄坛于未地。所祀天帝及配帝五官之神同梁。其玉帛牲各以其方色。"（第 129 页）

非其独有，在先秦儒家著述中多有表现，如孟子便强调"不违农时，谷不可胜食也"。① 但是，《礼记·月令》重农思想的特点是与五行行政、依时行政紧密结合在一起的。

在中国古代，重农主要表现在不夺农时，轻徭薄赋，给百姓一个稳定的生产环境，这便是仁政善行。古代中国是个农业国家，小农经济支撑着整个国家机器的运转，这就要求帝王重视农业生产，奉行重农政策，以利国家财政收入与稳定社会，这也是历代儒家学者孜孜以求的目标。上述所引董仲舒之语，十分清楚地表现出他所主张的不违农时、轻徭薄赋的重农思想，这与《礼记·月令》一脉相承。又如北周太祖时，苏绰撰《六条诏书》，第五条中提出："凡伐木杀草，田猎不顺，尚违时令，而亏帝道；况刑罚不中，滥害善人，宁不伤天心、犯和气也！天心伤，和气损，而欲阴阳调适，四时顺序，万物阜安，苍生悦乐者，不可得也。"② 可见，不违时令、刑罚得中、不害善人才会"阴阳调适，四时顺序，万物阜安，苍生悦乐"，苏绰之见确实体现了重农思想。正由于此，北周武帝保定三年大造宫室，正巧春夏大旱，因此武帝"诏公卿百寮，极言得失"，黎景熙上书曰："臣闻成汤遭旱，以六事自陈。宣王太甚，而珪璧斯竭。岂非远虑元元，俯哀兆庶。方今农要之月，时雨犹愆，率土之心，有怀渴仰。陛下垂情万类，子爱群生，觐礼百神，犹未丰洽者，岂或作事不节，有违时令，举措失中，倪邀斯旱。"③ 黎景熙以前代历史的经验教训来劝谏，认为"作事不节，有违时令"，因此导致此灾。这可视为苏绰之语的注脚。

历朝历代批评帝王穷奢极侈的言论极多，无须多举。历代更有不少帝王因水旱之灾下罪己诏，这当然也是重农表现——至少表面上如此。帝王还会下诏劝农或赈济灾民等，当然也是纠正官府违时

---

① 焦循：《孟子正义》卷二《梁惠王上》，第 54 页。
② 《周书》卷二三《苏绰传》，第 389 页。
③ 《周书》卷四七《黎景熙传》，第 846 页。

加役之劳民之举，此举一例：

> 今春雨泽以时，农民桑蚕谷麦，种作勤劳。一岁之功，并
> 在此时。尚虑州县暗慢之吏，覆按细罪，拘牵微文，召呼证
> 辨，连逮丁壮。加以兴土木不急之务，留系工役，理公私未偿
> 之负，监锢其身。失业数旬，受弊卒岁。委安抚转运司，明加
> 敕诫，省事息民，无夺其时。仍令州县吏，躬亲劳农劝民，专
> 力致勤，务尽地力，毋或自失。以俟有秋，给公上、奉孝养
> 焉。其有去岁不登，今春少雨，农民艰食失业者，令所在郡县
> 速振救之，无使流移，以称朕爱民厚农之意。①

宋英宗此则诏书，集劝农、赈济、禁地方官员倒行逆施、禁违时征
发徭役于一体，十分典型。上述提及唐代选官任职以《礼记·月
令》内容来对官员进行考试，也说明统治者对农业的重视。

前已提及宋徽宗读月令，《宋大诏令集》卷一二六《明堂四》
至卷一三三《明堂十》中记载大量徽宗时期的月令，其中不乏
"重农"言论，如"申命有司，农务毕乃受田讼……是月也，录老
疾孤幼不能自存"（政和七年十月月令），"是月也，弊甿讼，无妨
田事……若老疾贫乏丐乞之给食者"（政和八年三月月令），"是月
也，舍役徒功之半，毋课伐木于山林"（政和八年五月月令），"农
事既举，毋受田讼……是月也，禁野烧田，毋捕鸟兽，颁时药，救
民疾"（重和二年二月月令），"是月也……弊讼毋妨农功"（宣和
三年三月月令），"老疾贫丐抚养无常数，应给食……部送军兵，
量情留役而食之……河防军工暴露徒役之工，则舍其半，雨雪则止
之。山林艰于采造，听免程课"（宣和三年十一月月令）。如此等
等"重农"措施，均是在读"月令"中体现出，尽管可以理解为

---

① 英宗：《无夺民时振救失业诏》（治平四年闰三月乙巳），佚名：《宋大诏令
集》卷一八二，第 661 页。

纸面文章，然确实可以看出《礼记·月令》之影响。

复次，《礼记·月令》生态保护思想的影响。

前已叙及，《礼记·月令》中有许多论及生态保护的内容，这种思想对后世影响确实很大。在先秦，自然并非只有《礼记·月令》涉及生态保护，其他典籍中也有些论述，如《鲁语》云"宣公夏滥于泗渊，里革断其罟而弃之，曰：古者大寒降，土蛰发，水虞于是乎讲罘罶，取名鱼，登川禽，而尝之庙，行诸国，助宣气也。鸟兽孕，水虫成，兽虞于是禁罝罗，猎鱼鳖以为夏槁，助生阜也。鸟兽成，水虫孕，水虞于是禁罜䍡，设阱鄂，以实庙庖，畜功用也。且夫山不槎蘖，泽不伐夭，鱼禁鲲鲕，兽长麑麇，鸟翼鷇卵，虫舍蚳蝝，蕃庶物也，古之训也。今鱼方别孕，不教鱼长，又行网罟，贪无艺也"，① 《王制》称"獭祭鱼，然后虞人入泽梁；豺祭兽，然后田猎；鸠化为鹰，然后设罻罗；草木零落，然后入山林。昆虫未蛰，不以火田，不麛、不卵，不杀胎，不殀夭，不覆巢，"② 《曲礼》也有"国君春田不围泽，大夫不掩群，士不取麛卵"，③ 这些都涉及生态保护问题。但是像《礼记·月令》这样详细地按月讨论生态问题，或许是绝无仅有的。④

前面已经讨论了"恩及草木"即"德及草木""泽及草木"问题，指出这与中国自古以来的多神观念、万物有灵有关，因此礼制将"恩及"草木鸟兽作为施行践履"仁民而爱物"的重要方面，实际上体现的是善待生命、善待万物。上引董仲舒之语已有类似观点，其实汉代的其他人也有类似说法，如陆贾称："圣人之理，恩及昆虫，泽及草木，乘天气而生，随寒暑而动者，莫不延颈而望治，倾耳而听化。圣人察物，无所遗失，上及日月星辰，下至鸟兽

---

① 徐元诰：《国语集解·鲁语上》，第 167—170 页。

② 孙希旦：《礼记集解》卷一二《王制》，第 335 页。

③ 孙希旦：《礼记集解》卷五《曲礼》，第 122 页。

④ 《夏小正》与《礼记·月令》类似，因为都是政令类文献，故说得较多。然两者比较，《礼记·月令》内容比《夏小正》要丰富得多。

草木昆虫。"① 王符有"以仁抚世，泽及草木"；② 严助谓"恩至禽兽，泽及草木"；③ 等等。在有关汉代的史书中，记载了许多礼与生态保护的例证，此列一例：

> （法雄）迁南郡太守……永初中，多虎狼之暴，前太守赏募张捕，反为所害者甚众。雄乃移书属县曰："凡虎狼之在山林，犹人之〔民〕居城市。古者至化之世，猛兽不扰，皆由恩信宽泽，仁及飞走。太守虽不德，敢忘斯义。记到，其毁坏槛阱，不得妄捕山林。"是后虎害稍息，人以获安。在郡数岁，岁常丰稔。④

"仁及飞走"即仁及飞禽走兽。需要重视的是"太守赏募张捕，反为所害者甚众"，即作者对赏募张捕的行为持批判态度。而法雄认为老虎居山林，犹如百姓居城市，强调各安其处，并以儒家仁义来反对任意捕杀老虎。"虎害稍息""岁常丰稔"并不是不捕杀虎的必然结果，而是体现出作者对法雄尊重万物、各安其处的思想的支持。整个记载反映了作者主张人与动物和平相处的理念，含有生态保护与平衡的观念。

另一则事例更为典型：

> 建初七年，郡国螟伤稼，犬牙缘界，不入中牟。河南尹袁安闻之，疑其不实，使仁恕掾肥亲往廉之。恭（按：中牟令鲁恭）随行阡陌，俱坐桑下，有雉过，止其傍。傍有童儿，亲曰："儿何不捕之？"儿言"雉方将雏"。亲瞿然而起，与恭

---

①　陆贾著，王利器校注：《新语校注》卷下《明诫》，中华书局 1986 年版，第155 页。

②　王符著，汪继培笺：《潜夫论笺校正》卷三《忠贵》，第 111 页。

③　《汉书》卷六四上《严助传》，第 2780 页。

④　《后汉书》卷三八《法雄传》，第 1278 页。

诀曰："所以来者，欲察君之政迹耳。今虫不犯境，此一异
也；化及鸟兽，此二异也；竖子有仁心，此三异也。久留，徒
扰贤者耳。"①

此是说肥亲受袁安之派遣，到中牟暗访螟不伤稼之事，然发现孩童
不捕杀怀孕之野鸡，肥亲认为中牟县礼义教化深入到童孺，仁心遍
及鸟兽，因此才会虫不犯境，并认为这是中牟三异。虫不犯境当然
与礼义教化无关，然肥亲所称中牟礼义教化甚有功效则是可信，因
为《礼记·月令》（也就是礼之规范）就有不杀孕兽的规定，此童
实是以行动做出了表率，中牟县令鲁恭也践履了"仁民而爱物"，
故得到肥亲的赞颂。

实际上，礼制对人利用自然有诸多规范，如狩猎、捕鱼有严
格的时间限制，砍伐烧荒也必须依时而行，对环境的改良必须中
规中矩，不可肆意破坏自然环境。因为保护生态环境，便是保护
人们自身，这一点古人常有论述。如孟子说："不违农时，谷不
可胜食也。数罟不入洿池，鱼鳖不可胜食也。斧斤以时入山林，
材木不可胜用也。谷与鱼鳖不可胜食，材木不可胜用，是使民养
生丧死无憾也。养生丧死无憾，王道之始也。"② 荀子也说："川
渊深而鱼鳖归之，山林茂而禽兽归之，刑政平而百姓归之，礼义
备而君子归之……川渊枯则鱼龙去之，山林险则鸟兽去之，国家
失政则士民去之。"③ 无论是孟子将捕鱼、砍伐与不违农时联系起
来，称之"王道"，还是荀子把川渊深、山林茂这样良好的环境导
致鱼鳖、禽兽众多，说成与刑政、礼义一样重要，都体现出他们对
生态环境的认识，体现出礼制对国家大政、社会经济发展的重要
意义。

在中国古代，依礼保护生态环境的例证，常见于典籍，这里举

---

① 《后汉书》卷二五《鲁恭传》，第 874 页。
② 焦循：《孟子正义》卷二《梁惠王上》，第 54—55 页。
③ 王先谦：《荀子集解》卷九《致士》，第 260 页。

宋真宗之诏为例：

> 火田之禁，著在礼经。山林之间，合顺时令。其或昆虫未
> 蛰，草木犹蕃，辄纵燎原，则伤生类。式遵旧制，以著常科。
> 诸路州县畬田，并如乡土旧例外。自余焚烧野草，并须十月后
> 方得纵火。其行路野宿人，所在检校，无使延燔。①

所谓"火田之禁，著在礼经"，此礼经指《礼记》，实际便是指
《礼记·月令》。将该诏书内容与《礼记·月令》对比一下，就十
分明显看出它是依据《礼记·月令》而来的。王莽执政后，曾下
诏称："开天下山泽之防，诸能采取山泽之物而顺月令者，其恣听
之，勿令出税。"② 即依据《月令》规定的季节，可以获得山泽之
利。其依据仍是《礼记·月令》。前所提及的宋徽宗读月令，其中
有相当多的禁伐树木、禁烧田草、禁捕鸟兽的记载，都显示出他所
制作的月令与《礼记·月令》的关系，反映出一种生态保护的
观念。

总之，《礼记·月令》中生态保护思想对后世是有很大影响
的，尽管我们不能把生态保护完全归功于《礼记·月令》，但它发
挥了相当影响也是可以肯定的。当然，上述例证也能给予我们一些
启迪，人类应当顺应自然，彻底摒弃人定胜天、人为万物之主的观
念，要更清醒地看到保护自然就是保护人类本身，毁坏自然就是毁
灭人类之举。生态环境保护是当今世界各国都面临着的重大现实问
题，需要同策同力地认真解决，中华传统礼仪生态保护观念可以为
我们提供参考。

---

① 真宗：《令十月后方得焚烧野草诏》（大中祥符四年八月丙午），佚名：《宋大
诏令集》卷一八二，第 660 页。
② 《汉书》卷九九下《王莽传》，第 4176 页。

第 四 章
重建礼义之邦的转化论

我们在第二章"中华传统礼制价值论"中已经讨论过儒家礼乐文化历史价值，也以曲礼为中心对中华传统礼制与现代生活的联系与对接进行过一些探索，还探讨了中华传统礼制内在凝聚力的学理资源，这一切当然都是进一步研究中华传统礼制现代价值的基础。实际上，中华传统礼制不能直接拿来就用，必须经过现代性转换，才能重新恢复其活力，适用于当代社会。本章就从转换论角度来对中华传统礼制的现代价值进行深入研讨，以供建设新时期礼仪体系参考之用。

第一节　人神之际：神性与理性的角逐

中国古代礼制的祭祀体系中充满着神性光环，这是无可否认的事实。在古代祭祀体系中，天、地、万物之神，乃至祭祀祖先中都透露出神性。实际上，中华传统礼制祭祀体系中，祭祀对象并非都是"神"，有着相当多的理性内容。许多理性的内容在演化过程中神性色彩逐渐加重，理性色彩则逐渐减弱，这一现象非常值得研究。下面我们以中国古代五帝祭祀的变化为例，来分析礼制中的神性与理性之间的角逐，用以探索中华传统礼制演变的一些规律，以便在构建新时期礼制体系时提供参考。

在古代中国，国家祭祀中一直有祭天、祭宗庙、祭先代帝王等礼仪仪式，这些敬天祭祖的仪式维系着一家一姓政权之合法性与权威性，是显示等级制度合理性的必要手段，也被当成佑国护民的重要象征。在古代中国众多的国家祭祀中，五帝祭祀无疑是一项十分重要的祭祀仪式，这一祭祀的演化过程涉及郊祀、祭宗庙、明堂、祭先代帝王，也与雩祀、迎气礼、祭感生帝、方所祭祀等密切相关，其流变极为复杂，体现出古代中国祭祀演化的某些重要特点，因此值得仔细梳理与深入研究。

五帝是中国最早的王朝夏建立者的先祖，在历代有不同说法，但这里不拟考订五帝何指，[①] 而是从中国礼制史上五帝祭祀对象这一"整体"出发来研究问题，以期思考五帝祭祀的演变究竟蕴含着什么深层的意义，以及从现代性转换角度来思考如何发掘其现代价值。

一　春秋之前：方所祭祀中的五帝

夏朝无任何文献资料保存至今，早在春秋时期，孔子便有三代之礼不足征之叹，因此要从文献中探研其祭祀之情况自然是无从查考。考古学虽然给我们提供了一些古人祭祀（夏王朝乃至更早）的实物证据，自然可以确认存在着祭天、祭祖乃至祭先代圣王（或部落酋长）的祭礼，但很难确证其祭祀参与对象、参与方式、祭仪过程、具体仪式等，因此无法判断其祭祀实际情况究竟如何。[②] 自然，我们可以信心满满地声称能从后世的某些记载中来加以推测，然而这些推测肯定与当时情况有很大差异，只能是"疑似"存在的史实。比如说，夏之后的商周似乎给我们提供了解决

---

①　关于五帝具体研究情况，可参见付希亮《中国五帝史研究综述》，《渭南师范学院学报》2017 年第 5 期。

②　比如在红山文化遗址发现的女神像及其他人像碎片、龙形与斧形玉器等器物中，可以看到祭天、祭祖仪式的存在，但无法具体判断他们的仪式如何进行。

问题的一丝可能，因为殷商有甲骨文、两周有金文，载录种种祭天、祭祖、祭神灵之礼仪，[①] 遗憾的是，这些最多能认定商周的情况，而不能确证夏乃至先夏时期的情况。就五帝祭祀来说，商周资料是无法确认夏乃至先夏时期有无五帝祭祀以及祭仪究竟如何。不过，众多考古发现及研究表明，夏乃至先夏时期已经存在祖先崇拜这种祭祀，同时存在着祭天（至上神）及祭其他诸种之神。祖先崇拜、至上神崇拜和多神崇拜，与中华先民的生活密切相关，既是凝聚先民族群的重要手段，也是后世祭祖、祭神之源，是中华礼仪形成之初极其重要的组成部分。

商周保存下来的金甲文使我们可以探讨当时的祭祀情况，[②] 但是，有无五帝祭祀呢？许子滨先生在阐述商周禘祭时曾归纳其大势："今所知者，禘礼历殷周至春秋而不衰，其因革损益之痕迹，亦可据甲骨金文所载，略窥一二。殷商之时，禘祭是殷王一年中任何一个季节都可以举行的一种祭典，其祭祀之对象非常广泛，除了先公先王等人鬼外，还包括了上天以外的其他神祇，其祭祀之方式分特祭与合祭两种。西周甲文曾出现过郊祭之禘。西周金文，其少记载举行禘祭之事……从铭文所见，西周时期，禘祭是周王以至诸侯贵族不限时节的祭礼，其祭祀之对象仅限于祖考，且皆行于祖庙。其祭祀之方式也有合祭、特祭之分，然合祭者仅及上三代。"[③] 如果这一说法正确的话，那么殷周不存在后世意义上的五帝祭祀。

尽管殷周不存在后世意义上的五帝祭祀，但至少从传世文献可证春秋时期已有祭祀"先王"这一仪式，因为这在文献中有不少记载。《左传》襄公十一年秋之盟书载："或间兹命，司慎、司盟，

---

① 常玉芝《商代周祭制度》指出：商人除祭祀自然神外，"有先公、先王、先妣等宗主神，还有'上帝'这个至上神"（第 1 页）。晁福林《夏商西周的社会变迁》一书中载有种种祭祀（北京师范大学出版社 1996 年版，第 405—409 页）。

② 宋镇豪主编的《商代史》，其中有多卷对商代礼制与礼俗进行细致、深入的研讨，值得参考（中国社会科学出版社 2010 年版）。

③ 许子滨：《〈春秋〉〈左传〉禘祭考辨》，氏著《〈春秋〉〈左传〉礼制研究》，上海古籍出版社 2012 年版，第 192—193 页。

名山、名川，群神、群祀，先王、先公，七姓、十二国之祖，明神殛之，俾失其民，队命亡氏，踣其国家。"① 这里的先王、先公区分得非常明显，先王是周王朝已逝之圣王，先公当是本诸侯国之先祖。襄公十一年即公元前 561 年，离平王东迁（前 771）约 210 年，换句话说，至少东周时期存在先王祭祀，甚至还可以推测东周这一祭祀可能是继承西周而来的。

　　不过，即使东周乃至西周存在先王祭祀，也不等于当时已经有了五帝祭祀体系。因为从传世文献看，五帝作为上古圣王的一个"整体"，在先秦时并非一开始就在同一时间受到祭祀的。传世文献中，五帝中最早被祭祀者当是大皞、黄帝。《左传》载鲁僖公二十一年（前 639）："任、宿、须句、颛臾，风姓也，实司大皞与有济之祀，以服事诸夏。"② "司大皞与有济之祀"一语明确说明祭祀大皞。祭祀对象有严格标准，《国语·鲁语上》载臧文仲祭海鸟，展禽认为"夫祀，国之大节也，而节，政之所成也，故慎制祀以为国典。今无故而加典，非政之宜也……夫圣王之制祀也，法施于民则祀之，以死勤事则祀之，以劳定国则祀之，能御大灾则祀之，能捍大患则祀之"，除此之外均不能祀，如"黄帝能成命百物，以明民共财……故有虞氏禘黄帝而祖颛顼"。③ 显然，上古之人认为有功有德的先辈才可受到祭祀，④ 除此都不当祭，因此需要"慎制祀以为国典"，这里透露出理性的光辉，实无神性在内。臧文仲与晋文公同时代，晋文公在位时间是公元前 636—前 628 年。从这两例，大致可以看出春秋时期祭祀大皞及黄帝的情况。需要强调指出的是，上述无论是大皞还是黄帝，都是有功德之"人"，而非是"神"。

　　司马迁《史记》载"秦灵公作吴阳上畤，祭黄帝"。⑤ 有人据

---

① 杨伯峻：《春秋左传注（修订本）》，襄公十一年，第 1087—1088 页。
② 杨伯峻：《春秋左传注（修订本）》，僖公二十一年，第 427—428 页。
③ 徐元诰：《国语集解·鲁语上》，第 154—155、156—159 页。
④ 当时有"三不朽"之说。
⑤ 《史记》卷二八《封禅书》，第 1364 页。

此认为黄帝之祀始于秦地，这显然是错误的。灵公继位是公元前 424 年，比上述展禽提到黄帝受祭要晚 2 个世纪。况且，黄帝一直活动在中原地区，被视为华夏之祖，而秦灵公时之秦国，尚被中原诸国看作西鄙小邦，贬为西戎。当然，灵公作上畤祀黄帝，是将自己融入华夏系统之手段，从民族融合角度来思考自然也是值得肯定的。同时可以看出，华夏族之文化已经传播到"西鄙小邦"，既是中原华夏族文化的扩散，也反映出"西鄙小邦"认同华夏文化的历史趋势。

　　为什么黄帝受人祭祀？究其原因应当是《国语》所记黄帝"能成命百物，以明民共财"之功绩。黄帝确实是中国历史上一位伟人。史书记载以黄帝为五帝之始，[1] 且黄帝被认为是有史以来第一位可以清楚纪年的圣王。[2] 据称，黄帝姓公孙，名轩辕，为少典之子，"生而神灵，弱而能言，幼而徇齐，长而敦敏，成而聪明"，[3] 其出身高贵，为人聪慧，年长游历颇广，逐荤鬻、败炎帝、作都邑、置师设官，使"万国和"，又封禅获鼎、迎日推策、顺天遂地、教植五谷，其功至伟。[4] 加之"黄帝考定星历，建立五行，起消息，正闰余"，[5] "与炎帝之后战于阪泉，遂王天下。始垂衣裳，有轩冕之服，故天下号曰轩辕氏"，[6] 其作舟车[7]、撰医书[8]、

---

　　① 司马迁《史记·五帝本纪》首记黄帝。刘涛认为《周礼》中的五帝是统称，见《〈周礼〉中所见天神祭祀考论》第一章第二节，吉林大学 2014 年博士学位论文。

　　② 司马迁称："余读谍记，黄帝以来皆有年数。稽其历谱谍终始五德之传，古文咸不同，乖异。夫子之弗论次其年月，岂虚哉！于是以《五帝系谍》、《尚书》集世纪黄帝以来讫共和为《世表》。"《史记》卷一三《三代世表》，第 488 页。司马迁之语可以《左传》"自颛顼以来，不能纪远，乃纪于近"一语证之。

　　③《史记》卷一《五帝本纪》，第 1 页。

　　④《史记》卷一《五帝本纪》，第 6 页。

　　⑤《史记》卷二六《历书》，第 1256 页。

　　⑥《汉书》卷二一下《律历志下》，第 1012 页。

　　⑦ 班固云："昔在黄帝，作舟车以济不通，旁行天下，方制万里，画野分州，得百里之国万区。"《汉书》卷二八上《地理志上》，第 1523 页。

　　⑧ 史称淳于意"传黄帝、扁鹊之脉书"。《史记》卷一〇五《扁鹊仓公传》，第 2794 页。

作乐律①、制历法②、造棺椁③、完善八卦④、创星官之书⑤，几乎古代重要发明都可以归功于黄帝。同时，他有"二十五子，其得姓者十四人"，⑥上古颛顼、高辛、尧等圣君都是黄帝后裔。尽管这些说法或来自传说，不能尽信，但古人把黄帝视为上古有丰功伟绩之圣王确凿无疑；即使这些传奇色彩有夸大黄帝的倾向，然而他是一位实实在在的历史上存在过的人。正由于此，黄帝至少在春秋中后期已经被祭祀，并在历史的发展过程中，其影响从中原地区不断向四周扩散，上述地处西鄙的秦灵公建立上畤时便是明证。同时从黄帝受祭可以看出，上古人们在选择祭祀对象时首先考虑其德行与功绩，没有任何神性，五帝祭祀的形成正是这一原因导致的。

必须强调指出：上述黄帝祭祀与后世根据五行理论而来的方所祭祀中的黄帝祭祀不可同日而语。所谓方所祭祀，是将上古五位先王与东南西北中五个地理位置结合起来，认为他们是主导或说保佑一方之"先代圣王"，⑦乃至将他们视为"神"来加以祭祀。其实，一般意义上的方所祭祀远远早于依五行理论而来的方所祭祀，

---

①　班固称："五声之本，生于黄钟之律……律以统气类物，一曰黄钟，二曰太族，三曰姑洗，四曰蕤宾，五曰夷则，六曰亡射。吕以旅阳宣气，一曰林钟，二曰南吕，三曰应钟，四曰大吕，五曰夹钟，六曰中吕。有三统之义焉。其传曰，黄帝之所作也。黄帝使泠纶，自大夏之西，昆仑之阴，取竹之解谷生，其窍厚均者，断两节间而吹之，以为黄钟之宫。"《汉书》卷二一上《律历志上》，第958—959页。

②　元凤三年，太史令张寿王上书言："历者天地之大纪，上帝所为。传黄帝调律历，汉元年以来用之。今阴阳不调，宜更历之过也。"《汉书》卷二一上《律历志上》，第978页。

③　史称："棺椁之造，自黄帝始。"《后汉书》卷三九《刘赵淳于江刘周赵传》，第1314页。

④　《汉书》载："自伏戏（羲）画八卦，由数起，至黄帝、尧、舜而大备。三代稽古，法度章焉。"《汉书》卷二一上《律历志上》，第955页。

⑤　范晔称："轩辕始受河图斗苞授，规日月星辰之象，故星官之书自黄帝始。"《后汉书》卷一〇〇《天文志上》，第3214页。

⑥　《史记》卷一《五帝本纪》，第9页。

⑦　殷商祭祀时，也祈祷有血缘关系的祖先保佑自己，但这些受祭祖先不是"神灵"，而是"人鬼"，更不存在后世的方所祭祀意味。况且后世方所祭祀的五帝，不要求与自身王朝有直接血缘关系。

如甲骨文中就有四方祭祀，但所祭对象是四方神灵，这是商代多神崇拜的特点之一，现已获得众多专家的证实。① 需要进一步指出的是，甲骨文及《尚书》《诗》等传世文献中的方所祭祀并没有出现黄帝祭祀。② 五方祭祀中黄帝祭祀出现在战国五行观念诞生之后。③ 战国时期成书的《月令》中出现的五方帝分别是大皞、炎帝、少皞、颛顼和黄帝，并赋予五种颜色，显然《月令》已初步具有"五行"的观念，④ 而此前并无上述五位先代帝王姓名对应五方的说法。其实，从传世典籍中可以看出，青、赤、白、黑四帝的祭祀出现很晚，战国时期关东六国也未见遍祭五方帝的记载。《史记》载：

> 二年，东击项籍而还入关，问："故秦时上帝祠何帝也？"对曰："四帝，有白、青、黄、赤帝之祠。"高祖曰："吾闻天有五帝，而有四，何也？"莫知其说。于是高祖曰："吾知之矣，乃待我而具五也。"乃立黑帝祠，命曰北畤。有司进祠，上不亲往。⑤

---

① 胡厚宣：《释殷代求年于四方和四方风的祭祀》，《复旦学报》1956 年第 1 期；赵晓明、宋芸、乔永刚、宋秀英：《甲骨文中的四方》，《山西农业大学学报》2008 年第 4 期；杨华：《上古中国的四方神崇拜和方位巫术》，《南京师范大学文学院学报》2011 年第 1 期；蔡哲茂：《甲骨文四方风名再探》，《甲骨文与殷商史》，上海古籍出版社 2013 年版；许恰：《〈诗·大田〉等篇所见"四方祭祀"考辩》，《重庆三峡学院学报》2013 年第 6 期。

② 沈建华认为甲骨文已有五行观念，参见氏著《从甲骨文圭字看殷代仪礼中的五行观念起源》，《文物》1993 年第 5 期。

③ 五行学说有个形成过程，时间上可略向前推移一些时间，但不会前移到夏商西周时期，因为在甲骨文、金文资料中未发现明确的后世那样的五行资料。即使在成书于战国时期的《月令》中，所载也仅是"四立日迎郊"之礼，"中央土"无迎祀之礼，这说明《月令》受到五行影响，虽有方位五色，但五行之说仍不甚完备，从中可以看出它沿袭商周的四方祭祀观念的影子。商周的四方祭祀不带"色"，而后世五行祭祀中的五帝则有方位之色，这是有很大不同的，亦可看出五行观念发展的过程。

④ 汤勤福：《〈月令〉祛疑——兼论政令、农书分离趋势》，《学术月刊》2016 年第 3 期。

⑤ 《史记》卷二八《封禅书》，第 1378 页。

显然，一统天下的秦国花了数百年也只祭四帝，① 而秦还处于所谓"西鄙"的偏僻之地，众人还"莫知其说"；直到楚汉相争时才由高祖立黑帝祠凑满五帝，且"上不亲往"，正说明五方祭祀虽有其说，然实行程度与范围究竟如何，还确实需要客观分析与判断。同时也可以看出，在相当长的一段时间内，黄帝仅是位列五帝之一，并未显出比其他诸帝更为重要的迹象。更值得强调的是，当时方所祭祀中的五帝相当长一段时间内都是"人"，是各有功德之先代圣王，去世后升为人格"神"，虽具有主导或保佑一方的功能，但还没有上升到"至上神"的神圣地位。②

有学者指出，"'五帝'的指称有很多，如'五天帝'、'五人帝'、'五色帝'、'五方帝'等"，③ 即将五天帝等名称视为同一事物，这不甚准确。实际上，五帝在不同场合下有不同的表述概念：从人神角度说，分为五天帝、五人帝；从方所、颜色角度说是五方帝、五色帝；从五行角度说是五行帝、五精帝。④ 至于作者认为五天帝是郑玄之见，五人帝由王肃提出，五色帝是五时迎气之说，认为五方之色配帝是依《郊特牲》孔颖达疏"冬至圆丘用苍璧，夏

---

① 《史记》称"唯雍四畤"（第 1376 页）。四畤具体为：文公（前 765—前 716 年在位）祭赤帝、德公（前 677—前 676 年在位）祭白帝、宣公（前 675—前 651 年在位）祭青帝、灵公（前 424—前 415 年在位）祭黄帝。

② 按照后世尤其是郑玄的说法，五帝出自"天"。然至少汉武帝时，还认为黄帝是人，只是"仙化"而去，参见《史记》卷一二《武帝本纪》，第 467—468 页。

③ 陈中浙、刘钊：《儒家"六天"说辨析》，《孔子研究》2002 年第 3 期。

④ 五精在先秦为中医之名，指心、肺、肝、脾、肾之精气，后又演化为五星之精。汉儒取谶纬之说，认为五精帝实为五行精气之神，从五德始终立说，则历朝感应五行相生相克而兴衰，故有感应帝之说，即《隋书》卷七《礼仪志二》所谓"自古帝王之兴，皆禀五精之气"（第 139 页）。杜佑《通典》卷四二《礼二》云："五帝则各象其方气之德。"（第 1164 页）故在南郊祭天中往往与星座放在一起祭祀。五精星之名可参见《史记》卷二七《天官书》之《索隐》云："《诗含神雾》云五精星坐，其东苍帝坐，神名灵威仰，精为青龙之类是也。《正义》黄帝坐一星，在太微宫中，含枢纽之神。四星夹黄帝坐：苍帝东方灵威仰之神；赤帝南方赤熛怒之神；白帝西方白昭矩之神；黑帝北方叶光纪之神。五帝并设，神灵集谋者也。"（第 1300 页）"四星夹黄帝坐"，显然抬高了黄帝地位。

正郊天用四圭有邸。其五时迎气，东方用青圭，南方用赤璋，西方用白琥，北方用玄璜，其中央无文，先师以为亦用黄琮，熊氏以为亦用赤璋"① 为据而来，"它们真正相对应的时间可能是汉后唐前的魏晋时期"，即作者认为五帝是依孔疏才有方色，认为可能产生于魏晋时期，这一结论明显有误。因为五色与五方迎气之说密切相关，如上所述，早在《礼记·月令》中已经出现，五方所祭之玉，称仓玉（春）、赤玉（夏）、白玉（秋）、黄玉（季夏戊己）、玄玉（冬），其色与青圭、赤璋、白琥、玄璜颜色相同；《大宗伯》说得更为明确，"以玉作六器，以礼天地四方：以苍璧礼天，以黄琮礼地，以青圭礼东方，以赤璋礼南方，白琥礼西方，以玄璜礼北方"，② 除"天"之外，是四方加上黄帝（地），显然孔疏方色之说是依《大宗伯》而来，可见上述认为五方之色配帝形成于魏晋时期的观点是明显错误的。更为重要的是，五帝虽可用五天帝、五人帝、五色帝、五方帝等来替代，然在不同朝代，五天帝、五人帝是分开使用的，不可视为同一事物。如唐代就存在这种情况，武德初实行四孟祭祀，其中"孟夏之月，雩祀昊天上帝于圆丘，景帝配，牲用苍犊二。五方上帝、五人帝、五官并从祀，用方色犊十"，③ 显然将五方帝与五人帝严加区分，并不是"同指"一物，此处的五方上帝是感生帝，是来自五德始终说之"神"，而五人帝是"人"，即先代圣王，这与殷人祭先祖应当无二致。

先秦时将黄帝视为"人"而非"神"，此非笔者臆说，《大戴礼记》有《五帝德》篇，载孔子学生宰我问孔子道："昔者予闻诸荣伊令，黄帝三百年。请问黄帝者人邪？抑非人邪？何以至于三百年乎？"孔子明确回答说，黄帝是少典之子，"生而神灵，弱而能言，幼而慧齐，长而敦敏，成而聪明"，因其功绩突出、德行高尚，故"生而民得其利百年，死而民畏其神百年，亡而民用其教

① 郑玄注，孔颖达疏：《礼记正义》卷二五《郊特牲》，第768页。
② 郑玄注，贾公彦疏：《周礼注疏》卷二〇《春官·宗伯》，第687页。
③ 《旧唐书》卷二一《礼仪志一》，第820页。

百年，故曰三百年"。① 此处"神"字是用《易·系辞》"利用出
入，民咸用之谓之神"② 的意思，显然，孔子并未将黄帝视为
"神"，而是将其视为活生生之先代圣王。孔子之观点在战国时期
广为流传，《五帝德》便是重要证据。实际上到西汉时，还有儒家
学者视黄帝为"人"，汉武帝时董仲舒著《春秋繁露》，其中有云：
"黄帝之先谥，四帝之后谥，何也？曰：帝号必存五，帝代首天之
色，号至五而反，周人之王，轩辕直首天黄号，故曰黄帝云。帝号
尊而谥卑，故四帝后谥也。"③ 这里虽强调黄帝功绩至伟，然确实
将其视为人帝。司马迁作《五帝本纪》，也把黄帝视为上古圣王，
并未视为"神"。

二　秦至两晋：人、神变化中的五帝

秦统一时间短暂，明确记载祭祀某位圣王的资料甚少，如秦始
皇三十七年巡游中"行至云梦，望祀虞舜于九疑山……上会稽，祭
大禹"，④ 然而传世典籍中却没有明确记载秦王朝祭祀黄帝的资料。
但实际上，战国时期秦雍四帝（白、青、黄、赤）即含有对黄帝的
祭祀，秦雍四帝是方所之帝，是"人帝"。这里必须强调的是，秦雍
四帝并非起于同时，且处于不同地点，大致以四方对应四色，"体现
了'诸侯方祀'"，⑤ 因此，这种祭祀是根据不同节气而进行的分
祭，而非放在一起的合祭。同时，战国秦雍四帝是完全平等的诸帝
祭祀，将四帝视为具有保佑一方之"功能"的含义，从这个意义上
来说，东汉之后的五郊迎气中的五帝祭祀便与此有极大关系。

汉代之后变化就极大了。汉高祖二年入关，即增补以黑帝，

---

①　王聘珍：《大戴礼记解诂》卷七《五帝德》，第117—119页。
②　王弼注，孔颖达疏：《周易正义》卷七上《系辞上》，第288页。
③　董仲舒著，苏舆义证：《春秋繁露义证》卷七《三代改制质文》，第200页。
④　《史记》卷六《秦始皇本纪》，第260页。
⑤　杨英：《祈望和谐——周秦两汉王朝祭礼的演进及其规律》，第249页。

"命曰北畤"。① 如此，形成与《月令》记载相似的依五行、五德、符运相对应的雍五帝系统，② 其祭祀对象等级也无两样。实际上，刘邦祭黄帝要早于立祠祭黑帝。刘邦起兵于沛时，"祠黄帝，祭蚩尤于沛庭，而衅鼓旗。帜皆赤，由所杀蛇白帝子，杀者赤帝子，故上赤"。③ 这段史料带有传奇色彩，记录了刘邦起兵之初祠祭黄帝、祭蚩尤，衅鼓染旗，最终成就汉之天下。

汉高祖一统天下，崇尚黄、老思想，此后，吕后及数代皇帝均对黄、老思想极为崇拜，就国家祭祀体系而言，他们并未改变刘邦定下的"雍五畤"的祭祀内容，五畤仍分祀于方位，并没有突出黄帝之祀。史书记载，文帝十五年，"赵人新垣平以望气见上，言长安东北有神，气成五采。于是作渭阳五帝庙"，十六年"四月，上郊祀五帝于渭阳五帝庙……谋议巡狩、封禅事。又于长门道北立五帝坛"。④ 这些史料有两点须注意：一是无论渭阳五帝庙还是五帝坛，都是五帝合在一处祭祀，这是中国历史上五帝合祭最早最为明确的记载；二是黄帝仅是其中受祭者之一，与其他四帝没有等级差别。

武帝立，次年（元光二年）"上初至雍，郊见五畤。后常三岁一郊"，⑤ 祭祀十分正常，⑥ 也未突出黄帝之祭。元鼎四年（前113）又遇郊祀之岁，有人建议立泰一而上亲郊之，武帝疑而未定，齐人公孙卿迎合武帝好大喜功、佞仙求寿心理，讲了一段黄帝得宝鼎于宛朐的故事，说上有鼎书云"汉兴复当黄帝之时。汉之圣者在高祖之孙且曾孙也"，强调"宝鼎出而与神通，封禅。封禅

① 《史记》卷二八《封禅书》，第1378页。
② 杨英：《祈望和谐——周秦两汉王朝祭礼的演进及其规律》，第310页。
③ 《史记》卷八《高祖本纪》，第350页。
④ 《资治通鉴》卷一五，文帝十五年、文帝十六年，第501页。
⑤ 《史记》卷一二《孝武本纪》，第452页。下有对五畤注曰："案：五畤者鄜畤、密畤、吴阳畤、北畤。先是文公作鄜畤，祭白帝；秦宣公作密畤，祭青帝；秦灵公作吴阳上畤、下畤，祭赤帝、黄帝；汉高祖作北畤，祭黑帝：是五畤也。"（第453页）
⑥ 三岁一郊为常祀。

七十二王，唯黄帝得上泰山封"，说得武帝心潮澎湃："嗟乎！吾诚得如黄帝，吾视去妻子如脱躧耳"，"乃拜卿为郎，东使候神于太室。"① 自此开始，黄帝之祭虽未分祭，然其分量显然超过其他四帝："上遂郊雍，至陇西，西登空桐，幸甘泉。令祠官宽舒等具泰一祠坛，坛放薄忌泰一坛，坛三垓。五帝坛环居其下，各如其方，黄帝西南，除八通鬼道。"② 此记载值得注意的有四点：一是称泰一之祀列五帝配飨，即五帝开始于一处"配祀"；二是四帝仅说"各如其方"，而特别指出黄帝位于西南；③ 三是五帝不仅在各地有祠所进行分祭，在泰一坛上也有了祭祀之处，但不是后世郊天之坛上的配飨；四是五帝祭祀与术数开始结合。这是五帝祭祀的重大变化。④ 元封元年十月，武帝"北巡朔方，勒兵十余万，还祭黄帝冢桥山"。⑤ 这又是一大变化。秦祭黄帝于吴阳上畤（今陕西省陇县西南），而此次则是于桥山（今陕西省黄陵县城北）祭黄帝冢，⑥ 显然突出了黄帝在五帝中的地位。宣帝时，"又立五龙山仙人祠及黄帝、天神、帝原水，凡四祠于肤施"，⑦ 尽管增加了肤施黄帝祠，但泰一五帝之享、各地五帝之祠同样存在，同时可看出其他四帝并未增立祠，黄帝地位进一步提高。到成帝建始二年（前31），五帝祭祀起了重大变化。丞相匡衡、御史大夫张谭以"雍鄜、密、上下畤，本秦侯各以其意所立"⑧ 为由，仅保留郊祀时五

---

① 《史记》卷一二《孝武本纪》，第 467—468 页。

② 《史记》卷一二《孝武本纪》，第 469 页。

③ 其实黄帝位于西南也是"如其方"，无须叙述。这里特意指出，应该是有深意的。

④ 据《汉书》卷二五下《郊祀志下》，元鼎五年"十一月癸未始立泰一祠于甘泉，二岁一郊，与雍更祠，亦以高祖配，不岁事天，皆未应古制"（第 1265 页）。显然，武帝立泰一坛五帝陪祀与各地雍祠是更替进行的。

⑤ 《史记》卷一二《孝武本纪》，第 472—473 页。

⑥ 《史记》卷一二《孝武本纪》载"上曰：'吾闻黄帝不死，今有冢，何也？'或对曰：'黄帝已仙上天，群臣葬其衣冠。'"（第 473 页）显然，武帝祭黄帝冢与黄帝不死而上仙的传说有关。

⑦ 《汉书》卷二五下《郊祀志下》，第 1250 页。

⑧ 《汉书》卷二五下《郊祀志下》，第 1257 页。

帝配飨，其余五畤及陈宝祠及其他杂祠一切奏罢，其中包括武帝时的"薄忌泰一、三一、黄帝"① 之祭。然而，由于出现了所谓的灾异，大臣们认为这是变动祭祀导致的，于是又恢复了雍五畤。② 平帝时，王莽执掌大权，欲取代汉王朝，便伪托自己是黄帝之后，③平帝元始五年，王莽以"五帝兆居在雍五畤，不合于古"为由，奏请将五畤迁入京城：

> 分群神以类相从为五部，兆天地之别神：中央帝黄灵后土
> 畤及日庙、北辰、北斗、填星、中宿中宫于长安城之未地兆；
> 东方帝太昊青灵勾芒畤及雷公、风伯庙、岁星、东宿东宫于东
> 郊兆；南方炎帝赤灵祝融畤及荧惑星、南宿南宫于南郊兆；西
> 方帝少皞白灵蓐收畤及太白星、西宿西宫于西郊兆；北方帝颛
> 顼黑灵玄冥畤及月庙、雨师庙、辰星、北宿北宫于北郊兆。

史称："奏可，于是长安旁诸庙兆畤甚盛矣。"④ 这段记载需要注意的是，五方帝祭祀不但与"色"结合，而且出现了黄灵、青灵、赤灵、白灵和黑灵的说法，五帝祭祀与术数结合更趋紧密，这是前代所没有的事。⑤ 同时，"长安旁诸庙兆畤甚盛"一语透露出王莽所祀五方帝是分祭而非合祭，同样也不是郊天坛上的陪祀。实际

---

① 《汉书》卷二五下《郊祀志下》，第 1257 页。

② 据《汉书》卷二五下《郊祀志下》载，成帝南郊时，"大风坏甘泉竹宫，折拔畤中树木十围以上百余"，南郊之次年，"匡衡坐事免官爵。众庶多言不当变动祭祀"，故恢复祀祭（第 1258 页）。按照武帝时定下的郊、雍更替祭祀之规矩，可知最多废祀了一次。

③ 《汉书》卷九八《元后传》载："孝元皇后，王莽之姑也。莽自谓黄帝之后，其《自本》曰：黄帝姓姚氏，八世生虞舜。舜起妫汭，以妫为姓。至周武王封舜后妫满于陈，是为胡公，十三世生完。完字敬仲，奔齐，齐桓公以为卿，姓田氏。十一世，田和有齐国，二世称王，至王建为秦所灭。项羽起，封建孙安为济北王。"（第 4013 页）

④ 《汉书》卷二五下《郊祀志下》，第 1268 页。

⑤ 《汉书》卷二五下《郊祀志下》载平帝元始五年王莽奏章，提及五色"灵"，虽然不能确定是王莽首创，但至少可以看出五帝祭祀中术数因素更趋浓厚的情况。

上，这还可以从王莽创制的元始仪来证实：

> 《（三辅）黄图》载元始仪最悉，曰："元始四年，宰衡莽奏曰：帝王之义，莫大承天；承天之序，莫重于郊祀。祭天于南，就阳位；祠地于北，主阴义。圆丘象天，方泽则地。圆方因体，南北从位。燔燎升气，瘗埋就类。牲欲茧栗，味尚清玄。器成匏勺，贵诚因质。天地神所统，故类乎上帝，禋于六宗，望秩山川，班于群神……天子亲郊天地。先祖配天，先妣配地，阴阳之别。以日冬至祀天，夏至祀后土，君不省方而使有司。六宗，日、月、星、山、川、海，星则北辰，川即河，山岱宗，三光众明山阜百川众流淳污皋泽，以类相属，各数秩望相序。"于是定郊祀，祀长安南北郊，罢甘泉、河东祀。①

这里没有方所五帝身影，只见"禋于六宗"的记载。"禋于六宗"出于《尚书·虞书·舜典》，然自汉以来对六宗解释不一，俞正燮称有"古文说二，今文说二，郑古文说又一，今所传孔古文说又一"，② 王莽改制依靠刘歆，故大致可判定此"六宗"当非刘向的"六神说"。王莽建新、改号始建国后，黄帝祭祀又有新变化，王莽自称：

> 伏念皇初祖考黄帝，皇始祖考虞帝，以宗祀于明堂，宜序

---

① 《后汉书》卷九七《祭祀志上》，第 3158 页。
② 俞正燮：《癸巳类稿》卷一《虞六宗义》，辽宁教育出版社 2001 年版，第 6 页。按照俞正燮所记，"六宗"大致有伏胜、马融"天、地、春、夏、秋、冬"说，欧阳、大小夏侯"天地四方"说，孔光、刘歆"乾坤六子（水、火、雷、风、山、泽）"说，刘向"六神（五帝、太一）"说，贾逵"天宗三（日、月、星）地宗三（河、海、岱）"说，郑玄"星、辰、司中、司命、风师、雨师"说，刘劭"太极冲和之气"说，张迪"六帝（太昊、炎帝、黄帝、少昊、颛顼、帝喾）"说，王肃"四时、寒暑、日、月、星、水旱"说，张髦"祖考三昭三穆"说，司马彪"天宗、地宗及四方之宗"说，高闾"六祀（社稷及五祀）"说，孝文帝"皇天大帝与五帝"说，等等。

于祖宗之亲庙。其立祖庙五，亲庙四，后夫人皆配食。郊祀黄
帝以配天，黄后以配地。以新都侯东弟为大谋，岁时以祀。家
之所尚，种祀天下。姚、妫、陈、田、王氏凡五姓者，皆黄、
虞苗裔，予之同族也。①

王莽妄称黄帝为始祖，立专庙祭祀，郊祀以黄帝配天。王莽所祭黄
帝实承续先秦庙制而来，大致可归入国家祭祀中的宗庙祭祀，然它
与秦汉时期雍祀、泰一坛中的五帝陪祀完全不同。因为陪祀五帝中
的黄帝是方所之帝（中央帝），并非以"先祖"身份受祀，而王莽
所祭黄帝则视为祖先之"人帝"。王莽自称为黄帝之后来抬高自己
身价，其实历史上并非孤例，如"蜀王，黄帝后世也"② 也是明显
一例。然而作为宗庙祖先的黄帝祭祀仅昙花一现，随着王莽新朝倒
台，它也自然退出历史舞台。

　东汉郊天是五帝之祀中十分重大的变化。史称光武帝"立郊
兆于城南"，据李贤注引《续汉书》："制郊兆于洛阳城南七里，为
坛，八陛，中又为重坛，天地位皆在坛上。其外坛上为五帝位，青
帝位在甲寅，赤帝位在丙巳，黄帝位在丁未，白帝位在庚申，黑帝
位在壬亥。其外为壝，重营皆紫，以象紫宫。"③ 显然，这里明确
在郊天坛上设置方所五帝配飨之位，与王莽元始仪所置南郊坛
"禋于六宗"完全不同。明帝时方所五帝之祀进入明堂配飨："永
平二年正月辛未，初祀五帝于明堂，光武帝配。五帝坐位堂上，各
处其方。黄帝在未，皆如南郊之位。光武帝位在青帝之南少退，西
面。牲各一犊，奏乐如南郊。"④ 可见，汉明帝时黄帝等五帝不但

---

　① 《汉书》卷九九中《王莽传中》，第 4106 页。九庙具体情况可见《汉书》卷
一〇〇《王莽传下》。
　② 《史记》卷一三《三代世表》，第 506 页。其实，南北朝时期少数民族政权自
认是黄帝之后者亦常有之。
　③ 《后汉书》卷一上《光武帝纪上》，第 27 页。
　④ 《后汉书》卷九八《祭祀志中》，第 3181 页。

配飨郊祀，还进入了明堂陪祀，这种祭祀方式常被后世王朝所沿袭。然而需要说明的是：东汉光武、明帝之祀方所五帝，仍是"人帝"而非"天帝"，后世所沿袭者则有所不同。

方所五帝之祀的理论在东汉末年有了最为关键的变化，其标志是郑玄注经引入五精帝之说："太微宫有五帝座星"，"五帝所行，同道异位，皆循斗枢玑衡之分，遵七政之纪，九星之法"，① "东宫苍帝，其精为青龙。南宫赤帝，其精为朱鸟。西宫白帝，其精白虎。北宫黑帝，其精玄武"，"春起青受制，其名灵威仰。夏起赤受制，其名赤熛怒。秋起白受制，其名白招拒。冬起黑受制，其名汁光纪。季夏六月火受制，其名含枢纽"，"镇，黄帝含枢纽之精，其体璇玑，中宿之分也"②，可见五帝含"精"为天神（故称五精帝），加以昊天上帝，便是"六天"（六天说），即上帝与五帝均为天神。不过，与其他四星相比，郑玄更突出黄帝的重要性："含枢纽之精，其体璇玑中宿之分也。"显然，郑玄吸收了谶纬神学之思想资料，将其与传统礼制中方所五帝祭祀紧密结合，将五帝由"人帝"转变为"天神"，同时保存了方所内容。其实，郑玄注《礼记》未采纳其师马融观点，而是取《春秋纬》太微宫五帝星座、其精为神之说，其中也确实能看出他受到董仲舒"三统说"影响的痕迹。董仲舒三统说的核心在于黑、白、赤是王朝更替顺序，一个王朝只能秉一统，三统相替而行。故秦有尚黑之说。然三统说实由战国阴阳五行家"五德始终说"演化而来，五德始终说强调五行循环相胜，夏、殷、周更相替代便是依据五德循环而兴衰的。孔颖达曾说："《书》传曰：'天子存二王之后，与己三，所以通天三统，立三正。'郑《驳异义》云：'言所存二王之后者，命使郊天，以天子礼祭其始祖受命之王，自行其正朔服色，此之谓通

---

① 《春秋运斗枢》，安居香山等辑：《纬书集成》，河北人民出版社 1994 年版，第713、710 页。

② 《春秋文曜钩》，安居香山等辑：《纬书集成》，第 662 页。

天三统。'是言王者立二王后之义也。"① 郑玄虽讲的是立二王后，然言意之下政权交替实由"天"意，即政权的合法性来源于天命，这为后世感生五帝的出现埋下了伏笔。需要补充的是，郑玄的理论实际上是混合了天帝与人帝，既是对今文经学的一种批判，又是对它的一种继承。说其是批判，是因为郑玄否定了方所五帝仅是人帝的观点，将五帝上升到"天神"（五精帝）的高度；说其是继承，是因为他又肯定了方所五帝所具有的方位、色帝观点，并赞同五德始终、三统相继的历史观念。

西晋立国，始定五天帝配飨。《太平御览》引《晋起居注》称武帝泰始元年十二月议郊祀与明堂配飨，五经博士孔晁议曰："王者郊天，以其祖配周公；以后稷配天于南郊；以文王配五精上帝于明堂。经典无配地文，魏以先妃配，不合礼制。周配祭不及武王，礼制有断。今晋郊天，宜以宣皇帝配；明堂，宜以文皇帝配。"② 此处五精上帝即五精帝，为天帝，即明堂配飨五天帝。

然郑玄的观点受到王肃的批判。王肃为曹魏名儒王朗之子，又是司马昭之岳父，晋武帝司马炎之外祖父。他不同意郑玄将太微宫五帝（即青帝、赤帝、白帝、黑帝和黄帝）都称为"天帝"的观点，他采纳《家语》解释，认为太皞、炎帝、黄帝、少皞、颛顼为五帝，是上古确然存在的圣王，即"五人帝"。也就是说，王肃坚持传统儒家的观点，反对谶纬神学观点。有学者指出："郑玄'六天'说与王肃等的'一天'说都认可昊天为天之体，分歧在于对五帝的态度上。郑玄以五帝属天，故可称五帝为'五天帝'或'五天神'，而王肃等则以五帝属人，故五帝就成了五人帝或五人神。"③ 这一分析是正确的。值得进一步指出的是，郑、王观点不一，其实质是视五帝为神还是人的问题，因此采纳六天说还是一天

① 毛亨传，郑玄笺，孔颖达疏：《毛诗正义》，第 1324 页。
② 李昉等：《太平御览》卷五二七《晋起居注》，第 2394 页。
③ 陈赟：《郑玄"六天"说与禘礼的类型及其天道论依据》，《陕西师范大学学报》2016 年第 2 期。

说是泾渭分明之两途，它涉及国家祭祀中最为重要的郊祀大礼，故成为后世礼家争论的焦点之一。事实上，郑玄的六天说确实在理论上存在着问题，王肃一天说相对较为平实。然而郑玄将方所五帝也称为"天帝"，提升了它们的地位，这与封建专制政权的"君权神授""五德始终"相对应，因此更能获得古代学者的认同，这也就是后世多采郑玄说而废弃王肃说的真正原因。

泰始二年，"群臣又议：'五帝，即天也，五气时异，故殊其号。虽名有五，其实一神。明堂南郊，宜除五帝之坐，五郊改五精之号，皆同称昊天上帝'"，① 武帝从之。这里"群臣"之议，实际就是偏向武帝外祖父王肃的"一天说"，武帝自然乐意从之。《晋书》所载更为清楚："泰始二年又除明堂南郊五帝座，同称昊天上帝，一位而已。又省先后配地之祀。"② 也就是说，泰始二年将五帝视同为天帝，故南郊、明堂只祭天帝（昊天上帝）一位。"是年十一月，有司又议奏：'古者丘郊不异，宜并圆丘方泽于南北郊，更修治坛兆。其二至之祀，合于二郊。'帝又从之。一如宣帝所用王肃议也。"③ 然此事并未结束，因为早在司马昭任晋王时，"命荀颙因魏代前事，撰为新礼……成百六十五篇，奏之。太康初，尚书仆射朱整奏付尚书郎挚虞讨论之"，挚虞表增损之后，"以元康元年上之。所陈惟明堂五帝、二社六宗及吉凶王公制度，凡十五篇。有诏可其议"。④ 那么挚虞所定五帝祭礼如何，有无变化？据《晋书》载："后虞与傅咸缵续其事，竟未成功。中原覆没，虞之《决疑注》，是其遗事也。逮于江左，仆射刁协、太常荀崧补缉旧文，光禄大夫蔡谟又踵修其事云。"⑤ 也就是说，挚虞在荀颙新礼基础上修订之礼，也是个半成品，故挚虞与傅咸又重新修订，可惜

① 《宋书》卷一六《礼志三》，第 423 页。
② 《晋书》卷二七《五行志上》，第 813 页。
③ 《宋书》卷一六《礼志三》，第 423 页。
④ 《晋书》卷一九《礼志上》，第 581—582 页。
⑤ 《晋书》卷一九《礼志上》，第 582 页。

没有完成。那么挚虞所修订之新礼在五帝配飨上是什么观点？史称：

> 挚虞议以为："汉魏故事，明堂祀五帝之神。新礼，五帝即上帝，即天帝也。明堂除五帝之位，惟祭上帝……昔在上古，生为明王，没则配五行，故太昊配木，神农配火，少昊配金，颛顼配水，黄帝配土。此五帝者，配天之神，同兆之于四郊，报之于明堂。祀天，大裘而冕，祀五帝亦如之。或以为五精之帝，佐天育物者也。前代相因，莫之或废，晋初始从异议。庚午诏书，明堂及南郊除五帝之位，惟祀天神，新礼奉而用之。前太医令韩杨上书，宜如旧祀五帝。太康十年，诏已施用。宜定新礼，明堂及郊祀五帝如旧仪。"诏从之。①

这是挚虞在晋怀帝时上的奏议，史称："时怀帝亲郊。自元康以来，不亲郊祀，礼仪弛废。虞考正旧典，法物粲然。"② 上述挚虞之议中，所称汉魏祭明堂五帝之神即五帝为"五天帝"之意，这里的"新礼"是挚虞修订的荀颛的新礼，认为五帝是天帝，故泰始二年改祭昊天上帝一位，五帝成为五人帝，即视为前代圣王。挚虞认为"昔在上古，生为明王，没则配五行……前代相因，莫之或废，晋初始从异议"。挚虞说的"晋初始从异议"即晋初从王肃之议，视五帝为五人帝。"前太医令韩杨上书，宜如旧祀五帝。太康十年，诏已施用"，即该年改回配飨五帝旧制，又回到五天帝轨道上。那么后面"宜定新礼，明堂及郊祀五帝如旧"中的"新礼"是什么新礼？当然不是荀颛之"新礼"，也不是太康十年改回"旧祀"的"新礼"，更非《庚午诏书》实行的"新礼"，应当是要求改变《庚午诏书》不配飨五帝、等待怀帝批准之"新礼"，因此称

---

① 《晋书》卷一九《礼志上》，第587页。
② 《晋书》卷五一《挚虞传》，第1426页。《晋书》及《资治通鉴》均未载怀帝郊祀，故不详郊祀是何年。

"明堂及郊祀五帝如旧"。从五帝性质来看，荀顗所定五帝实为五天帝，泰始二年改为五人帝，太康十年恢复五天帝，怀帝庚午又改回五人帝，永嘉末挚虞要求改回五天帝，坚持自己元康元年（291）奏上之《新礼》的观点。总之，从泰始二年（266）到太康十年（289）共23年罢五帝配飨，太康十年至庚午（永嘉四年，310）共21年实行五帝配飨，怀帝永嘉共六年，因此废五帝配飨当甚短暂。愍帝即位到西晋灭亡仅三年，又恢复五帝配飨。显然，西晋一代，五帝配飨与废罢的时间大致相当。

太康十年诏实际还涉及明堂配飨晋王朝先帝问题，《晋书》记载：

> （太康）十年十月，又诏曰："《孝经》'郊祀后稷以配天，宗祀文王于明堂以配上帝'。而《周官》云'祀天旅上帝'，又曰'祀地旅四望'。望非地，则明堂上帝不得为天也。往者众议除明堂五帝位，考之礼文不正……宣帝以神武创业，既已配天，复以先帝配天，于义亦所不安。其复明堂及南郊五帝位。"[①]

这里"往者众议除明堂五帝位，考之礼文不正"，其中至少包括韩杨（当然可能也包括挚虞）之看法，然韩杨等人之议究竟在什么时间、有哪些观点，史载不详。但可以确认的是，晋武帝于太康十年十月（离武帝去世仅半年[②]）恢复了原来南郊、明堂配飨五帝之仪（即承认五帝是天帝），郊祭配飨五帝与宣帝，明堂配飨五帝，取消了文帝司马昭配飨。[③]

---

①　《晋书》卷一九《礼志上》，第584页。

②　《宋书》卷三三《五行志四》称晋武帝"太熙初，还复五帝位"（第951页），当误。

③　西晋初年宣帝、文帝分别配享郊祀、明堂，是承曹魏明帝太和元年"郊祀武帝以配天，宗祀文帝于明堂以配上帝"而来，显然曹魏并非废明堂五帝配享。《晋书》卷一九《礼志上》，第582页。

晋室东迁，郊祀大礼自需重新制定。《宋书》称晋元帝太兴元年（318）"始更立郊兆。其制度皆太常贺循依据汉、晋之旧也"，[①]《晋书》更明确声称"其制度皆太常贺循所定，多依汉及晋初之仪"。[②] 这里的"晋初之仪"当是武帝时采纳王肃的祭祀规定，即视五帝为前代圣王，废罢配飨，故史称"三月辛卯，帝亲郊祀，飨配之礼一依武帝始郊故事。是时尚未立北坛，地祇众神共在天郊"。[③] 明帝欲建北郊，然未成而薨。成帝咸和八年"追述前旨，于覆舟山南立之"，[④] 始定郊天以五帝配飨。至太元十二年（387）五月，孝武帝诏令议郊祀、明堂配飨之礼，西晋初关于五帝为五天帝、还是五人帝的讨论又被提出，祠部郎徐邈认为："检以圣典，爰及中兴，备加研极，以定南北二郊，诚非异学所可轻改也。谓仍旧为安"，他强调"明堂所配之神，积疑莫辨……若上帝者是五帝，经文何不言祀天旅五帝，祀地旅四望乎？人帝之与天帝，虽天人之通谓，然五方不可言上帝，诸侯不可言大君也。书无全证，而义容彼此，故泰始、太康二纪之间，兴废迭用矣"，[⑤] 侍中车胤之议同徐邈。从这里可看出，徐邈强调东晋"中兴"已经对郊祀、明堂之礼"备加研极"，"五方不可言上帝"，因此"谓仍旧为安"，即不改变元帝视五帝为五人帝的观点。就现存史料来看，大致东晋一代以五帝为五人帝。实际上，东晋未建明堂，史称"江左以后，未遑修建"，[⑥] 那么五人帝仅在郊祀中配飨而已。沈约称"元帝绍命中兴，依汉氏故事，宜享明堂宗祀之礼。江左不立明堂，故阙焉"，[⑦] 便是明证。

归纳而言，两晋时期祭祀的五帝是五天帝（五精帝）还是五

① 《宋书》卷一六《礼志三》，第 424 页。
② 《晋书》卷一九《礼志上》，第 584 页。《宋书》修撰早于《晋书》。
③ 《晋书》卷一九《礼志上》，第 584 页。
④ 《晋书》卷一九《礼志上》，第 584 页。
⑤ 《宋书》卷一六《礼志三》，第 452—453 页。
⑥ 《晋书》卷一九《礼志上》，第 587 页。
⑦ 《宋书》卷一六《礼志三》，第 424 页。

人帝是有较大反复的，西晋大致两者时间相当，而东晋则以五人帝为主。

三　南北朝至隋：五天帝制的完全确立

南北朝时，南朝刘宋、萧齐两朝对礼典似不甚措意，故《隋书·礼仪志》述南北朝修礼典大势从萧梁始讲："梁武始命群儒，裁成大典。吉礼则明山宾，凶礼则严植之，军礼则陆琏，宾礼则贺场，嘉礼则司马褧。帝又命沈约、周舍、徐勉、何佟之等，咸在参详。陈武克平建业，多准梁旧，仍诏尚书左丞江德藻、员外散骑常侍沈洙、博士沈文阿、中书舍人刘师知等，或因行事，随时取舍。"① 于北朝，《隋书》称："后齐则左仆射阳休之、度支尚书元修伯、鸿胪卿王晞、国子博士熊安生，在周则苏绰、卢辩、宇文敬，并习于仪礼者也，平章国典，以为时用。高祖命牛弘、辛彦之等采梁及北齐《仪注》，以为五礼云。"② 这当然是讲礼典修撰，但并不能说刘宋、萧齐于五帝祭祀毫不涉及，恰恰相反，两朝均有相关资料保存下来，稍加辨析就可得出结论。

刘宋时期，武帝"永初元年，皇太子拜告南北郊。永初二年正月上辛，上亲郊祀"，③ 孝武帝大明五年"明堂肇建，祠五帝"，④ 此后，刘宋郊祀、明堂大致依礼进行，史称"明堂配帝，间岁昭荐"，⑤ 应该说郊祀、明堂之祀不废。然由于史料匮乏，刘宋初到孝武帝前的 30 余年中，五帝以什么身份配祀，尚无明确记载。至孝武帝孝建二年议乐，左仆射王宏奏章提及明堂五帝之事："《孝经》称'严父莫大于配天'，故云'郊祀后稷以配天，宗祀文王于明堂，以配上帝'。既天为议，则上帝犹天益明也。不欲使

---

① 《隋书》卷六《礼仪志一》，第 107 页。
② 《隋书》卷六《礼仪志一》，第 107 页。
③ 《宋书》卷一六《礼志三》，第 426 页。
④ 《宋书》卷一六《礼志三》，第 434 页。
⑤ 《宋书》卷一六《礼志三》，第 431 页。

二天文同，故变上帝尔。《周礼》祀天之言再见，故郑注以前天神为五帝，后冬至所祭为昊天。"① 显然王宏持郑玄五天帝说。孝武大明三年九月，尚书右丞徐爰议郊祀地理位置，主张"宜移郊正午，以定天位"，博士司马兴之、傅郁、太常丞陆澄并同爰议，"乃移郊兆于秣陵牛头山西，正在宫之午地"。② 徐爰之议虽未涉及五帝，然从后面史事中可看出当时南郊是有五帝配飨的。大明五年始营建明堂，九月，有司提出南郊、明堂、庙祭用牲问题，祠部郎颜奂议："祀之为义，并五帝以为言。帝虽云五，牲牢之用，谓不应过郊祭庙祀。宜用二牛。"显然五帝在祭祀之例。大明"六年正月，南郊还，世祖亲奉明堂，祠祭五时之帝，以文皇帝配，是用郑玄议也"。③ 所谓用郑玄议，即郑氏在注《月令》时明确认为"大飨，遍祭五帝"，包括昊天上帝为六天帝。可见孝武帝大明三年、六年两次南郊都以五天帝配飨。明帝泰始二年十一月有诏南郊，时任黄门侍郎的徐爰也参议其中，④ 现存资料虽未涉及有无五帝配飨，然从上述史料中可以推测是以五天帝配飨的。

萧齐代宋于宋顺帝昇明三年四月，然七月齐高帝便与大臣商讨郊祀之事。史称："建元元年七月，有司奏：'郊殷之礼，未详郊在何年？复以何祖配郊？殷复在何时？未郊得先殷与不？明堂亦应与郊同年而祭不？若应祭者，复有配与无配？不祀者，堂殿职僚毁置云何？'"其中右仆射王俭议郊祀配飨，认为"今大齐受命，建寅创历，郊庙用牲，一依晋、宋"，然诏明堂再详议，群臣不敢断，诏"依旧"，⑤ 即沿袭晋宋旧制未变。建元四年三月，武帝即位，"其秋，有司奏：'寻前代嗣位，或（于）〔仍〕仍前郊年，

① 《宋书》卷一九《乐志一》，第544—545页。
② 《宋书》卷一四《礼志一》，第346页。
③ 《宋书》卷一六《礼志三》，第434—435页。李延寿《北史》卷六〇《宇文恺传》载大明五年营建明堂、设五帝位事，称出自《宋起居注》。第2146页。
④ 《宋书》卷一六《礼志三》，第431页。
⑤ 《南齐书》卷九《礼志上》，第118、120、121页。

或别〔更〕始，晋、宋以来，未有画一。今年正月已郊，未审明
年应南北二郊祀明堂与不？'"此即改元是否进行郊祀，武帝诏令
八座丞郎博士议，尚书令王俭认为："明年正月宜缩祀二郊，虔祭
明堂，自兹厥后，依旧间岁。"诏"可"。① 武帝永明二年又议郊
祀、明堂，主要围绕着郊祀与明堂是否同日而祀问题，众说纷纭，
然亦议及五帝配缩。在明堂祭祀时间上，兼太常丞蔡仲熊批评曹魏
侍中郑小同所撰《郑志》误解郑玄之意，蔡氏提及郑玄注《月令》
季秋"大缩，遍祭五帝"，即持郑玄五天帝说；尚书陆澄则称"挚
虞《新礼》议明堂南郊闲三兆，禋天缩帝共日之证也"，但他强调
"又上帝非天，昔人言之已详"，② 陆澄显然认为明堂所祀"上帝"
非天帝，五帝当为五人帝。陆氏所说"上帝非天"当非明堂所行
之礼，因为至少有两条史料可以明确证明萧齐明堂配缩之五帝是五
天帝。一是明帝建武二年旱，有司议雩祭依明堂。祠部郎何佟之据
《周礼·司巫》《礼记·月令》及郑玄注，认为"雩，吁嗟求雨之
祭也。雩帝，谓为坛南郊之旁，祭五精之帝，配以先帝也……今筑
坛宜崇四尺，其广轮仍以四为度，径四丈，周员十二丈，而四阶
也。设五帝之位，各依其方，如在明堂之仪。皇齐以世祖配五精于
明堂，今亦宜配缩于雩坛矣"。③ 此议获得明帝同意。"皇齐以世祖
配五精于明堂"明确指出萧齐将五帝视为五精帝，即五天帝。另
一条是反证材料出于《梁书》，梁武帝召何胤为特进、右光禄大
夫，遣领军司马王果宣旨谕意，何胤与王果有一段对话：

　　胤因谓果曰："吾昔于齐朝欲陈两三条事，一者欲正郊
丘，二者欲更铸九鼎，三者欲树双阙……圆丘国郊，旧典不
同。南郊祠五帝灵威仰之类，圆丘祠天皇大帝、北极大星是
也。往代合之郊丘，先儒之巨失。今梁德告始，不宜遂因前

① 《南齐书》卷九《礼志上》，第 121—122 页。
② 《南齐书》卷九《礼志上》，第 125 页。
③ 《南齐书》卷九《礼志上》，第 127—128 页。

谬。卿宜诣阙陈之。"果曰："仆之鄙劣，岂敢轻议国典，此当敬俟叔孙生耳。"①

可见，何胤在萧齐时曾反对南郊祠灵威仰之类五天帝，然未果，何氏强调是当时之失，故至此时旧事重提，然被王果婉言拒绝。可见萧齐与梁初明堂均配飨五天帝。② 但五帝之配飨在梁武帝时有一些变化，据《隋书·礼志》载：天监七年，武帝依博士陆玮、明山宾等人所议，定天地之祭为一献之礼；十一年，据八座奏，"五帝之义，不应居坎。良由齐代圆丘，小而且峻，边无安神之所。今丘形既大，易可取安。请五帝座悉于坛上，外壝二十八宿及雨师等座，悉停为坎"，即停二十八宿等配飨，五帝则祭于坛上；"十七年，帝以威仰、魄宝俱是天帝，于坛则尊，于下则卑。且南郊所祭天皇，其五帝别有明堂之祀，不烦重设。又郊祀二十八宿而无十二辰，于义阙然。于是南郊始除五帝祀，加十二辰座，与二十八宿各于其方而为坛"，③ 显然，天监十七年南郊罢五天帝配飨，然明堂五天帝配飨则照旧。此终梁世未变。

　　如上所述，陈朝初建，承梁之旧，"或因行事，随时取舍"，然从此中亦可知陈朝随事取舍，是有一些变化的。那么在郊祀与明堂配飨五帝方面有什么变化呢？据《隋书》记载，陈朝郊祀亦沿袭梁制，为南北二郊，永定二年南郊，"以皇考德皇帝配，除十二辰座，加五帝位，其余准梁之旧"，④ 大致是恢复了梁天监十七年罢废的五天帝配飨之制，同时依许亨之奏，恢复三献仪式。宣帝时以南北二郊卑下，更议增广，然久而不决，直至太建十一年，尚书祠部郎王元规提出郊坛具体尺寸，朝臣会议后获，"诏遂依用"；

---

① 《梁书》卷五一《何胤传》，第 736—737 页。

② 《隋书》卷六八《宇文恺传》称："梁武即位之后，移宋时太极殿以为明堂。"（第 1593 页）

③ 《隋书》卷六《礼仪志一》，第 111 页。

④ 《隋书》卷六《礼仪志一》，第 111 页。

而"后主嗣立，无意典礼之事，加旧儒硕学，渐以凋丧，至于朝亡，竟无改作"。①

《隋书》总结南北朝郊丘之制时称区分出这两种不同的观点："一云：祭天之数，终岁有九，祭地之数，一岁有二，圆丘、方泽，三年一行。若圆丘、方泽之年，祭天有九，祭地有二。若天不通圆丘之祭，终岁有八。地不通方泽之祭，终岁有一。此则郑学之所宗也。一云：唯有昊天，无五精之帝。而一天岁二祭，坛位唯一。圆丘之祭，即是南郊，南郊之祭，即是圆丘。日南至，于其上以祭天，春又一祭，以祈农事，谓之二祭，无别天也。五时迎气，皆是祭五行之人帝太皞之属，非祭天也。天称皇天，亦称上帝，亦直称帝。五行人帝亦得称上帝，但不得称天。故五时迎气及文、武配祭明堂，皆祭人帝，非祭天也。此则王学之所宗也。梁、陈以降，以迄于隋，议者各宗所师，故郊丘互有变易。"② 尽管在学术层面有宗郑宗王之别，然从上述自刘宋到陈朝郊祀、明堂实际配飨情况来看，除梁武帝时短暂罢废五天帝配飨，应该说南方四朝绝大多数时间都配飨五天帝，虽有学者宗奉王学，然五人帝未获行用。

北朝至隋郊祀大致也沿袭汉晋旧制，采纳南北郊之制。北魏道武帝天兴二年正月行南郊，"五精帝在坛内，墙内四帝，各于其方，一帝在未……其后，冬至祭上帝于圆丘，夏至祭地于方泽，用牲币之属，与二郊同"。③ 显然北魏开国之初便行用南郊以五天帝配飨的制度。明元帝"泰常三年，为五精帝兆于四郊，远近依五行数。各为方坛四陛，埒墙三重，通四门。以太皞等及诸佐随配。侑祭黄帝，常以立秋前十八日。余四帝，各以四立之日"。④ 这也是以五天帝配飨。不过需要指出的是，北魏南郊以方坛，与汉晋南朝之制不同，因为汉制南郊以圆丘，北郊祭地才用方坛，这或许是

① 《隋书》卷六《礼仪志一》，第 113 页。
② 《隋书》卷六《礼仪志一》，第 107—108 页。
③ 《魏书》卷一〇八之一《礼志一》，第 2734—2735 页。
④ 《魏书》卷一〇八之一《礼志一》，第 2737 页。

北魏的"民族特色"吧。北魏明堂之制实施很晚，至孝文帝太和十年九月"诏起明堂"，然实未营建，到十五年四月"己卯，经始明堂，改营太庙"，同年十月，"明堂、太庙成"。① 此为平城之明堂。孝文帝迁都洛阳后未重建明堂，故袁翻曾称："迁都之始，日不遑给，先朝规度，每事循古。"② 到宣武帝延昌三年"十有二月庚寅，诏立明堂"，③ 此为营建洛阳明堂，然宣武帝时并未建成，直到孝明帝正光元年，"明堂、辟雍并未建就"，源子恭上书建议修建明堂，指出："世宗于是恢构……乃访遗文，修废典，建明堂，立学校，兴一代之茂矩，标千载之英规。永平之中，始创雄构，基趾草昧，迄无成功"，究其原因，"配兵人，或给一千，或与数百，进退节缩，曾无定准，欲望速了，理在难克……所给之夫，本自寡少，诸处竞借，动即千计。虽有缮作之名，终无就功之实"。④ 此议虽获孝明帝赞同，然直至孝昌二年才下诏营缮，当时"议者或言九室，或言五室，诏断从五室。后元乂执政，复改为九室，遭乱不成"。⑤ 可见，洛阳明堂并未修成。

北齐则与北魏不同，南郊以圆丘，史称："以孟夏龙见而雩，祭太微五精帝于夏郊之东。为圆坛，广四十五尺，高九尺，四面各一陛。为三壝外营，相去深浅，并燎坛，一如南郊。于其上祈谷实，以显宗文宣帝配。青帝在甲寅之地，赤帝在丙巳之地，黄帝在己未之地，白帝在庚申之地，黑帝在壬亥之地。面皆内向，藉以藁秸。配帝在青帝之南，小退，藉以莞席，牲以骍。其仪同南郊。"其郊祀由"皇帝初献，太尉亚献，光禄终献。司徒献五帝，司空献日月、五星、二十八宿，太常丞已下荐众星"。⑥ 北周"祭祀之

---

① 《魏书》卷七下《高祖纪下》，第161、168页。
② 《魏书》卷六九《袁翻传》，第1538页。
③ 《魏书》卷八《世宗纪》，第215页。
④ 《魏书》卷四一《源子恭传》，第934页。
⑤ 《隋书》卷六八《宇文恺传》，第1593页。
⑥ 《隋书》卷七《礼仪志二》，第127页；卷六《礼仪志一》，第114页。

式，多依《仪礼》……祀昊天上帝，祭皇地祇及五帝、日月、五星、十二辰、四望、五官，各以其方色毛"，① 故秦蕙田认为"北周郊丘之祭大率与齐同，而郊坛之制各异"，② 即祭祀略同，而坛制有些不同。上述有关北齐北周的引文出于《隋书》，但《隋书》未明确北齐北周究竟何时实行郊祀以五精帝配飨，然从北齐北周两朝都承继于北魏看，大致可以判断北齐北周自有南郊便以五精帝配飨。隋朝南郊亦以五帝配飨，"其牲，上帝、配帝用苍犊二，五帝、日月用方色犊各一，五星已下用羊豕各九"。③

南北朝时的明堂之制，诸朝略有不同，如"陈制，明堂殿屋十二间。中央六间，依齐制，安六座。四方帝各依其方，黄帝居坤维，而配飨坐依梁法"；④ 北魏于平城营建明堂，据史载："高祖外示南讨，意在谋迁，斋于明堂左个。"⑤ 此当为《周礼》所载之五室之制，非《大戴礼记》九室十二堂制。迁都后，袁翻曾建议"明堂五室，请同周制"，⑥ 当是依据平城五室制。"后齐采《周官·考工记》为五室，周采汉《三辅黄图》为九室，各存其制，而竟不立。"⑦

隋开皇初，牛弘"奏征学者，撰《仪礼》百卷。悉用东齐《仪注》以为准，亦微采王俭礼"，⑧ 即主要沿袭北齐之礼，稍采南朝之礼，不过隋礼并未传承下来。史称隋开皇、大业年间，诏议明堂之制，然亦众言纷纭，未能一致，"终隋代，祀五方上帝，止于明堂，恒以季秋在雩坛上而祀"，⑨ 但五帝配飨则无不同。此是北

① 《隋书》卷六《礼仪志一》，第 115、116 页。
② 秦蕙田：《五礼通考》卷八，文渊阁《四库全书》本，第 135 册，第 292 页。
③ 《隋书》卷六《礼仪志一》，第 116 页。
④ 《隋书》卷六《礼仪志一》，第 121 页。
⑤ 《魏书》卷一九中《任城王传》，第 464 页。
⑥ 《魏书》卷六九《袁翻传》，第 1538 页。
⑦ 《隋书》卷六《礼仪志一》，第 121 页。
⑧ 《隋书》卷八《礼仪志三》，第 156 页。
⑨ 《隋书》卷六《礼仪志一》，第 122 页。

朝至隋的郊祀、明堂之制，所配缥均为五天帝。

需要注意的是，北周武帝保定元年正月"甲寅，祠感生帝于南郊"，[①] 这是南郊中首次祭祀感生帝（亦称感帝）的明确时间，据称北周"南郊，以始祖献侯莫那配所感帝灵威仰于其上"。[②] 北齐也祭感生帝，《隋书》有记载，然时间不明。[③]《宋史》载"感生帝，即五帝之一也。帝王之兴，必感其一。北齐、隋、唐皆祀之，而隋、唐以祖考升配，宋因其制"[④] 一语，脱漏北周祭感生帝事，其实北周亦有祖宗配缥。

祭祀感生帝近承郑玄五精帝说，远接先秦感生说，与禘祭配缥之制相配合。郑玄五精帝说与"君权神授""五德始终"相对应，认为政权交替实由"天"意，即政权的合法性来源于天命，如此，它必然会带来"感生帝"之说。所谓感生帝，即皇帝的祖先感受五天帝之一的精气而降生，肇建王朝，实际深受五行相生相克、五德始终的影响，因此，每一王朝所祭祀的感生帝都是前一王朝感生帝的"克星"，如此也体现出后一王朝的正统地位。虽说北周北齐始有感生帝之说，但"感生说"并不始于北周北齐，早在先秦便有此说法。不但传世文献中有感生的记载，出土简牍同样有类似记载，如上海博物馆藏战国楚简中的《子羔》，记载了子羔与孔子的对答，述及禹、契、后稷的感生传说。[⑤] 谶纬中也有帝王"感生"故事，如《瑞应图》"大虹竟天，握登见之，意感生帝舜于姚墟"之类，无须赘述。不过，北周北齐始启感生帝之祭，已经与五行说结合，这与先秦记载、汉代谶纬不同。这种基于五行学说上的感生说为隋唐宋诸王朝继承，详参后述。

---

① 《周书》卷五《武帝纪上》，第64页。
② 《隋书》卷六《礼仪志一》，第116页。
③ 《隋书》卷六《礼仪志一》载："祀所感帝灵威仰于坛，以高祖神武皇帝配。礼用四圭有邸，币各如方色。"（第115页）
④ 《宋史》卷一〇〇《礼志三》，第2461页。
⑤ 马承源主编：《上海博物馆藏战国楚竹书》（二），上海古籍出版社2002年版，第184—199页。

　　有关北魏五帝祭祀，还有数事需要指出。一是元会朝堂设座。孝文帝太和十五年八月诏曰："《礼》云自外至者，无主不立。先朝以来，以正月吉日，于朝廷设幕，中置松柏树，设五帝坐。此既无可祖配，揆之古典，实无所取，可去此祀。又探策之祭，既非礼典，可悉罢之。"① 明堂、南郊设五帝座虽有之，然亦罢废；② 朝堂元会设五帝座确实前无记载，此当为北魏自创之礼，只是不详何时开始。二是南郊用牲之色。太和中孝文帝曾称"圜丘之牲，色无常准，览推古事，乖互不一。周家用骍，解言是尚。晋代靡知所据"，"秘书令李彪曰：'观古用玄，似取天玄之义，臣谓宜用玄。至于五帝，各象其方色，亦有其义。'帝曰：'天何时不玄，地何时不黄，意欲从玄。'"③ 三是五郊迎气。④ 宣武帝时，太常卿刘芳对当时所置五郊迎气提出意见，认为"所置坛祠远近之宜，考之典制，或未允衷"。⑤ 五郊迎气始见于《月令》记载，但《月令》只提及五帝、五方、五色，五方如何迎五气、里数多少、如何配飨等事均不明。其制至东汉始详，《后汉书》云：董钧"博通古今，数言政事。永平初，为博士。时草创五郊祭祀，及宗庙礼乐，威仪章服，辄令钧参议，多见从用，当世称为通儒"。此处"五郊祭祀"下有注曰："《续汉志》曰：'永平中，以《礼仪谶》及《月令》有五郊迎气，因采元（和）〔始〕中故事，兆五郊于洛阳四方，中兆在未，坛皆三尺。'"⑥ 未是方位，在中央偏西南，

---

① 《魏书》卷一〇八之一《礼志一》，第 2748 页。

② 郑玄依《春秋纬》，认为除昊天上帝外，"五行精气之神"亦为天帝，故有六天帝之说，郊祀设祭位。西晋武帝时，王肃批判六天说，以为"五帝"非天帝，其采纳《家语》解释，认为太皞、炎帝、黄帝、少皞、颛顼为五帝，即"五人帝"，武帝纳之，诏"明堂、南郊，宜除五帝之座，五郊改五精之号，同称昊天下帝"。

③ 《魏书》卷一〇八之一《礼志一》，第 2752 页。

④ 张鹤泉先生对东汉、两晋南北朝五郊迎气有极深入的研究，参见氏著《东汉五郊迎气祭祀考》，《人文杂志》2011 年第 3 期；《两晋南朝迎气祭祀礼考》，《南京晓庄学院学报》2017 年第 2 期；《北魏迎气祭祀礼试探》，《河北学刊》2017 年第 3 期。

⑤ 《魏书》卷五五《刘芳传》，第 1223 页。

⑥ 《后汉书》卷七九下《董钧传》，第 2577 页。

对应黄色，东汉大儒贾逵云："中兆，黄帝之位，并南郊之季，故云兆五帝于四郊也。"① 东汉至东晋诸儒解释大致相同，其中王肃说得比较清楚：东郊八里因木数、西郊九里因金数、南郊七里因火数、北郊六里因水数，中郊在西南五里因土数。这便是五郊迎气，五、六、七、八、九又与《易》、五行相关，五郊迎气之五帝既有方所祭祀和顺时令色彩，更与谶纬密切相关，然其祭祀对象体现的是地方"保护神"的色彩，可归属五天帝，历代相同。② 由上述数例可见，北魏礼制似与汉晋之制有差异，"晋代靡知所据"明确表现出孝文帝不愿遵用晋制。

归纳以上所述南北朝至隋的五帝之祀发展趋势，南朝循晋之旧，无所改易，实祭五天帝。北朝至隋，出现了祭感生帝一说，此混融了郑玄五精帝说和先秦感生说，即五天帝与五人帝，这与北朝重黄帝轩辕氏及三皇五帝之统密切相关，在郊祀、明堂、禘祭及迎气之仪中均有五帝身影。

四　唐代之后：确立人神分途的郊祀与明堂制度

唐代是中国传统礼制发展极为重要的时期，也是礼典编纂最为鼎盛的时期。就礼学发展的本身而言，这也是历史的必然。因为从魏晋到唐是一个从军阀混战不已的"乱世"到盛世的转变过程，从社会稳定角度而言，统治者为巩固自己的政权，自然需要制定出一系列有利于自身统治的制度，这当然也包括礼典。从礼学发展本身来看，"自晋至梁，继令条缵。鸿生巨儒，锐思绵蕝，江左学者，仿佛可观"，③ 虽出现了名噪一时的王肃礼学，但实际上王学随着晋王朝的倒台而风光不再，最终没能取代郑玄礼学，那么礼学的发展也自然要求出现一个超越郑学的理性要求。因此我们可以看

---

① 《北史》卷四二《刘芳传》，第 1546 页。

② 东汉之后，大多数国家都有五郊迎气之祭祀，虽祭祀地点、祭祀仪式略有不同，但祭祀对象毫无二致。

③ 《旧唐书》卷二一《礼仪志一》，第 816 页。

到，自隋朝建立起大一统国家后，这一发展趋势变得非常明显，史称："隋氏平陈，寰区一统，文帝命太常卿牛弘集南北仪注，定《五礼》一百三十篇。炀帝在广陵，亦聚学徒，修《江都集礼》。由是周、汉之制，仅有遗风。"① 遗憾的是，隋祚短暂而未能完成这一历史任务，这一历史责任就落在大唐肩上。

就礼制而言，随着唐王朝建立与统一，统治者对礼学思想上的掌控和礼典制作的需求日趋迫切，在这一历史条件下，中国礼制史上的重大变革、发展时期来临了。从礼学思想上说，唐初以孔颖达为代表的礼学专家衡评郑王、择优汰劣，自太宗开始，到高宗时期最终完成了《五经正义》这部巨著，大致结束了汉末到魏晋以来经学纷争的局面，从学术层面而言，开创了国家礼学一统天下的趋势，这在礼学发展史上占据了重要的地位。从具体礼典编纂来说，唐代先后编纂而成的贞观、显庆和开元三部大礼典及其他各种官颁礼典，充分说明唐代礼学昌明的盛况。尽管三部大礼典在具体礼仪上有变化、有抵牾，甚至在郑学、王学之间摇摆，但整体上说是沿着一个方向发展，是一个日趋完善的礼制体系。

就五帝配飨问题而言，唐代仍然围绕着郊祀、明堂五帝是用郑玄说还是王肃说而展开争论，② 学界对唐代五帝（五方帝、五人帝）问题已有很充分的研究，③ 无须置喙。

奉敕参与编纂《五经正义》的孔颖达等一批学人，面对自汉代以来经学内部纷争、门户之见横陈的局面，摒弃南学、北学的偏见、广采博览、兼容百氏，既保存前说，又提出新见解，议论也相对较为公允，因而《五经正义》成为官方权威之说，也成为科举

---

① 《旧唐书》卷二一《礼仪志一》，第 816 页。
② 杨华认为《开元礼》许多条目是对依从郑学的《贞观礼》和推崇王学的《显庆礼》进行了择从才形成的。氏著：《论〈开元礼〉对郑玄和王肃礼学的择从》，《中国史研究》2003 年第 1 期。
③ 杨华：《论〈开元礼〉对郑玄和王肃礼学的择从》，《中国史研究》2003 年第 1 期；吴丽娱：《从经学的折衷到礼制的折衷——由〈开元礼〉五方帝问题所想到的》，《文史》2017 年第 4 期。

考试的标准。《五经正义》对六天说与一天说有详细解说，载于《郊特牲》篇之首，孔颖达曰："郑氏以为天有六天，丘、郊各异，今具载郑义。兼以王氏难郑氏，谓天有六天，天为至极之尊，其体只应是一。而郑氏以为六者，指其尊极清虚之体，其实是一；论其五时生育之功，其别有五：以五配一，故为六天。"① 郑玄之说既有经学依据，又有来自战国五行的思想，再混合汉代谶纬家乃至道教学说，故郑氏将黄帝含枢纽等五帝与"天皇大帝"（即昊天上帝）合为六天，就当时客观的历史条件与人们认识水准来说，有历史的必然性，也有相当的受众基础，同时，将五帝称为"天帝"，更能显示出封建专制政权的权威性与合法性，自然也符合帝王的政治需要，因此郑氏之说能够广泛流传。唐宋之间普遍认为郑玄"六天之说，后世莫能废焉"，② 元人袁桷也引胡宠说："郑氏六天，本于谶纬，攻之者虽力，而卒莫敢废。"③ 而王肃看重《易》学，力求破除谶纬之说，从元气一元论的思想出发，认为五帝为五人帝，是黄帝之子孙，而非所谓五天帝。有学者认为王肃经学有义理化倾向，④ 我们认为是有相当道理的。郑王两者在哲学思想上的不同，最终导致他们在五帝认识上的差异。那么，唐代究竟采纳五人帝还是五天帝？究竟有什么变化？兹略做申述。

据《旧唐书·礼仪志一》载：唐武德初郊祀"五方上帝、日月、内官、中官、外官及众星，并皆从祀"，此五方上帝为五天帝无疑，这是沿袭隋代而来的。贞观时，明堂仍以高祖配五天帝，到

① 郑玄注，孔颖达疏：《礼记正义》卷二五《郊特牲》，第 766 页。

② 王溥：《唐会要》卷九上《杂郊议上》，第 169 页。此条内容被欧阳修采入《新唐书》卷一三《礼乐志三》中。

③ 袁桷：《进郊祀十议状》，陈得芝、邱树森、何兆吉：《元代奏议集录》（下），浙江古籍出版社 1998 年版，第 24 页。

④ 朱伯崑认为："曹魏时期的经学大师王肃，乃古文经学派的集大成者。其《周易注》，继承了费氏易的传统，注重义理，以《易传》的观点解释经文，排斥今文经学派和《易纬》解易的学风，不讲互体、卦气、卦变、纳甲等。"氏著：《易学哲学史》第 1 卷，华夏出版社 1994 年版，第 246 页。

永徽二年"又奉太宗配祀于明堂，有司遂以高祖配五天帝，太宗配五人帝"。显然，永徽以一代两帝同配明堂，分别配祀五天帝、五人帝的做法是一种"创新"之举，调和了郑王之说。然到显庆元年六月，太尉长孙无忌与礼官声称："历考前规，宗祀明堂，必配天帝，而伏羲五代，本配五郊，预入明堂，自缘从祀。今以太宗作配，理有未安。伏见永徽二年七月，诏建明堂，伏惟陛下天纵圣德，追奉太宗，已遵严配。时高祖先在明堂，礼司致惑，竟未迁祀，率意定仪，遂便着令。乃以太宗皇帝降配五人帝，虽复亦在明堂，不得对越天帝，深乖明诏之意，又与先典不同。"他们认为这种依据郑玄"以祖、宗合为一祭，又以文、武共在明堂，连褉配祀，良为谬矣"，要求改为"奉祀高祖于圆丘，以配昊天上帝"，太宗"祀于明堂，以配上帝"，这又恢复到五天帝一途。显庆二年七月，礼部尚书许敬宗与礼官又上奏，认为"祠令及新礼，并用郑玄六天之议，圆丘祀昊天上帝，南郊祭太微感帝，明堂祭太微五帝"的做法不对，要求"四郊迎气，存太微五帝之祀；南郊明堂，废纬书六天之义"，即要求恢复到五天帝和五人帝分祀的轨道，获得皇帝赞同而附于礼令。高宗乾封元年下诏"依郑玄义祭五天帝，其雩及明堂，并准敕祭祀"，[1] 即郊祀、明堂统一为配飨五天帝。但此举遭到奉常博士陆遵楷、张统师等人批评，乾封二年诏令又重申："自今以后，祭圆丘、五方、明堂、感帝、神州等祠，高祖太武皇帝、太宗文皇帝崇配，仍总祭昊天上帝及五帝于明堂。"[2] 高宗去世后，情况发生变化，垂拱元年，武则天听从凤阁舍人元万顷等人建议，"郊丘诸祠皆以三祖配"，[3] 即以高祖、太宗、高宗一同配祀。永昌元年九月，武则天敕："天无二称，帝是通名。承前诸儒，互生同异，乃以五方之帝，亦谓为天。假有经传互文，终是名实未当，称号不别，尊卑相浑。自今郊祀之礼，惟昊天上帝称天，

---

① 以上参见《旧唐书》卷二一《礼仪志一》，第820—826页。

② 《旧唐书》卷二一《礼仪志一》，第827页。

③ 《旧唐书》卷二一《礼仪志一》，第830页。

其余五帝皆称帝。"① 显然永昌元年将昊天称天，五帝称帝，即改回五人帝而非五天帝了。圣历元年司礼博士闾仕谞、班思简等奏："郑（玄）所谓告其帝者，即太昊等五人，告其神者，即重黎等五行官。虽并功施于民，列在祀典，无天子每月拜祭告朔之文……郑所谓告其时帝者，即太皞等五人帝，此又非也。何者？郑注唯言告其时帝及其神，配以文王、武王，不指言天帝、人帝。但天帝、人帝并配，五方时帝之言，包天人矣。既以文王、武王作配，则是并告天帝、人帝。诸侯受朔于天子，故但于祖庙告，而受行之。天子受朔于上天，治宜于明堂，告其时之天帝、人帝，而配以祖考也。"② 闾、班之说，是从理论上强调了区分天帝、人帝。

　　玄宗开元时期是唐礼一大变革关键。开元十一年，玄宗罢三祖同配，恢复高祖单独配祀，同时对武则天"郊祀之礼，惟昊天上帝称天，其余五帝皆称帝"的做法表示不赞同。在开元二十年编成的《大唐开元礼》中，郊祀、明堂都有五方帝配飨，③ 这五方帝是神，是天帝，不是人帝，因为该礼典中明确还有与五方帝不同的五帝（五人帝）。《大唐开元礼》卷一《序例上》中"季秋大享明堂，祀昊天上帝，以睿宗大圣真皇帝配座。又以五方帝、五帝、五官从祀"一条，其下注曰："右按大唐前礼，祀五方帝、五帝、五官于明堂；大唐后礼，祀昊天上帝于明堂。准《孝经》曰：'郊祀后稷以配天，宗祀文王于明堂以配上帝。'先儒以为天是感精之帝，即太微五帝，此即皆是星辰之例矣。谨按：上帝之号皆属昊天，郑康成所引皆云五帝。《周礼》曰：'王将大旅上帝，张毡。'案：设皇邸，祀五帝，张大次、小次。由此言之，上帝之与五帝自有差等，岂可混而为一乎。"④ 在明堂祭祀中，也明确记载"天帝

　　① 王溥：《唐会要》卷九上《杂郊议上》，第 177 页。
　　② 王溥：《唐会要》卷一二《飨明堂议》，第 329—331 页。
　　③ 参见《旧唐书》卷二一《礼仪志一》。《大唐开元礼》也有明确的五人帝、五方帝的记载。
　　④ 萧嵩等：《大唐开元礼》卷一《序例上》，第 14—15 页。

之馔升自午陛，配帝之馔升自卯陛，五方帝、五帝之馔各由其陛升"。① 这里五方帝、五帝是对称的，五方帝是天帝，五帝是人帝。配帝即唐代配祀之帝，他们配飨是有理论根据的，即《孝经》中记载的"宗祀文王于明堂以配上帝"。有意思的是，这里出现的天帝、五方帝是"神"，配帝、五帝则是"人"。这一改变极具意义，影响深远，秦蕙田略有夸张地称："《唐书·礼乐志》称萧嵩等撰定《开元礼》，虽未能合古，而天神之位别矣。至二十年，萧嵩等定礼而祖宗之配定矣。岂不信哉！自汉以后千余年间，为注家所惑，郊丘天帝配位，乖舛互异，至不可究诘。即贞观定礼以后，而乾封之祀感帝，垂拱之三帝并祀，不旋踵而袭谬。至《开元礼》成而大典秩如矣。后世虽时有损益，然大纲率不外此，是古今五礼一大关键也。"② 值得注意的是，《大唐开元礼》卷一二到卷二一分别皇帝或有司祭青帝、赤帝、黄帝、白帝和黑帝之礼，即将原来合祀的五帝，回归到郑玄之说出现之前方所祭祀的人帝上去了。这一区分人、神祭祀方式影响直到元代。

玄宗后诸帝大致遵循《大唐开元礼》，郊祀五帝则为五方帝，即保佑一方的五天帝，明堂配飨五帝实为五人帝。如代宗初，归崇敬议祭五人帝不称臣云：

> 太昊五帝，人帝也，于国家即为前后之礼，无君臣之义。若于人帝而称臣，则于天帝复何称也？议者或云："五人帝列于《月令》，分配五时。"则五神、五音、五祀、五虫、五臭，皆备五数，以备其时之色数，非谓别有尊崇也。③

这里的太昊五帝便是五人帝。不过笔者仅发现一条资料，似乎不能

---

① 萧嵩等：《大唐开元礼》卷一〇《皇帝大享于明堂》，第 77 页。
② 秦蕙田：《五礼通考》卷一〇《圜丘祀天》，文渊阁《四库全书》本，第 135 册，第 317 页。
③ 《旧唐书》卷一四九《归崇敬传》，第 4016 页。

完美解释：德宗贞元元年诏中称："郊祀之义，本于至诚。制礼定名，合从事实，使名实相副，则尊卑有伦。五方配帝，上古哲王，道济烝人，礼著明祀。"① 此明确讲的是郊祀之礼。虽说郊祀确有五方帝与五帝配飨，但称为上古哲王的"五方配帝"，究竟是指五方帝还是指五位先代圣王之五帝，费人猜详。因为若是人帝，不当称"五方配帝"；若与开元礼一致的五方帝，那么就不能称为"人帝"，两者矛盾无法统一。此尚祈高明教之。

五代时王朝更替迅速，于礼制建设上确实乏善可陈，然从点滴资料上仍可以看出沿袭的痕迹。如后梁太祖曾下诏，要求"其近京灵庙，宜委河南尹，五帝坛、风师雨师、九宫贵神，委中书各差官祈之"。② 这里明确有五帝坛，显然是方所祭祀方式。又称："周广顺三年九月，南郊，礼仪使奏：'郊祀所用珪璧制度，准礼，祀上帝以苍璧，祀地祇以黄琮，祀五帝以珪璋琥璜琮，其玉各依本方正色，祀日月以珪璋，祀神州以两珪有邸。其用币，天以苍色，地以黄色，配帝以白色，日月五帝各从本方之色，皆长一丈八尺。'"③ 这里祭五帝"各依本方正色"也强调是方所祭祀形式。更为重要的是，后周编纂《大周通礼》，是依据唐代礼制而来：周显德五年六月"命中书舍人窦俨参详太常雅乐。十一月，翰林学士窦俨上疏论礼乐刑政之源，其一曰：'请依《唐会要》所分门类，上自五帝，迄于圣朝，凡所施为，悉命编次，凡关礼乐，无有阙漏，名之曰《大周通礼》，俾礼院掌之。'"④ 依《唐会要》编次《大周通礼》礼乐内容，可见其沿袭唐代之礼。

宋代自然也沿袭唐代定下的人、神分祀的体系，但又加以完善。例如，宋代除在昊天上帝外，五帝中区分出五人帝与五方帝，前者为以黄帝为核心的上古五帝，五方帝（灵威仰、赤熛怒、含

---

① 《旧唐书》卷二一《礼仪志一》，第844页。

② 《旧五代史》卷七《太祖纪》，第108页。

③ 《旧五代史》卷一四三《礼志下》，第1910—1911页。

④ 《旧五代史》卷一四五《乐志下》，第1936页。

枢纽、白招拒、叶光纪）则依方所来确定，被视为天帝，[1] 除配飨南北郊（分别祭昊天上帝、皇地祇）外，又各在国门之外有专坛祭祀，用于每年四立日、土黄日迎气祭祀。当然五方帝中必有感生帝，因为感生帝是"五帝之一也。帝王之兴，必感其一。北齐、隋、唐皆祀之，而隋、唐以祖考升配，宋因其制"。[2] 宋代感生帝是赤帝，故南郊之后又当单独祭赤帝。[3]

就圆丘（圜丘）祭祀而言，五方帝、五人帝自宋初就配飨了。景德四年翰林学士晁迥等言："按《开宝通礼》：圜丘，有司摄事，祀昊天、配帝、五方帝、日月、五星、中官、外官、众星总六百八十七位；雩祀、大享，昊天、配帝、五天帝、五人帝、五官总十七位。"[4] 可见宋初情况。《政和五礼新仪》继承了这一传统，如卷二载："冬日至祀昊天上帝，设位于坛上，北方，南向。以太祖皇帝配，其位东方，西向。天皇大帝、五方帝、大明、夜明、北极九位在第一龛。北斗、天一、太一、帝座、五帝内座、五星、十二辰、河汉、内官等神位五十四座，在第二龛。"[5] 这里明确有五方帝和五帝（五人帝）。正由于区分出五方帝与五人帝，而五方帝又可用于五郊迎气，故在《政和五礼新仪》中有"皇帝祀五方帝仪"三卷和"祀五方帝仪（有司行事）"一卷，而五帝（五人帝）失去

---

① "《开元礼义罗》云：'帝有五坐，一在紫微宫，一在大角，一在太微宫，一在心，一在天市垣。'即帝坐者非直指天帝也。又得判司天监史序状：天皇大帝一星在紫微勾陈中，其神曰耀魄宝，即天皇是星，五帝乃天帝也……窃惟《坛图》旧制，悉有明据，天神定位，难以跻升，望依《星经》，悉以旧礼为定。"《宋史》卷九九《礼志二》，第 2436 页。

② 《宋史》卷一〇〇《礼志三》，第 2461 页。

③ 乾德元年曾在南郊为赤帝设座，二年从太常博士聂崇义奏罢，撤座从祀。

④ 《宋史》卷九九《礼志二》，第 2437 页。按：马端临《文献通考》卷七一《郊社考四》与《宋史》同。然李焘《续资治通鉴长编》与此略有不同，无五方帝，五天帝称五天，五人帝称五帝（卷七六，真宗大中祥符四年十二月甲寅，第 1744—1745 页）。

⑤ 郑居中：《政和五礼新仪》卷二《序例·神位》，文渊阁《四库全书》本，第 647 册，第 138 页。

了迎气作用，礼典中就不再有专门的祭祀篇目了，仅是南郊或五郊迎气时配飨从祀而已，故《宋史》称"冬至祀昊天上帝于圜丘，以五方帝、日、月、五星以下诸神从祀。又以四郊迎气及土王日专祀五方帝，以五人帝配，五官、三辰、七宿从祀"，① 应该说是基本准确的。

辽朝礼制建设相对比较落后，至今也未保存礼典，相关典籍记载的资料也甚少，其具体祭祀五帝不明。金朝五礼制度相对完备，且大多沿袭宋制，② 其南郊配飨中有五方帝，③《大金集礼》亦明确有五方帝记载，④ 然无明堂之祭。金朝虽无"五人帝"之称，却有五帝祭祀的记载。章宗泰和三年，朝臣称："三皇、五帝、禹、汤、文、武皆垂世立教之君，唐、宋致祭皆御署，而今降祝板不署，恐于礼未尽。不若止从外路祭社稷及释奠文宣王例，不降祝板，而令学士院定撰祝文，颁各处为常制。"⑤ 此奏获章宗诏准，五帝作为前代圣王列入祭典受祀。这一祭前代帝王之礼，至少在金中期就出现了，规定三年一祭。不过，五帝是分别在各地受祭：伏羲于陈州、神农于亳州、轩辕于坊州、少昊于兖州、颛顼于开州。辽金两朝不行五郊迎气之礼，故于国门外无祭坛。

据《元史·郊祀志》称："元之五礼，皆以国俗行之，惟祭祀稍稽诸古。"⑥ 确实，元朝礼制非常看重本民族之礼，对汉族礼制不甚重视，然在吉礼（以各种祭祀为主要内容）上却在一定程度上加以利用，用以宣示国家政权的合法性，以及表现他们对祖宗的尊崇。

元朝兴起于漠北，原有与中原地区传统礼制不同的拜天之礼，

①　《宋史》卷一〇〇《礼志三》，第 2459—2460 页。

②　汤勤福：《宋金〈礼志〉比较研究》，《史学集刊》2018 年第 4 期。

③　《金史》卷二八《礼志一》，第 698 页。

④　张玮：《大金集礼》卷三八《沿祀杂录》，《丛书集成新编》本，第 35 册，第 363 页。

⑤　《金史》卷三五《礼志八》，第 819 页。

⑥　《元史》卷七二《祭祀志一》，第 1779 页。

不过，元朝拜天帝后都参与，宗戚助祭，洒马湩，用来显示报本反始之意。宪宗二年八月，"以冕服拜天于日月山"，又采纳孔元措建言，合祭昊天后土，以太祖、睿宗配飨。世祖至元十二年十二月，以受尊号，遣使豫告天地，按照唐、宋、金旧仪于国阳丽正门东南七里建立祭台，设昊天上帝、皇地祇位二，行一献礼。这便是元朝南郊仪式最初的情况，可见十分简陋。至元三十一年，成宗即位，始于都城南七里建南郊坛，四月甲辰遣司徒兀都带率百官为大行皇帝请谥于南郊，此为告天请谥之始。大德六年春三月庚戌，合祭昊天上帝、皇地祇、五方帝于南郊，遣左丞相哈剌哈孙摄事，"为摄祀天地之始"。① 显然，至少自成宗起，元朝南郊开始以五方帝配祀。武宗至大三年正月曾拟定北郊从祀及朝日夕月礼仪，然未果。该年十一月丙申，有事于南郊，以太祖配，五方帝日月星辰从祀。仁宗延祐元年四月，太常寺臣请立北郊，仁宗未准奏，北郊之议遂辍。至顺元年十月，文宗亲祀南郊昊天上帝，以太祖配。"世祖混一六合，至文宗凡七世，而南郊亲祀之礼始克举焉"。② 可见，元朝南郊祭天以有司摄事为主，至文宗时才进行亲祀。元末，顺帝也曾亲祀。

元朝南郊祀昊天上帝，"其从祀圜坛，第一等九位。青帝位寅，赤帝位巳，黄帝位未，白帝位申，黑帝位亥，主皆用柏，素质玄书"，③ 其位置及币色与汉制传统南郊并无不同。值得指出的是，元朝南郊主要用于即位、受尊号、册后、册太子、为大行皇帝请谥之类告祭，且大多是有司摄事，而于礼制规定的每年冬至南郊则不太多，故史称："南郊之礼，其始为告祭，继而有大祀，皆摄事也，故摄祀之仪特详。"④ 至于北郊，元朝自"仁宗延祐五年，乃

---

① 《元史》卷七二《祭祀志一》，第1781页。
② 《元史》卷七二《祭祀志一》，第1792页。
③ 《元史》卷七二《祭祀志一》，第1794页。
④ 《元史》卷七二《祭祀志一》，第1792页。

即二郊定立坛壝之制",① 此"二郊"便指元朝之南郊与北郊,然其北郊祭祀情况不详。

元朝对黄帝祭祀中还有一个现象值得关注,即三皇庙祭祀。三皇五帝庙,始设于天宝六载正月。玄宗制曰"三皇五帝,创物垂范",故置三皇五帝庙进行祭祀。至天宝七载五月,又诏"三皇以前帝王,宜于京城内共置一庙,仍与三皇五帝庙相近,以时致祭。天皇氏、地皇氏、人皇氏、有巢氏、燧人氏,其祭料及乐,请准三皇五帝庙,以春秋二时享祭",② 并置官管理。③。唐人三皇祭祀,是将他们作为前代圣王来祭祀的,并非天神,这与《大唐开元礼》将五帝作为人帝祭祀相同。不过,三皇庙虽为国家祭礼之一,但唐代三皇庙资料极其缺乏,故其祭典仪式、管理方式、行用范围只能阙疑待考。宋代有关三皇庙祭祀资料更为罕见,无论在《宋史》、其他史籍,以及礼典中均未载三皇庙祭祀,故宋代三皇庙当非国家礼典规定之祭祀对象。笔者仅查到一条相关资料,是晚宋隆州井研人(今四川井研)牟巘(1227—1311)撰的《三皇庙疏》,其中称:"昔三皇天地同符,为民立命。《河图》《易》画,分阴而分阳;《药录》《灵枢》,载生而载育。千万世实蒙垂祐,十三科各务精能。其在吾邦,盍彰显祀,日来月往,栋挠梁倾……用是惕然,谂于识者。捐赀多助,壮观一新。"④ 据此可知,该庙当在井研,建立已久且已破败,作者希望有识者损赀助修,应是当地私立庙祀。文中所称"《药录》《灵枢》"是医书,即宋代该地将三皇当作医祖来祭祀的。元初并无三皇庙祭祀之仪,据《元史》记载,

---

① 《元史》卷七六《祭祀志五》,第1903页。
② 王溥:《唐会要》卷二二《前代帝王》,第500、501页。
③ 《新唐书》卷四八《百官志三》称天宝六载于太常寺下置三皇五帝庙署。周绍良、赵超《唐代墓志汇编续集》咸通078载唐思礼长子为三皇五帝庙令,广明001载陈讽次子授三皇五帝庙丞。显然类同于县级职。
④ 牟巘:《三皇庙疏》,曾枣庄、刘琳主编:《全宋文》卷八二三八,第356册,上海辞书出版社、安徽教育出版社2006年版,第25页。

成宗"元贞元年，初命郡县通祀三皇，如宣圣释奠礼。太皞伏羲氏以勾芒氏之神配，炎帝神农氏以祝融氏之神配，轩辕黄帝氏以风后氏、力牧氏之神配。黄帝臣俞跗以下十人，姓名载于医书者，从祀两庑。有司岁春秋二季行事，而以医师主之"。① 据何梦桂大德三年撰写了《建德路新创三皇庙记》，称："三皇庙，国朝所以祀羲、农、黄帝为医家祖也……国都既有庙祀，州郡礼仪祀殆遍天下，此郡犹或缺焉，不可。"② 距元贞元年仅数年时间，似地方上行用颇广。仁宗延祐"六年秋八月，议置三皇庙乐，不果行"，③ 顺帝至正十年九月"祭三皇，如祭孔子礼……乃敕工部具祭器，江浙行省造雅乐，太常定仪式，翰林撰乐章，至是用之"。④ 从这些史料大致可以判断元朝三皇庙祭祀起于成宗元贞元年，三皇是作为医圣来受祭祀的，并且在郡县一级通祀，顺帝至正十年亲祀，已配有乐章。与宋朝相同的是，元代三皇庙祭祀是作为医祖来祭祀的，不同的是元朝三皇庙遍于州县。元朝三皇庙与唐代并无直接的承袭关系，元朝派"医师主之"与唐代以三皇五帝令、丞管理不同，因此其主祭者或有不同。不过，元代在州县均设三皇祭祀，扩大了三皇影响，这是元代对三皇五帝祭祀上的一个突出的特点，也从一个侧面印证了《元史》所称"惟祭祀稍稽诸古"。

朱元璋早在争夺天下之时便以驱逐"异族"为号，以恢复汉制作为鼓动民众反抗蒙元统治的手段之一，因此"明太祖初定天下，他务未遑，首开礼、乐二局，广征耆儒，分曹究讨"，开始了"五礼"重建，至"洪武元年命中书省暨翰林院、太常司，定拟祀典。乃历叙沿革之由，酌定郊社宗庙议以进"。⑤ 明太祖之所以如

---

① 《元史》卷七六《祭祀志五》，第1902页。
② 何梦桂：《建德路新创三皇庙记》，曾枣庄、刘琳主编：《全宋文》卷八二九六，第358册，第150—151页。
③ 《元史》卷六八《礼乐志二》，第1699页。
④ 《元史》卷四二《顺宗纪五》，第889页。
⑤ 《明史》卷四七《礼志一》，第1223页。

此以礼制建设为急务，实是出自他对蒙元政权礼制的贬视、厌恶心理。在他看来，元政权"昧于先王之道，酖溺胡虏之俗"，[①] 所行用"实非华夏之仪，所以九十三年之治，华风沦没，彝道倾颓"。[②] 因而他认为必须彻底抛弃元朝礼仪，重续先圣倡导的礼制，重建五礼制度，以恢复圣贤之道。这一礼制思想，基本奠定了明代礼制的基调。具体体现在五帝祭祀上，自明初就有了极大的更动。《明史·礼志》载洪武元年中书省臣李善长等人《郊祀议》，[③] 这一奏议极为重要，故摘录稍多：

> 王者事天明，事地察，故冬至报天，夏至报地，所以顺阴阳之义也。祭天于南郊之圜丘，祭地于北郊之方泽，所以顺阴阳之位也……自秦立四畤，以祀白、青、黄、赤四帝。汉高祖复增北畤，兼祀黑帝。至武帝有雍五畤，及渭阳五帝、甘泉太乙之祠，而昊天上帝之祭则未尝举行。魏、晋以后，宗郑玄者，以为天有六名，岁凡九祭。宗王肃者，以为天体惟一，安得有六？一岁二祭，安得有九？虽因革不同，大抵多参二家之说……由汉历唐，千余年间，皆因之合祭。其亲祀北郊者，惟魏文帝、周武帝、隋高祖、唐玄宗四帝而已。宋元丰中，议罢合祭。绍圣、政和间，或分或合。高宗南渡以后，惟用合祭之礼。元成宗始合祭天地五方帝，已而立南郊，专祀天。泰定中，又合祭。文宗至顺以后，惟祀昊天上帝。今当遵古制，分祭天地于南北郊。冬至则祀昊天上帝于圜丘，以大明、夜明、星辰、太岁从祀。夏至则祀皇地祇于方丘，以五岳、五镇、四

---

① 《明太祖实录》卷三九，洪武二年二月丙寅，第 783 页。
② 朱元璋：《御制大诰》卷首《御制大诰序》，《续修四库全书》本，第 862 册，第 243 页。
③ 《明太祖实录》卷三〇载："洪武元年二月壬寅朔，中书省臣李善长、傅瓛、翰林学士陶安等进《郊社宗庙议》。"（第 507 页）奏议名称不同。

海、四渎从祀。①

李善长等人的郊祀奏议，实出于太祖要求："卿等其酌古今之
宜，务在适中，定议以闻。"② 其批郑是出自太祖圣断。洪武元年
十月，太祖下诏停祀五帝，南郊只祭昊天上帝，北郊仅祀皇地祇。
也就是说，明初就抛弃五天帝说，将五帝恢复成上古圣王。在郊祀
停五帝配飨的同时，洪武元年三月，太祖下诏"以大牢祀三皇"。③
洪武三年遣使访先代陵寝，礼官考其功德昭著者，有伏羲、神农、
黄帝、少昊、颛顼等 36 位"各制衮冕，函香币。遣秘书监丞陶谊
等往修祀礼，亲制祝文遣之。每陵以白金二十五两具祭物。陵寝发
者掩之，坏者完之。庙敝者葺之。无庙者设坛以祭。仍令有司禁樵
采。岁时祭祀，牲用太牢"。④ 至洪武四年，所受祭前代圣王有所
变动，最终仍定为 36 位。这一停一祭之间，体现出太祖对五帝性
质的认识，即将他们视为先代圣王，排除了他们的神性。实际上，
太祖对此做得非常彻底，凡礼制中涉及五帝者，或罢去，或更革。
如五郊迎气之礼被罢去，即五方帝不再受祭祀；在祭太社时也以其
他方式来取代，洪武四年建太社坛，"取五方土以筑。直隶、河南
进黄土，浙江、福建、广东、广西进赤土，江西、湖广、陕西进白
土，山东进青土，北平进黑土"，⑤ 虽有方所"五色"之祭，然不
祭方所五帝。雩礼至少在商朝就出现了，⑥ 目的是祈雨，禳灾求

① 《明史》卷四八《礼志二》，第 1245—1246 页。《明太祖实录》所载极详，可
参考。

② 《明太祖实录》卷三〇，洪武元年二月壬寅，第 507 页。

③ 《明太祖实录》卷三一，洪武元年三月癸酉，第 536 页。

④ 《明史》卷五〇《礼志四》，第 1291—1292 页。

⑤ 《明史》卷四九《礼志三》，第 1268 页。《明史》中没有五郊迎气之礼。

⑥ 陈絜《卜辞中的柴祭与柴地》指出卜辞中的"柴"是种求祐、求雨求年成为
主的祭祀。《中原文化研究》2018 年第 2 期。秦蕙田《五礼通考》卷二二称：雩礼虽
然出现很早，但建立雩坛则在齐梁间，祭祀对象出现了五天帝、五人帝（文渊阁《四
库全书》本，第 135 册，第 575 页）。

吉，是历代必不可少之礼。自古以来雩礼受到统治者的高度重视，长盛不衰，如《大唐开元礼》等礼典将雩礼排在南北郊和祈谷之后，明堂礼之前，显然可见雩礼之重要性。然"明初，凡水旱灾伤及非常变异，或躬祷，或露告于宫中，或于奉天殿陛，或遣官祭告郊庙、陵寝及社稷、山川，无常仪"，不祀五帝，直至嘉靖九年筑"崇雩坛于圜丘坛外泰元门之东，为制一成，岁旱则祷，奉太祖配"，①毫无五帝身影。同样，带有五行色彩的感生帝也退出了历史舞台。太祖恢复五帝前代圣王的身份，影响极其深远，不但明代不再视五帝为天帝，就连清代也沿袭不变。

明代基本上没有大臣向皇帝要求祭祀五方帝，甚至视五郊迎气配帝之说为奇谈怪论，予以批判。于慎行批评郑玄六天说："《礼》曰：'以禋祀祀昊天上帝。'此天也，郑玄以为，天皇大帝者，耀魄宝也。《礼》曰：'兆五帝于四郊。'此五行精气之神也。郑玄以为：青帝灵威仰、赤帝赤熛怒、黄帝含枢纽、白帝白招拒、黑帝汁光纪者，五天也。由是有六天之说。纬书之凿，视道家图箓之文殆有甚矣……六天之说，即汉之五畤，使五行之吏进而并于有昊，说之最谬者矣。"② 陆容批评宋儒："宋朝最多名臣硕儒，而其制礼亦多难晓。如祭天于圜丘，而从以五方之帝，则凡本乎天者，无不在矣。又有所谓感生帝之祭，感生，谓如以火德王，则祀赤帝也。祭地于方泽，而从以岳镇海渎，则凡丽乎地者，无不在矣。"③

清郊祀配飨天神，"顺治初，定云、雨、风、雷。既配飨圜丘，并建天神坛位先农坛南，专祀之"，"十七年，敕廷臣议合祭仪，奏言仿《明会典》"，④ 故未将五帝列入配飨。祭皇地祇也无五帝配。社稷坛之制仿明代，于"祭大社、大稷，奉后土句龙氏、

① 《明史》卷四八《礼志二》，第1257页。
② 于慎行：《谷山笔麈》卷七《经子》，中华书局1984年版，第70—71页。
③ 陆容：《菽园杂记》卷一〇，中华书局1985年版，第118—119页。
④ 《清史稿》卷八三《礼志二》，第2513、2504页。

后稷氏配。祭日，帝亲莅，坛上敷五色土，各如其方"，① 也无五帝配飨，此沿袭明代之制。清朝有历代帝王之祭，"初，明祀历代帝王，元世祖入庙，辽、金诸帝不与焉"，康熙十七年"增祀商中宗、高宗，周成王、康王，汉文帝，宋仁宗，明孝宗。而辽、金、元太祖皆罢祀"，至六十一年又谕："帝王崇祀，代止一二君，或庙飨其臣子而不及其君父，是偏也。凡为天下主，除亡国暨无道被弑，悉当庙祀。有明国事，坏自万历、泰昌、天启三朝，神宗、光宗、熹宗不应崇祀，咎不在愍帝也。"基于此，朝臣议增 143 位帝王受祀，② 也就是说，除个别帝王外，都受到了祭祀，自然五帝也仅仅是其中五位"先朝皇帝"而已，比之前代圣王之说，其地位下降多矣。秦蕙田作《五礼通考》，搜罗宏富，他批评郑玄六天说，认为"其病总在谓天有六而天帝为二"，③ 又云"王氏郊丘之说甚是，至以五帝为人帝，以冢土为方丘，俱误"，又云"文衡赵汸《论周礼六天书》：郑康成三禘、五帝、六天，纬书之说，岂特足下疑之，自王肃以来莫不疑之。而近代如陈、陆、叶诸公，其攻击亦不遗余力矣"。④ 这可代表当时一般学者的看法。尽管清代学者中确实也有赞同郑玄六天说者，然在当时政治与学术氛围之中，也只能湮没无闻。

五　人神之际的启示

古代中国重视礼制，其祭祀对象有天神、地祇、人鬼三者，其中人鬼主要是王朝祖先、历代贤人功臣及其他人等。五帝原为三代上古圣王，祭祀之初是作为"人"受祭的，但在发展过程中，不断地被神化，尤其受到五行学说及谶纬影响，乃至变为五行之精、太微之神。其祭祀也从最初的单个祭祀到五位合享，而且进入国家

---

① 《清史稿》卷八三《礼志二》，第 2516 页。
② 《清史稿》卷八四《礼志三》，第 2525—2527 页。
③ 秦蕙田：《五礼通考》卷一，文渊阁《四库全书》本，第 135 册，第 140 页。
④ 秦蕙田：《五礼通考》卷五，文渊阁《四库全书》本，第 135 册，第 226 页。

祭典最高等级的郊祀、明堂礼中，长期获得配飨资格。当然，随着时代变迁，五帝在明初中失去了配飨资格，又重新恢复"人"的资格而受祭祀。如果我们拓开一步来看，古代中国许多受祭的"神祇""人鬼"，无论是列于国家礼典中的合法祭祀，或是出于民众信仰的民间"淫祀"，大多都经历过"人—神"这样一条演化路径，这一现象值得我们深思。

在五帝从"人"到"神"再到"人"的演化过程中，我们可以看到：中国古代礼制中的国家祭祀确实有强大的"制造"能力，利用国家掌控的权力将人升格为神，用以宣示国家政权的合法性、封建等级制度的合理性，以此"教化"芸芸众生，企望建立一套合于自己统治要求的社会制度。这在当时也无可厚非。其实民间信仰也同样具备强大的塑造能力，也能将"人鬼"塑造成"神祇"。然而，针对这些传统礼仪或礼俗，我们如何来判断其当代价值与合理地改造与利用这些资源，则是需要认真思考与仔细辨析的。因为任何一项从古代传承而来的制度或者礼仪，它只能是适合当时社会现实的一种制度，不可能万古不变地传承。中国古代礼制与古代中国农业文明有着极其紧密的联系，是"时代产物"，而不可能是万世准则。当我们进入现代化的工业文明新时代时，科学与理性占主导地位，因此如何发掘传承已久的祭祀仪式中合理的有现代价值的因素，对它们进行现代化转换，创造适合于现代社会的新礼仪，以此来团结海内外华人，是当今亟须解决的重要问题之一。

第二节　正视现实：礼义之邦遭遇礼仪缺失

中国素有礼义之邦的美誉，中华礼仪传统的精华至今传承不息，如子女孝顺之行、邻里关爱之情、敬业奉献之心、慈善大爱之举等传统美德懿行常见诸报端，传递着正能量。然而无须讳言，礼义之邦正遭遇着道德拷问，礼仪缺失、道德失范是不争之事实，尽管远非社会的主流，但其不良影响绝不可低估。就现代城市亲邻关系而言，那种亲情不如金钱，邻里视如陌人、关系紧张的态势是人们常谈论的话题。如何将中华传统礼制蕴含的中华先民之生命经验和生活智慧充分挖掘出来，来纠正和改善当今不正常的亲邻关系，重构和谐的亲邻关系，是值得我们研究的一个重要课题。

一　情感扭曲：失范的亲邻关系

亲情与亲邻关系不正常的现象，可以称之为亲邻关系失范。这种失范的亲邻关系在当今的主要表现有以下数个方面。

其一，缺乏亲情关爱，邻里之情淡薄。

中国自古以来有聚族而居的习俗，相互之间常有亲属关系，因此重视社会公德和个人私德，强调人与人之间和谐相处，亲情关爱，谦让互助。当然，这种关系是基于古代社会小农经济之上的一种亲邻关系。随着中国工业化、城镇化的持续推进，农业文明渐行渐远，大量农村人口流动到城镇。新型的工业文明、城市文明出现，城镇中高楼林立，新式小区住宅普及，移居于此的居民大多原来并不熟识，更少亲属关系，因此出现视邻里如陌人，大有"鸡犬之声相闻，民至老死不相往来"的态势。这种缺乏亲情关爱之下的亲邻关系必然会遇到极为严峻的考验。

据全国老龄委统计，2010 年中国城市老年人空巢家庭（包括独居）的比例已达 49.7%，大中城市的老年人空巢家庭（包括独居）比例更高，达到 56.1%。[1] 2017 年底，中国 60 岁以上老年人口已达 2.41 亿人，预计到 2050 年前后，中国老年人口将达到峰值4.87 亿，[2] 中国老龄化面临着极其严峻的形势。而在广大农村，青

———————

[1]　据中新网 2010 年 1 月 22 日报道，http：//www.chinanews.com/gn/news/2010/01-22/2087536.shtml。

[2]　据华夏时报 2018 年 12 月 18 日报道，2030 年空巢老人家庭比例或达 90%，https：//baijiahao.baidu.com/s?id=1619440967500302408&wfr=spider&for=pc。

壮年出外打工，留守老人更多。① 这些老年人的生活状况不容乐观，据中国老龄办 2007 年发布的《中国城乡老年人口状况追踪调查》表明，有过自杀念头的老年人，在城市占 2.6%，农村为 4.9%；中国老年人的自杀率比其他所有年龄组的自杀率均高 3 倍以上，且是世界平均水平的 4—5 倍。② 孤居老人生活自理能力较差，遭遇困难甚多，乃至有个别老人去世多日竟无人知晓。有人认为：老年人缺乏社会、精神和情感上的关怀是其自杀重要原因之一。③ 这当然是重要原因，但不是唯一原因。实际上，缺乏亲情关爱的空巢孤寡老人因年龄而易导致性情变化，④ 处理各种关系（包括亲邻关系）的能力也逐渐下降，一旦亲邻关系出现意外，容易导致老人产生轻生倾向。

其二，社会公德缺位，邻里矛盾不断。

改革开放之前，大多数百姓居住环境较差，一楼数户、连排居住是主要居住方式。当今人们居住环境有了翻天覆地的变化，高层公寓、单门独户乃至花园别墅成为普遍形式。然而过去邻里间那种串门走户的和谐亲密关系也随之逐渐消失，乃至"己所不欲，勿施于人"这种人际交往最为基本的礼仪与准则也遭遇挑战。遵循社会公德这一最起码的道德准则，被一部分人抛之九霄云外，己所不欲，强加于人，导致亲邻关系比较紧张。如私占楼道、争抢车位、噪声扰民、宠物惹事、乱扔垃圾等不良现象并不罕见，也往往成为引发和恶化邻里矛盾的症结。古人云："亲仁、善邻，国之宝也。"⑤ 而现实的亲邻关系确实令人感到有不尽如人意之处。

① 《"常回家看看"入法后首个中秋 老人无奈月圆照"空巢"》，《新闻晨报》2013 年 9 月 20 日。

② 《中国老年人自杀率呈急剧升高趋势》，《劳动报》2013 年 9 月 10 日。

③ 景军、张杰、吴学雅：《中国城市老人自杀问题分析》，《人口研究》2011 年第 3 期。

④ 央广网：《老年抑郁症患者比例逐年上升 空巢老人最为严重》（2017 年 10 月 10 日），https://baijiahao.baidu.com/s? id=1580869802794279987&wfr=spider&for=pc。

⑤ 杨伯峻：《春秋左传注（修订本）》，隐公六年，第 54 页。

其三，邻里情意淡薄，相互守望缺失。

在中国古代，邻里关系是极其重要的人际关系之一，因而相互守望是极为自然的。而当今社会邻里情意淡薄，居民长期同住一楼，相见却不相识，"各人自扫门前雪，岂管他家瓦上霜"的现象甚为普遍，从而导致相互守望缺位。甚至出现陌生人非法住入他人新宅而邻居毫不知情，① 邻家财物被窃却无人询问，② "一些社区盗贼出没，如入无人之境"等情况，③ 即使楼道里遇见陌生人也视为平常。④

中国志愿服务联合会 2013 年 12 月 19 日发出《邻里守望倡议书》，曲折地反映出当今社会亟须恢复中华传统美德、亲邻关系必须加以调整的尴尬现状。

其四，家庭教育偏失，礼仪教育缺位。

中国自古倡导幼教，教育儿童首先养成良好的礼仪习惯，正确处理人与人之间的关系。然而当今的家庭教育确有偏失，重智力培养而轻道德养育的现象相当普遍。

众所周知，为了控制人口过速增长，我国于 20 世纪 70 年代初开始陆续推行计划生育、鼓励晚婚晚育、独生子女等政策。这批独生子女出生后，正遇上我国经济快速发展时期，其家长收入逐年提高，生活物资日益丰富。同时独生子女的父母工作节奏频率加速，任职要求提高，忙于日常工作或学习充电，一般家庭的孩子往往由

① 《西安晚报》2014 年 4 月 14 日报道郭姓业主住房被人占用，《江淮晨报》2015年 5 月 5 日报道合肥市蒙城北路某小区 13 号楼刘先生新居被陌生人入室居住，《重庆时报》2016 年 3 月 21 日报道，某小区王姓房东新房被陌生人入室居住。类似鸠占鹊巢之事显然也非偶然现象。

② 《咸宁日报》2009 年 10 月 24 日报道，某居民小区发生了系列盗窃案，邻居看到案犯扛着赃物往外走，却没有报案。

③ 《孤独老人　呼唤人情化邻居》，http：//www.qingdaonews.com/content/2004-05/07/content_3092850.htm。

④ 《彭城晚报》2010 年 1 月 25 日《6 年前的少女被杀案破了给我们留下一个思考》报道，案犯落网后说，"一个楼层之间，相互不认识的现象很普遍。即使是这家有陌生人，也不会有人去问"，"我从她家楼道出来时，遇到的人没有一个问我找谁的"。

祖辈家长带领，四老养一宝，对孙辈的溺爱惯宠也就比较常见。长辈宁肯自己吃苦，也不让孩子受一点委屈，尽可能满足他们的各种物质要求，他们则衣来伸手、饭来张口，形成一批任性骄霸、以自我为中心、缺少合众精神、缺乏礼仪修养的"小皇帝""小公主"。在这种娇生惯养下成长起来的孩童，对亲邻关系的处理确实不尽如人意，由双方孩童引起的矛盾也成为亲邻关系紧张的重要原因之一。①

尽管以上所揭示的种种失范的亲邻关系远非社会主流，但这种与时代发展潮流严重不谐之音确实存在，不容乐观。毋庸讳言，扭曲的亲邻关系确实反映出部分国民的道德低下，礼仪丧失，这应该引起高度重视。如何破解这一困境，也是当下学术界乃至全社会需要应对的重要课题。

二　探源溯流：亲邻关系失范的原因

邓小平曾说："（社会）风气如果坏下去，经济搞成功又有什么意义？会在另一方面变质，反过来影响整个经济变质，发展下去会形成贪污、盗窃、贿赂横行的世界。"② 因此，我们应该反思的是：如今社会经济确实有较大发展了，人们生活条件也大有改善，而亲邻关系出现了一系列问题的原因究竟何在。如何寻找对策来扭转现状，防患于未然，使我们在经济建设发展的同时，社会风气也同步获得改善，社会道德整体获得进步。

社会的进步无非两个方面，一是物质文明水平的提高，一是精神文明水准的提升。一般说来，除非出现特大的历史变动情况，物质文明水平总体上是呈上升趋势的；但精神文明水准的变动状况更为复杂一些，可以出现总体提升的趋势，也可以在某些时段、

---

① 《华西都市报》2014 年 7 月 30 日报道达州市开江县因邻里小孩矛盾而引起家长争斗伤害案。中新浙江网 2014 年 1 月 26 日有《小孩打架家长出头　邻里矛盾扯不断理还乱》的报道。类似情况屡见不鲜。

② 《邓小平文选》第三卷，人民出版社 1993 年版，第 154 页。

某些侧面出现下降的趋势。精神文明包括科学文化和思想道德两个层面，思想道德可分为社会公德和个人私德。思想道德的变化（提升或下降）原因极其复杂，需要从其特定的历史条件来加以分析与判定。物质文明水平的提高乃至精神文明中科学文化的发展对思想道德的提升会有促进作用，但并非必然关系；思想道德的提升与下降不一定完全对应物质文明的提高或低落、科学文化的发展或停滞。亲邻关系失范大多属于道德范畴，反映出中国传统美德的缺位。在此对当今亲邻关系失范略做分析，以揭示其形成原因。

有人强调当今道德失范的体制原因，这当然是有一定道理的，所以我们才要不断深化体制改革，为社会经济的持续发展和精神文明的不断提升创造一个激励兼容的制度环境。但是，体制问题只是诸原因之一，某些具体问题确实还需要做具体分析。就亲邻关系失范而言，原因是多方面的，其中至为重要、最为根本者如下。

第一，亲邻关系长期受到扭曲。

在古代中国有"乡党"一词，乡党与宗族有区别，乡党之间的关系是典型的亲邻关系。[1] 中华民族自古而来重视邻里，它不仅是一个"地理关系"概念，也是古代对民众进行有效管理的制度，更是体现礼义之邦"人际关系"重要概念。

从管理制度而言，《尚书大传》载："古之处师，八家而为邻，三邻而为朋，三朋而为里，五里而为邑，十邑而为都，十都而为师，州有十师焉。"[2] 此处"古"字未明确指定时间。然唐代杜佑

---

[1]　中国古代往往宗族、乡党并称，显示两者的不同。有亲缘关系的聚族而居的宗族各户之间从居住方式上可以体现出类似现代的"邻里"关系，但由于同一血缘、共财同爨，不属于严格意义上的邻里关系。而没有亲缘关系的乡党当属更为典型的邻里关系。

[2]　李昉等：《太平御览》卷一五七《州郡部三》引《尚书大传》，第761页。《尚书大传》传为西汉伏生所作，虽非确论，然成书时间下限在汉代则无可置疑。

《通典》却明确说："昔黄帝始经土设井以塞诤端，立步制亩以防不足，使八家为井，井开四道而分八宅，凿井于中……故井一为邻，邻三为朋，朋三为里，里五为邑，邑十为都，都十为师，师十为州。"① 其实杜佑声称黄帝始建邻、里，并没有过硬史料来印证，但自古以来由于居住而存在邻里关系则无可怀疑。《通典》又说周制"五家为邻，五邻为里，四里为酇，五酇为鄙，五鄙为县，五县为遂，皆有地域沟树之。使各掌其政令刑禁，以岁时稽其人民，而授之田野，简其兵器，教之稼穑。里有序而乡有庠，序以明教，庠则行礼而视化焉"。②《周礼》"地官"有遂大夫一职，"每遂中大夫一人。县正，每县下大夫一人。鄙师，每鄙上士一人。酇长，每酇中士一人。里宰，每里下士一人。邻长，五家则一人"。③ 尽管学界对《周礼》成书时间有不同看法，但从金文"邻"作"𨛜"、"里"作"𡐛"来看，说至少在周代已经有了邻、里之类建制恐怕不会有大误。此后，虽说各朝构建地方建制时采用名称略有所异、数量有多寡，但这种邻里建制大致沿袭到民国时期。④

有邻、里自然就有亲邻关系。在传统的农耕社会中，亲邻关系极为重要，因为仅凭单家独户很难抗御天灾人祸，需要邻里之间相互帮衬、共克时艰。⑤ 因而，自古以来对亲邻关系所做的规范，都是以当时的礼仪制度来协调相互之间关系的，以便建立和谐的亲邻关系，稳定社会秩序。应该说，这种亲邻关系蕴含着中华先民的生命经验和生活智慧，也是中国成为举世闻名的"礼义之邦"的重要理由之一。当然也应当看到，古代中国的邻里关系适应于农业社会，体现出专制王朝对广大民众管控的目的，自然与当今社会不会完全融洽无间。

---

① 杜佑：《通典》卷三《食货三》，第 54 页。
② 杜佑：《通典》卷三《食货三》，第 55 页。
③ 郑玄注，贾公彦疏：《周礼注疏》卷九《地官·遂大夫》，第 321 页。
④ 民国保甲制当是邻里建制的最后时期。
⑤ 例如共同防盗、战争时共同抵抗、共同抗御较大自然灾害等。

中华传统礼制沿袭了数千年，曾是维护当时社会稳定的重要基石。20世纪20年代的新文化运动是一场反封建的思想解放运动，它极大地动摇了封建思想的统治地位，使中国人民的思想得到空前的解放，为马克思主义的传入奠定了思想基础。虽然新文化运动对旧礼教进行了强烈的冲击，其实并没有毁灭亲邻关系。

第二，荒谬言论的影响。

亲邻关系的破坏，另一重要原因是荒谬言论的影响，其中最为突出的是受到民族虚无主义的影响。

中国的民族虚无主义是随着西方列强入侵而产生的，其从本质上说是崇洋媚外的产物。民族虚无主义者视中华文化的优良传统与文化精华为粪壤，无视中华文化在历史上的作用与影响，蓄意扩大中华文化的缺陷与弱点，进而鼓吹西方文化优秀论，将东西方文化做不适当的比较，以达到全盘否定中华文化乃至中华民族历史的目的。其实，当西方列强入侵之时，反思我们的弱点与缺陷，吸收他人之长是完全应该的、必要的。然而盲目崇拜与宣扬西方文化，自戕中华文化，则是得不偿失了。20世纪初出现的全盘西化论是典型的民族虚无主义表现。全盘西化论者企图否定中国传统文化，认为中华传统文化无一可取之处，将中华传统礼制等同于吃人的恶魔，宣扬以西方文化来取代中华文化。尽管当时民族虚无主义的主张没有得逞，但我们应该清醒地看到，在当今社会历史条件下，它并未销声匿迹，而是死灰复燃，月是西方圆的论调仍有人弹唱。因此，不彻底批判民族虚无主义，乃至纵容它，将会导致中华民族的民族精神及民族文化精华丧失，后果极其严重。这事关民族自尊与民族凝聚，事关国家长治久安和中华民族的未来发展，在大是大非面前，绝不能也不应该掉以轻心。

就中华传统礼制而言，它是中华传统文化的核心内容之一，积淀着中华先民积累的生命经验和生活智慧，尤其在处理人际关系和个人品德修养方面有着无可否认的价值，反映了先贤往哲孜孜以求的礼义之邦的理想，是中国对世界文明发展的独特贡献。当然，我们承认中华传统礼制确实包含着三纲五常等封建因素，邻里关系自然也不会例外，其缺陷与弱点确实存在，但没有必要夸大与曲解，而是应当更为理性地去认识它，剔除其糟粕，吸取其精华，并进行现代化转换，使其更好地为现代文明服务。

第三，家庭礼仪教育缺失的危害。

良好的礼仪习惯应该自小培育养成。如果孩童的家庭礼仪教育出了偏差，或家长本身有不文明习惯，不能以身作则，那么对孩子的影响将是极大的。例如，一些家长在防止自己孩子被伤害时，向孩子灌输"防备"邻居的言论。[①]诚然，为防止意外伤害，提高警惕是有必要的，但若将邻居都视为"潜在坏人"，那么会使孩子的心灵蒙受阴影，长此以往，自然对邻里的防备多于交流。又如在处理邻里矛盾时，一些家长会当着孩子面数落东家长、西家短；或会为蝇头小利、细微小事与邻居大吵大闹，争执不休；或双方孩子产生不愉快，帮着自家孩子与邻居争吵。如此等等，都会在儿童心里产生难以磨灭的印象，在他们长大成人后，或许对亲邻关系处理也会如此照办。

千里之堤毁于蚁穴，对孩子的道德、礼仪教育从小不重视，那么后果是非常严重的。如果家长自身都不自律，缺少起码的礼仪、道德修养，那么要求孩子养成文明礼貌的良好习惯确实是无从谈起。有些家长望子成龙，以为学习好将来便可以出人头地，因此关注智力投资而忽视道德教育，这种缺失礼仪道德的教育确实会带来不良后果。

总之，亲邻关系失范带来的负面影响是深刻的，其原因自然也是多方面的，这需要我们认真反思，修复正常的亲邻关系，重构"亲仁善邻"的邻里环境，促进社会和谐，实现礼义之邦回归现实的愿景。

---

① 社会上流行"防火防盗防邻居"的说法，在网络上也经常出现，显然这种邻里关系已经走向极端。

三　亲仁善邻：重构和谐的亲邻关系

中华传统礼制自春秋之后，形成了以儒家思想为基准，以人伦关系为基础，以培养道德人格为准则，以调和诸种关系为手段，以维护和谐秩序为目的的礼仪体系。因此，礼仪缺失、道德失范的现象如果得不到遏制和扭转，以致形成某种不良的社会风气，那么就会影响经济发展和社会进步。当下亲邻关系现状确实令人担忧，如何重构和谐的亲邻关系，整体提高国人的道德，应当引起我们的反思，进而采取措施来改变现状。这里从中华传统礼制角度来讨论这个问题。

第一，确立正确的价值导向，明确自身的社会职责。

这里所讲的正确的价值导向当然是指符合当今社会发展要求的价值观。它是中国社会的内在要求，是建设富强、民主、文明、和谐社会的客观需要，是改变社会不良风气、弘扬社会正气的试金石，是尽快提高国民道德素质、提升国家文化软实力的迫切需要，是凝聚民心、达成共识、实现团结和谐、树立良好国风的基本手段，更是实现强国的最佳途径。

但是，价值观不是玄虚的概念，而是有实在内涵的，有民族与历史底蕴的。一个民族的价值观发展演变离不开自身的历史基础，它有着浓厚的本民族传统、历史以及文化的基础。当今社会的价值观是基于中华民族长期发展的历史基础之上，有着中华传统文化精华的支撑，有着广泛而坚实的群众基础。因此应该理直气壮地坚持中华民族的历史价值观，反对民族虚无主义，纠正种种错误认识和行为，使我们的社会始终沿着正确方向全面健康发展。

历史的经验教训值得汲取。春秋时期的叔向说过："礼，政之舆也。政，身之守也。怠礼，失政；失政，不立，是以乱也。"[①]显然，叔向非常清醒地看到礼仪对稳定政治的重要作用，他把礼、

------

① 杨伯峻：《春秋左传注（修订本）》，襄公二十一年，第 1170 页。

政与治、乱紧密联系在一起，来论述国家治理、社会和谐的观点是极有价值的，因为懈怠礼仪便会导致失政，失政便会导致社会动乱。这虽然是从国家层面来思考问题，但放在民间层面来思考同样有价值，因为百姓不循礼仪，社会秩序就会失去维护力量，就会产生动乱。这是历史对我们的警醒。

孟子曾描绘邻里相亲的美好愿景："乡田同井，出入相友，守望相助，疾病相扶持，则百姓亲睦。"①《礼记·礼运》进一步宣扬了儒家的理想社会，体现了他们的价值观。概括起来说，儒家先贤主张"选贤与能"的选官制度，宣扬"讲信修睦""人不独亲其亲，不独子其子"的人际关系，提出"老有所终，壮有所用，幼有所长，矜寡孤独废疾者，皆有所养"的社会保障，企望"老有所终，壮有所用，幼有所长，矜寡孤独废疾者，皆有所养"的社会愿景，强调"力恶其不出于身也，不必为己"的社会责任，从而达到"天下为公""谋闭而不兴，盗窃乱贼而不作，故外户而不闭"的大同世界。为了追寻这种理想世界，中国古代先贤孜孜不倦地努力与奋斗着。就亲邻关系而言，《礼运》篇中体现的人际关系完全可以在剔除其糟粕之后被我们参考与吸纳。因为它在确认"大同世界"时强调了和谐的人际关系，这一人际关系自然包含亲邻关系，如主张人们交往应当遵循礼仪、讲信修睦、互相关爱、敬老扶弱、同心协力，强调建立和谐稳定的理想社会中个人的社会责任与担当，体现出那个时代仁人志士的道德情操与价值取向。

有学者认为：文明社会首先应该是道德化的社会，礼即道德，因此要求人们在社会生活中相互尊重，相互爱护，相互帮助，互利互惠而形成和谐社会。② 实际上，这种提倡个人在社会中的担当首先是一种道德担当。社会发展至今，前人当时没有也不可能实现的愿景，在新的历史条件下得以延续与发展，从而在价值目标、价值

---

① 焦循：《孟子正义》卷一〇《滕文公上》，第 359 页。
② 王启发：《礼学思想体系探源》，第 52 页。

取向、价值准则等方面提出了更高、更具体的要求，因而，我们不但应该自觉遵循这一价值观，也应当主动承担起历史担当与社会责任，为建立和谐、稳定、昌盛的社会而贡献自身的力量。

第二，借鉴"亲仁善邻"观点，建构良好的亲邻关系。

诚如前言，儒家历来重视人与人之间（大至国与国，小至邻里）的和谐关系，实际上，中国古代前圣后贤、仁人志士有许多类似言论，这也是他们总结出的历史和生活的经验教训。

《左传》有言："亲仁、善邻，国之宝也。"① 这种把亲近邻邦、调整与邻邦关系作为国家施政原则的构想极有价值，因为它能维护邻邦之间友善关系，建立良好、稳定、和谐的双边关系，从而达到天下和谐，实现双赢。其实，这也可以运用在亲邻关系之中，因为邻里之间相互亲近、真情交心，和谐、良好的亲邻关系是完全可以实现的。

正因为如此，在中国古代，亲仁善邻、以礼相交常见于记载，不但政府倡导，许多士人也身体力行，为时人与后世做出了榜样。如《礼记》记载孔子对国家一些礼仪的界定："郊、社之义，所以仁鬼神也。尝、禘之礼，所以仁昭穆也。馈、奠之礼，所以仁死丧也。射、乡之礼，所以仁乡党也。食、飨之礼，所以仁宾客也。"② 显然，把睦邻乡党的射礼、乡饮酒礼与国家重大的郊社之礼、禘祫之礼、馈奠之礼、食飨之礼相提并论，可以看出建立和谐的亲邻关系在治国方略中的重要地位。如唐朝建立伊始，便重视构建良好的亲邻关系，以稳定社会。高祖武德九年"令州县祀社稷，又令士民里闬相从立社。各申祈报，用洽乡党之欢"。③ 除立社外，还重视乡饮酒礼。《通典》记载唐代在行"乡饮酒"礼时司正所言："朝廷率由旧章，敦行礼教。凡我长幼，各相劝勖，忠于国，孝于

---

① 杨伯峻：《春秋左传注（修订本）》，隐公六年，第54页。
② 孙希旦：《礼记集解》卷四九《仲尼燕居》，第1268页。
③ 《资治通鉴》卷一九一，武德九年，第5999页。

亲，内睦于闺门，外比于乡党，无或怠堕，以忝所生。"① 可见当时国家利用乡饮酒礼来教化民众，和睦乡党，以维护国家与社会的稳定与和谐。就邻里和睦所要达到的目的来说，班固说得非常明确："理民之道，地著为本……出入相友，守望相助，疾病（则）〔相〕救，民是以和睦，而教化齐同，力役生产可得而平也。"② 也就是说，和睦亲邻关系，使民众出入相友、守望相助、疾病相救，是治理国家的需要，可用以促进道德教化，从而保证社会和谐、经济发展。《明公书判清明集》是宋代官员进行法律审判的案牍汇编，其中也明确提出："大凡乡曲邻里，务要和睦。才自和睦，则有无可以相通，缓急可以相助，疾病可以相扶持，彼此皆受其利。"③ 显然，这种思想至今仍有较大的启示意义，可以适当借鉴之。

至于历代先贤为建立稳定、和谐亲邻关系而撰写的各种著述也不少，尤其是成书于各代的"乡约"著作影响甚大。④ 成书于北宋时期的《吕氏乡约》是中国古代最早的成文乡约，其约有四：一曰德业相劝，二曰过失相规，三曰礼俗相交，四曰患难相恤。⑤《吕氏乡约》以契约的形式来规范乡党邻里之间的关系，重视个人道德修养，强调互助互济、患难与共，体现了中华先贤为实现和谐社会而对亲邻关系做出的深刻思考与严密构思。到南宋，朱熹对《吕氏乡约》进行了增损，使这一乡规民约获得广泛流行。此后诸朝，一些思想家依此制定出各种乡约，大致沿袭《吕氏乡约》的主要内容。如明朝王阳明《南赣乡约》、黄佐《泰泉乡礼》都把

---

① 杜佑：《通典》卷一三〇《礼九〇》"乡饮酒"，第3346页。

② 《汉书》卷二四上《食货志上》，第1119页。

③ 佚名辑：《明公书判清明集》卷一〇胡石壁《乡里之争劝以和睦》，中华书局1987年版，第393页。

④ 古代一些家训、学规等著作也有一些相关内容，但不如"乡约"更为集中与明确。

⑤ 参见吕大钧《吕氏乡约》，《丛书集成续编》本，第59册，第13页起。

"德业相劝，过失相规，礼俗相交，患难相恤"作为邻里相处的重要原则。《南赣乡约》明确要求："自今凡尔同约之民，皆宜孝尔父母，敬尔兄长，教训尔子孙，和顺尔乡里，死丧相助，患难相恤，善相劝勉，恶相告戒，息讼罢争，讲信修睦，务为良善之民，共成仁厚之俗。"① 明正德年间，潞州雄山人仇氏兄弟在乡里推行《乡约》，强调"居家有家范，居乡有乡约，修身齐家以化乎乡人"。② 张载说："以责人之心责己则尽道……以爱己之心爱人则尽仁。"③ 其说严于律己，宽于责人，强调爱己必先爱人，此实是不刊之论，以此来处理亲邻关系，何患无效哉！

上述那些主张个人道德修养，把"德业相劝，过失相规，礼俗相交，患难相恤"作为处理亲邻关系重要原则的观点，确实对我们构建良好的亲邻关系有着极大的参考价值。

第三，重视孩童礼仪教育，牢固树立睦邻友善风气。

无须讳言，当今邻里之间矛盾有相当部分是由孩童矛盾引起的。如何让孩童初步具备正确处理亲邻关系的能力，从学理上来升华，是值得深思的问题之一。古代先贤的一些论述给我们以深刻的启示。如孟子说："饱食暖衣，逸居而无教，则近于禽兽。"④《颜氏家训》称："凡人不能教子女者，亦非欲陷其罪恶……伤其颜色，不忍楚挞惨其肌肤耳。当以疾病为谕，安得不用汤药针艾救之哉？"⑤ 这都说明古代先贤深知道德礼仪教育的重要性。礼仪教育必须从孩童抓起，只有强化礼仪教育，才能使孩童懂得各种礼仪，从而使他们自小获得良好的道德教育，具有良好的道德规范。这在我国先秦时便有许多相关论述，此列举《礼记》中两条：

---

① 王阳明：《王阳明全集》卷一七《南赣乡约》，上海古籍出版社1992年版，第600页。
② 何瑭：《柏斋集》卷四《仇生北归序》，第525页。
③ 张载：《正蒙·大中篇》，《张载集》，第32页。
④ 焦循：《孟子正义》卷一一《滕文公下》，第386页。
⑤ 王利器：《颜氏家训集解（增补本）》卷一《教子》，第12页。

六年，教之数与方名。七年，男女不同席，不共食。八年，出入门户及即席饮食，必后长者，始教之让。九年，教之数日。十年，出就外傅，居宿于外，学书计。衣不帛襦裤。礼帅初，朝夕学幼仪，请肄简谅。十有三年，学乐、诵诗、舞《勺》。成童舞《象》，学射御。二十而冠，始学礼，可以衣裘帛，舞《大夏》，惇行孝弟，博学不教，内而不出。①

古之教者，家有塾，党有庠，术有序，国有学。比年入学，中年考校：一年视离经辨志，三年视敬业乐群，五年视博习亲师，七年视论学取友，谓之小成。九年知类通达，强立而不反，谓之大成。夫然后足以化民易俗，近者说服而远者怀之。此大学之道也。②

《礼记》所讲的是人生自幼直到成材的学习情况，其中礼的学习贯通始终。这对我们确实非常有启示意义。

我国自古便有蒙学，这种启蒙教育的重要内容之一便是教育儿童自幼养成良好的日常生活习惯，初步具备基本的道德伦理规范，学会正确处理人际关系。古人有言："教子弟求显荣，不如教子弟立品行。"③《三字经》中便有"为人子，方少时。亲师友，习礼仪"的记载，可惜现在已经被许多人淡忘了。古人强调家长自身礼仪道德的重要性："是故隆礼、由礼谓之有方之士，不隆礼、不由礼谓之无方之民，敬让之道也。"④ 也就是说，家长需要懂得家庭教育身为表率的重要性，互敬谦让是必备之品德。在此基础上去教育孩童，"教子工夫，第一在齐家，第二方在择师。若不能齐

---

① 孙希旦：《礼记集解》卷二八《内则》，第 768—771 页。
② 孙希旦：《礼记集解》卷三六《学记》，第 957—959 页。
③ 王永彬：《围炉夜话》，《娑罗馆清言　围炉夜话》，中州古籍出版社 2008 年版，第 122 页。
④ 孙希旦：《礼记集解》卷四八《经解》，第 1256 页。

家，则其子自孩提以来，爱憎颦笑，必有不能一轨于正者矣。虽有良师。化诲亦难"，"教子须是以身率先"，① "父兄教子弟，必正其事以率之，无庸徒事言词"。② 这些言论确实令人深省！如果家长率先学礼懂礼，能够主动、努力调整和改善亲邻关系，这将会给孩子带来良好的印象，从而使他们养成重视良好亲邻关系的习惯。宋人袁采《袁氏世范》是部重要的家训著作，分《睦亲》《处己》《治家》三篇，包含大量处理亲邻关系的内容，十分翔实。袁采主张 "人有小儿，须常戒约，莫令与邻里损折果木之属。人养牛羊，须常看守，莫令与邻里踏践山地六种之属。人养鸡鸭，须常照管，莫令与邻里损啄菜茹六种之属。"③ 显然，《袁氏世范》要求家长处理好亲邻关系，提倡身体力行，并 "须常戒约" 自家孩童，这些处理乡邻交往的一些规范，是值得肯定的。朱熹赞同《吕氏乡约》，认为 "邻里或有缓急，虽非同约，而闻知，亦当救助。或不能救助，则为之告于同约而谋之"，并强调 "今取其他书及附己意稍增损之，以通于今"，④ 显然朱氏也非常关注妥善处理好邻里关系。

在一些先贤看来，孩童应当从小进行礼仪教育，否则他们将难成为仁义之人。南宋大儒朱熹《童蒙须知》一千余言，概括起来便是一个 "礼" 字；真德秀《教子斋规》，第一条便是 "学礼"；明人屠羲时《童子礼》称 "《易》曰：'蒙以养正，圣功也'，而养正莫先于礼"；⑤ 清人孙奇逢《孝友堂家训》认为 "蒙养不端，待习惯成性，始识补救，晚矣"；王永彬则指出，"子弟天性未漓，

---

① 陆世仪：《陆桴亭思辨录辑要》卷一〇，《丛书集成新编》本，第23册，第381页。
② 王永彬：《围炉夜话》，《娑罗馆清言　围炉夜话》，第118页。
③ 袁采：《袁氏世范·治家》，《丛书集成新编》本，第33册，第159页。
④ 朱熹：《朱熹集》卷七四《增损吕氏乡约》，第3910页。
⑤ 屠羲时：《童子礼》，陈弘谋：《五种遗规·补编》，《续修四库全书》本，第951册，第47页。

教易入也，则体孔子之言以劳之，勿溺爱以长其自肆之心"。① 这些都是强调小孩之本性没有沾染世俗之气，容易接受教育，不能溺爱使他有放纵之心，否则覆水难收，这难道不令我们深思吗？因此，理直气壮地提倡重视孩童的礼仪教育，加强道德、礼仪的培养，是纠正目前亲邻关系失范的重要措施之一。

综上所述，吸收中国古代礼仪精华，是构建新时代和谐的亲邻关系、稳定社会秩序的现实需要，是实现中华民族伟大复兴的需要，也是使中华文明长盛不衰的需要。在构建和践行新时期亲邻关系过程中，需要我们更加充分并深刻地理解它与保持民族特色、进行道德重建、振兴中华之间的关系，这需要我们充分吸纳中华先民的生命经验和生活智慧，将中华传统礼制中某些有价值的因素进行现代化转换，使之古今相融，除旧布新，开拓创新，走上回归礼义之邦的康庄大道，实现中华民族的伟大复兴。

第三节 现代性转换：中华传统礼制的凤凰涅槃

无须讳言，礼义之邦遭遇礼仪缺失已是摆在我们面前的事实，我们需要正视这一客观事实，但不能仅停留在哀叹、疑惑和彷徨之间，而是要认真思考我们中华民族今后如何走下去，如何召唤礼义之邦的回归，从而以崭新的面貌出现在世界面前。我们认为要把握中华传统礼制的精华，根据现代社会需求转换、吸纳并融入我们的现实行动中，这样才可能使礼义之邦回归到世人面前。但是，中华传统礼制经过漫长的阶级社会的浸润，有着诸多早已被世人厌恶、唾弃的内容，因此，在现代文明面前如何将传统转化为现实，这是需要国人努力的。

---

① 王永彬：《围炉夜话》，《娑罗馆清言 围炉夜话》，第 143 页。

　　自商周以来逐步成型并完善的中华传统礼制，已经走过 3000 余年的历史进程，时至今日，中华民族在 21 世纪中叶实现伟大复兴的愿景也已胜利在望。在这样一个时空坐标点上，人们不禁要问：从远古走来的中华传统礼制还有价值吗？还值得研究和借鉴吗？如果说中华传统礼制在追求国家长治久安和社会和谐有序的漫长进程中发挥过重要作用，那么，浸润着封建等级制度的中华传统礼制与现代社会生活能否对接？又如何对接？亦即古老的中华传统礼制和礼乐文明是否具有现代价值？又该如何挖掘其现代价值呢？这注定是一场没有唯一答案的思想之旅。这里种种追问和设想，也只是逐步接近历史真相和现实需要的一种有限努力。

一　认清礼、礼制本质

　　数千年来，中华传统礼制渗透到国人的一切生活领域，发挥着极其重要的作用，扮演过各种角色。沧桑巨变，随着大清王朝的覆灭以及 20 世纪初期新文化运动对它的批判，中华传统礼制似乎走到了历史尽头，难以为继了。然而在社会生活和民间礼俗中，却顽强地保留着传统礼制的不少碎片和遗存。余英时曾指出民国时期广大乡村中儒家文化仍然支配着人们的日常生活，"从婚丧礼俗到岁时节庆，大体上都遵循着儒家的规范而辅以佛、道两教的信仰和习行"。[①] 实际上时至今日，传统礼制中某些思想观念以及礼仪形式在民间日常生活中仍有广泛影响力。所以，如何正确认识中华传统礼制、重构它与现代生活的种种关联，实现古为今用之目的，是摆在我们面前十分急迫的问题。

　　要解决这一问题，首先需要区分开礼、礼俗、礼仪与礼制。如前所述，这些概念的区别是非常清楚的。自从世界上有了人，便有了人与人之间的交往，交往中需要有一定的规范（或称准则）。它最初不是一种制度，而是来自人们交往过程中被认可的一种原初习

[①]　余英时：《中国思想传统及其现代变迁》，《余英时文集》第 2 卷，第 211 页。

惯或者说原始习俗。实际上，这种原初习惯（原始习俗）广泛地存在于世界各民族之中，有学者称其为"原始礼仪"，① 其实可以称之为原始礼俗。人类生存离不开这种习惯与习俗的制约，久而久之，随着社会的发展而逐渐定型。当人类进入较高的文明阶段，出现了权力机构（如族群、族群联盟、国家），这种"原始礼俗"就会按照当时特定的社会状况被仪式化、制度化，于是出现了礼制。所谓"礼成于俗"② 便是指这种情况。礼制一体两面，从物质形式上说是礼仪，从精神内容上说是礼义，这也就是后世学者孜孜不倦地解读或归纳的"礼"之本质。

值得指出的是，不同民族进入文明社会后，根据不同关系，人们在交往中必然会形成一种必须遵循的行为规范与仪式，这种行为规范与仪式被视为"天经地义"的，它也就具有了"道德"③ 内

---

① 常金仓先生曾对原始礼仪的起源做过研究，认为"手势语言在狩猎活动中最初或者是为避免惊扰野兽，或出于某种禁忌使用的，久而久之，约定俗成，它就被编入礼典，转化为礼仪了"（氏著《穷变通久——文化史学的理论与实践》，第 116 页）。常先生在该书第一章中大量引用了民族学、民俗学资料及文献资料来说明原始礼仪的产生及如何转化为礼仪，甚有启示价值。然遗憾的是，常先生未进一步去解说"礼的本质是什么的问题"。

② 甘怀真先生称："探究礼的起源，有两条线索。一是讨论今人所谓的礼仪、礼制的发生流变。二是指'礼'字的语言符号的出现及其意义。就第一项而言，议论分歧。就第二项而言，礼源于祭祀当为定论。"甘先生的论说是从王国维先生观点而来的，但"礼源于祭祀当为定论"恐怕也是一厢情愿，学界并非均认同此观点。在笔者看来，尽管祭祀也有原始习俗乃至某种"规范"的内涵，但它毕竟是一种比较后起的事物，属于"观念形态"，肯定不是礼之源头。甘先生观点可参见氏著《皇权、礼仪与经典诠释：中国古代政治史研究》，华东师范大学出版社 2008 年版，第 9—10 页。

③ 不同时代、不同区域有不同的道德观念，同时，"道德"观念的内涵也随着时代变迁而产生变化。王启发先生认为："人的本质属性在于人的社会性，人的社会性通过人的实践活动而获得自觉，并随着历史的演进而得到强化和完善。人的行为，无论是个体的还是群体的，都必须遵从一定的社会法则……正是这种社会法则确定和维系着人类赖以存在和延续的社会秩序。这种社会法则在中国古代就被称为'礼'。"（《礼学思想体系探源》，第 1 页）礼有道德属性自然没有问题，但王先生强调"礼的道德属性即所谓'礼义'""礼的道德属性则是人类最原初的情感生活的理性化的最初反映"，这一说法恐怕当，因为道德绝对不是人类最初阶段产生的，人类的"规范与交往准则"肯定早于道德的产生。王先生观点参见氏著《礼学思想体系探源》，第 51 页。

涵。当时的权力机构（族群、族群联盟乃至国家）便会用"法律"的手段来确认它，要求人们遵循它，于是就成为制度。

　　学者在研讨中国古代礼制时提出过许多有关礼之本质的观点。如杨志刚先生认为礼的"根本性质"有四点，即规范与准则、修养和文明的象征、社会控制的手段、秩序。[①] 实际上，这将原始之"礼"与后世产生的制度性之"礼"混淆在了一起。[②] 但无论原初之礼还是后世制度之礼，无论是中华之礼还是域外其他民族（国家）之礼，抽象其本质，便是人与人（民族与民族、国家与国家）交往时的规范与准则。归纳出礼之本质极为重要，因为这既有助于解决中华传统礼制的许多相关的重大问题，也可了解中国古代诸族乃至现代东西方之"礼"为何会具有融通性[③]这一关键问题。

　　如上所述，进入较高文明社会后，无论古今中外，每个国家、每个民族都会根据自己认定的道德标准而制定一套礼仪规则（礼制），它规定着如下两个方面：其一是人际交往、社会集团之间交往的行为规范与交往准则；其二是作为个体的人在交往网络中所应坚守的"道德"标准。在我们看来，任何一个社会要正常维系、有序运行和生存发展，都必须依赖三种基本的调节力量，这就是市场、法治和伦理道德。大致而言，市场通过价格信号和价值规律主要调节利益关系，法治通过法律条文和规章制度主要调节社会关系，伦理道德通过价值理念和行为操守主要调节人际关系。当然这三种调节力量在现实生活中是相互渗透、配合和交叉发挥作用的，缺一不可。这是一个社会能够有序运行的基本条件。只有市场调节、法治调节而无伦理道德调节的社会，无论古代现代、域内域外都是不可想象的。就古代中国而言，伦理道德调节的体现便是遵循

---

①　杨志刚：《中国礼仪制度研究》，第 20 页。许多学者持类似观点。

②　前述王启发先生的观点亦出现这一问题。

③　不同民族、不同国家之礼具有融通性，这是不争的事实。如 20 世纪二三十年代，在上海、天津等城市中出现西式婚礼，也被相当一部分人认可，而当今中国的婚礼早已融入许多西方礼仪形式，并被广泛认可。

礼制。

事实上，以儒家伦理为底色的中华传统礼制，在源远流长的中华文明之形成和发展过程中，的确发挥过不容忽视的重要作用。按照德国哲学家雅斯贝斯的说法，早在公元前 5 世纪前后人类文明之"轴心时代"（Axial Age），"人类的精神基础同时或独立地在中国、印度、波斯、巴勒斯坦和希腊开始奠基。而且直到今天人类仍然附着在这种基础之上"。① 公元前 5 世纪前后的中国，正处在春秋战国时代，也就是孔子创立儒家学派的时期，即以儒家学说为基础的中华传统礼制开始成型的时代。成书于战国晚期的《礼记·乐记》，即将礼、乐与刑、政的合一视为理想政体：

> 礼节民心，乐和民声，政以行之，刑以防之。礼、乐、刑、政，四达而不悖，则王道备矣。②

显而易见，这是伦理与政治同体合一的思维进路，其经典的表述就是"内圣外王"。统治者必须首先加强自身的道德修养，成就"圣贤气象"，由此才能负起治国理政的责任。所以《大学》要求："自天子至于庶人，壹是皆以修身为本。"而衡量道德高低的一个重要标准，甚至是唯一标准，就是从治民理政、词讼办案到处理各种人际关系，都必须合乎礼制，正如《礼记·曲礼》所说：

> 道德仁义，非礼不成；教训正俗，非礼不备；分争辨讼，非礼不决；君臣上下，父子兄弟，非礼不定；宦学、事师，非礼不亲；班朝、治军，莅官、行法，非礼威严不行；祷祠、祭祀、供给鬼神，非礼不诚不庄……是故圣人作为礼以教人。使人以有礼，知自别于禽兽。

---

① 〔德〕雅斯贝斯：《人的历史》，田汝康、金重远选编：《现代西方史学流派文选》，上海人民出版社 1982 年版，第 38 页。

② 孙希旦：《礼记集解》卷三七《乐记》，第 986 页。

这种以教化为施政、以施政行教化的国家治理模式，可以说从先秦一直延续到晚清时期，成为中华民族政治思维的最大特色。而在此种政治思维下形成的"礼法并行""王道仁政"的施政模式，在维护大一统局面和调节社会关系等方面，在历史上确曾收到过明显效果。

然而19世纪中叶以来，面临西方文化咄咄逼人之势，儒家伦理支撑下的"礼法并行"的施政模式，连同礼制本身以及作为政治支撑的专制政体，受到前所未有的巨大挑战，日渐陷入极为尴尬的境地。

儒家伦理的威风扫地和中华传统礼制的整体塌陷，其根本原因不是来自各方面的持续批判，而是在于自身的问题。因为以儒家伦理为基础的中华传统礼制是以小农经济为基石的，而当西方列强用坚船利炮打开中国大门之时，创造过辉煌成就的中华农业文明已经远远落后于西方工商业文明。那种曾经神圣无比的、基于农业文明的传统礼制连同礼教、礼俗，不免与数千年来的"朕即国家""乾纲独揽"的专制君主体制纠缠扭结，其受到严厉批判并日趋衰落也是势所当然。历朝历代用政教相维、纲常名教等说教来维护统治阶级的利益，打造出一套以礼制为核心的精致无比的社会控制体系，将礼教天理化、礼制法条化、礼仪模式化，使之最终成为禁锢臣民思想、束缚百姓手脚的枷锁和镣铐。因此，自20世纪初的新文化运动和五四运动以来，从陈独秀、李大钊到胡适、鲁迅等先知先觉者，纷纷将批判的矛头对准"君臣父子""三纲五常"之类意识形态说教，横扫君尊臣卑、官尊民卑、绝对服从等背离普遍人性的片面规制，显然具有不言而喻的历史正当性。

但是我们同时也必须摒弃两极化的思维模式和情绪化的非理性处置。就传统礼制而言，其中的封建质核必须批判，体现封建等级制度的种种烦琐的礼仪形式应该摒弃，专制皇权对礼制的滥用更应清算。时过境迁，旧桃新符，我们对此既不必惋惜，更无须恢复。但是，中华传统礼制并非只有糟粕，它仍然闪烁着人文主义的精华。王家范先生对历史文化和中华传统礼制中的共时性精华与历时性规定有过很好的区分：

> 文化实际上有两大种，一种是最能凸现中国对人类文化恒久追求的普遍性价值有所贡献的部分，属于具有中国特色的东西，且具共时性。这就是钱穆反复申说的"历史生原"和"生命气脉"。另一种是随时而进，与特定时段的社会需要相适应的部分，属于历时性的东西，必有兴衰更迭。例如特定的"礼"，是具历时性的，会随社会变迁而新旧更迭，但古贤所谓"礼"之内在精神为"和"，却具共时性，不会因社会变迁而失却其价值，意思同西人说的"社会整合"也可沟通。①

中华传统礼制具有恒久价值，当然不只"和"这一项，但王先生所说的"具有共时性"的"最能凸现中国对人类文化恒久追求的普遍性价值有所贡献的部分"，值得我们认真思索并努力挖掘之。众所周知，在中国传统社会中，礼是沟通天人的仪式，是贵族等级的标识；同时，礼又是乡里社会的规范，为人立身处世的道德准则。在这个意义上，遵礼行礼可以说是中国人的一种生活方式乃至是生存原则。上至国家典章制度，中到社会礼俗和民间风尚，下及家庭伦理和行为规范，无不或多或少地体现了儒家礼制的种种影响，留存着道德的烙印，讲求社会的和谐关系。因此可以说，"从长期的历史观点看，儒家的最大贡献在为传统的政治、社会秩序提供了一个稳定的精神基础"。② 因为中华先民并不只是讲究礼仪"进退周旋，威仪抑抑"③ 的外在形式，而且更加注重探求礼仪的

---

① 王家范：《中国历史通论（增订本）》，生活·读书·新知三联书店 2012 年版，"绪言"，第 13—14 页。

② 余英时：《中国思想传统及其现代变迁》，《余英时文集》第 2 卷，第 130 页。

③ 《宋史》卷一三八《乐志十三》，第 3252 页。

内在精神实质，① 此即《礼记·郊特牲》所说的"礼之所尊，尊其义也"。所谓尊其"义"，包含追求道德境界、强调道德践履的内容。孔子称颂那些能够修身立德、行礼律己、道德高尚的前代圣贤，反复强调"不学礼，无以立"。坚持知礼行礼、知行合一，追求高尚的道德境界，体现了中华先民的主流价值观。中华传统礼制注重道德修养与道德实践，强调知行合一，这使它起到了塑造道德人格、促进社会和谐稳定的重要作用。② 在我们看来，讲究礼仪、讲求礼义即是中国人之所以为中国人的内在特质之一。尽管作为制度规范的传统礼制已经解体，但作为精神追求的礼义不会随之完全泯灭，它以礼仪、礼俗等形式顽强地存活在国人的日常生活和行为规范之中。我们看到，在当今社会生活中，面对日趋丰富的生活样式和更加多元的价值取向，从漫长历史中走来的传统礼仪及其礼义正在发生深刻变化，但中国人在日常生活中对礼仪和礼义的精神追求从未停息，也不会停息。

如果放宽视野，即可看到世界上各个民族共同体都有对礼仪、礼节、礼俗的追求和向往。这是因为人类社会的运行和延续需要一定的秩序来维持，而这些秩序的形成和维系除了依赖硬性的法律条文外，在更多的场合则是要靠软性的伦理道德来维系。在实际生活中，通常表现为约定俗成的社会规范和准则。所以在多数场合中，作为社会成员的个人，往往不是从奖惩角度，而是从动机、德性、良知角度来考虑自己行为的正当性的。价值观念的外化主要体现在人们如何对待自己、如何对待他人和如何对待自然界这三个向度上。礼体现为对自己和他人的尊重，也就是中华传统礼制中一以贯之的"敬"。这种"敬"，经过耳濡目染和代代相传，成为人们对心中理想的守望和期盼，发挥着抚平内心躁动、促进社会和谐和提

---

① 孔子说："礼云礼云，玉帛云乎哉！乐云乐云，钟鼓云乎哉！"显然，以儒家思想为基石的中华传统礼制自诞生之日起就关注其精神实质。

② 汤勤福：《中华礼制变迁的现代启示》，《人民日报》2016年3月25日。

升人类文明程度的功效。所以，世界上各个国家、民族和社会共同体都有自己的礼俗和礼仪；并且在礼俗和礼仪的背后，都有一套价值观的支撑。无论古今中外，概莫能外。

就中国而言，中华传统礼制连同礼制规范早已融入中国人的血液之中，礼制、礼仪连同其背后的礼义诉求也早已内化为国人性格的重要组成部分。进而言之，绵延数千年的中华传统礼制可以视为中华民族在长期生存过程中形成的文化深层结构。这种深层结构的意义在于，今天的人们在日常生活中自觉不自觉地接受着一种约定俗成的思维习惯和价值态度而并不自知。所以我们认为，从远古走来的中华传统礼制及作为其支撑结构的儒家思想仍有其不可磨灭的恒久价值，值得花大力气去研究和挖掘。

二　中华传统礼制中现代价值的现实性

当今中国正在朝着实现中华民族伟大复兴的宏伟目标前进。在此过程中，经济、军事等硬实力的加强固然重要，与此同时，凝聚力、软实力的提升更是不可或缺。经数千年积淀而形成的中华传统礼制，若从消极方面说，或许是沉重的包袱；若从积极方面说，也可以成为创新的资源。

域外学者对中华文明的观察可以美国政要兼学者基辛格为代表，他说："中国是独一无二的，没有哪个国家享有如此悠久的连绵不断的文明。"① 中国 "每次改朝换代后，新朝均沿袭前朝的治国手法，再次恢复连续性。中华文化的精髓历经战祸考验，终得以延续"。②

域外学者的论述，应当引起我们的思考：什么是 "中华文化的精髓"？怎样才能使它 "得以延续"？就中华传统礼制而言，我们作何判断？其实，能够传承数千年之中华礼制，必然蕴含着中华

---

① 〔美〕亨利·基辛格：《论中国》，胡利平等译，中信出版社 2012 年版，"前言" Ⅻ。

② 〔美〕亨利·基辛格：《论中国》，第 3 页。

先民的生命经验和生活智慧。这种经验和智慧的深厚积累之核心，就是一个"仁"字。礼仪是中华先民尊崇的生活方式，礼义是中华先民追求的精神价值。① 所以孔子并不看重玉帛、钟鼓这些礼制的外在表现形式，而是要求认真体会礼制设置的精神实质。这个精神实质就是"仁"，即他所强调的"人而不仁，如礼何？人而不仁，如乐何？"② "礼"（包括乐）是用来体现"仁"的工具和手段，"仁"是施行礼制形式的目的和价值。人们应该在习礼、行礼的具体实践中去体会、领略"仁"的精神所在。以"仁"为核心的生命经验和生活智慧，是中华先民在数千年的历史进程中历经风雨淘洗沉淀下来的宝贵财富，岂能轻言弃之？古人曾以"仁义礼智信"为"五常"，"仁"之所以居其首，其中必然蕴含着值得我们今天深入挖掘、继承和发扬的多方面价值。举其荦荦大者，略述如下。

第一，"仁者爱人"：德治主义仁政对于社会公德的借鉴意义。

在德治主义仁政的政治模式中，统治阶级及其代表人物获得执政资格的首要条件，就是自身必须具有很高的道德修养，方能获得被统治者的认同和拥护："为政以德，譬如北辰，居其所而众星共之。"③ 然后才能要求老百姓也遵守一定的道德规范："道之以德，齐之以礼，（民）有耻且格。"④ 这就是说，要使老百姓的一切行为符合法律条文的规定并有廉耻心，是以执政者的"为政以德"为前提的。在孔子看来，在一个威权横行、规则淆乱、说谎成风、贪腐频发的环境中，老百姓不可能独善其身、守纪遵法。此乃古今一理、中外皆同之大规律。因此他说："恭则不侮，宽则得众，信则人任焉，敏则有功，惠则足以使人。"又说："能行五者于天下，

---

① 葛金芳：《中华礼制内在凝聚力的学理资源及其现实挑战》，《中原文化研究》2014 年第 4 期，又见《新华文摘》2014 年第 21 期。

② 刘宝楠：《论语正义》卷三《八佾》，第 81 页。

③ 刘宝楠：《论语正义》卷二《为政》，第 37 页。

④ 刘宝楠：《论语正义》卷二《为政》，第 41 页。

为仁矣。"① 概而言之，这五项统治者必备的施政技能便是庄重、宽容、诚信、勤勉及惠人，这就是德治主义仁政的五项特质。《国语》载周定王八年刘康公聘于鲁归，定王问鲁大夫孰贤，康公答："宽肃宣惠，君也。敬恪恭俭，臣也。宽所以保本也，肃所以济时也，宣所以施教也，惠所以和民也。本有保则必固，时动而济，则无败功，教施而宣则遍，惠以和民则阜。若本固而功成，施遍而民阜，乃可以长保民矣，其何事不彻?"② 此说大致与孔子相同。所以古人有言："礼义修明，则君子怀之。故礼及身而行修，礼及国而政明。能以礼扶身，则贵名自扬，天下顺焉，令行禁止，而王者之事毕矣。"③ 当然，这些德治主义仁政的特质，需要当政者有高尚的道德进行支撑，在严格的规范下施政，其根本目的就是要达到"博施于民而能济众"④ 的理想境界。孟子继承了孔子的仁政观念，他更强调以民为本，甚至说过"民为贵，社稷次之，君为轻"。⑤ 孟子对"施仁政于民"有过明确解释："王如施仁政于民，省刑罚，薄税敛，深耕易耨；壮者以暇日，修其孝弟忠信，入以事其父兄，出以事其长上。"⑥ 因为"万乘之国行仁政，民之悦之，犹解倒悬"，⑦ 这种"亲亲而仁民，仁民而爱物"⑧ 的施政方式，即是获得人民全力拥戴的前提条件，更可起到"制梃以挞秦、楚之坚甲利兵"⑨ 的强国御敌的作用。⑩ 荀子则进一步提出"从道不从

① 刘宝楠：《论语正义》卷二〇《阳货》，第 683 页。
② 徐元诰：《国语集解·周语中》，第 69—70 页。
③ 韩婴撰，许维遹集释：《韩诗外传集释》卷五，第 189 页。
④ 刘宝楠：《论语正义》卷七《雍也》，第 248 页。
⑤ 焦循：《孟子正义》卷二八《尽心下》，第 973 页。
⑥ 焦循：《孟子正义》卷二《梁惠王上》，第 66—67 页。
⑦ 焦循：《孟子正义》卷六《公孙丑上》，第 186 页。
⑧ 焦循：《孟子正义》卷二七《尽心上》，第 949 页。
⑨ 焦循：《孟子正义》卷二《梁惠王上》，第 67 页。
⑩ 被清人列入"伪古文尚书"的《五子之歌》中有"民惟邦本，本固邦宁"，这种思想来源当很早，前引周定王八年刘康公之语也提及"本固""事彻（彻，成也）"。孔安国传，孔颖达正义：《尚书正义》卷七《五子之歌》，第 264 页。

君，从义不从父，人之大行"① 的道德原则。显然，以孔孟等儒家前辈思想建构起来的中华传统礼制，深深地印上了德治主义原则的胎记。

若从源头即社会土壤而言，这种理念原本是先秦族群社会普遍存在的血缘亲情关系的天然反映，具有历史正当性。这种以家庭、家族、宗族为基本组织的族群社会被当代新儒家的代表人物杜维明称为"熟人共同体"。有学者认为，西周的宗法共同体就是以小共同体为特征的族群"封建"体制。在这样的"族群"社会中，"由'天生的'血缘亲情推出人性本善，由伦理上的长幼尊卑推出一种'人各亲其亲、长其长，则天下平'的政治秩序"。② 这也是费孝通在《江村经济》中所说的"差序格局"。在这种基于血缘关系的小共同体中，由长者（族长）主导的权利义务之间的关系，表现为权和责相统一，即"父慈、子孝，兄良、弟弟，夫义、妇听，长惠、幼顺，君仁、臣忠"。③ 显然，这是一种对君臣父子双方都有约束力的权利义务关系，不是专制主义暴政而是德治主义仁政思想，是德治、仁政与民本紧密结合的产物。因此，"君君、臣臣，父父、子子"的原初含义是君要像个君，臣要像个臣，父要像个父，子要像个子，各安其位，各行其责。所以，从原生儒家的君权、父权中推不出后世"三纲五常"中绝对专制的理念来。显而易见，德治主义仁政推导出的民本思想，以及"恭""宽""信""敏""惠"等思想资源，对于今天社会公德的提升，对各行业从业人员而言，肯定具有建设性的借鉴意义。

第二，"内圣外王"：伦理本位的中华传统礼制是弘扬符合当下社会发展要求的价值观的深厚资源。

如果我们转换一下视角，将内圣视为人的道德修养境界，将外

---

① 荀子：《子道》，梁启雄：《荀子简释》第 29 篇，中华书局 1983 年版，第 393 页。
② 秦晖：《传统十论》，第 172 页。
③ 孙希旦：《礼记集解》卷二二《礼运》，第 606—607 页。

王视为国家强盛，那么，"内圣外王"这一古典模式在今天仍有一定的借鉴价值。

若就基本色彩而言，浸润于中华传统礼制中的主要是儒家伦理。正是以儒家伦理为主体的中华传统伦理之延绵发展，为中国赢得了"文明古国"的历史荣耀。以孔孟为代表的儒家伦理，从"仁者爱人""克己复礼"之思想立意出发，构建出一套以温煦的家庭人伦为核心的道德要求，并外推到政治伦理领域，构建出"内圣外王"的理想模式，通过修身、齐家、治国、平天下等一系列环节的推进，把个人美德伦理和政治责任伦理整合为一个自足的逻辑体系，希望每个社会成员都能达到"穷则独善其身，达则兼济天下"之道德境界。在孔孟所处的列国争霸、"杀人盈野"的春秋战国时代，这种温文尔雅的道义逻辑不免到处碰壁，屡遭拒斥。但在建设市场经济与和谐社会的当今中国，其中的精义与社会主义核心价值观颇有重叠吻合的部分。

例如"天下兴亡、匹夫有责"的家国情怀与责任意识，与"富强""爱国"等观念一脉相承。"人而无信，不知其可也"①的诚信意识，与市场经济的"诚信"为本和契约精神不谋而合。"不义而富且贵，于我如浮云"②的道德自律和规矩意识，与"公正""法治"之理念遥相呼应。"朝闻道，夕死可矣"的超越性追求，对于科学探索精神和创新意识的培养大有助益。"极高明而道中庸"，秉持允当适度、不偏不倚的处事原则，可以疗治非此即彼的两极化思维，与现代社会的多元文化并存共荣、相互匹配。"己所不欲，勿施于人"③"己欲立而立人，己欲达而达人"④与"诚信""友善"等规范性要求息息相通。"君子之事亲孝，故忠可移于君"，这种从内在德性演化为政治伦理的观点，也能与现代社会培

---

① 刘宝楠：《论语正义》卷二《为政》，第 67 页。
② 刘宝楠：《论语正义》卷八《述而》，第 267 页。
③ 刘宝楠：《论语正义》卷一五《颜渊》，第 485 页。
④ 刘宝楠：《论语正义》卷七《雍也》，第 249 页。

养爱家爱国人才契合。概而言之，中华传统礼制的这些宝贵遗产，既具备现代化的潜质，又与人类普遍认可的价值观息息相通。

第三，寻根认祖，增强民族认同，提高民族自信心，是弘扬礼制现代价值的重要途径。

近年来，随着我国综合国力的不断增强，中华民族在世界上的地位有了明显改善，许多在外生活的华人、华裔回乡寻根认祖十分普遍。尤其是每年炎、黄祭典，吸引着众多海外华人、华裔前来朝拜自己的祖先。其实，中华传统礼制本身就有这种祭祖归宗的传统，作为个人、个体家庭或家族要祭祖归宗，而作为中华民族则极为重视对炎黄的祭祀。炎帝又称神农氏，据传他创制耒耜，教民种五谷、治麻为布，制作陶器，等等。因此，炎帝与黄帝共同被尊奉为中华民族人文初祖，是中华民族的奠基者。中国自古以农立国，因此"亲祀神农"① 成为统治者礼敬祖先、宣示正统的极为重要的内容。尽管我们目前无法确切知晓炎黄祭祀始于何时，然据《国语》载："有虞氏禘黄帝而祖颛顼，郊尧而宗舜。夏后氏禘黄帝而祖颛顼，郊鲧而宗禹。商人禘喾而祖契，郊冥而宗汤。周人禘喾而郊稷，祖文王而宗武王。幕，能帅颛顼者也，有虞氏报焉……凡禘、郊、祖、宗、报，此五者，国之典祀也。"② 《太平御览》也称："汲郡冢中竹书言：'黄帝既仙去，其臣有左彻者，削木为黄帝之像，帅诸侯朝奉之。'"③ 如果此说不谬，那么祭祀炎黄作为国家祀典起源甚早。实际上，这一祀典之所以历代均奉行不辍，是因为它起到了增强民族认同、宣示政权合法性的重要作用。

"炎黄"作为中华民族的一个认同标识，历代以中华为国者都自动归宗认祖，即使是少数民族统治者也不例外。东晋十六国时是个分裂时期，北方少数民族进入中原，创立国家，有不少政权就声称是炎黄子孙。慕容廆本为鲜卑族，其子慕容皝创立前燕，自认

---

① 《旧唐书》卷二四《礼仪志四》，第 913 页。

② 徐元诰：《国语集解·鲁语上》，第 159—161 页。

③ 李昉等：《太平御览》卷七九《皇王部四》，第 370 页。

"其先有熊氏之苗裔"，① 前秦也自称"其先盖有扈之苗裔"，② 是中华正统苗裔，即使在偏僻之地的河西以少数民族为主的五凉政权也大多以行用汉式礼制为旨归，显示出对中华民族的自我认同。南北朝时，建立北魏的鲜卑族自述"昌意少子，受封北土，国有大鲜卑山，因以为号"，③ 建立北周的宇文泰明确声称"其先出自炎帝神农氏"。④ 其后，与宋并立的辽朝是少数民族政权，也自称"辽之先，出自炎帝，世为审吉国"。⑤ 无须追究这些少数民族统治者自述世系是否确切，他们建立王朝后之所以如此声称，其实质是对"中华民族"的认同。实际上，中华民族也正是在各族的交往、交流、交融中成长起来的。

如果说炎黄祭祀是寻中华民族之根，那么祭祀先圣先师的释奠礼则是寻中华传统文化之根。据《礼记》："凡学，春官释奠于其先师，秋冬亦如之。凡始立学者，必释奠于先圣、先师。"⑥ 最初释奠祭祀的是学行造诣高的人，并非祭奠儒家创始人孔子。到汉高祖十二年十一月，刘邦"行自淮南还。过鲁，以大牢祠孔子"，⑦ 开启了以太牢祭祀孔子的先河，⑧ 此后释奠便以祭祀孔子及其他儒家学者为准。孔子是中国乃至世界上最伟大的学者之一，他创立的

---

① 《晋书》卷一〇八《慕容廆载记》，第 2803 页。有熊氏为黄帝之族，据《史记》卷一《五帝本纪》，《正义》云："黄帝有熊国君，乃少典国君之次子，号曰有熊氏，又曰缙云氏，又曰帝鸿氏，亦曰帝轩氏。"（第 2 页）郦道元撰，陈桥驿校证《水经注校证》卷二二《洧水》："或言（新郑）县故有熊氏之墟，黄帝之所都也。"（第 520 页）

② 《晋书》卷一一二《苻洪载记》，第 2867 页。《史记》卷二《夏本纪》"太史公曰"："禹为姒姓，其后分封，用国为姓，故有夏后氏、有扈氏、有男氏、斟寻氏、彤城氏、褒氏、费氏、杞氏、缯氏、辛氏、冥氏、斟戈氏。"（第 89 页）

③ 《魏书》卷一《序纪》，第 1 页。《史记》卷二《夏本纪》："颛顼之父曰昌意，昌意之父曰黄帝。"（第 49 页）

④ 《周书》卷一《文帝纪上》，第 1 页。

⑤ 《辽史》卷二《太祖纪下·赞》，第 24 页。

⑥ 孙希旦：《礼记集解》卷二〇《文王世子》，第 559—560 页。

⑦ 《汉书》卷一下《高帝纪下》，第 76 页。

⑧ 认为释奠祀孔产生于先秦是种不正确的看法。

儒家思想在中国古代有着极其重要的地位，因此后世祭祀孔子的释奠礼实际上是对中华文化的认同与宣扬。当今不少海外华人、华裔到曲阜参与祭孔，确实有认同中华传统文化的意味，因此这种祀典一定程度上也能起到团结海外华人、华裔的作用。

至于儒家伦理中较为缺乏的自由、法治、民主、平等、人权等现代社会所必备的理念，在深化改革、扩大开放的过程中，在建立完善的市场经济和民主政治的实践中，自会一点一滴地生长起来，我们对此当有信心。退一万步来说，马克思、恩格斯的《共产党宣言》中也非常明确地宣示，共产主义社会是自由人的联合体，"在那里，每个人的自由发展是一切人的自由发展的条件"，[①] 这是马克思主义创始人对自由理念的认同，我们有何权力怀疑自由理念适应当今社会的必然性呢？当然，我国国家领导人曾宣示："我们将大力推动经济社会发展，依法保障人民享有自由、民主、人权，实现社会公平正义，使十三亿中国人民过上幸福生活。"[②] 这是对民主、平等与人权理念的认同。所以，不必怀疑当今社会倡导的价值观中民主、法治、自由、平等理念的正确性与现实价值，只不过需要国人真正上下同心，共同努力来实现它。

三　中华传统礼制的现代性转换

可以肯定的是，积淀深厚的中华传统礼制和礼乐文明是构建当今社会价值观的丰富资源，但不是拿来就能用的，更不能滥用。也就是说，中华传统礼制为当代服务必须寻求其更新机制，使其转化为能够为当代服务的宝贵的文化遗产。因而我们认为，中华传统礼制必须经过"现代性转换"这个重要环节。正确的态度亦即科学的态度，应当是摒弃文化虚骄和文化自卑这种两极化思维，既充分肯定以儒家文化为核心的东亚智慧创造出辉煌灿烂之古典文明的历

---

① 《马克思恩格斯选集》第一卷，人民出版社 1995 年版，第 294 页。
② 胡锦涛：《在美国耶鲁大学的演讲》，《胡锦涛文选》第二卷，人民出版社 2016 年版。

史事实，更要认真探讨儒家文化和东亚智慧未能顺利导出现代文明的内在缘由。也就是说，中华传统礼制之现代价值的发展与弘扬，必须彻底抛弃专制主义与贵贱等级制度，必须经过现代性转换这个环节才能实现。只有在现代性这个时空坐标中守望本土传统，同时以现代性为标准审视、转换并汲取古典文化精义，然后才有可能使中华传统礼制在新的时代条件下重获新生。我们认为，中华传统礼制现代性转换应抓住如下几个环节。

第一，中华传统礼制重获新生的首要条件是与君主官僚政体和专制权力做彻底剥离，使之成为一种更为纯粹的学理阐述和伦理规范，而非宰制性的意识形态说教。

如前所述，礼之本质便是人与人（民族与民族、国家与国家）交往时的规范与准则。就其本质而言，它是可能而且可以为现代社会服务的。然而我们也非常清楚，以儒家思想为基础的中华传统礼制，先天带有深刻的专制主义印记，它是农业文明的产物，而农业文明土壤上生长出来的传统礼制，连同礼教礼俗，在长时期内又被历代王朝的统治者用作压制臣民、维系一姓之天下的施政工具，例如"三纲五常""三从四德""君尊臣卑""官尊民卑""存天理、灭人欲"等教条成为主宰民众的思想意识。这是自 20 世纪初新文化运动和五四运动以来，从陈独秀、李大钊到胡适、鲁迅纷纷批判封建礼教之正当性所在。作为中国文化的先知先觉者，他们对封建礼教的激烈批判和深刻揭露，成为推动中国真正走出中世纪的重要助力，有助于民族觉醒和社会进步。因此，如果不将 2000 余年来专制政体加在传统礼制身上的压制人性的种种规范做一番细致而恰当的剥离，对中华传统礼制做一番解构，那么它所具有的中国智慧之伦理精神和道德理想就不可能在当下发挥正面的构建作用。因为今天的中国社会从整体上看已经跨入现代工业化社会的门槛，经济市场化、政治民主化、文化多元化是最为基本的社会现实，今天的人们自然应当自觉破除传统礼制所内蕴的意识形态迷障，与权力、专制做彻底切割，回归理性，回归礼之本质，进而使之融入社会各阶层的日常生活中去。只有如此，中华传统礼制才能真正起到提升道德修养、融洽现代人际关系、增进社会和谐等功效。反之，不能与中华传统礼制的封建质核彻底决裂，而企望利用它来重新塑造国人道德，那不过是盲人骑瞎马而已。

　　第二，就中华传统礼制的立足基点来看，应当实现从共同体本位向个人本位转型。

　　共同体有大小之分。就中国而言，小共同体是指家庭、家族、宗族等人数有限的共同体，也被称为"熟人共同体"；"大共同体"是指以民族、国家为单位的社会群体组织，也被称为"陌生人共同体"。在孔孟所处的先秦时期，儒家伦理提供的是以小共同体为本位的道德诉求和行为规范，亦即要求个人行为规范符合小共同体的利益诉求。到了600多年后的汉代中叶，汉武帝采纳董仲舒《天人三策》、"独尊儒术"之后，儒家礼制又逐渐被改造为以国家为本位的规制体系，要求个人行为规范符合国家这个大共同体的利益诉求。有学者指出：儒家的正义观"来自于人的自我观照与深刻的道德意识，它意味着一种超乎一般的正义标准之上的人生准则，是一种个人的而非社会的道德标准"。① 亦即儒家思想是以大、小共同体为本位，向其成员提出的一套规范性要求，抹杀了个人合理的诉求与利益。而当代伦理则强调在不违背社会公德的前提下，同时注重公民以个人权利、自由、尊严等价值和利益为基点，向社会提出多种正当诉求，要求社会制度设计和基本结构的安排为个人价值的实现提供条件和保证。② 实际上，在现代性视野中，每个公民的尊严、自由和价值就是国家的尊严、自由和价值，现代社会赋予每个公民尊严、自由和价值是在法制的基础之上，而非伦理的基础之上。换言之，国家在保障每个公民的尊严、自由和价值的基础

---

① 唐士其：《儒家学说与正义观念——兼论与西方思想的比较》，《国际政治研究》2003年第4期。

② 柳平生：《当代马克思主义经济正义理论及其实践价值》，社会科学文献出版社2015年版，第6—7页。

上，必将赢得自身的尊严、自由和价值，实现整体文明程度的提高。由此而言，要使中华传统礼制服务于现代社会，那么首先要将其重心从伦理转向法制，在法律的框架下充分发挥礼制为现代社会伦理道德建设服务的作用。

第三，从中华传统礼制的形态特征来看，应当实现从贵贱有别的差序格局向以独立、平等为核心特征的公民伦理的转型。

在古代中国，无论是家族本位的小共同体还是国家本位的大共同体，其共同特征是等级分明的"差序格局"。先秦有所谓"天有十日，人有十等。下所以事上，上所以共神"① 之说，孔子也强调："民在鼎矣，何以尊贵？……贵贱无序，何以为国？"② 董仲舒强调："贵贵尊贤，而明别上下之伦，使教亟行，使化易成，为治为之也。"③《朱子语类》载黄义刚问"夷狄之有君"一章，朱熹回答："只是一意。皆是说上下僭乱，不能尽君臣之道，如无君也。"④ 显而易见，先秦以来的数千年中，从原生儒家到宋明新儒家，他们主张并信服差序格局与等级伦理，而差序格局与等级伦理是培养不出现代公民道德的。因为现代伦理以平等为首要原则，"自启蒙运动以降的数百年中，人类社会逐步形成的价值共识是，每一个个体，无论是贫是富、品德好坏、地位高低，都具有与其他人相等的价值，都应受到相同的待遇，享受同等的权利"⑤ 这种平等需要由法律作为保障。虽然儒家伦理中包含丰富深厚的私德资源，但很少包含公民、公民伦理等现代因素，封建专制主义政体的法律从未真正保障过国民的平等。如要成为现代社会共同生活之准则依据，必须摒弃差序格局与等级伦理，通过现代性转化来缩短这个时空差距。唯一可行的做法是，必须在法律的框架内引入以

① 杨伯峻：《春秋左传注（修订本）》，昭公七年，第 1423 页。

② 杨伯峻：《春秋左传注（修订本）》，昭公二十九年，第 1674 页。

③ 董仲舒著，苏舆义证：《春秋繁露义证》卷八《度制》，第 232 页。

④ 黎靖德编：《朱子语类》卷二五，第 611 页。

⑤ 柳平生：《当代马克思主义经济正义理论及其实践价值》，第 9 页。

"公民"权利为核心的现代价值理念。反过来说，以"公民"权利为核心的现代价值理念，也只有在中华传统礼制这个基盘之上，才有可能逐步生长、茁壮起来，才能培养出符合现代社会的公民道德。由于以"公民"权利为核心的价值理念最早产生于率先进入现代社会的西方世界，这就涉及如何正确借鉴、汲取域外文明之精华的问题了。

第四，以充满自信的姿态与域外文明交流互鉴，是中华传统礼制充实丰富其当代形态的关键环节。

经过数千年岁月的无情淘洗，有不少文明已经消失在历史尘霭之中，但当代世界仍然是一个多元文明的格局。每一个经历了岁月淘洗的文明，均有其独特的存在理由和价值担当。中华文明和当代世界各大文明一样，既然能够历经数千年的淘洗而存在到今天，必然有其独特的坚守和独到的价值。与此同时也必须看到，自世界进入近代社会以来的数百年间，中华民族已经落后于世界前进的步伐。晚清士人冯桂芬（1809—1874）在1861年就已经指出，中西之间存在着巨大差距，"人无弃材不如夷，地无遗利不如夷，君民不隔不如夷，名实不符不如夷"，"船坚炮利不如夷，有进无退不如夷"。[1] 当然他对中华民族并未丧失信心，力主正视差距，采取"师夷长技以制夷"的策略："始则师而法之，继则比而齐之，终则驾而上之。自强之道，实在乎是。"[2] 郑观应、郭嵩焘、容闳、严复等文化先驱更是提出了中华民族的"自强之路"，包括"以工商立国""行君主立宪"，以及开报馆、兴学堂、派遣留学生等一系列实践性方案。向西方学习，是自近代以来先进人士的一致呼声。马克思主义传入中国，本身也是向西方学习的产物。

从历史事实来看，中华文明从来就没有拒绝过对域外文明的学习和采纳，在世界多元格局中，中华传统礼制以道德的实践性、异

---

[1] 冯桂芬：《校邠庐抗议》卷下《制洋器议》，第49页。
[2] 冯桂芬：《校邠庐抗议》卷下《制洋器议》，第50页。

质的包容性和体系的开放性而使自己立于不败之地。① 中古时期印度佛教的东传，汉唐时期与域外文明的交融，近代以来从利玛窦等传教士到徐光启、严复等人对西学书籍的翻译、引入，都极大地丰富了中华文明的内涵。特别是 1978 年改革开放以来，中国重新向世界敞开大门，不仅极大地增进了对域外世界的了解，而且加速了对域外先进文明的汲取，从而加快了自身的发展步伐，促使我们更快地走向世界，更好地加强与世界各国、各种文明的交流，在传播中华文明的同时也吸收着世界文明，这也是不争的事实。

若从源头上看，中华文明原本就是中原农耕文明与周边游牧文明互补融合的产物。自秦汉以降，中原农耕民族与周边游牧民族发生过无数次战争。刀光剑影中，无数生命、财产灰飞烟灭，但在更多的时段中，和平共处、经济交流、文化互补、民族交融仍是主流。当然，战争本身也是古代文明之间互补交融的一种形式，不过代价甚大。在此过程中，游牧民族博采农耕文明的成就，加速了发展进程，提升了文明程度，促使自身的社会形态发生飞跃性变化。与此同时，中原农耕文明学习游牧民族粗犷强悍的精神品格，充作自身的"复壮剂和补强剂"。② 农耕文明的理智、文德与游牧文明的强悍、开放相融相合，不仅造就了气象万千的大唐盛世，而且使中华文明闻名于世。农耕文明与游牧文明在长期的交往中，以迁徙、交融、互市、战争、和亲为中介，方才汇成今日气势恢宏的中华文明之全貌。

放宽历史视野，还可以看到，世界各国文明自古以来就是多元并存的状态，并处在交流互动之中。无论东亚文明还是西方文明，实际上都是历史上多种文明交流互鉴、相交互融的产物。当代西方文明中，既有古希腊、古罗马文明的因素，也有近代以来德、法等

---

① 我们对中华礼制在世界复杂多元格局中的地位有较详细的论述，提出中华传统礼制具有六大特性，但在与世界其他文化交往问题上，则应当主要是本处所讲的三大特性起着作用。详见第二章第四节。

② 冯天瑜：《中国文化生成史》上册，武汉大学出版社 2013 年版，第 335 页。

国的宗教改革、启蒙思潮的因素；既有近代以来工业革命科技革命的成果，也有东方，特别是中国四大发明、科举制度的影响。在东亚文明中，既有中国诸子百家传统的底色，也有来自印度次大陆的佛教浸润；既有吸收了佛学认识论成果的宋明理学，也有近代以来与西学对话而产生的新文化运动。

特别是改革开放以来，中华民族现代转型的脚步明显加快，这是不可阻挡的历史潮流。以规模化生产和市场经济、民族国家和民主政体、完备法制为核心要素的现代性构架依稀成型。同时以科学精神、人文精神、法治精神和高水准的道德诉求为核心要素的精神性追求也在日渐增长。甚至可以说，市场经济、民主政体、法治社会等只是现代性的基础架构，支撑这个架构的恰恰是其内蕴的科学理性、人文精神和道德诉求这些精神性要素。

毋庸讳言，自15世纪地理大发现以来，显著改变人类思维观念、改变人类生产方式和生活方式，以及改变社会组织方式和政治体制的种种现代性成就，大多皆为欧美西方国家所创发。前已述及，建立在发达农耕经济基础上的中华传统礼制，此时已经落后于世界历史的演进潮流。由于君主专制政体的重重束缚和农业自然经济向工商业文明转型迟缓，中国长期徘徊于曾经辉煌过的中古文明阶段。在现代化大潮扑面而来的逼人形势下，近代中国的战略任务就是走出中世纪，融入世界，走向现代化。经过20世纪整整100年的痛苦寻觅和曲折探索，到21世纪初中华民族才在整体上跨入现代工业化社会的门槛。坚持以谦虚、诚实的姿态向率先实现现代化转型的域外文明学习，坦诚与西方文明进行对话与交流，才是加快中华民族自身现代化进程的必由之路。职是之故，中华传统礼制要获得新生机制和焕发青春活力，就必须以更加开放的心态，秉持一种面向全人类的友善态度和良好愿望，真心尊重人类精神生活和文化样态多样化的事实，汲取一切域外文明中包含现代性要素的精华，来补充、丰富、滋养中华民族自身肌体。换言之，与他种文明对话、交流、互鉴，实际上是每一种文明发展演化的动力机制。

中华传统礼制与域外文明的交流互鉴，不仅必要，而且今天看来更为紧迫。因为进入 21 世纪以来的人类在越来越多的领域中呈现出"命运共同体"的强劲趋势，我们应当更快地融入世界大家庭之中，而不能以自我为中心故步自封。"由于经济全球化和信息化深入发展，科学技术迅猛进步，世界变得越来越小，俨然成了'地球村'，各国相互联系、相互依存、利益交融达到前所未有的程度，共同利益变得越来越广，需要携手应对的问题越来越多，互利合作的愿望越来越强。"① 在全球化视野下，地球上的人类已经成为一个命运共同体，需要共同应对气候变化、空气污染、贫富差距、能源安全、恐怖暴力、难民危机等诸多全球性问题。构建利益共同体、命运共同体是世界绝大多数国家的强烈愿望。既然要建设人类命运共同体、利益共同体，就必须有一套适用于该共同体各参与方的行为规则和运作机制。在这些规则和机制的背后起支撑作用的，则是共同体各参与方共同认可的追求目标和价值取向，例如平等、合作、互利、共赢、自由、权利等。这是各种文明、各种文化均予以认可和均应认可的出发点。因为"所谓人类共同体，首先是'价值共同体'；一个维持稳定的共同体，则应是'价值共享的共同体'"。② 历时悠久的中华传统礼制，其道德内涵完全可以作为构建共同体大厦的基石之一。

四 中华传统礼制现代价值挖掘路径

我们认为，寻求中华传统礼制现代价值的基本态度，应当是立足于以多样性为根本特征的人类文化生态，采用归纳的而非演绎的、综合的而非单一的思维路向，从客观的历史事实和丰富的民间实践中，努力寻找中华民族在数千年礼制生活中沉淀下来的伦理共识和道德品格。具体而言，如下几个途径值得留意。

---

① 戴秉国：《坚持走和平发展道路》，https：//www.gov.cn/ldhd/2010 - 12/06/content_ 1760381. htm。

② 林贤治：《革命寻思录》，中央广播电视大学出版社 2015 年版，第 366 页。

第一，秉持实践理性精神，既要努力挖掘中华传统礼制中具有生命力的恒久价值，更要重视并总结广大民众丰富多彩的礼仪实践。

中华传统礼制追求礼义，追求个人完美的道德修养与精神境界，其终极目标是达到国家、社会、团体、家族乃至个人之间的和谐关系，它不但注重外在的表现形式（礼仪），同时更关注内在的道德（礼义）追求。《礼记·礼运》描述过这样一种大同世界：天下为公、和谐有序、贤能当政、讲信修睦、团结互爱、社会稳定。实际上，中华传统礼制中蕴藏着丰富的人类文明的精华，学术界研究中华传统礼制的根本目的，就是要从中挖掘出一些具有约束力的价值观、不可或缺的行为规范以及今天仍需遵循的具有根本性的道德准则和伦理规范，为在现实生活中逐步形成一种具有普遍约束力的世俗生活伦理提供借鉴。这种适应现代社会生活的世俗伦理，因其具有丰富的传统伦理资源的支撑，故能落地生根、茁壮成长。这是因为道德标准和伦理规范本身就存在两个相辅相成的不同侧面，一是道德是非的理性判断，一是道德实践的价值判断。理性的是非判断自然需要基于学理资源的辨析和论证，而实践中的价值判断则是每个社会成员发自内心的道德感受和行为趋向，中国人一般称之为"良心""良知"，体现在公民道德规范上，那就是爱国守法、明礼诚信、团结友善、勤俭自强、敬业奉献。

更为重要的是，通过中华传统礼制内蕴之伦理诉求和民族秉性的求证与探寻，固然能为当今人们走出道德失范、礼义缺位的道德困境提供不可或缺的强大助力，[1] 但是符合现代性要求的新型礼仪礼俗，毕竟要在广大群众建设现代化社会的实践过程中才能逐步形成，"道不可坐论，德不能空谈"。[2] 秉持归纳的、综合的思维进路，就必须把理性的是非判断和实践的价值判断结合起来，二者缺

---

[1]　汤勤福：《中华传统礼制的现代价值》，《中国德育》2015 年第 14 期，又见《新华文摘》2015 年第 20 期。

[2]　习近平：《青年要自觉践行社会主义核心价值观——在北京大学师生座谈会上的讲话》，《中国青年报》2014 年 5 月 5 日。

一不可。这是因为中华传统礼制中究竟具有哪些今天应当继续发扬光大的恒久价值，归根到底也应当以当代社会大部分人的认可和接受为最终选择标准。诸如爱国、敬业、诚信、友善、仁慈、利他等公民美德和职责，也只有在民众的生活实践中才能成长和扩散开来；富强、民主、文明、和谐、美丽的国家和自由、平等、公正、法治的社会，也只有靠民众的共同努力才能实现。正如美国社群主义哲学家桑德尔所说："我们爱的能力和仁慈的能力并不会因为使用而消耗竭，反而会在实践的过程中得到扩展。"[1] 著名经济学家哈耶克也说过："文明不是靠人的大脑设计出来的，而是从千百万个人的自由努力中生长起来的。"[2] 这就是说，中华传统礼制现代价值的挖掘和弘扬，从根本上说，是人民群众在追求理想生活与美好愿景的实践中逐步实现的。

第二，秉持求同存异的态度，在与域外文明交往互鉴的同时，坚持中华民族的主体性品格。

中华传统礼制与域外文明交流互鉴不仅必要，而且必需，此点前已述及。这里要说的是，中华民族在文明交流互鉴中应当秉持的姿态和立场。应该看到，世界上各主体民族和国家在长期的历史发展进程中都形成了具有自身特色的文化传统和价值追求，他们以各自独有的方式参与人类共同的进步事业，为将人类文明推向更加高级的形态做出各自不可替代的贡献。国家有疆域，文明无国界，人类就是在相互学习的过程中不断发展进步的。近代中国落后挨打之时，我们需要深切反省自身的种种不足和致命弱点，当然也应警惕文化虚无主义的侵袭；而在当代中国已经取得举世瞩目的经济成就时，我们更应该以谦谨而又平和的态度向域外文明学习，否则会将自己陷于不利境地。包括中华传统礼制研

---

① 〔美〕迈克尔·桑德尔：《金钱不能买什么：金钱与公正的正面交锋》，邓正来译，中信出版社 2012 年版，第 141 页。

② 〔英〕哈耶克：《通往奴役之路》，王明毅、冯兴元等译，中国社会科学出版社 1997 年版，第 68 页。

究在内的更为开放的中国学问，自应纳入全球化视野和人类相互包容、共同进步的框架内，重新省视自身的传统，认真汲取域外文明的精华和优长之处。

不言而喻的是，在向域外文明学习的过程中，我们必须始终坚持中华民族的主体性品格，坚持以我为主，为我所用，决不能邯郸学步。第一次世界大战结束之后，梁启超和蒋百里、丁文江等人游历欧洲一年有余。梁启超曾在 20 世纪初激烈地抨击君主专制政体，极力主张向西方文明看齐，而在此次游历中他目睹先进的西方文明同样存在着诸多弊端，并非处处光鲜。他回国后写出《欧游心影录》，希望中国青年尊重爱护中国自身的优良传统，坚守中华民族的主体性品格："第一步，要人人存一个尊重爱护本国文化的诚意；第二步，要用那西洋人研究学问的方法研究他，得他的真相；第三步，把自己的文化综合起来，还拿别人的补助他，叫他起一种化合作用，成了一个新文化系统；第四步，把这个新系统向外扩充，叫人类全体都得着他好处。"[1] 这是一百年前中国学人对中华文明的自尊自信和中华民族主体性地位的明确宣示，也是百年来中国学人努力为之奋斗的目标。

一百多年后，在纪念五四运动一百周年之际，有学者提出："打碎一切传统共同体与习惯法的激进主义，只能导致社会的解体，只能造就原子化的个人。"这种虚无主义和激进主义错误倾向的恶果之一，就是无法在"脆弱的个体与利维坦式的巨型人造共同体之间建立起最起码的防火墙"。[2] 于此可见在各个文明交流互鉴的过程中，坚持中华民族主体性品格是多么重要，在对待传统文化的问题上，革除与传承之际确实是需要认真抉择的。

我们认为，当今社会能够接受的中华新型礼仪，必然是一种既吸收了传统礼制中仍然具有活力的有恒久价值的部分，又符合当今

---

① 　梁启超：《欧游心影录》，商务印书馆 2014 年版，第 51 页。

② 　戴志勇：《启蒙应予反思　传统有待传承》，《南方周末》2015 年 9 月 10 日。

社会大多数人的利益和发展要求；既与人类共同追求的价值相融相合，又体现中华民族之主体性品格，能造就一大批具有现代道德的公民，即具有中国特色的礼仪规范和行为规范。

事实上，中华文明与其他多种域外文明的确存在着不少伦理观念上的"共识"。这些"共识"可以成为也应该成为中华新型礼乐文明茁壮成长的"交汇点"和"生长点"，这是在文明交流互鉴中坚持中华民族主体性品格的客观基础。马克思在《1844 年经济学哲学手稿》中认为"人"必然具有共同的规定性，是"类存在物"，① 有学者归纳出马克思关于人的五个基本属性：具体性、社会性、历史性、规定性和实践性，认为人的本质会随着历史的发展、不断的实践而不断发展着。② 这一判断使我们深刻地认识到人的本质，也使我们理解"人"会在实践中不断向成熟圆满迈进，其动力就是人类对真、善、美的不懈追求，这当然也是我们培育现代公民道德的最终目标。由不同族群构成的人类命运共同体，实际上共享着许多相似或相近的道德规范和伦理原则。为省篇幅，此处试举一例言之。

以"仁者爱人"为核心的儒家仁学，其基本精神是将心比心、推己及人。用孔子的话来说，就是"己欲立而立人，己欲达而达人"，③ "己所不欲，勿施于人"。④ 用孟子的话来说，就是"不忍人之心"，具体表现为"恻隐之心""羞恶之心""辞让之心""是非之心"。⑤ 这些是人区别于动物，人之所以为人的根本特征。古今中外，概莫如是。儒家的"仁爱"观念，与西方基督教的"博爱"观念、印度佛教的"慈悲"观念虽有相异之处，但也有相近

① 〔德〕马克思：《1844 年经济学哲学手稿》，《马克思恩格斯全集》第四十二卷，人民出版社 1979 年版，第 95 页。

② 徐茂华：《浅析马克思关于人的本质思想的属性及其价值》，《人民论坛》2012 年第 20 期。

③ 刘宝楠：《论语正义》卷七《雍也》，第 249 页。

④ 刘宝楠：《论语正义》卷一五《颜渊》，第 485 页。

⑤ 焦循：《孟子正义》卷七《公孙丑上》，第 233—235 页。

之处，那就是以不同的方式表达人的爱心。基督教、犹太教、伊斯兰教、佛教的一些说法与儒家的"仁爱之说""忠恕之道"从理念上看的确有相通之处。① 这些相通之处，无疑可以成为各个文明进行交流、沟通、对话的出发点和良好基础。

第三，坚持制度建设为重，营造符合现代社会规范和普遍人性的道德生态环境。

前已述及，中华传统礼制、礼仪与其他文明的伦理道德体系一样，其根本核心就是两个问题，一是做人的底线，即要回答"我是谁""应该成为什么样的人"。这是内在的人格修为层次。二是伦理的底线，即要回答"与他人如何相处"，涉及个人如何处理自己与家庭、社会和国家的关系。这是实践的交往层次。无论是个人的人格修养还是人际的实践交往，其伦理观念和道德水平的提升，必然受制于所处的经济发展水平、社会政治制度和历史文化传统。渊源深厚的华夏农业文明固然孕育、滋养了积淀丰厚的中华传统礼制，但是当今中国毕竟已经跨入了现代工业化社会的门槛。现代社会以经济自由、政治民主、文化多元和个人独立为基本特征。努力与现代社会的本质特征和种种要求相适应，是中华传统礼制得以新生和重构的关键所在，也是培育现代公民道德的关键所在。分而言之，在观念层面，现代伦理要求以人为本，确立人的基本权利不容剥夺和侵犯的价值观念；在实践层面，现代伦理要求以法律为准绳，以平等、自由为原则来构建个人与家庭、社会和国家之间的种种关系。质言之，一个合理的社会制度，为公民美德的健康成长提供了必不可少的道德生态环境；而理性、健康、积极向上的价值理念和伦理规范，也只有在良好的制度环境中才能落地生根，真正内化为人的自觉意识。

---

① 魏德东《论作为全球伦理基础的佛教伦理》一文认为犹太教和基督教的"黄金法则"与儒家"己所不欲，勿施于人"相似，也与佛教宣扬的某些观点切合，普遍地存在于世界各大宗教中。参见中国民族宗教网，http://www.mzb.com.cn/html/report/1602256890-1.htm。

　　兹以爱国主义教育为例。爱国主义事关民族凝聚力和国家软实力，其重要性不言而喻，故而构成社会主义核心价值观的一个重要内容。公民的家国意识和责任担当，在日常生活中首先体现为对当地公共事务和国家大政方针的关心，其次体现在对公民权利和义务的切实履行。无论是环境污染、食品安全和交通拥堵，还是社会治安、官员贪贿失职、政府施政纲要，每一个公民都应该在法律许可的范围内，以社会整体利益为重，提出看法、建议甚至批评，自觉履行公民之责，体现公民之担当。公民对社会公共生活的知情权、参与权和意见表达权，本来就是使自己国家更具活力，使我们的社会更具凝聚力，使我们的生活更加光明的根本性保证。显而易见，形成一个秩序良好、鼓励公民积极参与公共生活、允许民众监督甚至批评政府和政府官员的制度环境，是爱国主义情怀得以茁壮成长并得到丰富发展的必要条件。这就凸显出民主政治体制和社会建设的极端重要性。正如桑德尔所说："经由公民权利和义务的履行，公民美德可以得到建构，而非耗竭……就公民美德而言，要么使用它，要么失去它。"① 原因很简单，在一个权力横行、权钱勾结、贪贿枉法、善恶不分、是非不明的社会空间里，没有人愿意参与公共生活，家国情怀和责任意识也就不可能健康地成长起来，想要塑造完美的人格，培养坚强的意志品质，建立良好的人际关系的意愿是无法完成的企望。当然，营造公民美德得以健康成长的制度环境不会一蹴即就，需要我们每一个人的积极参与及持之以恒的努力。

　　第四，与时俱进，与社会进步和时代潮流的变化相适应。

　　在不断发展和日趋丰富的实践过程中，认真总结人民群众提升伦理水平和道德修养的新鲜经验与做法，进而从中华传统礼制的古典精义中寻求学理支撑和应对智慧，再从中生发出面对现实需要的感悟和认识，这是每一个理论研究者和实践工作者共同面对的神圣职责。我们说中华传统礼制是一个开放的体系，包括两层含义：一

---

① 〔美〕迈克尔·桑德尔：《金钱不能买什么：金钱与公正的正面交锋》，第 142 页。

是在空间向度上向域外文明开放，通过不同文明之间的沟通、讨论和对话，在相互学习的过程中达成越来越多的共识，将国人引以为傲的东方文明体制呈现在世界人民面前；二是在时间向度上向人民群众在创造生活中的道德伦理实践开放，跟上时代前进的步伐，创造出一套适合现代社会生活、能与世界接轨的新礼制体系。中华民族自古以来是讲究礼仪、讲求礼义的民族，如果我们能够深入到民间社会和百姓生活中去，不断吸收和总结人民群众在新的时代条件下提升自己精神生活和道德生活的种种创新之举，必将对中华传统礼制的研究与传承产生极大的推动力量。

在我们看来，构建适应当代中国的新的礼制体系，并非简单恢复旧的礼仪制度或形式，而是首先要认清重建当代中国礼仪价值体系的社会现状。即 21 世纪的当代中国，已经站在更高的历史起点，正在全面深化改革开放、全面依法治国、全面建成小康社会、全面从严治党的道路上迅跑。中国整体上是向工业化社会方向前进，更加深入地融入世界大家庭之中，但中国地域广袤，既有面向工业化、信息化的先进体制，也有一些地方确实还残留着农业文明的古风。由此，我们既要着眼于现实，又需展望未来，用中华智慧来创建适合当今社会的礼仪价值的新体系。我们深信：一个具有五千年历史的文明古国，一个曾在历史上为人类做出过贡献的中华民族，必将带着它深厚的文化积淀，以"和而不同"的精神，融会中外文明的英华和精义，重新赢得原创性动力，充满自信地汇入势不可挡的全球化浪潮，为人类文明做出新的伟大贡献。

五　弘扬正气：重建礼义之邦的民族精神

全球化的浪潮，召唤着国人勇敢地融入世界迅猛发展的潮流中，也需要我们着力构建古今相融、与时俱进的当代礼制体系，提高国人的道德水准，建立良性的社会秩序，这样才能在世界潮流中不迷失自己的发展方向，才能使中华民族重新屹立在世界民族之林。在我们看来，要重构中华礼制体系，首先要重建国人的民族精神。

彭林先生曾说："十年之久的'文革'之乱，最严重的后果之一是造成了公民素质的严重下降。这个问题是谁都意识到了的，我们不管走到哪里，都可以听到对国民素质低下的抱怨，问题是如何来解决。我们认为，提倡礼乐文化，有助于提高公民的素质。"①彭先生讲的公民素质其实便是公民道德素质。对于部分公民道德素质方面存在的种种问题和弊端，我们既不能怨天尤人，也不可无动于衷，必须采取有力措施来改变这种现状，从细微之处入手，在吸收中国古代礼仪精华的基础上，着力构建古今相融、与时俱进的当代礼制体系，从而提高公民道德素质，坚定广大人民建设伟大祖国的信心和信念。

那么如何来构建现代文明社会的新礼制呢？说到底，重建礼义之邦需要弘扬中华民族的精神，这一精神之实质便是弘扬正气。舍此，根本无法创制现代文明社会的新礼制体系。

其一，坚持社会主义核心价值观。

中华传统礼制之所以能够传承数千年之久，是因为中华先民深信其蕴含着的礼义，深信它对培养国人的道德有着无可怀疑的功效，实际这便是中华先民的价值观，这在前面已经做过论述，此不再赘述。当今我国已经进入工业化社会，初步完善了现代工业化体系，那么基于农业文明之上的中华传统礼制自然需要进行现代化转换来为当代工业文明的社会服务。

培育与践行社会主义核心价值观，就要坚持和发展中国的特色，抛弃中国的特色来谈价值观是毫无意义的。建设富强、民主、文明、和谐、美丽的社会是中国发展的客观需要，是改变社会不良风气、弘扬社会正气的试金石，是尽快提高国民道德素质、提升国家文化软实力的迫切需要，是凝聚民心、达成共识、实现团结和

---

① 彭林：《工业文明与传统礼乐：物质与精神的平衡发展》，《礼乐人生：成就你的君子风范》，第153页。

谐、树立良好国风的基本手段，是实现中国富强的最佳途径。它不仅是一项战略任务，更是现今可以实施于社会的必要措施。

价值观不是玄虚概念，更不是口号，而是有实在内涵、需要落实到行动上的。我们所说的符合社会发展要求的价值观，是建立在中华民族长期发展的历史基础之上，也是基于当今世界发展潮流之上，既有中华传统文化精华的支撑，又有广泛而坚实的群众基础，坚持这一价值观是我们实现国强民富不可或缺的重要保证。因此，我们应该理直气壮地宣扬它，也要对偏离这种价值观的种种认识和行为进行疏导与纠正，如此才能形成合力，才能完善各种制度，才能加快国家的政治、经济、文化诸方面建设，使真正文明、民主、自由、富强、和谐的中国早日来临。

应该强调的是，坚持这一价值观必须弘扬社会正气，尤其需要扎扎实实地实践，大力宣扬"助人为乐，与人为善""成人之美，美美与共"等道德意象，坚持精神信念和价值追求，坚持求实践履、实事求是，坚持"讲文明，树新风"，从小事入手，不断提升公民道德素质和社会文明程度，普及爱国、敬业、诚信、友善等基本道德规范，推进社会公德、职业道德、家庭美德、个人私德建设，从而提升公民思想道德素质和社会文明程度。

其二，吸纳传统文化精华。

弘扬正气，需要我们理性和客观地认识中华传统文化的精华，用以构建中华礼制的新体系。

我国有五千年的文明历史，我们的先祖留下非常珍贵的文化遗产，尤其是中华传统礼制所蕴含的中华先民的生命经验和生活智慧，对我们构建新时期礼仪体系有着极其重要的参考价值。

传统礼制强调人与人之间的关系，营造一种和谐氛围，是我们构建新时期礼仪体系可以借鉴的前提。传统礼制是以"人"与"人"之间关系为基础，在仁的基础上，制定出一整套符合当时历史条件的人际行为准则与道德规范。时代变迁，传统礼制中强调的封建等级制度完全不符合现代社会的要求了，自然应该剔除这些封建糟粕。然而，传统礼制中所倡导的人际行为准则与道德规范这一原则是完全可以去粗存精、古为今用的。

在中国古代，统治者对礼所具有的协调各种关系的功用是非常了解的，他们都企望用礼来治理天下，如《礼记·祭统》明确声称："凡治人之道，莫急于礼。"① 《周礼·大宰》提出君王要以"八统"来驾驭天下万民："以八统诏王驭万民：一曰亲亲，二曰敬故，三曰进贤，四曰使能，五曰保庸，六曰尊贵，七曰达吏，八曰礼宾。"② 这八统都是从"礼"出发来驾驭天下万民的。贾疏称："此八者，民与在上同有物事也。谓牵下民使与上合，皆有以等其事，上行之，下效之也。故以万民为主也。"剔除其中封建质核，着眼于统治者与被统治者、领导与下属应共同维护和遵循的礼的规范与准则，以达到"上行下效"、移风易俗之目的，确实对我们有一定的启示意义。

古代礼制强调礼仪的教化作用，也有可供借鉴的地方。《礼记·经解》称"礼禁乱之所由生，犹坊止水之所自来也"，"故礼之教化也微，其止邪也于未形，使人日徙善远罪而不自知也，是以先王隆之也"。③ 显然，古人早就理解到通过礼可以"止邪于未形"，使人们"徙善远罪"，达到"禁乱"和教育人的目的，发挥礼制培养君子的作用。那么，我们完全可以吸取古礼那种"徙善远罪"观念，尝试在法律基础上采纳新的礼仪教育来恢复和提升人们的道德水准，造就更多新时代的求真求实、讲究高尚道德的君子。

实际上，中国古代礼制教育并非仅是一种外在的礼仪教育，而是内外结合，侧重内在的道德修养，力求建立具有"君子"道德的教育制度。中华礼制注重人的道德修养，强调"礼乐不可斯须

① 孙希旦：《礼记集解》卷四七《祭统》，第 1236 页。
② 郑玄注，贾公彦疏：《周礼注疏》卷二《天官·大宰》，第 45 页。
③ 孙希旦：《礼记集解》卷四八《经解》，第 1257 页。

去身",所谓"德辉动于内",礼"动于外者也",① 即内心真诚,辉映出内在的道德,才能生发出本真、雅致、规范的礼仪行为,如此所显示出来的便是真正的礼。《曲礼》开宗明义说"毋不敬",郑玄注曰"礼以敬为主"。实际上,遵循礼仪规范需要一个从心底发出的"敬"字,所谓"在貌为恭,在心为敬"。② 剔除一些封建糟粕,至少"敬"还包含敬己、敬人、敬信、敬业,从心底发出,并落实在行动上,这就是所谓的"礼者,人之所履也"③、"礼者,履也",④ 履即践履、践行。总之,"敬"要求树立严肃恭敬的人生态度,注重行为践行,尤其强调道德自律,注重社会公德、职业道德、家庭美德、个人私德,显然对我们是有启示意义的。

中国古礼具有一种类推的作用。例如,古人非常强调孝道,认为百善孝为先,"事亲之道,生事之以礼,死葬之以礼,祭之以礼,奉以周旋,弗敢失坠"。⑤ 这一古代礼制精华完全可以行用于当代。家庭是社会细胞,通过强调孝道,增进亲情,促进家庭和睦,社会便更加安定和谐。古礼的孝道不仅仅单指个体家庭,而是可以从个体家庭推广到家族,这是因为古代社会往往是聚族而居。因而,续家谱、序辈分是古代礼制的重要内容之一,是凝聚家人、族人的重要手段,是贯彻礼制于社会各阶层之中的重要措施。实际上,现在通过续写家谱、共同祭祖等做法,同样可以起到凝聚族人、投身公益以及宣传族内先进模范人物等正面作用。上海南汇六灶傅氏家族续修家谱完毕,30 余名傅姓子弟举行成人礼,宣誓爱国家、爱民族、勤于学业、尊祖敬宗、克己修炼等,给孩子以重大的礼仪教育。⑥ 从

---

① 孙希旦:《礼记集解》卷三八《乐记》,第 1029—1030 页。

② 郑玄注,孔颖达疏:《礼记正义》卷一《曲礼》引何胤言,第 16 页。

③ 王先谦:《荀子集解》卷一九《大略》,第 495 页。

④ 陈立:《白虎通疏证》卷八《性情》,第 382 页。

⑤ 《后汉书》卷三六《郑兴传》,第 1219 页。

⑥ 《南汇六灶傅氏 30 余名子孙举行成人礼　第一要义是独立》,东方网,2013 年 8 月 16 日。

历史上看，中国古礼往往随着家族的迁徙而流布远方，这可以从古代留存下来的家谱、《家礼》、《乡约》等文献中得到印证，北宋司马光的《书仪》、蓝田《吕氏乡约》，都是规范一族或一乡之人的礼仪制度，起到了保证一族、一乡、一地和谐融合的作用。而随着家族后裔的迁移流转，这些家谱、《书仪》、《乡约》便突破家族原居地域，影响到更为广泛的地区。

现在有些地方亦在利用这种特定方式来推动当地的文明社会建设和新农村建设，促进民众道德水平的提升。据载，河北省开展以"善行河北"为主题的道德实践活动，强调"意在善、贵在行"，促进广大民众提升道德水平。仅 2007 年以来，河北沧州市累计评出"沧州好人"3500 多名，先后有 135 人荣登"中国好人榜"，上榜人数连续 5 年位居全国省辖市第一，① 对广大民众道德水平的提升起到了很好的示范作用。上海奉贤区开展以"敬奉贤人，见贤思齐"为主题的教育活动，"做贤人，办贤事，敬贤风"的践行活动弘扬了正气，"见贤思齐，与文明同行；见不贤而内省，向陋习告别"蔚然成风。② 当然，在弘扬正气的教育中，应当切实避免华而不实、重形式轻内容的不良工作作风，需要把对民众的道德教育做得扎扎实实。以上所列仅是我们可以考虑吸收的古礼精华部分内容，实际上，吸收古代礼仪精华对我们构建新时代礼仪体系是有相当大的作用的。

其三，加强理论研究，实行终身教育。

吸收古代礼仪精华，构建新时期古今相融的礼仪体系，需要更多相关专家学者和社会各阶层人士共同参与、认真研究、精心构建才能成功。在我们看来，可以概括为一句话：加强理论研究，实行终身教育。这是从理论与实践两个层面来考量的。

所谓加强理论研究，即以坚持社会主义核心价值观为中心，从

---

① 《沧州公民道德建设经验受瞩目》，《光明日报》2013 年 5 月 31 日。
② 《"敬奉贤人，见贤思齐"》，《光明日报》2007 年 9 月 21 日。

宏观角度、长远规划来思考构建新时期礼仪体系的问题。同时必须看到，中华传统礼制中蕴含着丰富的可供采择的构建要素。例如，《礼记·内则》对自幼及长的礼制教育有非常明确的规定，所有人从 6 岁起就要进行礼的启蒙教育，10 岁到 15 岁接受"小学"教育，15 岁之后接受成人教育。20 岁之后的贵族则还需要入"大学"接受更为系统完善的礼乐文化教育，直到"三十而立"。此后还需力行践履，随时学习，如孔子成年后还专门问礼于老子。显然，中国古代强调的是终身学习礼仪、践履礼仪，其目的就是培养君子。这对我们也有很大的启示意义。自然，我们不会去培养封建的君子，而是培养新时代的君子，这样也就使我们的礼仪建设有了明确的方向。问题在于，在当今社会条件下，我们用什么样的理论去构建新礼仪体系？如何挖掘出传统礼制的精华来作为构建新礼仪体系的必要构件？如何在继续保持"中国特色"的基础上，与世界融为一体？如此等等，都需要进行较长期的深入的研讨，以形成共识来作为构建新礼仪体系的理论基础。

所谓实现终身教育就是建立一个长效机制。礼仪教育不仅应该知行合一，而且应当贯穿一个人的终生，既要从小打下良好的基础，也要终身学习与践行，不可荒废。当然，每个阶段进行的礼仪教育的内容应当有不同的侧重点，循序渐进，逐步提高，这样才会使礼仪成为人们生活的需要，化成国人自觉的行为。

实行终身教育就需要落实到各个层面，这是指礼仪教育应当涵盖全社会各个阶层和所有人群。全体公民不论年龄大小，也无论从事何种行业都应该有适合他们的礼仪规范。当然，具体如何落实需要认真研究，尽可能考虑周全，在各层次、各年龄段所推行的礼仪教育需要注意相互之间的衔接。需要相关专家及有关部门对贯穿人们终生的相互关联的切实可行的礼仪规范进行深入研究，使国人有章可循。实际上，中国自古以来就有小学、大学之分，孩童有孩童所行之礼的规范，成人有成人礼仪之准则。当然，时代变迁，我们不能按古人办法来照章行事，而是需要从当今社会实际出发，制定出适合人们所要经历的各年龄阶段的礼仪，使各个阶段的礼仪教育形成一个环环相扣的链条，而不是支离破碎、互不相干的礼仪套路。只有构建出这样的礼仪体系，才能使人逐步规范和巩固自己的礼仪行为，才能促进人们道德水平的提升。实际上，我国一些主管部门及地方行政部门也制定过相关法规及实施措施。如教育部制定了《中小学文明礼仪教育指导纲要》，浙江省已颁布《浙江省公民道德建设纲要》①，山东省济宁市开展"全民学礼仪"②，等等，这对广大民众思想道德的提升起到了积极作用。然而仅凭这些或许还不够，还需要从整体上来考虑构建现代社会的新礼仪体系。

构建新时期礼仪体系需要群策群力，既需要国家有关部门抓紧出台政策，也需要广大学者、公众共同参与研讨，这样才能制定出符合新时代的礼仪行为准则，从而规范人们的行为，促进道德水平的提升。应该强调的是，构建新时期礼仪体系的真正意义不仅仅是要求建立道德之礼，更重要的是通过道德之礼的建设来发挥其"制度之礼"的重要作用。

其四，加强媒体责任感，弘扬新时期仪礼。

在我们看来，构建新时期礼仪体系需要各媒体给予正确舆论导向的支持，因此增强媒体社会责任感是理所当然的。只有如此，才能让人们更加清晰地了解新礼仪体系的建立及完善，给家庭、社会、国家带来的美好愿景。

我们主张加强正面宣传，防止并批评似是而非的舆论。有些媒体尤其是自媒体社会责任感欠缺，喜欢炒作一些本来不存在什么疑义的善行，以吸引眼球。如有媒体对一些慈善之举进行议论，甚至称之为"高调慈善"，追究其善举之目的。事件本来非常简单，无论行善大小，都应该对其心存感激，大力表彰，不应该以阴暗心理来揣测别人的善行与善举，这种做法只会导致媒体丧失公信力，造

---

① 《浙江省公民道德建设纲要》，《浙江日报》2012 年 5 月 29 日。
② 《济宁启动"全民学礼仪"活动　各县市区都将组建文明礼仪宣讲团》，《齐鲁晚报》2010 年 6 月 22 日。

成民众思想混乱。其实，慈善之行就是一种爱，符合国人礼仪准则，因此无论大爱、小爱，均应发扬光大。高风亮节的善举，以其道德力来影响民众、发挥感召力量，才能带动更多人参与慈善事业。还有一些电视节目，似是而非，如遭遇车祸者诬告帮助者、父母兄弟之间争财产、子女为赡养老人撕破脸皮之类，在公众场合争得脸红耳赤。其实这类问题不宜在媒体上多加讨论，而应该放在居委会乃至法庭上去解决，以免混淆视听，造成负面影响。

宣传与弘扬新时期的仪礼，着眼点在"人"，即培养具有较高道德境界者。要使礼仪成为一种自觉履行的行为规范，只有长期培育，才能扎根民心，形成风气。我们曾经有许多加强道德修养、提升道德境界、教育国人的经验，如当年宣传时传祥等劳动模范就起过很好的引领作用，改革开放不久的"五讲四美"活动显然也有助于公民道德的提高和美俗良序的形成。当然更需要避免流于形式，尤其应当避免虚而不实的宣传，而是应当扎扎实实地做起，真正落到实处，这样才会起到提升国人道德的功效，起到规范人们日常行为的作用，使那些良好品德与礼仪行为牢牢扎根在人们心中。因而坚持理直气壮地长期与正面宣传，坚决抵制某些负面宣传，才能树立社会正气，这是各类媒体和企事业单位应尽的社会责任。

作为个人，则要在学习模范人物过程中逐渐提升自己的道德。只有真正自觉地遵循礼仪规范，才能避免"开会感动，会后不动，遇事冲动"的结局。至于有一些自甘堕落者，不遵循基本礼仪，不履行公民职责，那么就要对其进行批评，对某些态度恶劣、影响较大者要采取措施进行处理惩戒。[①] 通过表彰与惩处相结合的措施使人们从中受到教益，使礼仪之行在人们心中潜移默化。

其五，创造新形式，防止走老路。

实施新时期礼仪体系不是心血来潮的赶时髦，而是社会的迫切

---

① 《湖南日报》2013 年 7 月 12 日《父亡不送葬　妻病不照料》一文报道了对湖南一位父亡不送葬、妻病不照料的不孝无德党员进行除名。

需求，反映了广大民众对礼义之邦发展路径的深刻反思，体现出国人要求恢复和提升中华民族道德水准的终极价值之目的。

但是，在构建和实施新时期礼仪体系时，有必要思考应该采取什么样的路径来达到这一目标，采取怎样的措施来顺利实施。我们前面已经反复申明，礼仪只是外在的表象，实质是道德的提升。因此，我们更应该在精神内涵上下功夫，而不汲汲于礼仪表面形式。

吸收古礼精华，不在于恢复古礼的形式，而是需要掌握其精神实质，即礼仪对培养君子的功效、对稳定社会的作用、对礼义之邦声誉的价值。纯粹恢复古礼是不切实际的，不值得提倡也不应该提倡，即使能把"三礼"倒背如流，最多只是"两脚书橱"而已；即使能熟练地演习各种古礼，也不过是历史资料的掮客。例如祭拜黄帝、炎帝和先师孔子，这都是完全应当和必要的，但仪式应该创新，不必穿上古色古香的复古袍子，更不应该行三跪九叩之礼，跪叩礼随着清王朝倒台而被废弃了，我们难道还要把它恢复起来？一些地方每年举行祭祀黄帝、孔子仪式，作为一种凝聚世界各地华人、形成向心力的手段，自然完全必要，也是可行的。然而是不是一定要戴古冠、穿古袍、行古礼、杀猪宰牲呢？难道不采用这种形式就不能显示对他们的尊重与敬仰？就不会形成向心力吗？因此，那些旧式礼仪确实需要认真斟酌，慎重行事。因为我们祭祀黄帝、炎帝，是承认自己是炎黄子孙；祭祀孔子，是承认他对中华文化的贡献，如此来形成合力，凝聚国内外炎黄子孙，为振兴中华民族而努力，并不是非用古礼才能达到目的。当下一些纪念日复古行礼似有日益"昌盛"趋势。穿古服、行古礼祭祀屈原，在湖南、安徽、河北、江苏等地已经盛行数年。在开封，河南大学学生着"汉服"、行古礼来祭祀黄河；在湖北，则有武汉大学祭祀屈原、湖北中医药大学祭祀李时珍，都是古服古礼。难道不穿古服、不行古礼就不能显示对屈原的尊重与敬仰？就不能体现对黄河母亲的热爱？我们并不反对这些祭祀活动，也承认其能发挥礼仪的社会教化功能，但不敢苟同必须恢复古礼之形式，进一步说，这种形式大于内容的做法，可能会误导民众，且会付出较高的时间和金钱成本。

持续推进礼仪体系的构建与完善，不是心血来潮，更不能凭借一时冲动，应该是一种持续的、有计划的、循序渐进的过程。这里有必要讨论一下前一时期的"国学热"。国学热不是一时心血来潮，而是反映了一种社会深层的反思，为何自古以来的一些优秀文化传统会出现传承的断层？一些有识之士认为这是"国学危机"导致的，企望通过恢复国学教育尝试找回我们的民族优秀传统。这种反思是无可非议的，其原意也值得肯定。对孩子进行国学教育，确实可以从传承国学中来恢复我们民族的某些记忆，来传承中华先祖的优秀品格和经验智慧。如果是为了培养国学研究的接班人或者是加强孩童的国学教育，这种做法亦属可行。因为孩子在长大成人的过程中，有一个逐渐对以往所学的国学消化、加深的过程，具备"童子功"，确实有助于提高整体国学研究水平。然而对于众多的少年儿童来说，孩子很小学国学，背三字经、背四书五经，这是需要花费大量时间和精力的。倘若孩子今后不再从事国学方面的研究，那么他所花费的大量宝贵时间固然有助于对中华文化的了解和自身道德人格的修炼，但也付出过多的时间和成本，这不能不三思而行。如果说通过国学来学习和掌握礼仪，从而培养其道德情操，那么完全可以在幼儿园到初中阶段编写一些比较浅显易懂的礼仪教育和传统文化知识读本来取代国学教育，同样可以达到这一目的。因此，不能把学国学作为了解中华文化和修炼道德人格的唯一之路，① 更不能打着传授国学旗号而做鸡鸣狗盗的无耻之事。已有报道，个别一些"国学"培养机构，收取高额费用，而在机构内却行施着无耻的行为，这是需要国家有关部门加以阻止及惩处的。

作为学术研究，弄清古礼种种形式是有必要的，但在构建新时期礼仪体系过程中措意恢复古礼，那将是食古不化、本末倒置之

---

① 现在全国有不少所谓国学教育场所，据一些媒体报道，有些家长放弃孩子正常的学校教育而将孩子送入这些国学场所，确实是弃本求末之举。

举，是不可取的。新时期的礼仪体系应该有新的形式，它是一种与日俱进，既吸取中华古礼中至今仍有生命价值的形式，又能采纳行之于现代社会的礼仪形式，融合古今，适时创新，既能保持民族特色，又能适应世界潮流的新的礼仪体系。

构建新时期的礼仪体系不会一蹴而就，而是一项长期的、艰苦的创新过程，需要全体国人参与，并同心协力来完成。构建新时期的礼仪体系，构筑新的道德体系，是历史的呼唤和时代的要求。社会进步不应该仅是物质文明的发展，应该是物质文明与精神文明紧密结合、共同发展。因而构建新时期礼仪体系必须融会中华先民的生命经验和生活智慧，弘扬正气，开拓创新，持续推进，让民众在构建新时期礼仪体系和践行过程中，更加充分并深刻地理解构建和践行新时期的礼仪，是保持民族特色、进行道德重建、振兴中华的必然选择，是回归礼义之邦的康庄大道，是实现中华民族伟大复兴的必由之路。

第四节　注重实践：从"御民以礼"到"以礼聚民"

随着我国工业化的进程加速，社会经济日益发展，民众生活不断丰富，人际交往远非农业文明可比，自古传承下来的中华传统礼制难以适应当代社会，亟须转换，因为当今社会对道德素质的要求越来越高，需要民众道德意识与社会发展相匹配。如何从中华传统礼制中吸取一些有价值的思想来为此服务，是一个值得探讨的问题。

在中国传统文化中，与道德联系最为密切的就是"礼"，它是国家管理天下最为重要的手段之一。"礼"既起着引导民众修身、弘化民众心志、改善民众礼俗的重要作用，也是国家规范民众行为方式的必要手段。实际上，礼不仅是一种学说，更可以认为是一种

"制度-观念"的综合体，是古代国家治理体系的重要组成部分。《论语·为政》称："道之以政，齐之以刑，民免而无耻；道之以德，齐之以礼，有耻且格。"① 就是说，纯粹用制度和法律来管控百姓，百姓只是免于罪过却难以具备廉耻之心，然而用道德和礼仪来引导和教化他们，那么百姓不但免于罪过，而且可使其归服。这种管理思想确实仍有可取之处，因为它首先强调的是提高百姓的道德意识，注重他们的礼仪培养，使他们成为社会安定和谐的因素。有学者认为："道德只有体现在人的身上，对人与社会的进步发生作用，道德才是鲜活的、有价值的，礼恰恰是把道德转换为可以操作的规范的完整体系。"② 这种观点是值得赞同的。由此可以从中华传统礼制有关礼与德的论述中摄取一些资源，来思考当代社会治理与民众修身实践和道德素质养成之间的关系。

一　古代国民道德礼仪素质养成的变迁

礼与俗不同，礼导源于俗，却又高于俗。俗是民间自然形成的，而礼却需要引导、建设与制度的规范。礼对俗有提升和引领的作用，但又不能违背正常的俗。《孝经》说："移风易俗，莫善于乐。安上治民，莫善于礼。"③《周礼·地官·大司徒》有"以本俗六安万民"之语，贾公彦疏云："不依旧俗创立制度，民心不安；若依旧俗，民心乃安。"④ 这些论述呈现了礼俗与礼乐的辩证关系。就如何推行礼制并以礼化民、培养民众道德这一问题，传统中国有着系统的规划，一言以蔽之，就是"御民以礼"，即国家依照礼制规范来管理国民。

---

① 刘宝楠：《论语正义》卷二《为政》，第41页。
② 彭林：《重拾中华之"礼"的当代价值》，《人民日报》2013年11月12日，第5版。
③ 李隆基注，邢昺疏：《孝经注疏》卷六《广要道》，第50页。
④ 郑玄注，贾公彦疏：《周礼注疏》卷一〇《地官·大司徒》，第365页。

（一）《周礼》奠定对民众教化的系统规划

关于《周礼》的成书时间，古往今来存在许多争议，但此书是汉以前人依据三代历史资料整理而成则绝无可疑。《周礼》不是一部实行过的典章制度文献，而是探讨或者说设计早期中国典章制度的文献，然而它对后来历史的发展尤其是制度建设与思想观念的定型具有极其重要的影响。在礼制教化方面，《周礼》构建出了一幅井然有序的宏伟蓝图。

在《周礼》的规划中，地官司徒是掌管教化的："立地官司徒，使帅其属而掌邦教，以佐王安扰邦国。"① 教化民众，安邦定国，这就是大司徒的职责。大司徒职有这样的规定："正月之吉，始和布教于邦国都鄙，乃县教象之法于象魏，使万民观教象，挟日而敛之，乃施教法于邦国都鄙，使之各以教其所治民。"② 即在邦国都鄙宣讲国家的教化纲领，以熏陶民众，是大司徒的基本职责。如前所述，大司徒的具体做法，即以包括祀礼、阳礼、阴礼、乐礼等在内的"十二教"及包括六德、六行、六艺在内的"乡三物"来教化民众，以"乡八刑"惩戒不孝、不睦等八种行为，此即所谓"国有常刑"。③

除大司徒负有教导民众职责外，整个国家有一个自上而下推行教化的系统。在地官系统之内设置乡师、乡老、乡大夫、州长、党正、族师、闾胥、比长等属官，辅助大司徒推行教化。这些属官作为各级长官，也大多相应负有掌管各级教化工作的职责，如乡师"各掌其所治乡之教，而听其治"；乡大夫"各掌其乡之政教禁令"；州长"各掌其州之教治政令之法"；党正"各掌其党之政令

---

① 郑玄注，贾公彦疏：《周礼注疏》卷九《地官·大司徒》，第 305 页。

② 郑玄注，贾公彦疏：《周礼注疏》卷一〇《地官·大司徒》，第 366 页。

③ 林素英指出："为求有效掌理邦教、安定社会秩序，大司徒主要透过'十二教'之施行，并配合本俗以安万民与悬象教法之社会教育模式，采取与'乡三物'、'乡八刑'双管齐下的方式，为广大的平民进行全方位的普及教育，落实礼教思想系统之运行。"林素英：《大司徒的礼教思想》，国际儒学联合会编：《儒学与当代文明：纪念孔子诞生 2555 周年国际学术研讨会论文集》，第 972 页。

教治，及四时之孟月吉日，则属民而读邦法，以纠戒之……正岁，属民读法而书其德行道艺"；族师"各掌其族之戒令政事。月吉，则属民而读邦法，书其孝弟睦姻有学者"；闾胥"各掌其闾之征令……凡春秋之祭祀、役政、丧纪之数，聚众庶；既比，则读法，书其敬敏任恤者"。① 可见国家在推行礼仪教化时有一个自上而下、各司其职的以礼统御民众的行政管理体系。《周礼》有国野、乡遂、民氓之别，② 上述诸职为乡官系统，与此相对应的遂官系统则较少承担教化的功能，可见是否注重礼制教化，是周人统治对国与野进行政治区分的一大要点。按照《周礼》的说法，百姓"五家为比，使之相保；五比为闾，使之相受；四闾为族，使之相葬；五族为党，使之相救；五党为州，使之相赒；五州为乡，使之相宾"。③ 也就是说，从最基层的家，五五相保为比，五比相受为闾，渐次凝聚为族、党、州、乡，最终统属于国家中央行政机构，从而使礼制教化获得完全落实，自然也使国家掌控了整个社会。

值得注意的是，除去教化职能以外，大司徒还有"以土会之法辨五地之物生（性）""以土圭土其地而制其域""以荒政十有二聚万民""颁职事十有二于邦国都鄙"④ 等社会治理与公共服务职能。这些职能与教化职能共同成为大司徒的核心职责，彼此互有关系，反映出礼制教化不但是传统中国行政系统的重要职责，而且渗透在传统中国的治理体系当中，密不可分。

如此筹措安排，使礼的思想遍及各地，深入人心。《逸周书·大聚解》云"老弱疾病，孤子寡独，唯政所先"，又云"饮食相约，与弹相庸，耦耕□耘，男女有婚，坟墓相连，民乃有亲"。⑤

---

① 郑玄注，贾公彦疏：《周礼注疏》卷一二《地官·大司徒》，第 405、414、422、425—429 页；卷一三《地官·大司徒》，第 433、436—437 页。

② 杨宽：《西周史》，上海人民出版社 1999 年版，第 395—404 页。

③ 孙诒让：《周礼正义》卷二二《地官·族师》，第 881 页。

④ 郑玄注，贾公彦疏：《周礼注疏》卷九《地官·大司徒》，第 337 页；卷一〇《地官·大司徒》，第 355、361、368 页。

⑤ 黄怀信、张懋镕、田旭东：《逸周书汇校集注（修订本）》，第 396、398 页。

《韩诗外传》云："古者八家而井田……八家相保，出入更守，疾病相忧，患难相救，有无相贷，饮食相招，嫁娶相谋，渔猎分得，仁恩施行，是以其民和亲而相好。"① 孟子也说："死徙无出乡，乡田同井，出入相友，守望相助，疾病相扶持，则百姓亲睦。"② 从周初到春秋战国，通过行政力量系统地来教化百姓，引导百姓遵从礼教，以营造和谐生活氛围，达到国安民和之目的。

（二）乡饮酒礼的变迁及启示

在地官大司徒自上而下推行的礼仪中，有一种在后代得到了令人瞩目的继承与发展，这就是乡饮酒礼。③《周礼》对基层官员有考核，如乡大夫"三年则大比，考其德行、道艺，而兴贤者，能者。乡老及乡大夫帅其吏与其众寡，以礼礼宾之"。④ 乡饮酒礼即在乡大夫主持之下进行。乡饮酒礼起源于先民共食的传统，进而形成尊长、养老、尚贤的民间礼仪。乡饮酒礼的核心礼义，即在提倡伦理，涵养民风，尤其重在团结邻里、尊重长者，建立和谐社区，这与先秦时期的小共同体社会形态是紧密关联的。

经典礼书对行用乡饮酒礼的目的多有论述，除《礼经》和《周礼》外，《礼记》的《经解》与《射义》都提到乡饮酒礼是"所以明长幼之序也"。⑤《乡饮酒义》指出，"民知尊长养老，而后乃能入孝弟；民入孝弟，出尊长养老，而后成教；成教而后国可安也。君子之所谓孝者，非家至而日见之也，合诸乡射，教之乡饮酒之礼，而孝弟之行立矣"；乡饮酒礼"非专为饮食也，为行礼也，此所以贵礼而贱财也……此先礼而后财之义也。先礼而后财，则民作敬让而不争矣"。⑥ 这些论述大致说清了行用乡饮酒礼的目

① 韩婴撰，许维遹集释：《韩诗外传集释》卷四，第 143 页。
② 焦循：《孟子正义》卷一〇《滕文公上》，第 358 页。
③ 举行乡饮酒礼完毕之后，往往伴以乡射礼。
④ 孙诒让：《周礼正义》卷二一《地官·乡大夫》，第 845 页。
⑤ 孙希旦：《礼记集解》卷四八《经解》，第 1257 页。
⑥ 孙希旦：《礼记集解》卷五九《乡饮酒义》，第 1428、1427 页。

的。清儒段玉裁说得更为清楚："《周礼》令一乡中相保以至于相宾。《孟子》言：死徙无出乡，相友相助，相扶持亲睦。名曰'乡'者，取其相亲。礼莫重于相亲，故乡饮、乡射原非专为六乡制此礼也，而必冠之以'乡'字。乡大夫、乡先生者，谓民所亲近者也。遂、县、鄙、酂、里、邻、甸、郇、县、都及国中，皆必称乡三物、乡八刑、乡饮酒礼、乡射礼，而地非乡也。乡三物、乡八刑，谓用之于相亲之民者也。今之曰乡贯、曰乡绅，犹行古之道也。"①

　　行用乡饮酒礼的对象为三老五更。三老一词首见于《左传》，叔向批评齐侯治国时"公聚朽蠹，而三老冻馁，国之诸市，屦贱踊贵。民人痛疾，而或燠休之"。② 此三老指当时乡间年长且有德行者，是乡里进行礼仪教化者。《左传》中无五更，然在《礼记》中多次记载，如：

> 适东序，释奠于先老。遂设三老、五更、群老之席位焉。③
> 食三老、五更于大学，天子袒而割牲，执酱而馈，执爵而酳，冕而总干，所以教诸侯之弟也。④

除此，《史记》也明确记载赵武灵王年少"未能听政，博闻师三人，左右司过三人。及听政，先问先王贵臣肥义，加其秩；国三老年八十，月致其礼"。⑤ 西门豹治邺，就是因为"常岁赋敛百姓，收取其钱得数百万"的邺三老、廷掾勾结巫为河伯娶妇，"至其

---

　　① 段玉裁：《经韵楼集》卷一二《与黄绍武书论千里第三札》，上海古籍出版社2008年版，第330页。

　　② 杨伯峻：《春秋左传注（修订本）》，昭公三年，第1367页。

　　③ 孙希旦：《礼记集解》卷二〇《文王世子》，第576页。历代对群老解释分歧较大，笔者以为群老类似三老五更，由国中已经致仕的原级别较高者担任，地位在三老五更之下。

　　④ 孙希旦：《礼记集解》卷三八《乐记》，第1028页。

　　⑤ 《史记》卷四三《赵世家》，第1803页。

时，西门豹往会之河上。三老、官属、豪长者、里父老皆会，以人民往观之者三二千人"。① 由此可见，战国时期在各级设立三老五更，这些三老五更当有等级差别，即由最基层"乡"设三老，② 直至"国"设三老五更。乡中三老既是年长者，也负责对乡民的教化。国中三老五更则养于学，释奠时对他们行用敬酒执酱之礼，天子用来对诸侯进行"孝悌"的教育；诸侯国、郡也设各级三老，三老五更平时在学也应当负有对生徒进行礼仪教化的职责。

　　三老五更在秦汉之后仍然存在，也就是说乡饮酒礼并未废黜。③ 司马迁记刘邦"举兵围鲁，鲁中诸儒尚讲诵习礼乐，弦歌之音不绝"。又载"新城三老董公遮说汉王以义帝死故。汉王闻之，祖而大哭"。④《正义》引"《百官表》云：'十里一亭，亭有长。十亭一乡，乡有三老，三老掌教化。'皆秦制也"。⑤ 汉兴，诸儒乃"修其经艺，讲习大射乡饮之礼"。⑥ 显然两汉提倡行用乡射、乡饮酒礼。对乡间三老亦有优遇，如《集解》引蔡邕曰："天子……见令长三老官属，亲临轩，作乐，赐食帛越巾刀佩带。"⑦ 汉成帝"鸿嘉二年三月博士行乡饮酒礼"，⑧ 东汉光武帝建武三年，大司徒

① 《史记》卷一二六《滑稽列传》，第3211—3212页。
② 传世文献中没有"乡"一级五更的记载。
③ 学界对乡饮酒礼的历史演变研究较多，可参游自勇《汉唐时期"乡饮酒"礼制化考论》，《汉学研究》第22卷第2期，2004年；高明士《论隋唐学礼中的乡饮酒礼》，《唐史论丛》第8辑；王美华《唐宋时期乡饮酒礼演变探析》，《中国史研究》2011年第2期；申万里《宋元乡饮酒礼考》，《史学月刊》2005年第2期；邱仲麟《敬老适所以贱老——明代乡饮酒礼的变迁及其与地方社会的互动》，《中央研究院历史语言研究所集刊》第76本第1分，2005年；赵永翔《清代乡饮酒礼的社会轨迹》，《宁波大学学报》2012年第2期；谭颖《清代乡饮酒礼简论》，《常熟理工学院学报》2012年第5期；等等。
④ 《史记》卷八《高祖本纪》，第370页。
⑤ 《史记》卷八《高祖本纪》，第370页。《史记》载陈胜反秦，曾"号令召三老、豪杰与皆来会计事"，秦朝有三老。《史记》卷四八《陈涉世家》，第1952页。
⑥ 《史记》卷一二一《儒林传》，第3117页。
⑦ 《史记》卷一〇《孝文本纪》，第425页。
⑧ 王钦若等：《册府元龟》卷五九《帝王部》，第659页。此未见《汉书》记载。

伏湛奏行乡饮酒礼，① 明帝永平二年"行大射大礼。郡、县、道行乡饮酒于学校"，② 等等，都说明两汉一直行用该礼仪，且十分健全。值得强调的是，东汉在战国、秦到西汉基础上有了发展，据刘珍记载：明帝永平二年元日"始尊事三老，兄事五更，安车软轮"，③ 恭敬备致。称国君或帝王"尊事三老，兄事五更"始见于此，极大地提高了三老五更的政治与社会地位。需要指出的是，此语亦有"父事三老，兄事五更"④ 的说法，两者一样。⑤ 不过，此不能理解为对三老行父礼、对五更行兄礼，实际是根据帝王年龄而言，帝王若与三老五更年龄接近则兄事之，若与三老五更年龄差异悬殊则父事之，因为三老五更均为致仕后担任，或年龄相近，绝无可能一事之如父、一事之如兄。还需要补充的是，被选为国家层面的三老五更者，都是有德行之致仕者，《续汉志》曰："养三老、五更，先吉日，司徒上太傅若讲师故三公人名，用其德行年耆高者，三公一人为三老，次卿一人为五更。"⑥

这一传统被魏晋所继承，如曹魏"高贵乡公甘露二年，天子亲帅群司行养老之礼。于是王祥为三老，郑小同为五更。其《仪注》不存，然汉礼犹在。（晋）武帝泰始六年十二月，帝临辟雍，行乡饮酒之礼……咸宁三年，惠帝元康九年，复行其礼"，⑦ 可见三国曹魏及西晋均在国家最高层面行乡饮酒礼，"汉礼犹在"则说明继承东汉礼仪形式。更需要重视的是，"及晋国建，文帝又命荀

---

① 《后汉书》卷二六《伏湛传》："湛虽在仓卒，造次必于文德，以为礼乐政化之首，颠沛犹不可违。是岁奏行乡饮酒礼，遂施行也。"（第895页）

② 《后汉书·礼仪志上》，第3108页。

③ 刘珍等撰，吴树平校注：《东观汉记校注》，中州古籍出版社1987年版，第56页。

④ 陈立：《白虎通疏证》卷五《乡射》，第248页。

⑤ 郑玄称："三老、五更各一人，皆年老更事致仕者。天子以父兄养之，示天下之孝弟也。"孙希旦：《礼记集解》卷二〇《文王世子》，第576—577页。

⑥ 《后汉书》卷二《显宗孝明帝纪》，第103页。

⑦ 《晋书》卷二一《礼志下》，第670页。又，《晋书》卷三《武帝纪》载泰始六年"冬十一月，幸辟雍，行乡饮酒之礼"，与《礼志》记载不同（第60页）。《册府元龟》卷五九《帝王部》、卷五六三《掌礼部》均为十二月，疑《武帝纪》有误。

颛因魏代前事，撰为新礼"，① 文帝即司马昭，"及晋国建"不是指晋武帝司马炎代魏所建之西晋，而是甘露三年五月司马昭受封所建之晋，② 其成书则在晋武帝之时。换句话说，自西晋始建就注意礼制的修订，晋武帝行乡饮酒礼则说明《新礼》已包含此礼，"汉礼犹在"即保持东汉礼仪形式。当然，地方上也设置三老，与战国秦汉无异。

降及南北朝时，北方少数民族政权也十分重视乡饮酒礼。北魏孝文帝太和十一年十月诏曰："乡饮酒礼废，则长幼之序乱。孟冬十月，人闲岁隙，宜于此时，导以德义。可下诸州，党、里之内，推贤而长者，教其里人父慈、子孝、兄友、弟顺、夫和、妻柔。不率长教者，具以名闻。"③ 这个诏书非常值得注意，因为诏书中提到乡饮酒礼要从地方上"推贤而长者"④ 充任教化之职，即选任标准首先是贤，其次是年长，因为此职目的在于"导以德义"，而不在于序年齿，可见北魏虽然尚齿，但更重尚贤。显然，北魏乡饮酒礼选择的三老确实是继承了汉式礼制"用其德行年耆高者"的规定，奠定了北魏乡饮酒礼尚贤尚齿并重的格局。北周也有行乡饮酒礼的记载。⑤ 北魏有从中央到地方三老五更的记载，北周则缺乏地方三老的史料，当史有阙焉。

隋唐沿袭北魏及北周之制，隋规定"年别一行乡饮酒礼。州郡学则以春秋仲月释奠。州郡县亦每年于学一行乡饮酒礼"。⑥ 唐

---

① 《晋书》卷一九《礼志上》，第 581 页。

② 《晋书》卷二《文帝纪》载："封帝为晋公，加九锡，进位相国，晋国置官司焉。"（第 35 页）

③ 《北史》卷三《孝文帝纪》，第 102 页。

④ 显然长而不贤者则不会选任。

⑤ 《周书》卷二五《李贤传》：大统十六年，"太祖之奉魏太子西巡也，至原州，遂幸贤第，让齿而坐，行乡饮酒礼焉"（第 416 页）。

⑥ 《隋书》卷九《礼仪志四》，第 182—183 页。《隋书》卷一五《音乐志下》载炀帝时秘书监柳顾言奏增房内乐："燕礼乡饮酒礼，亦取而用也……制曰：'可。'"（第 374 页）显然炀帝时亦行乡饮酒礼。

代则自太宗贞观六年七月"诏天下行乡饮酒",① 《新唐书》记载，"州贡明经、秀才、进士身孝悌旌表门闾者，行乡饮酒之礼，皆刺史为主人。先召乡致仕有德者谋之，贤者为宾，其次为介，又其次为众宾，与之行礼，而宾举之",② "先召乡致仕有德者谋之，贤者为宾"一语显然也是尚贤之意。唐代武举亦行乡饮酒礼。③ 唐代"县令掌导风化……每岁季冬，行乡饮酒礼"。④ 五代乱世，然州郡行乡饮酒礼亦有个别记载。⑤

　　宋金元明清对乡饮酒礼的记载也常见于史籍，与前代略有不同的是，乡饮酒礼不仅有尊老尚贤的功用，而且与贡举、尚贤相联结。如南宋实行科举，在绍兴十七年"命州县每三岁行乡饮酒礼以贡士",⑥ 直到二十六年四月"立六科以举士……罢乡饮酒举士法",⑦ 前后长达整整 10 年。金大定进士张翰任泰定军节度判官时，率儒士行乡饮酒礼。⑧ 元朝绍兴路总管泰不华"行乡饮酒礼，教民兴让";⑨ 乌古孙泽"兴学校，召长老及诸生讲肄经义，行乡饮酒礼，旁郡闻而慕之";⑩ 周仁荣任美化书院山长，该书院"在处州万山中，人鲜知学，仁荣举行乡饮酒礼，士俗为变"。⑪ 这些都可看出尚贤之意。明自太祖洪武五年起始行乡饮酒

　　① 《新唐书》卷二《太宗纪》，第 33 页。《旧唐书》无此记载，且《旧唐书》中无乡饮酒礼其他记载，不知何故。

　　② 《新唐书》卷一九《礼乐志九》，第 435 页。

　　③ 参见王溥《唐会要》卷二三《武成王庙》与《新唐书》卷四四《选举志上》相关记载。

　　④ 《新唐书》卷四九下《百官志四下》，第 1319 页。

　　⑤ 参见《旧五代史》卷四六《末帝纪上》。

　　⑥ 《宋史》卷三〇《高宗纪七》，第 566 页。

　　⑦ 《宋史》卷三一《高宗纪八》，第 585 页。

　　⑧ 参见《金史》卷一二八《张翰传》。

　　⑨ 《元史》卷一四三《泰不华传》，第 3424 页。

　　⑩ 《元史》卷一六三《乌古孙泽传》，第 3833 页。

　　⑪ 《元史》卷一九〇《周仁荣传》，第 4346 页。

礼，① 定下有明一代行此礼之格局。清代行乡饮酒礼亦颇为热心，据载："乡饮酒礼顺治初元，沿明旧制，令京府暨直省府、州、县，岁以孟春望日、孟冬朔日，举行学宫。"② 其尚贤之风仍继前朝不辍，如雍正一继位便下谕称："乡饮酒礼所以敬老尊贤，厥制甚古，顺天府行礼日，礼部长官监视以为常。"③ 清代规定行乡饮酒礼前要读令："读曰：'律令，凡乡饮酒，序长幼，论贤良，别奸顽。年高德劭者上列，纯谨者肩随。差以齿，悖法偭规者毋俾参席，否以违制论。敢有哗噪失仪，扬觯者纠之。'"④ 其中"敬老尊贤""论贤良"均为尚贤。

由上可见，至少从战国起即以年长者（尚齿）为三老五更，至东汉时增加了尚贤内容，此后尚齿、尚贤成为选择三老五更的标准，成为乡饮酒礼的重要内容之一。唐末人云："诸侯乡饮之礼，敬年尚齿，使年少知礼、老者获养，修长幼之道也。天子太学，父事三老，兄事五更，教人以孝，教人以悌，兴教化之本也。"⑤ 清儒也总结道："先王制此礼，或主于兴贤，或主于尚齿，虽所重不同，而所以劝民行、厚民俗之意则一也。"⑥ 由此可见，乡饮酒礼对于传统中国民间伦理建设起到了非常重要的作用。古人以特定的礼仪来教化民众，乡饮酒礼是较为典型的例证，尽管这种形式已经过时，然而其尚贤尊老以"使年少知礼"的内涵则仍给我们有益的启示。

（三）宗族崛起与民间祭祖礼仪的演化

在中国古代礼制变迁中，唐宋礼制下移后宗族崛起是一个极为

---

① 参见《明史》卷二《太祖纪二》。

② 《清史稿》卷八九《礼志八》，第 2654 页。

③ 《清史稿》卷八九《礼志八》，第 2655 页。

④ 《清史稿》卷八九《礼志八》，第 2654 页。

⑤ 不题撰人：《寒素论》，李昉等：《文苑英华》卷七六〇，第 3987 页。

⑥ 秦蕙田：《五礼通考》卷一六七《嘉礼四十·乡饮酒礼》，文渊阁《四库全书》本，第 139 册，第 2 页。

关键的问题，学者已经详尽论述，此不再展开研讨。① 概括起来说，唐宋礼制下移有一个重要条件是宗族崛起，宗族承担起对族人的礼仪教化的责任，是教化民众的主要途径，这成为中华传统礼制转变的重大标志之一，它使国家层面的礼制规范在广大乡间落地生根，从而使礼仪更深入民众之心。

中华传统礼制基于农业文明之上，自古以来的农耕生活是礼制产生与演化的经济基础，小农分散于农村，然同一家族相对集中是古代中国的显著特点之一。虽然宗法制是西周王朝的基石，宗子可以起宗庙，但宗庙祭祀权在宗子手中，与唐宋宗族崛起后的祠堂完全不同。

井上徹之《中国的宗族与国家礼制：从宗法主义角度所作的分析》一书影响颇大，他提出"宋代以后，中国社会中出现了拥有共有地（比如义田、祭田等）、祠堂、族谱等一系列要素，以恢复宗法为理想而形成的宗族集团"，② 并着重对明清之后宗族制度与礼制关系进行阐述。然而遗憾的是，井上先生为了证明"唐宋变革"，声称宋以后才出现共有地、祠堂、族谱之类要素，其说没有追源溯流，故"宋代以后"的结论似可商榷。如"义田"一词并非在宋代才出现，传为袁康所著的《越绝书》载有"富中大塘者，句践治以为义田，为肥饶，谓之富中"③ 一语，此书《隋书·经籍志》载录，故当早于唐代。

实际上，中国古代聚族而居既有政治因素，也有经济因素。从政治上说，国家为了便于管理，自先秦以来便不允许随便迁徙，秦商鞅变法更是把此作为管理民众的重要手段。中国自古多战乱，因

---

① 王美华：《官方礼制的庶民化倾向与唐宋礼制下移》，《济南大学学报》2006年第1期；王美华：《地方官社会教化实践与唐宋时期的礼制下移》，《辽宁大学学报》2010年第3期。

② 〔日〕井上徹：《中国的宗族与国家礼制：从宗法主义角度所作的分析》，钱杭译，上海书店出版社2008年版，第1页。

③ 袁康、吴平辑录：《越绝书》卷八《地传》，上海古籍出版社1985年版，第61页。

此聚族共居也有利于生存。从经济上说，小农经济难以抵御自然灾害，需要更多人团结在一起共同抵御。因此，从先秦到南北朝，聚族而居现象是非常普遍且正常的历史事实，① 家族之田当为公共之产，接济族人也是史有记载的，② 三国曹魏王昶《家诫》云："治家亦有患焉，积而不能散，则有鄙吝之累。"③ 南北朝时人颜之推也说：　"俭者，省约为礼之谓也；吝者，穷急不恤之谓也。"④ "散"与"恤"意义相似，都指救穷拯急，其对象当主要为家族成员，其次才是乡邻之类。尽管魏晋典籍中没有明确的类似宋代之后专门的祠堂义田，但从这些引文大致可以判断魏晋时期可以公共族产来接济族中贫穷之人，与宋代之后设义田接济族人有相似之处，显然宋代义田的来源似应追溯得更远。当然，《越绝书》"义田"一词不能完全等同于后世之义田，义田也不一定便是勾践所创，但带有赈济他人功能的"义田"早于宋代则无可怀疑，只不过宋代范仲淹名闻天下，其置义田被广泛称颂，故归功于他而已。

中国最早的族谱并非始于宋代，早在魏晋时期便出现了，当时还出现许多谱学名家，他们著有大量谱学著作，还出现"谱学"，此已是历史共识，无须赘言。

祠堂源于先秦宗庙之制。西周实行分封制，分封各地的诸子均有设宗庙进行祭祀之权力，非宗子则无祭祀宗庙之权。到春秋时，诸侯纷纷设庙祭祀，僭越现象十分普遍，因此非宗子祭祀也为常见之事。这种祭祀场所也称为"家庙"，⑤ 家庙不设置在墓地，而设置在居住地。因为按照当时礼制规定，祭祀只能在"寝"里进行。

---

① 颜之推云："兄弟不睦，则子侄不爱；子侄不爱，则群从疏薄；群从疏薄，则僮仆为仇敌矣。"群从即族中子弟。此可见聚族而居。王利器：《颜氏家训集解（增补本）》卷一《兄弟》，第 27 页。

② 颜之推曾说："裴子野有疏亲故属饥寒不能自济者，皆收养之"。王利器：《颜氏家训集解（增补本）》卷一《治家》，第 45 页。

③ 欧阳询：《艺文类聚》卷二三《人部》引王昶《家诫》，第 419 页。

④ 王利器：《颜氏家训集解（增补本）》卷一《治家》，第 42 页。

⑤ 郑玄注三礼，经常用家庙注释宗庙，显然两者在非帝王的场合下可以通用。

冯尔康先生引东汉王逸称战国时期楚国出现"公卿祠堂",认为:"是不是把公卿的家庙叫做祠堂,因记载不详,无从得知。"① 冯先生结论下得十分谨慎。实际上,战国时没有"祠堂"一词,公卿大夫有庙(家庙),郑玄注《祭统》"而舍奠于其庙"曰"谓受策命,卿、大夫等既受策书,归还而释奠于家庙,告以受君之命,似非时而祭,故称奠",② 即是明证。据笔者所查,东汉称"祠堂"也仅此一例,故可断定实是王逸之误。

秦朝未实行分封,当无家庙之祭,且秦二世而亡,故未见家庙祭祀之记载亦可理解。汉代进行分封,受封宗室诸王可以在封地立庙进行祭祀。③ 但随着削藩完成,宗室诸王立庙祭祀当成历史。汉朝官员有无家庙?据《淮南万毕术》载:"取家祠黍以啖儿,儿不思母。"④ 家祠黍即家庙祠祭之黍无疑,若此书真为汉刘安所著,此家祠即家庙,那么汉代官员或许亦有家庙。

非墓祠之"祠堂"始见于汉末三国时期。《三国志》裴注曾引《陆氏祠堂像赞》,然无具体内容,据裴注另引《陆氏世颂》曰:"逊祖纡……父骏……淳懿信厚,为邦族所怀。"⑤ 陆氏为聚族而聚之"江东大族",此祠堂之像,当是众祖宗之像,似可认定汉末三国之时家族有"祠堂",而且此祠堂绝非墓祠。按照我们的理解,

---

① 冯尔康:《中国古代的宗族和祠堂》,商务印书馆 2013 年版,第 92 页。

② 郑玄注,孔颖达疏:《礼记正义》卷四九《祭统》,第 1357—1358 页。类似解释在郑玄注中很多,不赘举。

③ 冯尔康先生认为战国至两汉时兴起祠堂,即墓前之祠堂,"墓祠为特定个人建造,子孙的祭扫,也只是对个人的礼敬,同后世的祠堂不一样"(第 92 页)。此区分出墓祠与后世祠堂之差异是正确的。但还可从性质上辨别,即后世祠堂类似家庙,祭祀众祖宗,墓祠只祭祀特定对象,因此两者祭祀性质不同。况且,据《汉书》等记载,即使并非自己的祖宗,亦可造祠堂祭祀,说明当时的祠堂只是祭祀之"场所"的含义。《晋令》有"诸葬者皆不得立祠堂、石碑、石表、石兽",将祠堂与石碑等放在一起,明确是墓前祭祀场所。参见张鹏一编著:《晋令辑存》,第 187 页。

④ 刘安:《淮南万毕术》,《丛书集成初编》本,第 24 册,第 244 页。此又见于《太平御览》卷七三六引。

⑤ 《三国志》卷五八《陆逊传》,第 1343 页。

此家族祠堂即家庙。西晋是允许官员立家庙的，《晋令》规定"诸官家庙以品秩为定"，[①] 但禁止未达到立庙标准的品秩较低者私立家庙，如范宁曾私立家庙，受到弹劾，[②] 但从范宁之例可发现汉晋私立家庙现象是存在的。如晋代雁门人范隆"生而父亡。年四岁，又丧母，哀号之声，感恸行路。单孤无缌功之亲，疏族范广愍而养之，迎归教书，为立祠堂……（隆）奉广如父"。[③] 范隆与范广为疏族，然范广收留他，当为两者居住在同一地，即范氏家族聚居于雁门；"为立祠堂"不是为范隆立祠堂，应当理解为在范氏祠堂中当着族人面收留范隆为子，后文才会有范隆"奉广如（生）父"之说。北魏温子昇曾作《侯山祠堂碑文》。[④] 可见，从汉末到南北朝，"祠堂"一词屡见于典籍，即类似于后世祠堂之制已经萌芽。[⑤]

唐代规定三品以上高官可以立家庙，史书记载，家庙可建在长安，显然是为官之处，[⑥] 私家之庙自然无须祭田。唐代文献中大致都称家庙，称祠堂者极为罕见。宋元明清诸代均有官员许置家庙的记载。因此可以说，家庙祭祀是集权礼制的产物，大概始于汉末三国时期。祠堂是承家庙发展而来，而且至少三国时期已经萌芽。尽管这些祠堂、家庙与宋代祠堂确实有所差异，但有祠堂、有族谱则是可以肯定的，因此井上徹提出宋代之后出现的观点是难以成立的。

需要注意的是，魏晋世家大族历代相沿袭，长期占据社会上层，南朝这种情况虽有所改变，但世家大族并未完全退出历史舞

①　张鹏一编著：《晋令辑存》，第 132 页。

②　参见《晋书》卷七五《范宁传》。

③　《晋书》卷九一《范隆传》，第 2352 页。

④　参见《魏书》卷八五《温子昇传》。

⑤　非墓祠之祠堂资料，在南北朝之前甚少，因此说是萌芽。

⑥　牛僧孺《崔相国群家庙碑》载："宪宗元和十四年，诏右相中书侍郎平章事清河郡公立家庙于长安崇业里，庙三室。"董诰等：《全唐文》卷六八二，第 6977 页。崔玙《魏公先庙碑》称："特进侍中赠太尉郑国文贞公魏氏在贞□立家庙于长安昌乐里。"董诰等：《全唐文》卷七四一，第 7660 页。

台，甚至延续到隋唐，在政治舞台上仍然具有相当影响，只要看看《新唐书》的《宰相世系表》便可了解。这些大族的家庙可以延续数世存在，因此祭祀历代祖先在大族中不存在任何问题。隋朝科举制度产生，至少到唐代中期，通过科举出仕的庶族官员大量增加，讲究阀阅的观念才逐渐消退，因而导致礼制面临一次重大变革。因为按规定只有三品以上高官才能立家庙，如果家中无数世担任高官，那么家庙就不可能长期合法地存在，这就给家族祭祀历代祖先带来难以解决的困境，因而除历世高官之外，很难看到唐代一般官员数代祭祀祖先的记载。宋代之后自然也有依官品设置家庙的记载，从理论上说仍然存在这样的困境。不过，自唐代始有褒奖义门，宋代沿袭此举，因此数世而聚是国家礼制所奖誉的对象，这是国家层面对家族行用祭祖礼仪予以鼓励，也为家庙、祠堂的设置开了方便之门。另外，宋代儒学的复兴使士大夫更加重视家族礼仪建设，如此也就有力地促进了家庙向祠堂演化。正由于国家与民间两个方面都有动力，一族设一个家族祠堂也就理所当然地出现了。①

需要强调的是，唐宋时期礼制下移，家族承担起对族人进行礼制教化的职责，以达到教化民庶、培育美风良俗的目的，这是宋代祠堂出现的重要原因。前已指出，唐宋之后出现了更多的家训、家礼、族规，② 成为教化百姓、稳定地方的重要的礼仪教育手段；同时，通过建立一系列配套制度，如祠堂、家祭、族谱、乡约、义学、义田等，民间礼制体系不断完善。从这个意义上考虑，唐宋之后家族崛起，强调敬宗收族，强调以礼仪教化民众，促进了礼制下移，完善着国家礼制体系和教化民众的途径。

唐宋之际家庙演化为祠堂，自然体现为宗族制度的发展，祠堂

---

① 陆敏珍《重写世界：宋人从家庙到祠堂的构想》（《浙江学刊》2017年第3期）对自唐而宋的家庙向祠堂的转变做了详细研究。许美芳、王炜民《北宋家庙、祠堂与谱牒之考论》（《邵阳学院学报》2010年第2期）虽提出问题，实际并未解决关键的家庙如何发展到祠堂的问题。

② 家训虽出现在南北朝后期，如《颜氏家训》，但并不普遍。

的出现表明与礼经记载的"三代"宗法制度有了很大的不同，礼随时而变，这正体现出中华传统礼制的重要特点之一。明清之际的屈大均曾概括道："今天下宗子之制不可复，大率有族而无宗。宗废故宜重族，族乱故宜重祠。"①"宗废故宜重族，族乱故宜重祠"一语体现出宗庙、家庙、族祠的演化轨迹。当然，后世宗族制度建设和族祠（祠堂）的出现，固然无须复原"三代"宗法之制，然而却继承和弘扬着古礼的精神，保持着培育民众心志、教化国人的作用。如成书于明万历七年（1579）的《泾川吴氏统宗族谱》在强调顺应时代变化的同时，仍高举古礼，以矫世俗。谱开篇即载《家训》，首言"明礼节"："冠者，成人之道，冠礼可废哉？载在《家礼》可考也。或宾（价）［介］员缺，酒果靳费，惟择吉、加冠、命字、见庙、见尊长，俱行四拜礼，此亦仿《家礼》之意而可通于俗者……祀以享先，盖聚己之精神，以聚祖考之精神也。《礼》曰：君子将营室，先立祠堂于正寝室之东，设四龛以（祝）［祀］四代神主，中置一室，择先代祖宗之有功德者世祀之，虽百世不迁……其有子弟堪充行事，则仿《家礼》行之。"② 其中所说的《礼》，是指朱熹《家礼》。尽管朱熹《家礼》是宋代的产物，但《家礼》不少地方继承古礼并进行创造性的转化，其中祠堂祭祀便是对古礼庙祀的改革，显然仍体现对民众的礼仪教化。《泾川吴氏统宗族谱·家训》所提到的君子营室先立祠堂，正是遥承古礼的做法，体现了《礼记·曲礼》"君子将营室宗庙为先"之精神。

从历史发展角度观察，古礼对祭祀祖先有着严格规定，周礼中只有宗子才能祭祀始祖，朱熹《家礼》仅规定品官祭及高、曾、祖、考四代，而庶人仅祭父、祖两代。但是这种"报本追远"观念实为人之常情，自然会获得生活在宗族之中的基层民众的拥护，

---

① 屈大均：《广东新语》卷一七《宫语·祖祠》，第 464 页。
② 吴范道等修：《泾川吴氏统宗族谱》卷之一《家训》，美国国会图书馆藏明万历刻本，第 1A—2B 页。

也必然会化为后世普通百姓的祭祀观念，如此，礼制变革也就有了群众基础，也就引发祭祖礼制下移的历史进程。到明嘉靖十五年（1536），鉴于违礼逾制的做法在民间十分普遍，礼部尚书夏言上《献末议请明诏以推恩臣民用全典礼疏》（或题《请定功臣配享及令臣民得祭始祖立家庙疏》），受到世宗的肯定，从此所有臣工建立家庙、庶民祭祀始祖等行为开始获得帝王认同并被提倡，自此"宗祠遍天下"，日渐普及。① 在明清宗族祀典中，在祠堂中祭祀始祖形成了风气。

这些做法自然源于"礼以义起"之观念。所谓"礼以义起"，简单说来就是后世礼学家和礼制实践者在不违背"三代"经典的精神和前代学者对古礼的诠释的前提下，照顾到当时的礼俗或习俗而进行的礼仪变革。实际上，这种"礼以义起，权不反经"的见解成为历代礼制建设者的共识。② 民间宗族礼制建设的尝试最终获得了国家层面的认可，自然是基于不违背法律条规的前提，这也就有利于国家最终对民众的管控与教化。清康熙《圣谕十六条》开头即是"敦孝弟以重人伦""笃宗族以昭雍穆""和乡党以息争讼"三条，其后还有"明礼让以厚风俗""务本业以定民志""训子弟以禁非为"等规定，民间宗族礼制自然完全符合这些训条，故也会获得国家政权的支持。换句话说，民间宗族礼仪承担着教化基层民众的职责，而宗族天生就有聚集族人的功效，因此礼仪教化得以落实到社会最基层，故民间礼仪在相当程度上被纳入国家礼制规范的轨道。

---

① 常建华：《明代宗族组织化研究》，故宫出版社 2012 年版，第 13—31 页；阎爱民：《庶民始祖之祭与"一本"观念的倡导》，《凑聚之道：古代的家族与社会群体》，天津古籍出版社 2012 年版，第 86—97 页；王鹤鸣、王澄：《中国祠堂通论》，上海古籍出版社 2013 年版，第 133—139 页；赵克生：《明朝嘉靖时期国家祭礼改制》，社会科学文献出版社 2006 年版，第 204—207 页。

② 冯尔康：《18 世纪以来中国家族的现代转向》第二章"清人'礼以义起'的宗法变革论"，上海人民出版社 2005 年版，第 91—130 页。

二　从"御民以礼"到"以礼聚民"

现在有一种观点：期盼儒家思想复兴，用以统合社会，并促成良风美俗，使中华回归礼义之邦。这种观点是从爱国的立场出发的，其坚持中华传统文化的良好意愿也值得赞赏。然而，任何一种思想都有其产生的时代背景，也有其行用的具体历史条件，它所能发挥的功能也受到历史局限，不可能有一种思想能永葆青春而不衰弱，儒家思想自然也是如此。金耀基曾经辩说："儒家的社会理论中，社会与个人的关系不是对立的，而是辩证的。"儒家的"个人"近乎康德的道德自主性，绝不认同"社会对个人的优位性"（primacy of society over individual）。① 这一说法本身是存在问题的，因为在封建专制体制下，不存在具有这种"道德自主性"的个人，恰恰相反，历代儒家都是封建专制体制控制下的个人，其"道德"没有多少"自主性"可言，因为一旦违背了封建专制体制的规范、触犯了封建专制者的意愿，那么便会遭受飞来横祸。事实上，儒家非常强调遵循国家礼制规范，要求个人修身养性，教导民众成为国家的顺民、良民，因而儒家更多的是为封建专制主义政体唱赞歌，要求封建国家"以礼御民"。我们愿意承认在当时历史条件下，这种赞颂确实具有某种凝聚国人、稳定社会秩序、促进经济发展的功效，但是时过境迁，适合封建专制主义体制的儒家思想家已经完成了历史使命，时至今日还来歌颂他们并不具备的"道德自主性"，实在是一种不切实际的"招魂"的想法。我们前面曾经指出，儒家思想是农业文明的产物，它服务于封建专制主义是历史的必然，它也曾经为中华文明的繁荣与昌盛做出过极大贡献，然而时过境迁，当工业文明来临之时，儒家思想的保守性一下子就凸现出来，甚至成为历史的堕力。进入近代之后，它受到批判也是必然的。因

---

① 金耀基：《儒家伦理、社会学与政治秩序——序张德胜著〈儒家伦理与社会秩序〉》，张德胜：《儒家伦理与社会秩序：社会学的诠释》，上海人民出版社 2008 年版，第 8 页。

此，过分夸大儒家思想的现代意义实无必要，也不可行。"如果没有这样的判断能力，抱残守缺，良莠不辨，那么就有可能把落后的因素当作先进的因素来'发扬'，就难以避免偏失，从而导致中华礼制乃至中华文化的衰落。"① 当然，我们也反对把儒家思想一抛了之，因为这是一种历史虚无主义的态度，根本不可取。我们认为应当客观地、历史地看待儒家思想的历史功绩与历史地位，同时也应当区分儒家思想的精华与糟粕，吸取其精华，剔除其封建质核，进行现代性转换，使其融入现代思想之中，从而使它的精华能够为现代文明和现代社会服务。其实，所吸取的儒家思想的精华部分也就是中华传统文化的精华内容之一，所吸取的部分不能再以儒家思想来界定，因为儒家思想外延远远超过所需要吸取的内容。

就历史上中华传统礼制对国民道德养成、即使国家能够较为有效地管控民众的角度来分析，以儒家思想为基础的中华传统礼制究竟有哪些值得我们借鉴或者说吸取的呢？或者说在建立新时期礼制体系时，中华礼制中哪种要素值得关注，经过转换可以适应当代社会？我们以为，以现代社会的视角来审视古礼影响民众修身与养成民众道德素质的途径来看，上述提及的中国古代通过"以礼御民"中的礼来弘化民众心智、教化百姓的方式值得我们加以现代化转换与积极利用。

"以礼御民"自然是中国古代专制统治的思维，即通过礼制来驾驭或者说管控国民，造就的是屈从专制主义的"顺民""良民"。御有控制、驾驭之含义，是专制、管控的手段。这种思想基于当时的历史条件与社会思想，是合乎时代特征的产物，因而它在当时社会条件下曾起到比较积极的历史作用。在这种统治策略中，统治者是礼制的制定者，又是行用礼仪的监督者，而广大民众则是礼制的被动接受者，又是行用礼仪的践履者。从授受关系来说，统治者是施行者，民众是接受者，而且是通过礼制规范来强迫民众接受。[①]
自先秦时期便有"天有十日，人有十等"[②] 之说，孔子强调"贵贱
无序，何以为国"，[③] 董仲舒以为"贵贵尊贤，而明别上下之
伦"，[④] 这种基于等级之上的伦理道德流传了数千年。我们承认儒
家伦理中包含着丰富深厚的私德资源，但不可能包含公民、公民伦
理等现代因素。显然，"以礼御民"体现出封建统治专制主义的特
质，这与现代公民道德的要求格格不入。

　　近代以来，民主、自由、平等等公民权利理念逐渐深入人心，
促使民族觉醒和社会进步，成为推动中国真正走出中世纪的重要力
量，也是促使中国从农业文明走进工业文明的重要思想基础。尤其
是1978年改革开放以来，中国向世界敞开大门，在与世界各国交
往中既显示出自身的价值，对域外世界的了解也有所加深，密切了
世界各国间的交往，促进各种文明的交流，在传播中华文明的同时
也吸收着世界文明，这是不争的事实。当今中国已经初步跨入现代
工业化社会的门槛，经济市场化、政治民主化、文化多元化是最为
基本的社会现实，建设富强、民主、文明、和谐、美丽的社会已是
国家战略和国人的客观需要，因此中华传统礼制所内蕴的专制、强
权的意识形态之迷障，必须彻底摒弃，回归礼义之理性、回归礼之
本质是时代的需求，进而需要将其融入国人日常生活中去。尽管当
代世界充满许多矛盾，显现出多元文明的格局，但以科学精神、人
文精神、法治精神和高水准的道德诉求为核心要素的精神性追求在
国内日渐增长。因为市场经济、民主政体、法治社会等只是现代社
会的基础架构，支撑这个架构的恰恰是其内蕴的科学理性、人文精
神和道德诉求这些精神性要素。因此，中华传统礼制必须进行现代
性转换，才能真正起到提升国人道德修养、融洽现代人际关系、增

---

①　所谓出于礼而入于刑便是一种强迫手段，这是强迫民众接受礼制的最好注脚。
②　杨伯峻：《春秋左传注（修订本）》，昭公七年，第1324页。
③　杨伯峻：《春秋左传注（修订本）》，昭公二十九年，第1647页。
④　董仲舒著，苏舆义证：《春秋繁露义证》卷八《度制》，第232页。

进社会和谐、促进世界秩序走向有序等功效。

　　进一步说，中华传统礼制也确实能够担当起这个责任。因为儒家自创立那天起就存在着许多有价值的因素。如孔子强调："夫礼，先王以承天之道，以治人之情。"① 斥责苛政猛于虎，这就包含着一定的人文关怀，透露出某些人文主义的光辉。孟子提出"民为贵，社稷次之，君为轻"，② 也含有反对专制的民本主义因素。《礼记·三年问》说"三年之丧，人道之至文者也"，认为这是"称情而立文，因以饰群、别亲疏、贵贱之节，而弗可损益"③之制，朱熹指出此语"昔者先王制为丧礼，因人之情而节文之，其居处、衣服、饮食之间皆有定制"，④ 也在一定程度上继承了孔孟等儒家先贤的思想。更有孔子倡导的道德人格学说，经思孟学派传播、董仲舒的演绎，直到程朱理学上升到哲学高度的阐发，这些都说明中华传统礼制有条件起到从古代中国到当代中国的桥梁作用。概括起来说，就是彻底抛弃中华传统礼制中专制独裁、贵贱等级等糟粕，坚持礼义精华，讲求道德升华，以此来教育国人，聚合民心。我们称之为"以礼聚民"。

　　"以礼聚民"是原有"以礼御民"的现代性转换，其基础在于民众的自觉参与程度，因此需要导入现代社会所倡导的自由、平等、法治、人权等理念。在"以礼御民"的时代，广大民众是没有礼制制定权或者说参与权的，这种权力掌握在统治者手中，因此"以礼御民"是一种专制统治的手段，当然，它在一定程度上能够起到弘化民众心智的作用，教化百姓的方式仍然也有可以借鉴的地方。也就是说，在用礼来提升国人道德水平、重塑礼义之邦的今日，中华传统礼制通过转化是可以为当今社会服务的，也存在践行的基础。进一步说，"以礼聚民"必须避免闭门造车的方式，要发

---

① 郑玄注，孔颖达疏：《礼记正义》卷二一《礼运》，第662页。
② 焦循：《孟子正义》卷二八《尽心下》，第973页。
③ 郑玄注，孔颖达疏：《礼记正义》卷五八《三年问》，第1559、1556页。
④ 朱熹：《朱熹集》卷一〇〇《晓谕居丧持服遵礼律事》，第5095—5096页。

动广大民众自觉参与礼制建设与礼仪实践，经过充分研究与深入讨论，制定出切合百姓日常生活之需求、适合百姓日常行用的新礼仪体系，这样他们自然也会乐意并自觉地遵循这些礼仪规范，进而达到社会和谐安定，礼义之邦可能会再现于世。从"御民以礼"到"以礼聚民"的转化，可以体现出新时代国家治理的新思路，它必须是基于发扬民主、尊重民意、体察民情、适合民用的基础之上，是一条可行的必由之路。反之，即使闭门造车地制定出一整套礼仪规范，恐怕民众也不会自觉去践行它，那么这种礼仪规范有可能仅是封建专制主义礼制的翻版，不会获得广大民众的真心拥护和自觉践行。

中华传统礼制的发展历程告诉我们，广大民众确实拥有无限的创造力，他们通过切身的感知和感悟，创造过许多符合时代需求的有价值的礼仪形式，而其中许多形式被吸收到国家礼制体系中，为中华传统礼制的完善做出了贡献。尤其是唐宋礼制下移后，民间创造出众多的礼仪形式，成为一个时代的印记。如寒食节始于民间祭祀，体现出对先人的一种感恩与怀念，至唐代正式被吸收到国家礼典中，成为国家规范的礼仪之一。另外，唐宋民间家训、家规、族规，对家庭、家族礼仪进行规范，对族人、家人进行教化，起到了礼仪普及的作用，许多内容也被吸纳入国家礼典。朱熹在国家礼制规范的基础上做了相当调整与变革，根据实际情况吸纳民间部分礼仪，撰成《家礼》一书，在宋代之后传播甚广，明清两代的国家礼典都明确肯定《家礼》之中的礼仪，并编入国家礼典要求民众遵用。这些例证说明国家礼典确实需要从民间汲取新鲜养分，不断改革创新，这样才能切合时用。

世界历史的发展历程告诉我们，现代世界发现的个人价值是推动世界进步的主要力量之一，因此更好地发动民众、依靠民众来进行礼制创新是完全符合世界进步潮流的。我们曾经指出，晚清至民国时期制礼机构的活动充分说明了时代变迁与礼制变化之间的内在关系，说明了礼制建设只限定在个别专家参与、仅在国家层面上操

作是其屡屡失败的重要原因之一，同时也警示我们应当处理好礼制
建设中的古今、中西关系。[①] 进而言之，完全依靠国家权力来制定
礼制，乃至掇拾贵贱等级制度的某些残渣，甚至以强权推行人伦道
德秩序，强制民众行用，视百姓为礼制的被动接受者，实际上仍是
封建帝王的做派，在当今社会难以奏效。民国时期的"新生活运
动"可作前车之鉴，这种过分强调所谓"领袖"意志，视民众于
无物，由政府强行推行的运动式道德情操、行为举止的培养，最后
竟蜕变为被魏斐德所斥责的"儒家法西斯主义"，[②] 真是事与愿违。
中国近代历史上的多次国家制礼活动均遭失败，已经充分说明了由
国家一统、闭门造车的专家制礼的做法已经失效，民众参与已成为
时代的必需，因而制定新礼仪体系绝对不可回避民众参与这个重要
因素。故而在国家的指导下，在专家们的深入研究下，充分发挥广
大民众的创造力，充分挖掘中华传统礼制精华来创建新时期礼仪体
系，既是中华传统礼制现代价值最充分的体现，也是创建的最佳
途径。

　　当然，发挥民众的创造力，并不是否定国家在新时期礼仪体系
创建中的极为关键的作用，因为离开国家而去创造新礼仪体系，那
是一种不切实际的空想。有学者指出，其实古代中国，"在国家与
社会之间，中国的传统没有设置制度性的屏障。为了渗入和控制社
会，历代政权所用的手段也随时代的不同而变化，不过中国的社会
及其精英通常与权力中枢结盟，盼望政府能够符合他们的理想和维
持社会的和谐"。[③] 像《周礼》那样的教化制度设计之所以能够得
到历代帝王的青睐，正是因为国家、社会与个人精英之间不存在制

---

①　张涛、汤勤福：《试论近代国家制礼机构及其现代价值》，《河北学刊》2015
年第 2 期，第 44—45 页。

②　〔美〕魏斐德：《关于南京政府的修正观念——儒家法西斯主义》，〔美〕魏斐
德著，梁禾编：《讲述中国历史》，东方出版社 2008 年版，第 536—572 页。

③　〔法〕白吉尔：《上海史：走向现代之路》，王菊、赵念国译，上海社会科学院
出版社 2014 年版，第 159 页。

度性的屏障，上通下达才能够无碍。在当今社会条件下，发挥国家、专家与民众诸方面的力量是创建新时期礼仪体系不可或缺的前提条件。只有将礼仪视为自己生命所需，这种礼仪才会有生命力；只有将礼制视为国家长治久安的生命源泉，国家所制定的新礼制体系才会发挥稳定国家与社会秩序的作用，才会成为民族兴旺、国家强盛的重要推动力。

21 世纪的中国已经站在更高的历史起点之上，正在全面深化改革开放、全面依法治国、全面建成小康社会、全面从严治党的道路上迅跑。中国整体上向工业化、信息化社会方向前进已是发展趋势与不可逆转的潮流，但中国地域广袤，既有面向工业化、信息化的先进体制，也有还残留着农业文明古风的一些地方或场合，尤其是数十年来严厉批判中华传统礼制之后，礼仪失范的现象确实在社会各行各业及许多场合下存在。在当今社会建立新礼仪体系已是国家的需要与国人急迫的呼声，在改革开放以来经济建设取得相当成就的今日，在各项政治与社会改革正在深入进行过程之中，这一礼仪新体系的诞生将会使中华民族的自信心获得进一步提升，使我们能更从容地面对世界各国文明，强国之愿景才会逐步变为现实。

中华传统礼制与域外文明的交流互鉴不仅必要，而且十分紧迫。在全球化过程中，人类已成为一个你中有我、我中有你的命运共同体，需要共同应对经济发展、科技应用、气候变化、空气污染、贫富差距、能源安全、恐怖暴力、难民危机等诸多全球性问题。因此，构建利益共同体、命运共同体是世界绝大多数国家的强烈愿望，构建人类命运共同体则是其中重要的方案之一，而这一共同体需要有共同认可的道德基础作为支撑，那么这种共同认可的道德基础是什么就非常值得思考与探索。在我们看来，构建中华礼仪新体系或是解决方案之一，是值得认真思考与探索的。

参考文献

一 档案资料

《军事委员会侍从室第二处主任陈布雷签呈机秘》（乙）第59319号（1943年8月31日），《国民政府档案》，台湾"国史馆"藏，档案号：001-051600-0002。

《礼制服制草案》，《国民政府档案》，台湾"国史馆"藏，档案号：001-051600-0002。

《满文老档》，中华书局1990年版。

《内务总长朱启钤呈大总统遵议厘定礼制拟即组织编订礼制会以兴礼教请鉴核施行文并批》，《政府公报》第649号，1914年2月27日。

《周钟岳、陈布雷等呈礼乐制作报告及礼制服制草案办理情形》（1943年8月21日—1944年4月1日），《国民政府档案》，台湾"国史馆"藏，档案号：001-051600-0002。

陈建华、王鹤鸣主编：《中国家谱资料选编》，上海古籍出版社2013年版。

上海市档案馆编：《上海档案史料研究》第21辑，上海三联书店2016年版。

辛亥革命武昌起义纪念馆、政协湖北省委员会编：《湖北军政府文献资料汇编》，武汉大学出版社 1986 年版。

中国第二历史档案馆编：《中华民国史档案资料汇编》第 2 辑，江苏人民出版社 1981 年版。

中国第二历史档案馆编：《中华民国史档案资料汇编》第 5 辑，江苏古籍出版社 1994 年版。

总理奉安专刊编纂委员会编：《总理奉安实录》，南京出版社 2009 年版。

二　典籍与出土文献

《〈典章・禮部〉校定と譯注》（三），《東方學報》第 83 册，京都 2008 年版。

《明太祖实录》，台北：中研院历史语言研究所 1963 年版。

《清实录》，中华书局 1985 年版。

安居香山等辑：《纬书集成》，河北人民出版社 1994 年版。

班固：《汉书》，中华书局 1964 年版。

蔡巴贡噶多吉著，东嘎洛桑赤列校注，陈庆英、周润年译：《红史》，西藏人民出版社 2002 年版。

仓修良：《文史通义新编新注》，浙江古籍出版社 2005 年版。

陈得芝、邱树森、何兆吉：《元代奏议集录》，浙江古籍出版社 1998 年版。

陈高华等点校：《元典章》，天津古籍出版社 2011 年版。

陈澔：《礼记集说》，凤凰出版社 2010 年版。

陈弘谋：《五种遗规》，《续修四库全书》本，第 951 册。

陈俊民辑校：《蓝田吕氏遗著辑校》，中华书局 1993 年版。

陈立：《白虎通疏证》，中华书局 1994 年版。

陈奇猷：《吕氏春秋新校释》，上海古籍出版社 2002 年版。

陈寿著，裴松之注：《三国志》，中华书局 1982 年版。

陈伟主编：《里耶秦简牍校释》第二卷，武汉大学出版社 2018 年版。

陈伟主编：《里耶秦简牍校释》第一卷，武汉大学出版社 2012 年版。

陈元晖、尹德新、王炳照编著：《中国古代的书院制度》，上海教育出版社 1981 年版。

程端学：《积斋集》，文渊阁《四库全书》本，第 1222 册。

程敏政：《篁墩文集》，文渊阁《四库全书》本，第 1252 册。

程敏政：《明文衡》，文渊阁《四库全书》本，第 1374 册。

程敏政：《新安文献志》，黄山书社 2004 年版。

初师宾主编：《中国简牍集成》，敦煌文艺出版社 2001 年版。

崔寔著，石声汉校注：《四民月令校注》，中华书局 1965 年版。

董诰等：《全唐文》，中华书局 1983 年版。

董仲舒著，苏舆义证：《春秋繁露义证》，中华书局 1992 年版。

杜佑：《通典》，中华书局 1988 年版。

杜预：《春秋左传集解》，上海人民出版社 1977 年版。

段玉裁：《经韵楼集》，上海古籍出版社 2008 年版。

范晔：《后汉书》，中华书局 1965 年版。

范仲淹：《范仲淹全集》，四川大学出版社 2007 年版。

范祖禹：《唐鉴》，《丛书集成新编》本，第 114 册。

方向东集释：《大戴礼记汇校集释》，中华书局 2008 年版。

房玄龄等：《晋书》，中华书局 1974 年版。

冯桂芬：《校邠庐抗议》，上海书店出版社 2002 年版。

顾颉刚、刘起釪：《尚书校释译论》，中华书局 2005 年版。

顾炎武著，黄汝成集释：《日知录集释》，上海古籍出版社 1984 年版。

顾祖禹：《读史方舆纪要》，中华书局 2005 年版。

过庭训：《本朝分省人物考》，《续修四库全书》本，第 532 册。

韩琦著，李之亮、徐正英笺注：《安阳集编年笺注》，巴蜀书社 2000 年版。

韩婴撰，许维遹集释：《韩诗外传集释》，中华书局 1980 年版。

郝春文编:《英藏敦煌社会历史文献释录》第 1 编第 1 卷,科学出版社 2001 年版。

何光远:《鉴诫录》,知不足斋丛书本。

何宁:《淮南子集释》,中华书局 1998 年版。

何瑭:《柏斋集》,文渊阁《四库全书》本,第 1266 册。

洪兴祖:《楚辞补注》,中华书局 1983 年版。

胡祗遹:《胡祗遹集》,吉林文史出版社 2008 年版。

皇甫枚:《三水小牍》,中华书局 1958 年版。

黄怀信、张懋镕、田旭东:《逸周书汇校集注(修订本)》,上海古籍出版社 2007 年版。

黄虞稷:《千顷堂书目》,上海古籍出版社 2001 年版。

黄宗羲:《宋元学案》,中华书局 1982 年版。

纪昀:《阅微草堂笔记》,上海古籍出版社 1980 年版。

蒋礼鸿:《商君书锥指》,中华书局 1986 年版。

焦循:《焦循全集》,广陵书社 2016 年版。

焦循:《孟子正义》,中华书局 1987 年版。

荆门市博物馆:《郭店楚墓竹简》,文物出版社 1998 年版。

孔安国传,孔颖达疏:《尚书正义》,上海古籍出版社 2007 年版。

孔贞运辑:《皇明诏令》,《四库全书存目丛书》本,史部第 58 册。

昆冈等:《(光绪)清会典》,中华书局 1991 年版。

来保等:《大清通礼》,文渊阁《四库全书》本,第 655 册。

黎靖德编:《朱子语类》,中华书局 1986 年版。

李百药:《北齐书》,中华书局 1972 年版。

李昉等:《太平御览》,中华书局 1960 年版。

李昉等:《文苑英华》,中华书局 1966 年版。

李吉甫:《元和郡县图志》,中华书局 1983 年版。

李林甫:《唐六典》,中华书局 1992 年版。

李隆基注,邢昺疏:《孝经注疏》,北京大学出版社 1999 年版。

李焘：《续资治通鉴长编》，中华书局 2004 年版。

李学勤主编：《清华大学藏战国竹简》（捌），中西书局 2018 年版。

李学勤主编：《清华大学藏战国竹简》（贰），中西书局 2011 年版。

李学勤主编：《清华大学藏战国竹简》（叁），中西书局 2012 年版。

李延寿：《北史》，中华书局 1974 年版。

李延寿：《南史》，中华书局 1975 年版。

李兆洛：《骈体文钞》，上海书店出版社 1988 年版。

李肇、赵磷：《唐国史补　因话录》，上海古籍出版社 1957 年版。

郦道元撰，陈桥驿校证：《水经注校证》，中华书局 2007 年版。

郦道元撰，杨守敬、熊会贞疏，杨甦宏、杨世灿、杨未冬补：《水经注疏补》中编，中华书局 2016 年版。

梁启雄：《荀子集释》，中华书局 1983 年版。

林伯桐：《礼意说》，《修本堂稿》，清道光二十四年刻本。

林昌彝：《小石渠阁文集》，清光绪间福州刻本。

凌廷堪：《校礼堂文集》，中华书局 2006 年版。

令狐德棻等：《周书》，中华书局 1971 年版。

刘安：《淮南万毕术》，《丛书集成初编》本，第 24 册。

刘宝楠：《论语正义》，中华书局 1990 年版。

刘师培：《刘申叔遗书》，江苏古籍出版社 1997 年版。

刘惟谦等：《大明律》，《续修四库全书》本，第 862 册。

刘昫：《旧唐书》，中华书局 1975 年版。

刘珍等撰，吴树平校注：《东观汉记校注》，中州古籍出版社 1987 年版。

楼钥：《攻媿集》，《丛书集成新编》本，第 64 册。

陆翙：《邺中记》，《丛书集成初编》本，第 113 册。

陆贾著，王利器校注：《新语校注》，中华书局 1986 年版。

陆容：《菽园杂记》，中华书局 1985 年版。

陆世仪：《陆桴亭思辨录辑要》，《丛书集成新编》本，第 23 册。

吕大钧：《吕氏乡约》，《丛书集成续编》本，第 59 册。

吕南公:《灌园集》,文渊阁《四库全书》本,第 1123 册。

马承源主编:《上海博物馆藏战国楚竹书》(二),上海古籍出版社 2002 年版。

马端临:《文献通考》,中华书局 2011 年版。

毛亨传,郑玄笺,孔颖达疏:《毛诗正义》,北京大学出版社 1999 年版。

缪文远:《战国策新校注》,巴蜀书社 1987 年版。

欧阳修、宋祁:《新唐书》,中华书局 1975 年版。

欧阳修:《新五代史》,中华书局 1974 年版。

欧阳询:《艺文类聚》,上海古籍出版社 1965 年版。

彭定求等编:《全唐诗(增订本)》,中华书局 1999 年版。

彭浩、陈伟、工藤元男主编:《二年律令与奏谳书》,上海古籍出版社 2007 年版。

皮锡瑞:《经学历史》,中华书局 1981 年版。

皮锡瑞:《经学通论》,中华书局 1954 年版。

蒲向明:《玉堂闲话评注》,中国社会出版社 2007 年版。

秦蕙田:《五礼通考》,文渊阁《四库全书》本,第 135 册、139 册。

屈大均:《广东新语》,中华书局 1985 年版。

申时行等:《(万历)大明会典》,《续修四库全书》本,第 790 册。

沈约:《宋书》,中华书局 1974 年版。

施宿:《嘉泰会稽志》,台北:成文出版社 1983 年版。

睡虎地秦墓竹简整理小组:《云梦睡虎地秦简》,文物出版社 1990 年版。

司马彪:《续汉书》,中华书局 1965 年版。

司马光:《资治通鉴》,中华书局 1956 年版。

司马迁:《史记》,中华书局 1959 年版。

宋濂等:《元史》,中华书局 1976 年版。

宋濂等编：《皇明修文备史》，《北京图书馆古籍珍本丛刊》本，第 8 册。

宋镇豪主编：《甲骨文献集成》第 28 册，四川大学出版社 2001年版。

苏天爵：《元朝名臣事略》，中华书局 1996 年版。

孙光宪：《北梦琐言》，上海古籍出版社 1981 年版。

孙希旦：《礼记集解》，中华书局 1989 年版。

孙星衍：《尚书今古文注疏》，中华书局 1986 年版。

孙诒让：《墨子间诂》，北京，中华书局 2001 年版。

孙诒让：《周礼正义》，中华书局 1987 年版。

唐晏：《两汉三国学案》，中华书局 1986 年版。

脱脱等：《金史》，中华书局 1975 年版。

脱脱等：《辽史》，中华书局 1974 年版。

脱脱等：《宋史》，中华书局 1985 年版。

王弼注，孔颖达疏：《周易正义》，北京大学出版社 1999 年版。

王充著，王晖校释：《论衡校释》，中华书局 1990 年版。

王夫之：《船山遗书》，岳麓书社 1996 年版。

王夫之：《读通鉴论》，中华书局 1975 年版。

王符著，汪继培笺证：《潜夫论笺校正》，中华书局 1985 年版。

王利器：《颜氏家训集解（增补本）》，中华书局 1993 年版。

王利器校注：《盐铁论校注》，中华书局 1992 年版。

王聘珍：《大戴礼记解诂》，中华书局 1983 年版。

王溥：《唐会要》，上海古籍出版社 1991 年版。

王钦若等：《册府元龟》，中华书局 1960 年版。

王锡祺：《小方壶斋舆地丛钞》，光绪十七年（1891）上海著易堂铅印本。

王先谦：《诗三家义集疏》，中华书局 1987 年版。

王先谦：《荀子集解》，中华书局 1988 年版。

王先谦：《庄子集解》，中华书局 2012 年版。

王先慎：《韩非子集解》，中华书局 1998 年版。

王阳明：《王阳明全集》，上海古籍出版社 1992 年版。

王祎：《王忠文公集》，中华书局 1986 年版。

王应麟：《玉海》，广陵书社 2007 年版。

王永彬：《娑罗馆清言 围炉夜话》，中州古籍出版社 2008 年版。

王恽：《秋涧先生大全集》，台北：新文丰出版公司 1985 年版。

魏收：《魏书》，中华书局 1974 年版。

魏徵等：《隋书》，中华书局 1973 年版。

温大雅：《大唐创业起居注》，上海古籍出版社 1983 年版。

吴范道等修：《泾川吴氏统宗族谱》，美国国会图书馆藏明万历刻本。

吴毓江：《墨子校注》，中华书局 1993 年版。

向宗鲁：《说苑校证》，中华书局 1987 年版。

萧嵩等：《大唐开元礼》，民族出版社 2000 年版。

萧子显：《南齐书》，中华书局 1972 年版。

徐松辑：《宋会要辑稿》，上海古籍出版社 2014 年版。

徐元诰：《国语集解》，中华书局 2002 年版。

薛居正等：《旧五代史》，中华书局 1976 年版。

荀悦：《前汉纪》，《四部丛刊》本。

严可均编：《全上古三代秦汉三国六朝文》，中华书局 1958 年版。

杨伯峻：《春秋左传注（修订本）》，中华书局 2009 年版。

杨简：《慈湖诗传》，文渊阁《四库全书》本，第 73 册。

杨士奇：《文渊阁书目》，《丛书集成初编》本，第 1 册。

姚思廉：《陈书》，中华书局 1972 年版。

姚思廉：《梁书》，中华书局 1973 年版。

叶适：《习学记言》，中华书局 1977 年版。

叶子奇：《草木子》，中华书局 1959 年版。

伊桑阿等：《（康熙）大清会典》，《近代中国史料丛刊三编》第 72 辑，台北：文海出版社 1992 年版。

佚名：《宋大诏令集》，中华书局 1962 年版。

佚名：《玉泉子　金华子》，北京：中华书局 1960 年版。

佚名辑：《明公书判清明集》，中华书局 1987 年版。

应劭著，王利器校注：《风俗通义校注》，中华书局 1981 年版。

于慎行：《谷山笔麈》，中华书局 1984 年版。

俞琰：《周易参同契发挥》，天津古籍出版社 1988 年版。

俞正燮：《癸巳类稿》，辽宁教育出版社 20001 年版。

袁采：《袁氏世范》，《丛书集成新编》本，第 33 册。

袁康、吴平辑录：《越绝书》，上海古籍出版社 1985 年版。

允禄等：《钦定满洲祭神祭天典礼》，文渊阁《四库全书》本，第 657 册。

曾枣庄、刘琳主编：《全宋文》，上海辞书出版社、安徽教育出版社 2006 年版。

张鹏一编著：《晋令辑存》，三秦出版社 1989 年版。

张廷玉等：《明史》，中华书局 1974 年版。

张暐：《大金集礼》，《丛书集成新编》本，第 35 册。

张载：《张载集》，中华书局 1978 年版。

长孙无忌等：《唐律疏议》，中华书局 1983 年版。

赵超：《汉魏南北朝墓志汇编》，天津古籍出版社 1992 年版。

赵鼎：《家训笔录》，大象出版社 2008 年版。

赵尔巽等：《清史稿》，中华书局 1976 年版。

赵彦卫：《云麓漫钞》，中华书局 1996 年版。

赵翼：《陔馀丛考》，河北人民出版社 1990 年版。

赵翼著，王树民校证：《廿二史札记校证》，中华书局 1984 年版。

郑居中：《政和五礼新仪》，文渊阁《四库全书》本，第 647 册。

郑玄注，贾公彦疏：《仪礼注疏》，上海古籍出版社 2008 年版。

郑玄注，贾公彦疏：《周礼注疏》，上海古籍出版社 2010 年版。

郑玄注，孔颖达疏：《礼记正义》，北京大学出版社 1999 年版。

中国社会科学院考古研究所：《殷周金文集成》，中华书局

1984—1994 年版。

钟文烝：《春秋穀梁经传补注》，中华书局 1996 年版。

朱熹：《四书章句集注》，中华书局 1983 年版。

朱熹：《仪礼经传通解》，上海古籍出版社、安徽教育出版社 2002 年版。

朱熹：《朱熹集》，四川教育出版社 1996 年版。

朱彝尊：《曝书亭集》，《四部备要》本。

朱元璋：《明太祖集》，黄山书社 1991 年版。

朱元璋：《御制大诰》，《续修四库全书》本，第 862 册。

三 专著

《文史知识》编辑部编：《经书浅谈》，中华书局 1984 年版。

白寿彝总主编，徐喜辰主编：《中国通史》第 3 卷第 3 册，上海人民出版社 1996 年版。

蔡哲茂：《甲骨文与殷商史》，上海古籍出版社 2013 年版。

曹建墩：《先秦古礼探研》，社会科学文献出版社 2018 年版。

曹建墩：《先秦礼制探赜》，天津人民出版社 2010 年版。

曹建墩：《战国竹书与先秦礼学研究》，人民出版社 2018 年版。

曹元弼：《礼经学》，北京大学出版社 2012 年版。

曹元忠：《礼议》，《民国时期经学丛书》第 3 辑第 29 册，台北：文听阁图书有限公司 2009 年版。

常建华：《明代宗族研究》，上海人民出版社 2005 年版。

常建华：《明代宗族组织化研究》，故宫出版社 2012 年版。

常建华：《宋以后宗族的形成及地域比较》，人民出版社 2013 年版。

常金仓：《穷变通久——文化史学的理论与实践》，辽宁人民出版社 1998 年版。

常金仓：《周代礼俗研究》，黑龙江人民出版社 2004 年版。

常玉芝：《商代周祭制度》，中国社会科学出版社 1987 年版。

晁福林：《夏商西周的社会变迁》，北京师范大学出版社 1996 年版。

陈汉平：《西周册命制度研究》，学林出版社 1986 年版。

陈来：《古代宗教与伦理——儒家思想的根源》，生活·读书·新知三联书店 1996 年版。

陈成国：《中国礼制史》，湖南教育出版社 2011 年版。

陈寅恪：《隋唐制度渊源略论稿》，生活·读书·新知三联书店 2000 年版。

戴季陶：《戴传贤选集》，台北："中华民国"各界纪念国父百年诞辰筹备委员会 1965 年版。

邓小平：《邓小平文选》，人民出版社 1993 年版。

丁广惠：《中国传统礼俗考》，黑龙江教育出版社 2016 年版。

董建辉：《明清乡约：理论演进与实践发展》，厦门大学出版社 2008 年版。

杜亚泉等：《辛亥前十年中国政治通览》，中华书局 2012 年版。

费孝通：《费孝通文集》，群言出版社 1999 年版。

冯尔康：《18 世纪以来中国家族的现代转向》，上海人民出版社 2005 年版。

冯尔康：《中国古代的宗族和祠堂》，商务印书馆 2013 年版。

冯天瑜：《中国文化生成史》，武汉大学出版社 2013 年版。

冯友兰：《三松堂全集》，河南人民出版社 2000 年版。

冯友兰：《中国哲学史》，商务印书馆 2011 年版。

甘怀真：《皇权、礼仪与经典诠释：中国古代政治史研究》，华东师范大学出版社 2008 年版。

高国藩：《敦煌民俗学》，上海文艺出版社 1989 年版。

高江涛：《中原地区文明化进程的考古学研究》，社会科学文献出版社 2009 年版。

高明士：《中国中古礼律总论：法文化的定型》，台北：元照出版公司 2014 年版。

高荣盛：《元史浅识》，凤凰出版社 2010 年版。

葛金芳：《两宋社会经济研究》，天津古籍出版社 2010 年版。

顾颉刚：《古史辨》，上海古籍出版社 1982 年版。

郭辉：《民国前期国家仪式研究》，社会科学文献出版社 2013 年版。

郭伟川：《〈周礼〉制度渊源与成书年代新考》，国家图书馆出版社 2016 年版。

国际儒学联合会编：《儒学与当代文明：纪念孔子诞生 2555 周年国际学术研讨会论文集》，九州岛出版社 2005 年版。

郝铁川：《经国治民之典：〈周礼〉与中国文化》，河南大学出版社 1995 年版。

侯旭东：《北朝村民的生活世界》，商务印书馆 2005 年版。

胡厚宣：《甲骨学商史论丛》初集，齐鲁大学国学研究所 1944 年版。

胡朴安：《中华全国风俗志》，河北人民出版社 1988 年版。

黄人二：《敦煌悬泉置〈四时月令诏条〉整理与研究》，武汉大学出版社 2010 年版。

惠吉兴：《宋代礼学研究》，河北大学出版社 2011 年版。

贾海生：《周代礼乐文明实证》，中华书局 2010 年版。

江林：《〈诗经〉与宗周礼乐文明》，上海古籍出版社 2010 年版。

姜伯勤：《敦煌艺术宗教与礼乐文明》，中国社会科学出版社 1996 年版。

〔日〕井上徹：《中国的宗族与国家礼制：从宗法主义角度所作的分析》，钱杭译，上海书店出版社 2008 年版。

景红艳：《〈春秋左传〉所见周代重大礼制问题研究》，中国社会科学出版社 2015 年版。

李安宅：《〈仪礼〉与〈礼记〉之社会学的研究》，上海人民出版社 2005 年版。

李恭忠：《中山陵：一个现代政治符号的诞生》，社会科学文献出版社 2009 年版。

李书吉：《北朝礼制法系研究》，人民出版社 2002 年版。

李学勤主编：《中国古代文明与国家形成研究》，云南人民出版社 1997 年版。

李雪山：《商代分封制度研究》，中国社会科学出版社 2004 年版。

李亚农：《李亚农史论集》，上海人民出版社 1962 年版。

李泽厚：《美学三书》，安徽文艺出版社 1999 年版。

李振兴：《王肃之经学》，华东师范大学出版社 2012 年版。

梁方仲：《中国历代户口、田地、田赋统计》，上海人民出版社 1980 年版。

梁满仓：《魏晋南北朝五礼制度考论》，社会科学文献出版社 2009 年版。

梁启超：《欧游心影录》，商务印书馆 2014 年版。

梁勤峰等整理：《胡适许怡荪通信集》，上海人民出版社 2017 年版。

梁漱溟：《梁漱溟全集》，山东人民出版社 2005 年版。

梁漱溟：《人心与人生》，上海人民出版社 2005 年版。

梁治平：《清代习惯法：社会与国家》，中国政法大学出版社 1996 年版。

廖小东：《政治仪式与权力秩序——古代中国"国家祭祀"的政治分析》，中国社会科学出版社 2014 年版。

林端：《儒家伦理与法律文化：社会学观点的探索》，中国政法大学出版社 2002 年版。

林贤治：《革命寻思录》，中央广播电视大学出版社 2015 年版。

林沄：《林沄学术文集》，中国大百科全书出版社 1998 年版。

刘敦桢主编：《中国古代建筑史》第 2 版，中国建筑工业出版社 1984 年版。

刘俊文主编：《日本学者中国史论著选译》第 4 卷，中华书局 1992 年版。

刘文丽：《激变时代的选择：戴季陶政治思想研究》，首都师范大学出版社 2015。

刘源：《商周祭祖礼研究》，商务印书馆 2004 年版。

柳平生：《当代马克思主义经济正义理论及其实践价值》，社会科学文献出版社 2015 年版。

马克思、恩格斯：《马克思恩格斯全集》第四十二卷，人民出版社 1979 年版。

马克思、恩格斯：《马克思恩格斯选集》，人民出版社 1995 年版。

马克斯·韦伯：《中国宗教》，洪天富译，江苏人民出版社 1993 年版。

马志亮：《秦礼仪研究》，西北大学出版社 2021 年版。

马宗霍、马巨：《经学通论》，中华书局 2011 年版。

牟宗三：《牟宗三先生全集》，台北：联经出版公司 2003 年版。

庞朴：《庞朴文集》，山东大学出版社 2005 年版。

彭林：《〈周礼〉主体思想与成书年代研究（增订本）》，中国人民大学出版社 2009 年版。

彭林：《礼乐人生：成就你的君子风范》，中华书局 2006 年版。

彭林：《礼乐文明与中国文化精神》，中国人民大学出版社 2016 年版。

彭林：《中国古代礼仪文明》，中华书局 2004 年版。

皮庆生：《宋代民众祠神信仰研究》，上海古籍出版社 2008 年版。

齐涛：《魏晋隋唐乡村社会研究》，山东人民出版社 1994 年版。

钱穆：《国学概论》，台北：联经出版公司 1998 年版。

乔清举：《泽及草木　恩至水土》：山东教育出版社 2011 年版。

秦晖：《传统十论》，复旦大学出版社 2003 年版。

瞿同祖：《中国法律与中国社会》，中华书局 1981 年版。

沈文倬：《菿闇文存——宗周礼乐文明与中国文化考论》，商务印书馆 2006 年版。

沈文倬：《宗周礼乐文明考论》，浙江大学出版社 2006 年版。

史党社：《秦祭祀研究》，西北大学出版社 2021 年版。

宋镇豪：《商代社会生活与礼俗》，中国社会科学出版社 2010 年版。

宋镇豪主编：《商代史》，中国社会科学出版社 2010 年版。

汤勤福总主编：《中华礼制变迁史》，中华书局 2022 年版。

汤志钧等：《西汉经学与政治》，上海古籍出版社 1994 年版。

唐君毅：《唐君毅全集》，台北：台湾学生书局 1986 年版。

滕峰丽：《民国时期的三民主义：戴季陶思想研究（1909—1928）》，河南大学出版社 2012 年版。

田汝康、金重远选编：《现代西方史学流派文选》，上海人民出版社 1982 年版。

田天：《秦汉国家祭祀史稿》，生活·读书·新知三联书店 2015 年版。

万俊人：《寻求普世价值》，北京大学出版社 2009 年版。

王葆玹：《今古文经学新论》，中国社会科学出版社 1997 年版。

王国维：《观堂集林》，河北教育出版社 2003 年版。

王鹤鸣、王澄：《中国祠堂通论》，上海古籍出版社 2013 年版。

王家范：《中国历史通论（增订本）》，生活·读书·新知三联书店 2012 年版。

王启发：《礼学思想体系探源》，中州古籍出版社 2005 年版。

王雪萍：《〈周礼〉饮食制度研究》，广陵书社 2010 年版。

〔美〕魏斐德著，梁禾编：《讲述中国历史》，东方出版社 2008 年版。

翁同文：《中国坐椅习俗》，海豚出版社 2011 年版。

吴丽娱：《敦煌书仪与礼法》，甘肃教育出版社 2013 年版。

吴丽娱主编：《礼与中国古代社会》，中国社会科学出版社 2016 年版。

吴莉苇：《中国礼仪之争》，上海古籍出版社 2007 年版。

吴雁南等主编：《中国经学史》，人民出版社 2010 年版。

夏曾佑：《中国古代史》，河北教育出版社 2000 年版。

萧启庆：《内北国而外中国：蒙元史研究》，中华书局 2007 年版。

萧启庆：《元代的族群文化与科举》，台北：联经出版公司 2008 年版。

徐复观：《中国人性论史》（先秦篇），上海三联书店 2002 年版。

许子滨：《〈春秋〉〈左传〉礼制研究》，上海古籍出版社 2012 年版。

阎爱民：《凑聚之道：古代的家族与社会群体》，天津古籍出版社 2012 年版。

杨华：《楚国礼仪制度研究》，湖北教育出版社 2012 年版。

杨华：《古礼新研》，商务印书馆 2012 年版。

杨宽：《古史新探》，中华书局 1965 年版。

杨宽：《西周史》，上海人民出版社 1999 年版。

杨升南：《甲骨文商史丛考》，线装书局 2007 年版。

杨世文：《近百年儒学文献研究史》，福建人民出版社 2015 年版。

杨天竞：《乡村自治》，台北：大东书局 1931 年版。

杨天宇：《郑玄三礼注研究》，天津人民出版社 2007 年版。

杨英：《祈望和谐——周秦两汉王朝祭礼的演进及其规律》，商务印书馆 2009 年版。

杨志刚：《中国礼仪制度研究》，华东师范大学出版社 2001 年版。

尤淑君：《宾礼到礼宾：外使觐见与晚清涉外体制的变化》，社会科学文献出版社 2013 年版。

余英时：《论天人之际——中国古代思想起源试探》，台北：联经出版公司 2014 年版。

余英时：《现代儒学论》，上海人民出版社 1998 年版。

余英时：《余英时文集》第 2 卷，广西师范大学出版社 2004 年版。

俞伟超：《先秦两汉考古学论集》，文物出版社 1985 年版。

袁俊杰：《两周射礼研究》，科学出版社 2013 年版。

札奇斯钦：《蒙古文化与社会》，台北：台湾商务印书馆 1987

年版。

战学成：《五礼制度与〈诗经〉时代社会生活》，中国社会科学出版社 2014 年版。

张德胜：《儒家伦理与社会秩序：社会学的诠释》，上海人民出版社 2008 年版。

张国刚主编：《中国家庭史》，广东人民出版社 2007 年版。

张鹤泉：《周代祭祀研究》，台北：文津出版社 1993 年版。

张焕君：《制礼作乐：先秦儒家礼学的形成与特征》，中国社会科学出版社 2010 年版。

张君劢：《中国专制君主政制之评议》，弘文馆出版社 1986 年版。

张文昌：《制礼以教天下——唐宋礼书与国家社会》，台北：台湾大学出版中心 2012 年版。

章太炎：《章太炎全集·译文集》，上海人民出版社 2015 年版。

赵克生：《明朝嘉靖时期国家祭礼改制》，社会科学文献出版社 2006 年版。

赵秀玲：《中国乡里制度》，社会科学文献出版社 1998 年版。

赵振：《中国历代家训文献叙录》，齐鲁书社 2014 年版。

郑振满：《明清福建家族组织与社会变迁》，中国人民大学出版社 2009 年版。

中国孔子基金会、新加坡东亚哲学研究所编：《儒学国际学术讨论会论文集》，齐鲁书社 1989 年版。

中国儒学与法律文化研究会编：《儒学与法律文化》，复旦大学出版社 1992 年版。

中国社会科学院考古研究所编著：《中国考古学》（夏商卷），中国社会科学出版社 2003 年版。

中国社会科学院考古研究所编著：《中国考古学》（新石器时代卷），中国社会科学出版社 2010 年版。

中国社会科学院考古研究所编：《中国早期青铜文化——二里

头文化专题研究》，科学出版社 2008 年版。

钟敬文主编：《民俗学概论》，上海文艺出版社 2009 年版。

朱伯崑：《易学哲学史》，华夏出版社 1994 年版。

朱凤瀚：《商周家族形态研究（增订本）》，天津古籍出版社 2004 年版。

邹昌林：《中国礼文化》，社会科学文献出版社 2000 年版。

四　论文

阿尔丁夫：《从史籍看十三世纪蒙古"拜天之礼"和所拜之"天"》，《广播电视大学学报》2013 年第 2 期。

巴文泽：《关于王肃经学思想的两点新解》，《中国哲学史》2014 年第 4 期。

巴新生：《试论先秦"德"的起源与流变》，《中国史研究》1997 年第 3 期。

白奚：《中国古代阴阳与五行说的合流——〈管子〉阴阳五行思想新探》，《中国社会科学》1997 年第 5 期。

包伟民：《宋代乡制再议》，《文史》2012 年第 4 期。

包伟民：《中国近古时期"里"制的演变》，《中国社会科学》2015 年第 1 期。

晁福林：《春秋时期礼的发展与社会观念的变迁》，《北京师范大学学报》1994 年第 5 期。

晁福林：《试论宗法制的几个问题》，《学习与探索》1999 年第 4 期。

陈宠章、杨兆添：《试论妈祖信仰的宗教属性》，《社会科学战线》1990 年第 4 期。

陈德述：《略论阴阳五行学说的起源与形成》，《西华大学学报》2014 年第 2 期。

陈国强、周立方：《妈祖信仰的民俗学调查》，《厦门大学学报》1990 年第 1 期。

陈絜：《卜辞中的祡祭与柴地》，《中原文化研究》2018 年第 2 期。

陈梦家：《商代的巫术与神话》，《燕京学报》第 20 期，1936 年。

陈衍德：《澳门的渔业经济与妈祖信仰》，《中国社会经济史研究》1997 第 1 期。

陈衍德：《从澳门民俗看当地居民的妈祖信仰——兼与中外各地妈祖崇拜的比较》，《世界宗教研究》1999 年第 4 期。

陈衍德：《闽南粤东妈祖信仰与经济文化的互动：历史和现状的考察》，《中国社会经济史研究》1996 第 2 期。

陈以凤整理：《中华礼制变迁与现代价值——汤勤福先生访谈录》，《孔子学刊》第 10 辑，青岛出版社 2019 年版。

陈英：《魏晋南北朝私学的历史地位》，《甘肃教育学院学报》1999 年第 1 期。

陈赟：《“以祖配天”与郑玄禘论的机理》，《学术月刊》2016 年第 6 期。

陈赟：《郑玄“六天”说与禘礼的类型及其天道论依据》，《陕西师范大学学报》2016 年第 2 期。

陈支平、叶明义主编：《朱熹陈淳研究》第 2 辑，厦门大学出版社 2015 年版。

陈中浙、刘钊：《儒家“六天”说辨析》，《孔子研究》2002 年第 3 期。

程民生：《简论宋代两浙人口数量》，《浙江学刊》2002 年第 1 期。

程兴丽：《郑玄、王肃〈书〉学之争考辨》，《古籍整理研究学刊》2014 年第 1 期。

邓洪波：《明季三毁书院及其影响》，《中国书院》第 7 辑，湖南大学出版社 2006 年版。

邓洪波：《中国书院教育概论》，《中国书院》第 5 辑，湖南教育出版社 2003 年版。

董莲池：《非王卜辞中的“天”字研究——兼论商代民间尊

"天"为至上神》,《中国文字研究》2007 年第 1 辑。

付希亮:《中国五帝史研究综述》,《渭南师范学院学报》2017 年第 5 期。

高明士:《皇帝制度下的庙制系统——以秦汉至隋唐作为考察中心》,《台湾大学文史哲学报》第 40 期,1993 年。

高明士:《论隋唐学礼中的乡饮酒礼》,《唐史论丛》第 8 辑,三秦出版社 2006 年版。

葛金芳:《中华礼制内在凝聚力的学理资源及其现实挑战》,《中原文化研究》2014 年第 4 期,又见《新华文摘》2014 年第 21 期。

葛志毅:《明堂月令考论》,《求是学刊》2002 年第 5 期。

古伟瀛《明清变局下的书院》,《中国书院》第 5 辑,湖南教育出版社 2003 年版。

郭善兵:《魏晋皇帝宗庙祭祖礼制考论》,《平顶山学院学报》2007 年第 1 期。

郭善兵:《郑玄、王肃〈礼记注〉比较研究》,《泰山学院学报》2015 年第 4 期。

郭素红:《明初经学与〈大全〉的敕修》,《求索》2007 年第 10 期。

韩康信、潘其风:《我国拔牙风俗的源流及其意义》,《考古》1981 年第 1 期。

郝桂敏:《王肃对郑玄〈诗〉学的反动、原因及学术史意义》,《社会科学辑刊》2008 年第 1 期。

郝虹:《三重视角下的王肃反郑:学术史、思想史和知识史》,《史学月刊》2012 年第 4 期。

郝虹:《王肃反郑是经今古文融合的继续》,《孔子研究》2003 年第 3 期。

胡厚宣:《释"余一人"》,《历史研究》1957 年第 1 期。

胡厚宣:《释殷代求年于四方和四方风的祭祀》,《复旦学报》1956 年第 1 期。

胡厚宣：《重论"余一人"问题》,《古文字研究》第 6 辑,中华书局 1981 年版。

胡顺利：《关于大汶口文化及其墓葬制度剖析中的几个问题》,《文物》1977 年第 7 期。

户瑞奇：《王肃反郑的历史原因及其意义》,《安徽文学》2009年第 3 期。

怀新：《礼制与基督教》,《生命》（北京）1920 年第 2 期。

黄侃：《礼学略说》,《中央大学文艺丛刊》第 2 期,1936 年。

〔日〕金子修一：《关于魏晋到隋唐的郊祀、宗庙制度》,刘俊文主编：《日本中青年学者论中国史》（六朝隋唐卷）,上海古籍出版社 1995 年版。

景军、张杰、吴学雅：《中国城市老人自杀问题分析》,《人口研究》2011 年第 3 期。

赖雅琼、吴光辉：《日本学界的台湾妈祖信仰研究》,《台湾研究集刊》2017 年第 1 期。

蓝炯熹：《闽东"咸水"妈祖与"淡水"妈祖——以霞浦沿海渔村和福安沿江集市为例》,《世界宗教研究》2007 年第 2 期。

乐胜奎：《王肃礼学初探》,《孔子研究》2004 年第 1 期。

李伯重：《"乡土之神"、"公务之神"与"海商之神"——简论妈祖形象的演变》,《中国社会经济史研究》1997 年第 2 期。

李传军：《魏晋禅代与"郑王之争"——政权更迭与儒学因应关系的一个历史考察》,《孔子研究》2005 年第 2 期。

李登峰、马五海：《浅谈明代行人的妈祖信仰》,《洛阳师范学院学报》2002 年第 3 期。

李少兵：《民国风俗西化的几个问题》,《史学月刊》1994 年第 4 期。

李文信：《辽阳三道壕西汉村落遗址》,《考古学报》1957 年第 1 期。

李向平：《试论周秦时代的什伍制度》,《广西师范大学学报》

1986 年第 3 期。

李新伟：《中国史前社会上层远距离交流网的形成》，《文物》2015 年第 4 期。

李学勤：《从简帛佚籍〈五行〉谈到〈大学〉》，《孔子研究》1998 年第 3 期。

李玉昆：《妈祖信仰与华侨社会》，《文史杂志》1996 年第 5 期。

李玉昆：《妈祖信仰在北方港的传播》，《海交史研究》1994 年第 2 期。

林惠中：《由人到神——历代妈祖封神的政治和社会心理基础》，《社会科学战线》1990 年第 4 期。

林秀贞：《试论稍柴下层遗存的文化性质》，《考古》1994 年第 12 期。

林长榕：《神昭海表的湄洲妈祖庙》，《世界宗教文化》1999 年第 4 期。

刘丰：《百年来〈周礼〉研究的回顾》，《湖南科技学院学报》2006 年第 2 期。

刘丰：《王肃的三〈礼〉学与"郑王之争"》，《中国哲学史》2014 年第 4 期。

刘再聪：《村的起源及"村"概念的泛化——立足于唐以前的考察》，《史学月刊》2006 年第 6 期。

楼劲：《宋初礼制沿革及其与唐制的关系——兼论"宋承唐制"说之兴》，《中国史研究》2008 年第 2 期。

陆敏珍：《重写世界：宋人从家庙到祠堂的构想》，《浙江学刊》2017 年第 3 期。

马楠：《马融郑玄王肃本〈尚书〉性质讨论》，《文史》2016 年第 2 期。

宁镇疆：《郑玄、王肃郊祀立说再审视》，《历史研究》2014 年第 5 期。

彭林：《礼与中国人文精神》，《孔子研究》2011 年第 6 期。

彭林：《先秦礼学形成的三阶段说》，《清华历史讲堂初编》，生活·读书·新知三联书店 2007 年版。

邱仲麟：《敬老适所以贱老——明代乡饮酒礼的变迁及其与地方社会的互动》，《中央研究院历史语言研究所集刊》第 76 本第 1 分，2005 年。

任怀国：《试论王肃的经学贡献》，《管子学刊》2005 年第 1 期。

申万里：《宋元乡饮酒礼考》，《史学月刊》2005 年第 2 期。

沈建华：《从甲骨文圭字看殷代仪礼中的五行观念起源》，《文物》1993 年第 5 期。

孙致文：《南京"国民政府"时期的"制礼"大事纪》，http：//mp.sohu.com/profile？xpt＝cXVlbGlzaHV5dWFuQHNvaHUuY29t。

谭颖：《清代乡饮酒礼简论》，《常熟理工学院学报》2012 年第 5 期。

汤勤福：《〈月令〉祛疑——兼论政令、农书分离趋势》，《学术月刊》2016 年第 10 期。

汤勤福：《论秦汉聚落"里居"形式的演化》，《人文杂志》2020 年第 9 期。

汤勤福：《秦晋之际：五礼制度诞生研究》，《学术月刊》2019 年第 1 期。

汤勤福：《世界多元文化格局与中华礼制的当代位置》，《中原文化研究》2014 年第 4 期。

汤勤福：《宋金〈礼志〉比较研究》，《史学集刊》2018 年第 4 期。

汤勤福：《宋真宗"涤耻封禅"说质疑——论真宗朝统治危机与天书降临、东封西祀之关系》，《河北大学学报》2019 年第 2 期。

汤勤福：《唐代玄元皇帝庙、太清宫的礼仪属性问题》，《史林》2019 年第 6 期。

汤勤福：《魏晋南北朝乡村聚落的变迁》，《中州学刊》2020 年第 8 期。

汤勤福:《中华传统礼制的现代价值》,《中国德育》2015 年第 14 期,又见《新华文摘》2015 年第 20 期。

汤勤福:《朱熹〈家礼〉的真伪及对社会的影响》,《宋史研究论丛》第 11 辑,河北大学出版社 2010 年版。

汤勤福:《仪式背后的政治诉求:以中镇霍山镇岳化为例》,《南开学报》2023 年第 2 期。

唐士其:《儒家学说与正义观念——兼论与西方思想的比较》,《国际政治研究》2003 年第 4 期。

田天:《西汉海昏侯刘贺墓出土“礼仪简”述略》,《文物》2020 年第 6 期。

童家洲:《日本华侨的妈祖信仰与新加坡、马来西亚的比较研究》,《社会科学战线》1990 年第 4 期。

王冠英:《殷周的外服及其演变》,《历史研究》1984 年第 5 期。

王继训:《论汉末经学的反复:以郑玄、王肃为例》,《管子学刊》2007 年第 1 期。

王美华:《地方官社会教化实践与唐宋时期的礼制下移》,《辽宁大学学报》2010 年第 3 期。

王美华:《官方礼制的庶民化倾向与唐宋礼制下移》,《济南大学学报》2006 年第 1 期。

王美华:《家礼与国礼之间:〈朱子家礼〉的时代意义探析》,《史学集刊》2015 年第 1 期。

王美华:《唐宋时期乡饮酒礼演变探析》,《中国史研究》2011 年第 2 期。

王梦鸥:《读〈月令〉》,《政治大学学报》第 21 期,1970 年 5 月。

王文钦:《妈祖崇拜与儒释道的融合》,《孔子研究》1997 年第 1 期。

王毓铨:《汉代“亭”与“乡”“里”不同性质不同行政系统说——“十里一亭……十里一乡”辨正》,《历史研究》1954 年第 2 期。

王震中:《邦国、王国与帝国:先秦国家形态的演进》,《河南大学学报》2003 年第 4 期。

王震中:《从中原地区国家形态的演进看其文明化进程》,《东岳论丛》2005 年第 3 期。

王志跃:《推崇与抵制:明代不遵循〈朱子家礼〉现象之探研》,《求是学刊》2013 年第 5 期。

魏德东:《论作为全球伦理基础的佛教伦理》,http://www.mzb.com.cn/html/report/1602256890-1.htm。

吴恩荣、赵克生:《明代王国庙制的演进及礼制特点》,《江海学刊》2014 年第 5 期。

吴丽娱:《〈显庆礼〉与武则天》,《唐史论丛》第 10 辑,三秦出版社 2008 年版。

吴丽娱:《从经学的折衷到礼制的折——由〈开元礼〉对五方帝的处理所想到的》,《文史》2017 年第 4 期。

吴丽娱《关于〈贞观礼〉的一些问题——以所增"二十九条"为中心》,《中国史研究》2008 年第 2 期。

吴幼雄:《澳门地域八百年妈祖文化回望》,《文化杂志》2003 年秋季刊。

夏维中:《宋代乡村基层组织衍变的基本趋势——与〈宋代乡里两级制度质疑〉一文商榷》,《历史研究》2003 年第 4 期。

谢维扬、赵争:《酋邦与国家接近的程度及对国家起源研究的影响》,《学术月刊》2018 年第 8 期。

谢重光:《闽西客家地区的妈祖信仰》,《世界宗教研究》1994 年第 3 期。

熊月之:《晚清中国关于西方礼俗的论辩》,《学术月刊》2008 年第 8 期。

徐茂华:《浅析马克思关于人的本质思想的属性及其价值》,《人民论坛》2012 年第 20 期。

徐晓望:《福建人与澳门妈祖文化渊源——兼与谭世宝先生商

榷》，《学术研究》1997 年第 7 期。

许美芳、王炜民：《北宋家庙、祠堂与谱牒之考论》，《邵阳学院学报》2010 年第 2 期。

许恰：《〈诗·大田〉等篇所见"四方祭祀"考辩》，《重庆三峡学院学报》2013 年第 6 期。

阎化川：《妈祖信俗在山东的分布、传播及影响研究》，《世界宗教研究》2005 年第 3 期。

杨华：《论〈开元礼〉对郑玄和王肃礼学的择从》，《中国史研究》2003 年第 1 期。

杨华：《上古中国的四方神崇拜和方位巫术》，《南京师范大学文学院学报》2011 年第 1 期。

杨柳青、杨哲明：《河南内黄三杨庄汉代聚落自然环境研究》，《城市建筑》2014 年第 24 期。

杨永占：《清代官方在妈祖信仰传播中的作用》，《史学月刊》1997 年第 2 期。

杨振红：《月令与秦汉政治再探讨——兼论月令源流》，《历史研究》2004 年第 3 期。

叶国良：《战国楚简中的"曲礼"》，武汉大学简帛中心编：《简帛》第 4 辑，上海古籍出版社 2009 年版。

游自勇：《汉唐时期"乡饮酒"礼制化考论》，《汉学研究》22 卷第 2 期，2004 年版。

于省吾：《岁、时起源初考》，《历史研究》1961 年第 4 期。

袁仲一：《秦始皇陵考古纪要》，《考古与文物》1988 年第 5、6 期。

张得水：《中原文明形成过程中的几个特点》，《华夏考古》2002 年第 4 期。

张桂林：《试论妈祖信仰的起源、传播及其特点》，《史学月刊》1991 年第 4 期。

张国刚：《唐代乡村基层组织及其演变》，《北京大学学报》

2009 年第 5 期。

张鹤泉：《北魏迎气祭祀礼试探》，《河北学刊》2017 年第 3 期。

张鹤泉：《东汉五郊迎气祭祀考》，《人文杂志》2011 年第 3 期。

张鹤泉：《两晋南朝迎气祭祀礼考》，《南京晓庄学院学报》2017 年第 2 期。

张焕君：《从郑玄、王肃的丧期之争看经典与社会的互动》，《清华大学学报》2006 年第 6 期。

张立文：《儒家和合生态智慧》，《儒学评论》第 9 辑，河北大学出版社 2013 年版。

张三夕、毋燕燕：《〈月令〉单篇别行现象论析》，《海南大学学报》2015 年第 1 期。

张涛、汤勤福：《试论近代国家制礼机构及其现代价值》，《河北学刊》2015 年第 2 期。

张珣：《台湾的妈祖信仰——研究回顾》，（台）《新史学》第六卷第 4 期（1995 年）。

章文钦：《妈祖阁与澳门妈祖信仰》，《学术研究》1996 年第 9 期。

赵吕甫：《从敦煌吐鲁番文书看唐代乡的职权地位》，《中国史研究》1989 年第 2 期。

赵旗：《宋代书院兴起的背景》，《中国书院》第 4 辑，湖南教育出版社 2002 年版。

赵晓明、宋芸、乔永刚、宋秀英：《甲骨文中的四方》，《山西农业大学学报》2008 年第 4 期。

赵永翔：《清代乡饮酒礼的社会轨迹》，《宁波大学学报》2012 年第 2 期。

周世跃：《妈祖信仰及其在台湾的传播》，《台湾研究集刊》1985 年第 4 期。

朱天顺：《妈祖信仰的起源及其在宋代的传播》，《厦门大学学报》1986 年第 2 期。

朱天顺：《元明时期促进妈祖信仰传播的主要社会因素》，《厦门大学学报》1986 年第 4 期。

五　报纸文章

《"敬奉贤人，见贤思齐"》，《光明日报》2007 年 9 月 21 日。

《6 年前的少女被杀案破了给我们留下一个思考》，《彭城晚报》2010 年 1 月 25 日。

《本馆动态·民国通礼草案》，《礼乐半月刊》1947 年第 1 期。

《沧州公民道德建设经验受瞩目》，《光明日报》2013 年 5 月 31 日。

《常回家看看入法后首个中秋　老人无奈月圆照"空巢"》，《新闻晨报》2013 年 9 月 20 日。

《父亡不送葬　妻病不照料》，《湖南日报》2013 年 7 月 12 日。

《港媒：中国老年人缺乏关怀　面临高自杀风险》，《环球时报》2013 年 3 月 27 日。

《孤独老人　呼唤人情化邻居》，http：//www. qingdaonews. com/content/2004-05/07/content_ 3092850. htm。

《济宁启动"全民学礼仪"活动　各县市区都将组建文明礼仪宣讲团》，《齐鲁晚报》2010 年 6 月 22 日。

《辽宁道德建设的源头活水》，《辽宁日报》2013 年 2 月 26 日。

《南汇六灶傅氏 30 余名子孙举行成人礼　第一要义是独立》，东方网，2013 年 8 月 16 日。

《乡村也行新礼制》，《通俗教育报》第 151 期，1913 年。

《浙江省公民道德建设纲要》，《浙江日报》2012 年 5 月 29 日。

《中国老年人自杀率呈急剧升高趋势》，《劳动报》2013 年 9 月 10 日。

戴秉国：《坚持走和平发展道路》，https：//www. gov. cn/ldhd/2010-12/06/content_ 1760381. htm。

戴志勇：《启蒙应予反思　传统有待传承》，《南方周末》2015 年 9 月 10 日。

焦易堂：《对于礼制服章的意见：二十四年十月七日在中央国

府联合纪念周讲演》，《中央周报》第 385 期，1935 年。

茅海建：《重新审视晚清的思想革命》，《东方早报》2016 年 3 月 6 日，第 A03—A04 版。

彭林：《从〈仪礼·乡射礼〉看中国古代体育精神》，《光明日报》2004 年 2 月 10 日。

彭林：《重拾中华之"礼"的当代价值》，《人民日报》2013 年 11 月 12 日。

汤勤福：《中华礼制变迁的现代启示》，《人民日报》2016 年 3 月 25 日。

六　海外著作

〔法〕白吉尔：《上海史：走向现代之路》，王菊、赵念国译，上海社会科学院出版社 2014 年版。

〔法〕弗朗索瓦·于连：《迂回与进入》，杜小真译，生活·读书·新知三联书店 1998 年版。

〔法〕弗雷德里克·鲁维洛瓦：《礼貌史》，王琪译，上海文艺出版社 2014 年版。

〔法〕伏尔泰：《风俗论》，梁守锵译，商务印书馆 1994 年版。

〔法〕皮埃尔·夏蒂埃、梯叶里·马歇尔兹编：《中欧思想的碰撞——从弗朗索瓦·于连的研究说开去》，闫素伟、董斌孜孜译，中国人民大学出版社 2011 年版。

〔法〕司达福：《泰西礼俗新编》，刘式训译，中新书局 1905 年版。

〔美〕亨利·基辛格：《论中国》，胡利平等译，中信出版社 2012 年版。

〔美〕柯马丁：《秦始皇石刻：早期中国的文本与仪式》，刘倩译，上海古籍出版社 2015 年版。

〔美〕罗泰：《宗子维城：从考古材料的角度看公元前 1000 至前 250 年的中国社会》，张莉译，上海古籍出版社 2017 年版。

〔美〕迈克尔·桑德尔：《金钱不能买什么：金钱与公正的正

面交锋》，邓正来译，中信出版社 2012 年版。

〔美〕周策纵：《五四运动史》，岳麓书社 1999 年版。

〔日〕柳田節子：《宋代の規範習俗》，東京：汲古書院 1995 年版。

〔日〕柳田節子：《宋元郷村制の研究》，東京：創文社 1985 年版。

〔日〕佐竹靖彦：《宋代郷村制度之形成過程》，《東洋史研究》第 25 卷第 3 号，1966 年。

〔日〕高田时雄编：《唐代宗教文化与制度》，京都：京都大学人文科学研究所 2007 年版。

〔日〕武内义雄：《武内义雄全集》，东京：角川书店 1979 年版。

〔西班牙〕闵明我：《上帝放纵的土地——闵明我行记和礼仪之争》，何高济等译，大象出版社 2009 年版。

〔英〕哈耶克：《通往奴役之路》，王明毅、冯兴元等译，中国社会科学出版社 1997 年版。

〔英〕杰西卡·罗森：《祖先与永恒：杰西卡·罗森中国考古艺术文集》，邓菲等译，生活·读书·新知三联书店 2011 年版。

〔英〕汤因比：《历史研究》，刘北成、郭小凌译，上海世纪出版集团 2005 年版。

七　学位论文

崔兆瑞：《河南内黄三杨庄汉代庭院建筑遗址复原研究》，硕士学位论文，西安建筑科技大学，2013 年。

甘迪龙：《先秦汉初〈月令〉研究》，硕士学位论文，香港中文大学，2005 年。

刘涛：《〈周礼〉中所见天神祭祀考论》，博士学位论文，吉林大学，2014 年。

刘再聪：《唐朝"村"制度研究》，博士学位论文，厦门大学，2003 年。

马晓林：《元代国家祭祀研究》，博士学位论文，南开大学，2012 年。

后　记

　　本书能够出版，既离不开课题组全体成员共同努力，也是课题组顾问葛金芳、赵和平、吴丽娱、张鹤泉、陈居渊、楼劲（以年龄排序）6位先生全力帮助的结果。作为主编，我向他们表示最为诚挚的感谢！

　　本书在撰写和出版过程中获得国内外众多专家、学者、领导以及出版界朋友们的关心与帮助，在此表示谢意！上海师范大学陈恒、张剑光、查清华、钟翀等教授一直关心并支持我这几年的研究；湖南大学岳麓书院肖永明院长与杨代春、陈仁仁两位副院长以及殷慧教授也对我的研究工作提供了支持与帮助，感谢他们！

　　还需要感谢社会科学文献出版社的郑庆寰先生，他对我的研究非常感兴趣，并且予以大力支持，在他努力下，本书终于得以出版。谢谢郑先生！

　　同时要感谢参与本书编写的各位学者。他们提供了初稿，本书的最终成形是离不开他们所付出的努力的。当然，各位作者所执笔的内容是他们研究的成果，体现了他们对礼制相关问题的看法，然而在构成本书整体理论框架及具体论述时，我对文稿做了不同程度的修订，以防出现观点抵牾、逻辑混乱的情况。故而在具体论述中，无论在观点表述、篇章架构、史料运用，还是注释方式、采纳版本诸方面，都由我最终修订，如果出现错误自然由我负责。

　　本书撰稿事务由汤勤福主编，刘丰副主编，具体撰稿人如下：

前言：汤勤福

第一章

　　第一节：汤勤福

　　第二节：刘舫、汤勤福

　　第三节：张涛、汤勤福

　　第四节：汤勤福

第二章

　　第一节：张涛、汤勤福

　　第二节：张涛、汤勤福

　　第三节：张涛、汤勤福

　　第四节第一目：汤勤福

　　第四节第二目：刘丰

　　第四节第三目：曹建墩

　　第四节第四目：葛金芳

第三章

　　第一节：汤勤福

　　第二节：汤勤福、张涛

　　第三节：汤勤福

　　第四节：张涛、汤勤福

第四章

　　第一节：汤勤福

　　第二节：葛金芳、汤勤福

　　第三节：张涛、汤勤福

　　第四节：张涛、汤勤福

后记：汤勤福

汤勤福

2020 年 8 月 20 日撰于湘西

2024 年 2 月 11 日大年初二修订于上海寓所

图书在版编目（CIP）数据

中华传统礼制的理论／汤勤福等著.--北京：社
会科学文献出版社，2024.4（2024.11重印）
中国历史研究院学术出版资助项目
ISBN 978-7-5228-3537-2

Ⅰ.①中…　Ⅱ.①汤…　Ⅲ.①礼仪-制度-研究-中
国-古代　Ⅳ.①K892.9

中国国家版本馆 CIP 数据核字（2024）第 080075 号

中国历史研究院学术出版资助项目
中华传统礼制的理论

著　　者／汤勤福　刘　丰 等

出 版 人／冀祥德
责任编辑／赵　晨
文稿编辑／汪延平　郑彦宁　窦知远　白纪洋
责任印制／王京美

出　　版／社会科学文献出版社·历史学分社（010）59367256
　　　　　　地址：北京市北三环中路甲 29 号院华龙大厦　邮编：100029
　　　　　　网址：www.ssap.com.cn
发　　行／社会科学文献出版社（010）59367028
印　　装／唐山玺诚印务有限公司

规　　格／开本：787mm×1092mm　1/16
　　　　　　印张：29.5　字数：409 千字
版　　次／2024 年 4 月第 1 版　2024 年 11 月第 2 次印刷
书　　号／ISBN 978-7-5228-3537-2
定　　价／128.00 元

读者服务电话：4008918866